企业信息管理学

（第五版）

司有和　高小强／编著

科学出版社
北京

内 容 简 介

本书提出了一个全新的企业信息管理学的理念和学科体系框架，认为企业信息管理不仅仅包括企业使用计算机管理信息系统进行的信息管理工作（本书谓之现代信息管理），同时还包括企业不使用计算机系统进行管理的信息管理工作（本书谓之传统信息管理）。本书介绍了企业信息管理的基本概念、特征、社会功能、认识误区和企业信息管理的普遍原则，详细阐述了企业现代信息系统的概念、建立、运行、维护和应用管理，论证了包括企业战略信息管理、企业竞争情报的管理、企业传统文献信息系统的管理在内的企业传统信息系统的管理，企业信息管理的程序、方法，以及企业信息管理者等内容。

本书可作为大专院校信息管理类、企业管理类和其他管理类专业的本科生和研究生教材，可作为各类企业的企业信息化培训教材，也可供在校本科生、研究生和在职人员自学。

图书在版编目（CIP）数据

企业信息管理学 / 司有和，高小强编著. —5 版. —北京：科学出版社，2024.6

ISBN 978-7-03-070623-2

Ⅰ. ①企… Ⅱ. ①司… ②高… Ⅲ. ①企业管理–信息管理–研究 Ⅳ. ①F272.7

中国版本图书馆 CIP 数据核字（2021）第 227887 号

责任编辑：王丹妮 / 责任校对：贾娜娜
责任印制：张 伟 / 封面设计：蓝正设计

科学出版社出版
北京东黄城根北街 16 号
邮政编码：100717
http://www.sciencep.com
三河市骏杰印刷有限公司印刷
科学出版社发行 各地新华书店经销
*
2003 年 5 月第 一 版
2007 年 2 月第 二 版
2011 年 6 月第 三 版 开本：787×1092 1/16
2016 年 6 月第 四 版 印张：19 1/4
2024 年 6 月第 五 版 字数：456 000
2024 年 6 月第二十六次印刷 定价：**58.00 元**
（如有印装质量问题，我社负责调换）

第五版前言

《企业信息管理学（第五版）》问世啦！

初版自 2003 年 5 月问世，至今已有 21 年的历史了。这当然首先应该感谢使用本教材的广大老师和同学，应该感谢科学出版社的编辑和营销人员，使得本书一印再印，才有了今天的第五版近 30 次印刷。

就在本书紧张修订的时候，中国共产党第二十次全国代表大会召开了。习近平总书记在大会报告中明确指出：“中国式现代化是人口规模巨大的现代化。我国十四亿多人口整体迈进现代化社会，规模超过现有发达国家人口的总和，艰巨性和复杂性前所未有，发展途径和推进方式也必然具有自己的特点。”正因为我们面对的是这样的国情，所以，习近平总书记提出要“加快建设制造强国、质量强国、航天强国、交通强国、网络强国、数字中国”“构建新一代信息技术、人工智能、生物技术、新能源、新材料、高端装备、绿色环保等一批新的增长引擎”“到二〇三五年……基本实现新型工业化、信息化……”①。读着这些鼓舞人心的语句，心潮澎湃，更加感受到正在修订的这本书稿的沉甸甸的分量：因为党中央提出的这一切，要在一个企业里实施，做的就是企业的信息管理。

可见，本书将为中华民族的伟大复兴贡献自己的一份力量！

鉴于本人已年届 80 岁，科学出版社建议我这次修订时增加一位作者，以便在日后出第六版时，有人接替。很显然，这是科学出版社对本书的高度认可和充分肯定。于是，我选定了我退休前的亲密战友、同系教师、重庆大学工商管理学院的高小强教授。

和第四版修订时的做法一样，我尽力搜索了第四版出版之后，五年内出版的有关企业信息管理的图书和发表的论文，将其中新的研究成果汇入本书第五版。

这次修订，在章的设置上，保留了第四版的 8 章设置，章标题也只有第 3 章、第 4 章、第 5 章稍有改动。总体来说，还是第四版时使用的四句话：保留本书的基本特色，增加应该补充的内容，删去不需要的内容，调整不合理的顺序。具体的保留、增删、调整的内容，这里就不详述了。

这样，既保证了第五版继承了第四版体系结构的先进性、内容的合理性，又保证了和本书第四版的连续性，方便使用本书第四版的老师们继续使用本书。

这次修订，我和高小强教授的分工如下：高老师擅长计算机信息系统的管理，就由他负责修订本书第 3 章、第 4 章和第 6 章。本人在不用计算机进行管理的传统信息系统管理方面比较熟悉，就负责修订本书第 1 章、第 2 章、第 7 章和第 8 章。第 5 章是高老师和我共同完成的。二仙过海，各显神通，也各得其所。

尤其令我兴奋的是：高小强教授还专门为本书绘制了九幅显示各章知识内容、层次及其相互关系的思维导图，对学习本书的读者掌握全书纲要十分有用，对使用本书学习的在

① 《习近平：高举中国特色社会主义伟大旗帜 为全面建设社会主义现代化国家而团结奋斗——在中国共产党第二十次全国代表大会上的报告》，https://www.gov.cn/xinwen/2022-10/25/content_5721685.htm，2024 年 4 月 23 日。

校学生复习本课程的知识也非常有用。

作为我个人，我是尽全力进行这次修订工作的。我相信高老师也会如此。但是，我们俩毕竟能力有限，修订版难免挂一漏万。因此，欢迎广大读者批评指正。

最后，我要重复从第二版开始，在前言中都说过的意思：信息管理学课程在信息管理与信息系统专业课程体系中属于原理的层次，是专业基础课，处于统领全局的地位，其内容体系应该完整地覆盖信息管理专业学生所需知识的全部范畴。但这并不等于说本专业人才知识结构中所需要的知识全部都由信息管理学这一门课程来提供。例如，关于计算机硬件、编程等知识，关于信息处理的数据挖掘方法、数理统计方法、回归分析方法等诸多内容，在本书中点到即可，详细内容应该由另外的专门课程来解决；某些要求学生必须具备的能力也只能通过另外单设实验课来培养。我觉得，这是本书的定位。本书这一次修订，也是遵循这一定位思想进行的。

我根据本书的内容，专门制作了多媒体授课课件，选用本书的老师和有兴趣的读者可以访问科学出版社网站（http://www.sciencep.com），从网上下载；也可以直接和我本人联系索取，联系邮箱为 siyouhe@163.com，微信号为 siyouhe。

因为这一次修订，是本书承前启后的版本，以我的名义撰写前言。下一版就是高小强教授来主持修订、写前言了。

本书作者之一：司有和

2024 年 4 月 23 日

于合肥报业园

目录

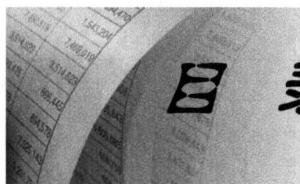

绪　　论

开篇案例

信息论创始人香农给信息的定义错啦？不会吧？

企业信息管理学课下课后，于平和张新在走廊上散步。

于平说："张新，我还是没有听明白，信息究竟是什么？"

张新说："你真是死脑筋。老师不是已经说过了，早在 1948 年信息论的创始人香农（Shannon）就说过了：信息是可以消除不确定性的东西。"

"啥叫消除不确定性？"

"这还不简单，比如，上大学之前，我不认识你，我就对你具有不确定性。九月来大学报到后，我们认识了，你的长相、身高、脾气，我都知道了，消除了我对你的不确定性。你的长相、身高、脾气对于我来说就是信息。"

"这我知道。"于平仍旧不解地问："那我现在的长相、身高、脾气对你来说还是不是信息？"

"当然是啊！"

"那就不对了，你已经认识我了，这个时候我的长相、身高、脾气对你来说已经不会消除不确定性了，因为你对我已经没有不确定性了。"

"你这样说，似乎有道理。"张新若有所思，"未知的信息可以消除不确定性，已知的信息就不具备这个功能了……"

"是啊，但是已知的信息也是信息啊！"

就在他俩热烈讨论的时候，英语课代表婷婷和外籍英语老师迎面走过来，婷婷的英语口语棒极了，直接和英语老师用英语对话，有说有笑，从他们两个面前走了过去，他们两个一句也没有听懂。

"于平，她们在说什么？"张新问于平。

“我也听不懂。”于平说。

“肯定很有趣，你看她们两个笑得那么开心。”

“问题来了，”于平突然心头一震，问张新：“你说，她们两个的对话，对于我们俩来说是不是信息？”

张新没明白于平的用意，下意识地接上就说：“当然是信息，我们知道她们两个说得很火热，只不过是我们两个都不懂的信息。”

“都不懂？”

“是啊，都不懂。”

“都不懂，能消除你的不确定性吗？”

“不——能——”张新这才明白于平的用意，犹豫地说出两个字。

“既然不能消除不确定性，那还是信息吗？！”

（本书作者根据信息的定义设计编写）

讨论题：

1. 你认为香农的信息定义对不对？为什么？
2. 案例中，于平的分析是否正确？为什么？
3. 根据这一案例，说说在给概念下定义的时候要注意哪些事项。

1.1 企业信息

1.1.1 信息与企业信息的定义

1. 信息的定义

信息一词，作为科学概念，是20世纪20年代在通信理论中以专门术语的方式提出来的。此后，信息的概念被很快地延伸到物理学、计算机科学、分子生物学、社会科学等许多领域，概念的内涵在延伸的过程中不断地得到扩展。

由于不同的研究者从不同的侧面提出自己的定义，顾及自己熟悉的那个方面，也就忽略了自己不熟悉的方面，定义也就难免有其局限之处，即使是某些被视为经典的定义也是如此。乍一看，还可以；仔细一分析，就有漏洞。

定义中这种似是而非的现象，带有一定的普遍性。

本书在第二版中曾经详细地分析了五六种常用定义存在的局限性（司有和，2007），本书本版在下面的“延伸阅读”里选取了其中三种，供大家参考。

其实，定义表述，本质上就是信息的处理。它的要求是：定义的文字应该能够覆盖被定义对象的全部要素，既不要超过其外延，也不要小于其外延。

在人类社会和自然界中，事物的存在状态、运动形式、运动规律及其相互联系、相互作用的状况和规律，总是通过一定的媒介和形式（如声波、电磁波、图像、文字、符号等）来使其他事物接收的。这些能被其他事物接收的、表征该事物并以此区别于其他事物的那些信号，就是该事物向外界发出的信息。

所以，信息是事物本质、特征、运动规律的反映，是事物之间相互联系、相互作用的状况和规律的反映。不同的事物有不同的本质、特征、运动规律。人们就是通过接收事物发出的信息来认识该事物，将该事物区别于其他事物的。

由此，我在2001年出版的《信息管理学》一书中这样给信息定义："信息是按照一定的方式排列起来的信号序列所揭示的内容。"（司有和，2001a）

信号指的是从信源发出的，能够引起信宿接收的各种客观存在的刺激。刺激是信息存在的条件，没有刺激就没有信息的传递。当这些刺激也就是信号，按照可以揭示某种内容所特有的方式排成序列时就成为信息。

序列是信息的本质特征，是揭示信息内容的主要手段，序列不同，即使信号量相同，所揭示的内容也不同。具体如下所示。

例句1：A_1和A_2是不完全相同的。

例句2：A_1和A_2是完全不相同的。

这两个例句的信号量是相同的，但是它们所揭示的内容是不一样的，造成内容不同的原因就是信号排列的顺序不同，即信号序列不同。

汉语里的回文现象就鲜明地反映了这一特征。例如，回文对联"客上天然居，居然天上客"，上下联五个字完全一样，就是序列不同，含义也就完全不同，组成了一副妙趣横生的工整的对联。

再如，回文诗《暮春》[①]"纤纤乱草平滩，冉冉云归远山。帘卷堂空日永，鸟啼花落春残"，倒过来读"残春落花啼鸟，永日空堂卷帘，山远归云冉冉，滩平草乱纤纤"，就成了另一首风格不同的诗了。

上面所述的序列不同，属于二维空间的序列不同，还有三维空间的序列不同。

人们熟知的DNA（deoxyribonucleic acid），中文名称是脱氧核糖核酸，它是由两条脱氧核苷酸长链，通过总共只有四类的若干对碱基连接在一起，扭曲组成一个双螺旋结构的大分子。可见，组成DNA分子的成分就是脱氧核苷酸长链和四种碱基。就是这五种不同的成分，以不同的数目、不同的顺序组成了千姿百态的人类世界和生物界。

2006年，我撰写《信息传播学》，在收集资料的时候发现，德国哲学家克劳斯曾给信息定义："纯粹从物理学角度而言，信息就是按一定方式排列的信号序列，但仅此一点构不成一个定义。毋宁说，信息必须有一定的意义。""可见，信息是由物理载体和意义构成的统一体。"

2001年，我给信息定义时没有见到克劳斯的这个说法。他的这个定义和本人的定义是完全一致的：都使用了"信号序列"的概念。克劳斯说的"有一定的意义"和本人定义中的"所揭示的内容"是一个含义。应该说，我们是不谋而合。

2. 企业信息的定义

根据上文信息的定义，可以这样给企业信息定义：企业信息是按照企业组织活动规律的方式排列起来的信号序列所揭示的内容。

① 关于回文诗《暮春》的作者，有称为陈子高，但查无此人。宋代有陈克，字子高，但无此诗。又称是宋代的陈朝老，有此诗。

企业信息是社会信息的重要组成部分，是企业管理工作中企业管理人员之间、企业管理人员与企业员工之间、企业人员与企业外人员之间传递的，反映企业管理活动与管理对象的状态、特征和反映企业目标、需求、行为的消息、情报、数据、语言、符号等各种信号序列的总称。在企业管理活动中形成的文件、报表、簿册、档案等就是企业信息的物化表现形式。

延伸阅读

信息定义的局限性

信息论奠基人香农的信息定义：信息是用来消除不确定性的东西。

在人类最初的通信活动中，确实是把对方不知道的内容告诉对方，也就是说信息确实具有消除不确定性的功能。

但是，已知信息不能消除受信者的任何不确定性，但是它仍旧是信息，是已知信息。同样，不懂的信息也不能消除受信者的任何不确定性，但是也是信息，是不懂的信息。可见，香农的定义没有把已知信息和不懂的信息包括进去。

控制论创始人维纳（Wiener）的信息定义：信息是人们在适应外部世界，并使这种适应反作用于外部世界的过程中，同外部世界进行互相交换的内容和名称。

在人类的生产性控制活动中，人从机器获得所需要的信息，再将控制信息输给机器。这里，人与外部世界（机器）的相互作用和交换的内容确实是信息。

然而，存在于生产控制活动，乃至存在于人和外部世界中的信息，只是社会信息，同时还存在于动物与动物、动物与自然界、自然界与自然界之间。例如，群居动物之间的呼唤，太阳上黑子爆发对地球上无线电通信的干扰，月球绕地球运转导致地球上产生的潮汐现象等。可见，维纳的定义范畴过窄，没有把动物信息和自然信息包括进去。

此外，人类和外部世界互相交换的内容，不仅有信息，还有物质和能量。可见，维纳的定义范畴又过宽了，把不是信息的能量和物质也包括进来了。

国内学者的信息定义："信息是经过加工的、能对接收者的行为和决策产生影响的数据"，信息是"经过分析处理的数据资料"（夏洪胜和张世贤，2014），"信息是按照用户决策的需要经过加工处理的数据"（杜栋，2004）等。

首先，有经过加工的信息，也有没有加工的信息；有对客观世界产生影响、用户决策需要的信息，也有不能产生影响、用户不需要的信息。所以，是否加工、是否需要不是信息存在的必要条件。

其次，什么是数据？学界的认识是：数据是对客观事实的记录。那么，很显然，被记录下来的信息是数据，没有被记录下来的自然不是数据，但它应该仍旧是信息。因此，以数据作中心词来定义信息就把不是数据的信息给漏掉了。

最后，这三个定义还存在一个共同的不足，那就是都把信息仅仅局限在人类世界。其实，信息有四大类：社会信息、自然信息、生物信息和机器信息。信息的定义应该涵盖这四个方面。

1.1.2 企业信息的特征

1. 企业信息的一般特征

企业信息，首先是信息，所以它具有信息的一般特征。

1）普遍性和客观性

这是指信息具有独立于人的主观意识之外、普遍地、客观地存在于人类社会和自然界的特征。

信息的普遍性表现在：信息既存在于有生命的有机界（动物界、植物界、微生物界、人类社会），也存在于无生命的无机界（自然界、机器、建筑物等）。它可以是物质的特征和物质运动状态的反映，也可以是人类大脑思维的结果；可以是现场直播的电视信号，也可以是千年古墓中的随葬品。总之，信息是普遍存在的，信息无时不有，无处不在。

信息的客观性表现在：信息虽然是看不见、摸不着的，但它确实是可以被人感知、被人处理、被人利用的。自然界的信息确实可以被信息受体所接收并对受体产生作用。所以信息是客观存在的，是独立于人的主观意识之外、不以人的主观意志为转移的。

这是因为世界是物质的，物质世界处于运动之中。物质及其运动的普遍性决定了信息的普遍性。物质世界的客观性决定了信息的客观性。

至于由主观思维产生的信息，应该也是客观的。

因为思维是特殊物质——大脑——的功能，大脑是客观存在的物质，由这种物质产生的信息自然是客观的。

信息普遍性和客观性的特征在管理学上的意义在于使人类可以通过自己的各种感觉器官去感知信息、识别信息和利用信息，为人类服务。

2）依附性

依附性又称作寄载性。这是指信息必须依附于一定的物质载体才能存在的特征。

信息是看不见、摸不着的，稍纵即逝的，它只有依附于一定的物质载体才能存在下来。但是，载体本身不是信息。人类在认识过程中，先接触的是载体，然后才是感知载体上承载的信息内容。

信息所依附的载体有语言、文字、符号、形体、表情等表意型载体，有声波、电磁波（光波）、网络等无形的承载型物质载体，还有纸张、磁带、光盘、电缆、光纤等有形的承载型物质载体。

信息依附性的特征在管理学上的意义在于使人类可以不受时间和空间的限制，通过存储载体来存储信息，通过累积载体来累积信息，通过传递载体来传递信息。这就是信息的可存储性、信息的可累积性、信息的可传递性。

3）可塑性

这是指信息在被主体接收后，可被主体加工处理，在各种载体之间转换的特征。

对于感知后的信息，可以将其加工处理成自己所需要的形式，既可以进行各种表意型载体的转换，也可以进行各种物质型载体的转换。例如，将一篇中文论文翻译为英文；将一组数据制成一个表格或坐标图；或者自己唱一首歌将其录入磁带；将一篇报纸发表的新诗输入网络。这种特征又被称作信息的可转换性。

可塑性特征在管理学上的意义表现为两个方面：一是它使人类可以按照自己的需要来加工信息，提高信息的使用价值，为人类服务；二是由此导致信息可伪性的产生，需要极力防止因可伪性而产生的对人类的损害。

可伪性指的是客观存在的信息，由于可塑性的特征，会因为信息发出者或信息接收者个人的原因，而偏离源信息内涵，产生信息差的现象。

通常，我们把这种偏离源信息内涵的信息称作伪信息。

由于产生的原因不同，伪信息可分为以下三种。

（1）认知型伪信息。这是由于信息接收者自身的素质、修养、能力以及所处环境的不同，他们对同一个信息做出不同的理解，或者理解得不全面，或者没有能够与环境联系起来理解，从而产生信息差，形成伪信息。

（2）传播型伪信息。这是由于信息在传播过程中，因为主观的或客观的等各种各样的传播原因，信息量受到损失，或者掺入了冗余信息，使信息接收者接收到的信息内容已经不是源信息所具有的那些内容了。

（3）恶意型伪信息。这是信息发出者出于个人的目的，故意采取夸大、欺骗、捏造、篡改等手段制造的伪信息。正因为如此某些信息管理者可以有意识地制造伪信息。

4）共享性

这是指信息借助载体获得传播之后，不会因传播而失去和消失，能够为传播者和受传者共同拥有的特征。

这一点和物质体不同。物质体从一方传递给另一方之后，受方获得了该物质体，传方就失去了该物质体。信息从一方传递给另一方之后，受方获得了该信息，传方并没有失去该信息，仍旧拥有该信息。这就是信息的共享性。

所以，也就有了萧伯纳的苹果和思想的著名格言：你有一个苹果，我有一个苹果，我们交换之后，双方各自还只有一个苹果。你有一个思想，我有一个思想，我们交换之后，双方各自就都有两个思想了。

共享性是信息区别于物质、能量的重要特征。

信息共享性的特征在管理学上的意义，也表现为两个方面：一方面，它使信息成为取之不尽、用之不竭的资源。任何一个信息，只要生产一次，不论你使用多少次，也不会把它用完，大大减少了信息利用的成本；另一方面，它给信息管理带来许多困难。例如，组织中的信息安全问题、在信息市场中的信息交易问题就变得复杂、难以处理了，因为未经你的许可，他人也可以共享你的信息。

5）使用价值的不确定性

使用价值的不确定性又称使用价值的相对性，指的是信息的使用价值是不确定的，会因为信息使用者的不同而表现不同的特征。

信息具有潜在的使用价值，特定的信息能够满足人类特定的需要。可是，信息的使用价值是不确定的。对于同一个信息，不同的使用者由于其自身的素质、修养、能力以及所处环境的不同，会得到不同的使用效果。

案例 1.1 韩国三星公司的吉他在美国很畅销，几乎占领了美国的吉他市场。一天，三星公司在洛杉矶的一名雇员从报上看到一条消息：美国将要关闭最后一家吉他工厂。他高兴地跳了起来，情不自禁地说："我们的愿望终于可以实现啦！"立即把这一喜讯报告给韩国国内的三星公司总部。

三星公司总部在获知这一信息后，高管们却觉得不是喜讯。他们认为：吉他是美国独立与自由精神的象征，它的消失就像牛仔的消失一样会令美国人难以接受。美国国会一定会通过法律保护这一具有象征意义的产业。于是，三星公司决定，在美国还没有采取措施之前，大批向美国出口吉他。

果然，三个月后美国国会通过一项法案，大幅度提高吉他的进口关税，这等于禁止其他国家的吉他出口美国。①

在这个案例中，洛杉矶三星公司的雇员和韩国国内三星公司总部的企业高管们面对的是同一个信息——美国将要关闭最后一家吉他工厂，却得出完全不同的两个结论。这个信息对于雇员来说，只是一厢情愿，自寻乐趣，没有一点意义；对于企业高管们，就具备资源意义了，因为他们据此为企业获取了尽可能大的经济利益，那些已经出口的吉他是不会再加税的了。

信息使用价值的不确定性特征在管理学上的意义使信息具有极大的使用潜力，使得人们可以通过提高自己的素质、修养和能力，来获得满足自己需求的使用价值。

2. 企业信息的个性特征

企业信息作为企业的信息，又具有区别于其他信息的个性特征。

1）社会性

这是指企业信息总是或多或少地带着企业所在社会阶段烙印的特征。企业是社会的细胞，企业的一切活动不可能脱离其所在的那个社会，所以企业的活动都是一种社会活动。企业信息则来源于企业的社会活动。企业为了自身的生存和发展，需要不断地从社会获取各种信息加以利用，同时自身又是企业信息的来源，不断地向社会提供信息，以满足社会的需要。

可见，企业活动的主体是人，企业信息是人与人之间传递的一种社会信息，并借助信息的发出者和接收者能够共同理解的文字、数据、符号、图表、音像等媒体，为着企业的一定目的在社会上传播。所以，在某一个社会环境中传播的企业信息，总是或多或少地带着那个社会阶段的烙印。例如，计划经济时期的中国企业所产生的企业信息，和今天社会主义市场经济条件下的中国企业所产生的企业信息，就表现出不同的内容和形式。这就是企业信息的社会性。

企业信息社会性的特征在管理学上的意义，要求企业信息管理者必须从企业所处社会的实际情况出发，不能脱离现实社会许可的条件；要按照社会发展的客观规律来处理企业的信息管理活动，遵守所处社会的各种法律法规，不能违背社会发展的规律。

2）经济性

这是指企业信息可以反映企业经济活动的状况或者本身具有经济价值的特征。换句话说，企业信息可能会给企业带来经济收益，也可能会给企业带来经济消耗。

因为企业是一种经济组织，企业的一切活动都是为了创造经济价值，赢得经济效益。这种组织需要的信息和由这种组织产生的信息，自然也就不可避免地带有极强的经济性。

① 《企业竞争情报机构该如何操作》，http://www.doc88.com/p-9853307909017.html，2021年4月17日。

企业信息经济性特征的定义表明：一方面，企业信息是来自经济组织、经济活动、经济领域的信息；另一方面，企业信息本身具有经济价值。企业信息的获取和利用需要付费；而企业使用信息之后又可以为企业增加利润，给企业带来经济效益。例如，咨询公司为企业进行管理诊断，提出提升企业竞争力的方案，这自然是企业信息。这一信息不仅来自经济领域，而且是要向要求咨询的企业收费的，要求咨询的企业可能就因为此次方案的实施，而获得巨大的经济效益。

企业信息具有经济性特征，并不表示企业信息都必然是经济信息。许多非经济信息，如政治信息、科技成果信息、社区文化信息等社会信息和水旱灾害、地震、台风等自然信息，在某些特定条件下都可能转变为企业信息。

一般的社会信息、自然信息转化为企业信息是有条件的。通常，那些处于企业管理部门最关心的目标范围内或者与此目标关系密切的信息，具有某种广泛性意义和参考价值的信息，各种突发性的、打乱正常管理秩序的社会政治事件信息和自然灾害信息，对于全局有一定影响的倾向性信息等，当它们能够进入并影响企业管理活动时，才有可能转变为企业信息。

例如，两名员工上班时在办公室里谈论孩子报考大学问题时所传递的信息就不是企业信息，但是如果所谈问题的具体内容带有普遍性，如企业员工为了孩子报考大学影响本职工作的现象在企业内比较普遍，需要干预才能解决，且已被企业管理者了解，进入企业管理领域，这时这一信息就转变为企业信息了。

不论是什么信息，只要一转变为企业信息，就具备经济性特征，就可能会给企业带来一定的经济效益，或者可能增加企业的经济消耗。

企业信息的经济性特征，要求企业信息管理者必须建立强烈的经济观点，学会利用企业信息的经济性特征为企业赢得利润，降低企业的运行成本，

3）时效性

这是指企业信息对企业产生有效作用具有时间限制的特征。

它包括两层含义，一是信息本身具有生命周期，信息一经生成，企业管理者获得它的时间越早，其使用价值越高；在信息的生命周期内，获取它的时间越迟，其使用价值就越小；时间的延误，会导致信息使用价值的衰减甚至消失。二是有些信息虽然是很早就生成的陈旧信息，但是企业管理者在决策中需要这一信息时能够及时地得到它，该信息仍旧会具有使用价值。

许多信息管理学论著在论及企业信息的时效性时，只注意到上述的第一种情形，强调企业管理者在信息发生后要尽快地获得，即在第一时间获得它。其实第二种情形也是信息时效性特征的体现。正是第二种情形的存在，要求企业管理者做好信息管理工作，在需要某一信息时，能够及时地得到它。

企业信息的时效性特征，要求企业信息管理者必须建立强烈的时间观点，学会及时抓住刚发生的信息，注意掌握和积累与企业工作相关的各类信息。

4）连续性

这是指企业信息的发生与发展具有前后连续、相互关联、不会中断的特征。企业的生存和发展是企业在与其内外系统相互协调、不断循环和螺旋式上升的连续过程中实现的。

企业信息管理活动的过程也是一个连续过程。企业信息源源不断地产生和流通着。它不会中断，即使这个企业消亡了，新的企业又会诞生，一个社会的企业信息流是源源不绝的。信息的连续性反映了事物的发生、发展的过程，反映了事物发展前后不同阶段之间的相互关系。正因为如此，我们可以根据企业信息的时间序列，来预测自己的未来发展趋势，或分析竞争对手的动态。

1.1.3 企业信息的类型

企业信息是一个庞大的概念体系。使用不同的分类标准，可以得到不同的信息类别体系。常见的几种类型如表 1.1 所示。

表 1.1 企业信息的分类标准及其类型

企业信息的分类标准	划分后的种类
企业信息的内容	企业技术信息、企业管理信息、企业文化信息
企业信息的传递范围	公开信息、内部信息和保密信息
企业信息的来源	内源性信息和外源性信息
企业信息的价值程度	高值信息、潜值信息、低值信息、无值信息和负值信息

1. 高值信息

这是指那些使用价值很高的信息。它是企业竭力寻求的。具体又分为以下五种。

（1）机会信息指对于企业来说是可能获得大好发展机会的信息。例如，与企业相关的新产品、新技术、新资源、新材料、新市场等。

（2）战略信息指对于企业来说是至关重要、涉及企业长远利益和生存发展等重大问题的信息。这类信息有时来自机会信息。当机会信息的持有者从战略的角度来认识和理解该信息，该信息就有可能转变为战略信息。

机会信息、战略信息的使用价值并不在于信息本身，而在于获得该信息的人对该信息的认识。如果他认识到该信息可能会导致企业出现获得重大收益的机会，该信息就成为机会信息。如果他认识到该信息对企业具有某一战略意义，该信息就成为战略信息。经济过程是不可逆的，机会的错过是企业的极大损失。

战略信息可能来自企业的高层领导，也可能来自参与决策的智囊人物或局外人。

战略管理越来越被企业所重视，战略信息也自然在企业中显得越来越重要。所以战略信息管理的问题被早早地提上议事日程。

（3）竞争信息指关于竞争对手、竞争环境、本企业竞争策略等方面的信息。在今天市场竞争激化的条件下，掌握竞争信息对于提高企业竞争力具有明显意义。关于这一点，将在“5.3 企业竞争情报的管理”中做详细介绍。

（4）环境变动信息指企业所处的自然环境和社会经济环境变动的信息。例如，社会、政治、经济、科技、文化等，都是企业生存的重要外部环境。社会环境的不断变化给企业的发展带来了许多不确定性，所以及时地掌握环境变动信息，预测环境对企业的影响，及早采取措施，才可以使企业立于不败之地，不断地获得发展。这方面的知识，也将在“5.3 企业竞争情报的管理”中介绍。

（5）反馈信息指企业在生产过程、经营管理过程中实施各种决策和管理措施后，获得的关于这些决策和措施实施结果的信息。它是企业管理者总结经验和发现管理中存在问题，及时地坚持好的做法，修正、补充或重新设计新的决策方案的重要依据。反馈信息的获得和利用，在企业管理中地位很重要，它直接反映企业管理者的管理控制水平。

2. 潜值信息

这是指那些具有潜在使用价值的信息。这有两种可能，一种是指在信息采集到手之后没有马上就认识到其具有使用价值的信息；另一种是在信息刚采集到时，虽然认识到其具有使用价值，但是企业还不具备实施这一信息的条件，该信息仍旧不能实施，这种信息也属于潜值信息。

可见，潜值信息和高值信息的划分是相对的，二者是可以相互转化的。对于潜值信息，什么时候认识到它的作用，或者经过激活使该信息具有使用价值，则潜值信息就转变为高值信息了。对于马上就认识到具有很高使用价值的高值信息，如果企业不具备实施这一信息的条件，则高值信息就转变为潜值信息。

案例 1.2 1973 年 4 月的一天，一名男子站在纽约街头，掏出一个约有两块砖头大的“大哥大”打了一通电话，引得过路人纷纷驻足观看。这个人就是摩托罗拉公司的工程技术人员、手机的发明者马丁 •库帕。这是世界上第一个移动电话，是打给他在亚历山大 •贝尔实验室工作的一位竞争对手的。[①]

可见，“大哥大”早在 1973 年就出现了，而振兴诺基亚的总裁奥利拉是 1992 年才任职的。对于诺基亚来说，“大哥大”这个战略信息，在 1992 年之前是潜值信息。

潜值信息一般就是企业平时收集的各种与企业生产、发展有关的文献资料等，各级管理者在管理工作实践中形成的经验、体会等。

潜值信息的存在，要求企业管理者要注意信息的平时积累，只有实现了潜值信息的大量储备，在机遇出现的时候，才可以把握机遇，获得成功。

3. 低值信息

这是指那些对于企业来说，仅仅具有可以维持企业正常运转、使用价值很低的信息。例如，企业日常活动中产生的、没有太多使用价值的通知、报告、报表、信函、电话记录、订单、广告等。这些信息不能没有，没有它们企业就不具备维持运行的起码条件，但是它们只能使企业维持现状而已。企业内这类信息比较多是难免的。但是，如果企业管理者整天埋在公文、报表堆里，把主要精力放在处理这些低值信息上，实在是时间和精力的极大浪费，是本末倒置，会影响企业竞争力的提升并阻碍企业发展。

不过，低值信息也可转化为高值信息。在这些维持企业运转的信息中，就会有对企业有用的经验，也会有对企业发展有害的错误，如果能够及时发现，对企业是有用的。

---

① 《大哥大手机几几年出的》，http://zhidao.baidu.com/question/35641834.html?si=16，2021 年 4 月 17 日。

4. 无值信息和负值信息

无值信息又称无害信息，这是指对企业没有使用价值，也不会对企业产生不良影响的信息。例如，下班后，工人小王喜欢看武侠电视剧，小李喜欢下象棋等，这些信息在一般情况下对企业并没有使用价值，但是也没有不良影响。企业内应该允许无值信息的存在。如果管理者能够注意到这些无值信息，并有意识地加以满足，使员工的心境在工余时能够得到很好的调节，可以促进员工的生产性行为，满足员工的精神需求，有利于稳定员工队伍，从而使无值信息产生间接的或者直接的使用价值。

负值信息是指对企业管理产生负面作用的信息。这类信息可能是某些人故意制造的假信息，也可能是信息传播过程中由于各种传播障碍造成的失真信息，也可能是信息采集者的理解不当造成的失真信息，这些信息对企业管理者的决策是没有帮助的，需要信息管理者能够予以识别，并及时加以排除。

1.1.4 企业信息的功能

信息的功能指的是信息自身所具有的社会作用。企业信息的功能指的是企业信息在企业生存、发展的历程中能够对企业自身和环境所产生的作用。

信息的这种作用有正面的，也有负面的。这需要企业信息管理者恰到好处地把握，充分发挥企业信息的正面功能，避免或减少企业信息的负面功能。

具体来说，企业信息的功能包括以下三个方面。

1. 企业信息的中介功能

这是指信息是人类认识客观世界的中介物，企业信息是企业管理者认识管理客体的中介物的功能。

人类是认识的主体。人类对客观世界的认识，是通过对客观世界所发出的信息的接收、加工之后而感知的。客观世界如果不发出信息，或者客观世界发出的信息没有为人类所接收，人类就无法对客观世界产生任何认知。

人类又是改造客观世界的主体。人类对客观世界的每一个改造措施和行为，都是依据对客观世界信息的分析和加工，形成新的更高层次的认知，然后通过实践反作用于客观世界，实现对客观世界的改造。

可见，信息作为中介贯穿于人类认识世界、改造世界的全过程。

企业信息是信息的一种，企业信息也具有中介功能。它主要表现为：企业管理者对企业管理客体的认识，是通过对管理客体所发出的信息的接收、加工之后而感知的；是依据对管理客体信息的分析和加工，形成新的更高层次的认识，然后通过实践，反作用于企业的管理客体，对企业进行管理，实现企业的目标。

企业管理客体发出的信息包括四个方面：一是关于管理客体自身特点的信息；二是关于管理客体变化规律的信息；三是关于管理客体未来发展趋势的先兆信息；四是该管理客体所发出的信息中，同时隐含着的有关其他客体的信息。

例如，企业管理者可以通过市场发出的信息来了解市场发展变化的趋势，作为企业制订营销计划的依据；通过员工发出的信息来了解员工的个人需求，是企业实施人力资源管理的必要条件；通过竞争对手发出的信息来了解企业面临的挑战，是企业制定竞争战略的前提和基础；通过了解企业所处竞争环境的信息，为企业进行内外协调提供依据。

不过，如果企业管理者对于竞争对手“明修栈道，暗度陈仓”的信息认识不足，就会对竞争对手的行为做出错误判断。当然，这也是中介功能的作用，不过这是企业管理者利用中介功能为自己服务产生的负面作用。

甚至于，有学者认为信息具有“管理与协调功能”“科学功能”“信息是科学决策的依据”的功能，本书认为这其实都是信息中介功能的引申。本书在第二版上对此已经作了论证，这里就不再赘述了。

信息的中介功能，使得信息成为现代企业管理的基础。在现代企业管理中，除了人流、物流、资金流之外，还存在着信息流。而且人流、物流、资金流也同时表现为企业的信息流。管理的计划、组织、人员配备、指挥、控制等职能的实现，都是以信息作为依据的，都是对信息流的管理和控制，管理者的决策、被管理者对决策的执行、各部门之间的协调、组织活动的有序进行等都是以信息为中介来实现的。信息活动贯穿于企业管理活动的全过程。没有信息就无所谓企业管理。

2. 企业信息的诱导功能

这是指信息具有诱发信息接收者产生该信息所能导致的某种行为的功能。

因为信息具有共享性特征，所以任何信息都可以为人们所接收和共享。信息接收者在接收到信息后，该信息立即在信息接收者的头脑中占据一定的位置，并使信息接收者将自己头脑里原有的需求信息与之相联系来进行思考，使信息接收者产生该信息所能产生的某种动机，当这种新动机占据主导地位时，则使信息接收者产生该信息所能导致的行为。这就是信息诱导功能产生的机制。

所有的信息都具有这种功能，企业信息尤其是如此。

例如，在市场环境中，企业的品牌名称就是一种特定的信息。品牌名称信息的诱导功能表现为品牌信息能够在第一时间吸引特定的信息接收者（消费者）的注意力，然后诱导消费者，使其产生进一步了解该品牌商品信息的行为。

消费者的购物行为源于他们自身的需要。这种需要不仅仅是一种对物质的需要，还是一种对信息的需要，只不过对信息的需要一部分是从物质需要中派生出来的，另一部分是为了满足个体在心理上的需求。

当消费者由于物质和精神的需求进入市场，这些需求在头脑中，或者是十分明确的，或者是潜在的，主观上还没有直接意识到。当他在货架前巡视时，实质上就是一种信息的搜索。当某一个品牌的名称正好和他明确的或潜在的需求相一致时，这种商品就会被他注意到，使他产生注视该商品的动机，从而使消费者完成对该商品从无意注意到有意注意的过程。这时，诱导功能强的品牌名称信息会进一步作用消费者的大脑，吸引他进一步产生了解该商品全部信息的动机，当这种动机越来越强，达到一定程度时，就必然导致消费者进一步详细地了解该品牌商品的情况。

至此，不论消费者最后是否购买该品牌商品，品牌名称信息的诱导功能已经完美地实现了，即信息诱导功能已经产生并成功地影响了消费者。

相反，如果品牌名称信息与目标消费者的需求相违背，则可能会诱导出消费者的厌恶、反感或抵触情绪；如果品牌名称信息和品牌所代言的商品不匹配，也就是与目标消费者对该商品的需求不匹配，则会诱导出目标消费者对该商品的困惑不解，从而放弃对该商品的进一步了解，也就无法产生购买动机。这也是诱导功能产生的作用，只不过这是负面作用（姜浩和司有和，2003）。

企业品牌名称信息的诱导功能作用机制是如此，其他企业信息也具有诱导功能，其作用机制也是如此。例如，2021 年 3 月，某市教育委员会公布了关于《高中阶段学校招生录取改革实施办法》的文件，宣布从 2022 年开始，该市高中阶段学校招生录取工作一个巨大的变化就是重点高中的招生名额，要根据各初中学校的毕业生人数按比例分配到学区。这个信息一发出，网上的点击量猛增，迅速诱发出该市那些家有初中生、没住学区房的家长们设法寻找该市教育委员会文件的行为。这一行为的产生，就是因为这个信息正好和这些家长头脑中明确的或潜在的需求（喜欢）相一致：我们家没有学区房，孩子今年要中考，录取高中有没有希望？从而使他们产生关注该信息，并产生进一步了解该信息全部内容的动机，当这种动机越来越强，达到一定程度时，就会产生进一步详细地了解该信息全部内容的行为。至此，不论这些家长是否将这个文件读完，这条新闻的信息诱导功能已经完美实现了。

3. 企业信息的资源功能

企业信息的资源功能又称经济功能，指信息具有促进社会经济产生、发展和增强经济效益的功能。企业信息也具有促进企业经济产生、发展和增强企业经济效益的功能。

信息的资源功能主要表现在以下几个方面。

首先，信息本身就是财富，具有经济价值。许多信息本身就是商品，可以在市场流通从而创造财富。新的生产工序、新的生产工具制作方法、新的操作方法、新的工艺、新的技术、新的设计方案，都是信息，都会因为可以替代旧工序、旧方法、旧工艺、旧技术和旧的设计方案，而使需求者购买，从而产生新的经济效益。

其次，利用信息可以间接创造财富。这是因为使用信息可以使非资源转化为资源而创造财富；使用信息可以取代劳动力、资金和材料，替代传统资源而创造财富；将信息要素注入生产力系统，可以提高劳动者的素质，从而缩短劳动者对生产对象的认识及熟练过程，提高生产力系统的质量和效率而创造财富；使用信息可以加快决策速度和保证决策正确，从而降低时间成本和减少决策失误，减少企业的经济损失，等于创造了财富。

最后，利用信息可以使国民经济产业结构合理化，使产业结构与国民经济发展更加协调，使各产业部门之间更加协调。利用信息还有利于产业结构的高级化，有利于劳动就业结构的高级化，有利于产品结构的高级化，有利于投资结构、消费结构和贸易结构的高级化。

关于信息资源概念的范畴，有人认为：广义的信息资源包括信息本身、信息人员、技术、设备等信息要素的集合（王悦，2017）。但这种说法欠妥。

本来，信息的资源功能就应该只是指信息本身。当然也应该包括技术，因为技术本来就是信息的一种，使用任何一种技术，都属于信息利用的范畴。除此之外不应该再涉及其他非信息的方面。

信息人员本身不是信息；设备本身也不是信息。我们只能说，人是人力资源，设备是物质资源，它们只是在信息资源意义实现的过程中发挥了作用。这些非信息方面的要素不应该是信息资源。

这就如同煤炭，我们说煤炭是资源，就只是指它那种能够燃烧、提供热量的物质所具备的功能。虽然没有挖煤工，我们就得不到煤炭；虽然没有挖煤的铁镐或采煤机，我们也挖不出煤炭；虽然我们不去点燃煤炭，煤炭就不会自动燃烧，但是我们不能说挖煤工、挖煤机和烧煤人也是煤炭资源。挖煤工、挖煤工具和烧煤人只是煤炭资源意义实现的条件，不是煤炭作为资源的条件。

同理，信息人员、信息设备是信息资源意义实现的条件，不是信息作为资源的条件。信息的资源属性是由信息本身决定的，不能把信息资源和信息资源意义的实现这两个概念混淆、等同了。

鉴于信息具有资源属性，所以一切能够产生和存储信息的空间位置也被称作信息资源。例如，图书馆、信息中心、数据中心、档案馆、数据库等。因为这些位置都是信息资源的蕴藏处，但这些位置本身并不是信息资源。这就如同我们说煤矿矿山蕴藏了丰富的煤炭资源，而不说煤矿矿山是煤炭资源一样。

信息资源、物质资源和能量资源共同构成了现代人类社会资源体系的三大支柱。没有物质，什么也不存在；没有能量，什么也不会发生；没有信息，任何事物都没有意义。物质向人类提供材料，能量向人类提供动力，信息向人类提供知识和智慧。

尤其是信息，它是人类借以对其他资源进行有效管理的工具，人类对各种资源的有效获取、有效分配和有效使用，直至推动社会经济的发展，促进人类社会的进步，都是通过对信息资源的开发利用来实现的。

基于信息资源功能的特征，有人提出信息的生命周期的命题，认为“信息和其他资源一样是有生命周期的，从产生到消亡，经历需求、获得、服务、退出四个阶段”（王悦，2017）。这个提法，我觉得欠妥。

首先，信息一旦产生，不会消亡。著名的中国古籍《山海经》自成书以来至少有 2000 年，它所承载的信息就没有消亡。即使现在许多人看不懂、不明白，许多企业也不用它，但作为一本古籍所承载的信息并没有消亡。

其次，在上述四个阶段中，需求是信息使用者的需求，不是信息需求信息；获得也是信息使用者的获得，不是信息获得信息。我们说的信息的资源功能是指信息本身具有的特征，与信息的使用者无关。服务虽然是指信息使用者用信息服务于企业，但是信息本身具有的资源功能可以进行服务。退出的说法，比消亡确切。信息可以服务，用不着了可以退出来，但是不会消亡。

至此，可以明白，需求、获得、服务、退出四个阶段，说的不是信息的生命周期，而是企业信息管理的生命周期。

如果说信息因具有资源功能而被信息使用者所使用，其所经历的周期是产生、传播、使用、退出、再激活的过程。一个信息产生了，借助依附性寄载于载体得到传播，为受传者所使用，使用结束后退出这一使用环境，但并没有消亡，在另外一个环境里，被另外一个受传者激活，再次受到使用，如此循环往复，直至永远。

1.2 企业信息管理

1.2.1 企业信息管理的必要性

1. 企业信息资源意义的实现在于对信息实施管理

由于企业信息使用价值不确定性特征的存在，企业信息的资源功能并不表示企业信息可以自动地实现其资源意义，必然地产生对企业管理者有用的价值。

物质资源的资源功能是客观的、确定的，资源的获得与开发者无关，资源意义的实现与使用者无关。还是以煤炭为例，不论它是否被开采，其可以燃烧的资源功能是确定的、客观的。不论是现代化的采煤工，还是小煤窑的雇工都可把它开采出来，其作为资源的获得与开发者无关。不论是高级知识分子，还是大字不识的家庭主妇都一样能使它燃烧，其资源意义的实现与使用者无关。

信息作为资源就不同了。信息的资源功能是不确定的，信息的资源意义不会必然地、自动地、无条件地实现。信息作为资源的获得与开发者有关，不同的信息开发者在同一个信息资源库开发出来的信息的资源意义是不相同的，而对于同一信息资源意义的实现，不同的使用者也是不相同的。

案例 1.3 某制鞋厂厂长派了两个营销人员去某地考察鞋市场行情。两天后，第一个营销人员回来说："厂长，那里没有鞋市场，因为那里的人没有穿鞋的习惯。"

过了几天，第二个营销人员回来说："厂长，那里的鞋市场潜力可大着呢。"厂长问："不是说那里的人没有穿鞋的习惯吗？"

第二个营销人员回答说："是的，那里的人是没有穿鞋的习惯，但是如果我们工作做得好，让那里的人都愿意穿鞋，那么那里的鞋市场，潜力就大得不得了。"①

案例中两个营销人员面对的是同一个信息：那里的人没有穿鞋的习惯。这个信息，对第一个营销人员来说只具备知识的意义，知道那个地方的人不穿鞋。对第二个营销人员来说就具备资源意义，他据此发现了一个巨大的、潜在的鞋市场。

我们虽然没有办法去核实这个案例，但是与这个案例非常相似的是中国的啤酒市场。在中国人还没有喝啤酒的习惯时，在中国生产第一瓶啤酒的人就经历了第二个营销人员的那种思考。

案例 1.4 人们都知道农夫山泉的著名广告词：农夫山泉有点甜。可是，在 2000 年夏天，《中国经营报》却打出了"农夫山泉有点烦"的大字标题②。

原来是农夫山泉在它的新闻发布会上宣称，天然水具有强大的生命活力，而纯净水"纯净"得连人体需要的微量元素都没有了，因此长期饮用纯净水对人体健康没有好处。当场就有记者表示反对：农夫山泉这样做，会遭到纯净水厂家的强烈反对，会向法院起诉的。而农夫山泉当场表示：好啊！你告就是了。只要你告，法院就会受理。法院一受理，媒体就会报道。这样，更多的人就知道了天然水和纯净水的区别，把农夫山泉和纯

① 本书作者司有和根据市场营销专业口头传播的案例改编，2021 年。

② 《农夫山泉有点烦》，http://wenku.baidu.com/view/7b4f1a68b84ae45c3b358c65.html，2021 年 4 月 17 日。

净水进一步区别开来，这恰恰是农夫山泉所希望的，正中了农夫山泉的计中计（相晓冬，2000）。

果然不出所料，那些纯净水厂商们为还自己一个清白之身，进行了激烈的反击，把农夫山泉告上法庭。一时间各大媒体纷纷报道这场官司。所以说农夫山泉有点烦。

那么，究竟是天然水好，还是纯净水好呢？这是一个谁也说不清楚的问题。就如同吃苹果要不要削皮：削皮吧，皮里有很多维生素，可惜了；不削皮吧，皮上沾有农药。其实这本来是不成问题的问题，你要削就削，不削就不削。

那么，农夫山泉为什么要这样做呢？这是由企业当时所面临的形势决定的。

因为本来国内的饮用水市场是农夫山泉与另外两大巨头呈“三国鼎立”的局面，可是，就在 2000 年初，另外两大巨头加盟了世界著名的饮用水巨头××集团，使得原来饮用水市场的形势瞬间变成了“二对一”。在形势十分严峻的情况下，农夫山泉打出天然水与纯净水营养价值的区别的旗号，采用的是差别化营销战略。后来的事实证明，农夫山泉的这一招是正确的。农夫山泉依靠自身对信息的开发保住了自己，直到后来有人要收购农夫山泉，农夫山泉仍旧坚持这一战略。

对于天然水与纯净水营养价值的区别这样一个争议很大、人尽皆知、不可能有确切结论的陈旧知识，多少专家学者、企业总裁都是知道的，谁也没有意识到它有什么资源价值，独独农夫山泉的经营者用它来为企业服务了。

综上所述，企业信息资源意义的实现，不在于信息本身，也不在于你是否掌握了这一信息，而在于你掌握信息后对信息的思考和围绕信息所进行的策划，即对信息和信息活动的管理。

可见，信息并不就是资源。信息只是信息，它不可能自动地变为企业管理者的资源，不会必然地对企业管理产生作用。信息是被动的，只有管理者将其激活之后才会成为企业的资源。我们只能说企业信息可能成为企业资源，要将这种可能性变为现实，就必须对企业信息和企业信息活动实施管理。

企业信息管理是企业信息资源意义实现的必要前提条件。

所以，信息就是资源说法不妥。它给人一种误导，使人以为信息资源和物质资源一样，只要有了信息就有了资源。

信息经济学家奈斯比特说过，没有经过整理的信息，不是我们的朋友，甚至是我们的敌人，当然更不是财富和资源。

美国一位信息管理学者巴克霍尔兹（2000）说得更明白：信息是一种需要管理的资源。

2. 企业环境的变化要求企业实施信息管理

企业环境是指围绕着企业的空间，以及其可以直接、间接影响企业生存与发展的各种自然因素和社会因素的集合。

根据环境的范围，可以将企业环境划分为企业内部环境和企业外部环境。

内部环境包括管理主体（管理者）、管理客体（被管理者、财、物、时间、信息）、管理媒介（信息）、管理工具（机构、法规、操作工具等）、管理目标。

外部环境包括社会环境和自然环境。社会环境又包括人口环境、经济环境、技术环境、政治法律环境、社会文化环境、国际环境、市场环境、行业环境。通常把前面六种合称为一般社会环境。

21 世纪的企业所面临的外部环境，主要是指社会环境处于急速变化的过程之中。企业管理者只有把握这些变化的特征，才能驾驭变化，赢得成功。

首先，企业面临着更大的竞争压力。企业间的竞争越来越激烈，竞争的激烈程度表现为竞争层次高、竞争的参与者多、市场需求变化快、竞争对手的反应快。企业面临着越来越复杂的客户需求，客户消费水平越来越高，从满足基本生活需求的低层次需求上升为满足高层次的心理需求，从温饱型消费转向享乐型消费、休闲型消费。企业面临的市场也呈现出高度的不确定性，越来越难以预测。企业的各项成本和费用也因此不断攀升，企业利润率越来越低。

其次，全球经济一体化，尤其是“互联网+”的影响。20 世纪中叶以来，在世界范围内，跨国公司的数目急剧增长，世界贸易组织（World Trade Organization，WTO）成员越来越多，全世界 70%的国家和地区都已是 WTO 的成员，各成员都必须遵照统一的规则、标准体系、市场规范和经商惯例来进行企业生产经营活动。

“互联网+”正以雷霆万钧之力、迅雷不及掩耳之势铺天盖地而来。人类正通过无数个彼此相连的计算机终端和纵横交错的电子网络紧密地联系在一起，资本、信息、技术、能源、人力资源突破国界在全球范围内大量、迅速地流动，整个世界正走向经济一体化，并由此直接导致竞争从本土竞争转化为国际竞争，经济领域的“世界大战”在持续进行，信息大国掌握着信息标准的制定权，传统的国土侵略、经济侵略转化为信息侵略等。

最后，传统经济学理论影响下的企业经营实力、组织结构、运营模式、管理方法都已经不能适应形势的需要，工业经济时代顶礼膜拜的规模经济、专业化分工、垂直一体化、进入壁垒等已经失去昔日的光环，代之而来的是柔性管理、反应能力、学习能力、管理变革、流程再造、电子商务、标准化管理等。

综上所述，企业面对着迅速变化的环境，只有一个选择：适应环境。要适应环境就必须走社会信息化的道路。这已经为越来越多的人所认识。不搞信息化就要落后，落后就要挨打，就会在当代信息战争面前毫无还手的能力。

1.2.2 企业信息管理的定义

企业信息管理是信息管理的一种。

信息管理，在英语中是 information management，简称 IM。日语中是情报管理。作为一个术语，在全世界的范围内已经广泛使用。

企业信息管理包括两个方面，一是对企业信息的管理，二是对企业信息活动的管理。

1. 企业信息管理是对企业信息的管理

对企业信息的管理应该按照采集—加工—存储—传播—利用—反馈的内容和程序去进行（图 1.1）。

这个程序规定了对信息进行管理的六项工作及其先后次序。这六项工作一项都不能少，少了某一项，信息管理工作就会出差错；这六项工作的先后次序也不能颠倒，因为每一步都在为下一步做准备，提前做下一步工作，不是无法进行，就是浪费劳动。

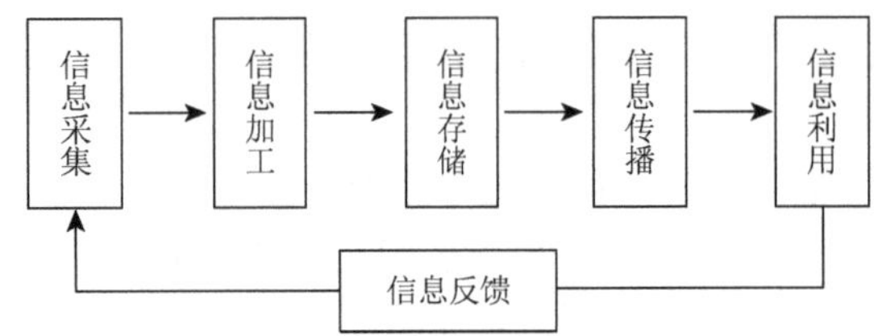

图 1.1 对企业信息进行管理的内容和程序

关于对企业信息进行管理的具体内容在本书第 7 章再做详细介绍。

2. 企业信息管理是对企业信息活动的管理

企业信息活动指的是企业管理者为了达到生产、采集、传播、加工、使用和保护信息并充分实现信息资源意义的目的所开展的各种活动。

人类的信息活动分为三个基本层次：一是个人的信息活动；二是组织的信息活动；三是社会的信息活动。企业信息活动属于组织的信息活动。

企业信息活动的类型很多。例如，企业信息生产活动有信息开发、技术创新、流程再造、组织创新、竞争情报、电子商务、虚拟企业等；企业信息发布活动有新闻发布会、产品展览会、商品交易会、市场营销会等；企业信息保护活动有申请专利、签订合同、注册商标和域名、著作权保护、信息存储安全等；企业信息利用活动有商务洽谈、个别谈话、CIO（chief information officer，首席信息官）体制的实施、品牌塑造、企业形象塑造、信息化工程、管理控制、战略信息管理、信息行为的法律道德管理等；企业信息服务活动有企业信息提供服务、企业信息咨询服务等。

正因为企业信息活动是以实现企业信息资源意义为目的，所以它是企业管理者有意识、有目的的活动，不是自然发生的，需要事先精心策划，使之成为企业信息管理的对象加以管理，才可能达到管理者预期的目的。单纯地把信息作为管理对象而忽略信息活动是不全面的。

案例 1.5 2000 年 10 月 10 日上午 9 时，位于北京三里河的中国建筑文化中心门前，北京富亚涂料有限公司（简称富亚公司）正在进行“真猫真狗喝涂料，富亚涂料安全大检验”的宣传活动。广场上人山人海，人越聚越多。其中还有动物保护协会的成员，有的在愤怒地演说，有的高举着大幅标语、漫画，坚决反对用小动物做试验。9 时 20 分左右，当企业准备正式让小猫、小狗喝的时候，动物保护协会的人士就冲上主席台抢小猫、小狗，互相之间拉扯起来，场上一片混乱。

大约争执了半个小时，富亚公司的总经理蒋和平望着喧嚣的人群，从容不迫地说：“我被你们保护动物的精神感动了，我今天若是让小猫、小狗喝了涂料就成罪人了。但是，涂料确实是我设计的，我知道没有毒，你们不信，我来喝！”说罢，蒋和平舀起涂料倒进杯子，脖子一伸，“咕嘟、咕嘟”足足喝了大半杯。顿时，全场爆发出雷鸣般的掌声和喝彩声①。

这是一个非常成功的信息发布会。第二天，新华社播发了一篇 700 字的通稿，全国至少有 200 多家媒体转载了这则消息，富亚公司的知名度一鸣惊人，到富亚涂料专卖店购买涂料的人数疯涨，来自全国各地的订单也纷至沓来。

① 《事件营销——富亚赌命一喝成名》，https://www.jinchutou.com/p-144420902.html，2021 年 4 月 17 日。

案例1.6 2001年春天，在保暖内衣市场获得成功的北极绒公司决定进军羽绒服市场，在2001年3月的中国国际时装周上，北极绒公司就向业内人士表现出拼抢2001年冬季羽绒服市场的决心。同时放出大量收购鸭绒的信息，还对外宣称，已经投入巨资买下东北一家养鸭场，说是为企业的产、供、销一条龙做准备。这些信息使得鸭绒服厂家认为北极绒公司是要生产鸭绒服。

结果，当年9月1日，北极绒公司生产鹅绒服的广告像炸弹一样投向了全无准备的同行。9月6日，鸭绒服厂家为挽救危局，联合起来召开现场直播的专家论证会，企图辟谣"鸭鹅之争"，但是现场专家之间展开了激烈争论，"鹅绒、鸭绒到底谁好"最后也没有结论。10月15日，羽绒服界最大的厂家波司登公司宣布，鹅绒服确实比鸭绒服好，他们公司也要生产鹅绒服。行业老大一发话，别的企业也就不再闹了，"鸭鹅大战"这才结束。结果，2001年的冬天，全国的鹅绒服销售一空，而鸭绒服竟然积压了3000万套。

在这场被称作2001年冬天的"鸭鹅大战"中北极绒公司大获全胜，其中最重要的原因就是2001年春天的北极绒公司的信息发布工作。它的高明之处有两点：其一，它使用了模糊语言，只说"拼抢羽绒服市场"，并没有说是生产鸭绒服，还是生产鹅绒服。其二，它只说买了一个养鸭场，并且是真的买了养鸭场，但是并没有说买养鸭场是为了生产鸭绒服。认为北极绒公司要生产鸭绒服，那是信息发布活动中听众的认识，实际上是一种错觉。所以，买养鸭场是"明修栈道"，生产鹅绒服是"暗度陈仓"。这同样不愧是一次精心策划的信息活动。

案例1.7 2000年的一天，杭州某企业举办"歌星演唱会"进行企业产品信息发布。当天晚上，离开会还有半个多小时，广场上人越聚越多，已经有上千人，大多数是追星族，盛况空前。企业的管理人员在台上坐着，十分高兴。

就在这个时候，来了几个警察，拿起话筒说："国家法律规定，凡是超过1000人的群众集会，必须事先申报，获得批准之后才能开会。今天的这个会没有事先申报，现在到会人数已经超过1000人了，这种集会是违法的！请同志们自动离开会场。"结果，到场的人"轰"的一声就解散了。①

很显然，这是一次失败的信息发布会。它说明企业管理者对信息发布会缺少事先策划，或者说策划得不够、不全面。因为与会人数超过法律规定的情形是可能发生的，这在事先策划时就应该预见到。不仅要有所预见，还要策划一旦发生应该如何处理。事实说明，他们没有预见到。

当然，他们没有预料到事件的发生，与他们法规知识的缺乏、法律意识的淡薄不无关系。这是他们平时缺少采集相关法律知识信息的结果。

这三个案例充分说明，信息活动需要事先精心策划，你这样策划它就这样发生，你那样策划它就那样发生，如果不策划它就不会发生。也许你会说这是大实话，但是它是规律。策划得好，可以为实现组织目标做出大的贡献；策划得不好，就可能会给组织带来损失。策划就是对信息活动进行管理。

企业内大部分活动都是信息活动。信息活动不只是指与计算机系统有关的活动，如工

① 本书作者司有和根据2000年《中国经营报》所载报道改编。

作会议、技术创新、申请专利、商务洽谈、商品交易会、个别谈话、信息化工程、流程再造、管理控制等，这些活动都是信息活动，都需要事先精心策划、精心管理，以便使它们向有利于实现组织目标的方向发展。

至于企业信息活动如何进行管理，由于每一种信息活动都要精心策划，并没有一个统一的程序和方法，所以只能是具体问题具体分析。本书将在第 5 章详细介绍：企业战略信息管理、企业竞争情报的管理、企业传统文献信息系统的管理、企业信息公开的管理、企业会议的管理、企业知识管理、企业信息行为的法律道德管理等七种企业信息活动管理的具体内容。

综上所述，我在《企业信息管理学》第一版中就给企业信息管理进行如下定义。

企业信息管理是企业管理者为了实现企业的目标，把信息作为待开发的一种资源，把信息和信息活动作为企业的财富和核心，充分使用信息技术和管理理论，对信息的采集、加工、传播、存储、共享和利用进行管理，对企业信息活动中的人、技术、设备和时间进行协调和运行，以谋求企业可能的最大效益的实践活动的全过程。

简言之，企业信息管理是企业管理者为了实现企业目标，对企业信息和企业信息活动进行管理的过程。

在企业信息管理中，与企业相关的信息和信息活动，是管理的客体对象，以信息流代替常规管理中的物质流、资金流，管理原则遵循信息活动的固有规律，建立相应的管理方法和体系，实现企业的各项管理职能。

1.2.3 企业信息管理的特征

1. 企业信息管理的类型特征

企业信息管理是管理的一种，所以它具有管理的一般属性特征。例如，管理是为了实现组织的目标，管理主体是具有一定知识和水平的管理者，管理对象是组织活动，管理本身是一个过程等，在企业信息管理中同样具备。

企业信息管理是信息管理的一种，所以它具有区别于其他管理的特征：一是管理的对象是非人、财、物的信息和信息活动；二是管理行为不限于在工作现场，企业信息管理行为无时不有，无处不在。

企业信息管理作为一个专门的独立的信息管理类型，还具有区别于其他信息管理、为自己所独有的特征：管理的客体对象是企业信息和企业信息活动。

2. 企业信息管理的时代特征

当代企业信息管理和过去相比，有如下特点。

第一，信息量猛增。随着经济全球化、一体化，以及“互联网+”的普及化，各个国家、各个地区之间的政治、经济、文化的交往越来越频繁；任何一个企业组织同其他外部实体的联系越来越多；企业组织对本领域内部、本领域与相邻领域之间的关系以及环境的信息都要了解，以致信息量猛增。

第二，信息处理和传播的速度加快。当今社会的各级企业管理决策中，时间要素越来越重要；在管理控制中，反馈信息越快，控制越有效，损失也就越小，所以，就对信息的处理和传播的速度提出了更高的要求。

第三，信息处理的方法日趋复杂。随着管理工作对信息加工的要求越来越高，信息处理的方法也就越来越复杂。过去的信息加工，多数是一种经验性的加工，有计算也只是简单的算术运算。现在不同了，数理统计方法、运筹学方法、计量经济学方法、计算机方法、互联网技术等都引入企业管理的范畴，不仅计算方法复杂，而且计算的工作量也非常大，还需要用计算机来处理数据。

第四，信息处理所涉及的领域不断扩大，关系更加复杂。从知识范畴上看，信息处理工作涉及经济理论、管理科学、企业管理学、社会科学、行为科学、心理学、计算机科学等学科的知识；从技术上看，信息处理涉及计算机技术、互联网技术、通信技术、办公自动化技术、测试技术、复印复制技术等。

3. 企业信息管理的个性特征

企业信息管理作为一种管理模式，并不是额外加给企业管理者的一项管理任务，企业的信息管理与企业的常规管理是并存一体的。

企业常规管理是企业管理中的生产过程管理、质量管理、人力资源管理、物资管理、营销管理、财务管理等所有非信息管理的管理活动的总称。

常规管理的提法，在国内的管理学著述中尚未见到。本书提出这一概念是为了便于和信息管理相区别，下面我们就集中讨论企业常规管理与信息管理并存一体的特征。

首先，如果把企业比作人体，那么，企业的高层班子就是大脑，企业的计算机信息系统和非计算机信息系统就是企业的神经网络系统，把企业的上上下下、边边角角联系起来，在大脑的指挥下，通过信息管理活动，实现企业肌体的协调运作。在这里，信息管理过程就是神经反射调节的过程。人体离开了神经网络系统一刻也不能生存。企业也是如此。企业管理每一个环节的任务，只有借助信息管理才能完成，企业信息管理覆盖了企业所有的管理工作。

其次，从常规管理的过程来看，就是计划—实施计划—总结工作—制订新的计划的过程。从管理的本质来看，管理过程就是管理者将自己的意图（计划）变为员工行为（实施计划）的过程。从信息管理角度来看，管理者确立意图的依据是信息，因此管理者必须进行信息采集、信息存储；管理者意图产生的过程是信息加工的过程；管理者要让被管理者了解意图，就必须进行信息传播；被管理者要把管理者的意图变为行为，即执行意图或者管理者自己执行意图，则都是信息利用；管理者了解意图执行的结果，就是信息反馈。

可见，信息管理过程的信息采集、信息存储、信息加工、信息传播、信息利用、信息反馈六个环节贯穿于常规管理的全过程，企业的信息管理与常规管理并存一体。

最后，从常规管理的职能来看，虽然不同管理学派的表述并不完全一致，但是其基本核心内容（包括计划、组织、领导、控制）还是较为一致的。我们分析这四大职能的具体内容，也发现常规管理职能的实现与信息管理密切相关，企业信息管理与企业常规管理也是并存一体的。

也许有人说，既然企业信息管理与企业常规管理并存一体，那么做好了企业常规管理，不就是做好了企业信息管理吗？其实不然，信息管理与常规管理并存一体，不仅不能说明可以用企业常规管理代替企业信息管理，恰恰说明企业常规管理之所以效果不佳，其原因之一就是企业信息管理工作没有做好。

因为这是客观存在的事实，是企业管理的客观规律，不是你承认不承认的问题，而是你只能照着去做，必须学会实施的问题。它要求企业管理者的管理理念，必须从单一的企业常规管理的理念，转换到并存一体的理念上来。

1.2.4 企业信息管理的内容

企业信息管理是一个崭新的命题，无论是在理论上，还是在实践上，其内容都在不断地发展变化着。综合已有的研究成果，应包括以下几个方面。

1. 企业信息系统

企业要进行信息管理，第一项任务就是建立本企业的信息系统。

这一工作主要包括：明确企业信息系统的概念、作用，懂得企业信息系统既包括使用计算机管理信息系统进行的信息管理工作，即现代信息系统，还包括不使用计算机系统进行管理的信息管理工作，即传统信息系统；明确企业两类信息管理系统与企业信息管理的关系；企业信息系统开发的思路、原则、方法和步骤；进行信息系统运行管理和维护管理的内容和方法；把握企业信息系统的发展趋势。这方面的详细内容见本书第 3 章。

2. 企业信息系统的管理

当我们将企业信息系统建立起来后，接下来的工作就是对系统进行管理。

由于企业信息系统包括：计算机信息系统（现代信息系统）和非计算机信息系统（传统信息系统）两大部分，所以信息系统的管理也包括两部分。

企业现代信息系统的管理主要包括：计算机信息系统的日常运行与维护，计算机信息系统的应用管理，系统的修改、重建和审计，系统内人员的管理等。这方面的内容详见本书第 4 章。

企业传统信息系统的管理主要包括企业传统信息系统的运行、开发、改善与重建。具体有：企业战略信息管理、企业竞争情报的管理、企业传统文献信息系统的管理、企业信息公开的管理、企业会议的管理、企业知识管理、企业信息行为的法律道德管理等。这方面的内容详见本书第 5 章。

3. 企业信息化建设及管理

企业信息化建设是企业实现信息管理的必要条件。企业必须从思想观念、管理模式、技术设备、组织机构等许多方面，对自身进行一次全新的信息化改造。只有这样，才有可能全面实现信息管理，提升企业竞争力。

这方面的工作主要包括：明确企业信息化的概念、分类、作用，以及与企业信息管理的关系，与企业管理数字化、智能化的关系；进行企业数字化、智能化等方面的建设，以及对信息化建设的管理和对信息化水平的测评。这方面的内容见本书第 6 章。

4. 企业信息和信息活动的管理

企业信息的管理主要是指对企业信息的采集、加工、存储、传播、利用和反馈，包括管理的程序、原则和方法。详见本书第 2 章、第 7 章。

企业信息活动的管理的内容十分广泛，包括企业现代信息系统的运行、维护和管理；企业传统信息系统中的战略信息管理、竞争情报管理、知识管理和企业信息化项目的管理等。这方面的内容就是本书第 4 章至第 6 章的内容。

5. 企业信息管理者及其提高

企业建立一支高素质的、能够及时为管理者决策服务的信息管理队伍，是搞好企业信息管理工作的根本保证。这里所说的信息工作人员，不只是指计算机管理信息系统中的系统主管人员、程序员、录入员和其他操作人员，而且包括企业CIO、各级管理者和各级信息管理部门的工作人员。

企业信息管理者的提高，包括实施企业CIO管理体制、企业信息管理师的职业认证，以及企业信息管理者自我提高的理论和方法。上述内容本书在第8章再予以介绍。

1.3 企业信息管理的认识误区

目前，企业管理者对信息管理还存在一些认识误区，这成为提高企业信息管理水平的障碍，以及推进企业信息化的障碍。其主要表现在以下三个方面。

1.3.1 企业信息管理就是利用计算机进行管理

计算机信息系统的强大功能和巨大的处理信息的潜在能力的确是客观存在的，而且在系统功能范围内的事件，计算机系统可以不知疲倦地长时间连续工作下去，并保证准确无误。所以，我们一定要建立和使用计算机信息系统，把计算机信息系统管理好。

但是，计算机系统并不是万能的，它还存在以下两个方面的问题，自己解决不了，需要人来解决

1. 计算机信息系统并不能解决自身的一切问题

（1）系统的输入信息，计算机系统不会自主鉴别、筛选、复核。

要让计算机系统工作，就必须向系统输入信息。可是，哪些信息可以输进系统，哪些信息不需要输进系统，哪些信息根本就不能输进系统，计算机系统本身是不会自主识别的。当输入信息表明，原先的行动目标已经发生变化了，系统并不能自主改变原来的行为。这一切都必须由人来做。这些关于系统输入信息的鉴别、筛选、复核等工作，就是不使用计算机系统的企业信息管理工作。

案例1.8 2001年10月4日，乌克兰军队正在克里米亚半岛附近黑海海域进行地对空导弹射击无人驾驶靶机的军事演习。演习先后发射了多枚地对空导弹，结果其中一枚却打中了远在300公里以外的黑海南部上空的一架民航客机。该民航机是俄罗斯西伯利亚航空公司的一架图-154客机，是从以色列飞往新西伯利亚的1812航班，机上66名乘客和12名机组人员全部遇难。

我们并不怀疑乌克兰导弹部队制导系统的水平。但是，当导弹错误地飞向黑海南部上空，接近民航客机时，民航客机的标志信息自然也就输入导弹的制导系统，可是导弹却不能识别那是一架不该打下来的民航客机，仍旧“认为”那就是它要击毁的“靶机”，继续撞了过去。

再如，山东某大学一位教授，在国外进修时研究乳腺癌治疗取得了成果，在国外刊物连续发表了两篇论文。他高兴地告诉国内同行，可以在网上检索到他的论文。可

是，国内同行根据他所说的路径却检索不到。他很奇怪。后来回国后他才知道，国内的网络增加了过滤功能，这两篇论文中都有“乳房”一词，被当作黄色信息给过滤掉了。可见，计算机系统不能识别同样含有“乳房”一词的信息，哪些是黄色信息，哪些是医学论文。

（2）计算机系统本身不能做出正确决策。

计算机系统确实具有强大的功能，系统在获得指令后，可以进行十分复杂的运算，并能够很快得到准确无误的运算结果。但是，系统也就仅此而已，根据系统输出的运算结果，究竟应该做出什么样的决策，系统并不会直接做出选择，还是需要人来完成。

案例 1.9 1988 年 7 月 3 日，从阿巴斯港飞往阿联酋迪拜的 655 号班机、伊朗航空公司一架空中客车 A300B2-203，在飞经海湾南部地区上空时，其航线正好与美国海军的导弹巡洋舰文森斯号的航线相交叉，在伊朗客机距文森斯号约 14 公里时，遭到了文森斯号发射的导弹袭击，客机随即起火，坠落于大海之中，机上 290 人全部遇难，无一生还。[①]

第一次海湾战争过去十年时，凤凰卫视的记者采访了当年在文森斯号上执勤的两位美军少校。一位具有指挥权的少校说：当时，文森斯号再三向这架民航机发出警告都未见回答，并且发现该机正向文森斯号俯冲，而且速度很快，我才奉命向它开火的。另一位少校说：当时并不是这样，屏幕上显示的是飞机正在爬升，而且速度很慢。该记者从有关部门设法调出当时的计算机硬盘，存储信息显示飞机当时确实是在爬升，速度很慢。[②]很显然，美军舰载计算机系统是世界一流的，显示的信息是准确无误的，可是根据世界一流的计算机系统提供的准确无误的信息，美军现场指挥人员却做出了错误的决策。显然，这是使用系统的人出了差错。

（3）系统的建设和系统功能的发挥同样决定于人。

企业信息化已经推行许多年，很多企业都建立了计算机信息系统和网络。但是，这些建立起来的信息系统和网络的功能要完全发挥出来，并不在于企业建立起来的那个系统本身，而在于这个企业使用这个系统的人。

例如，据网上报道，截止到 2019 年 12 月，在全国通过固定宽带接入方式使用互联网的企业，比例为 86.3%。但是，开展在线销售的企业，比例只有 32.6%，开展在线采购的企业，比例只有 31.5%，利用互联网开展营销推广活动的企业，比例只有 33.8%。可见企业互联网的利用率很低。

这种在已经建好、投入使用的系统中功能闲置的现象具有一定的普遍性。

不仅在中国是如此，在国外也是如此。据报道，被誉为“ERP[③]流程之父”的奥林·汤普森（Olin Thompson），专门从事企业 ERP 重组等项目。他调查了 100 多个进行重组的企业发现，在一些企业建设的新系统里，有 20%的功能在旧系统中就有，只是平时没有使用（张丽锋和刘珺，2005）。

---

① 《1988 年 7 月 3 日，美国“文森斯”号导弹巡洋舰击落伊朗客机》，http://www.xcar.com.cn/bbs/viewthread.php?tid=20138246，2021 年 4 月 17 日。

② 凤凰卫视中文台，海湾战争十周年专题节目，2003 年。

③ ERP 即 enterprise resource planning，企业资源计划。

很明显，这些已经建好的信息系统和网络的作用没有发挥出来的原因是人员素质不够，信息管理水平跟不上。我和我的研究生曾在2008年专门研究过这一现象，并以《计算机信息系统功能闲置的原因及其对策》为题发表在《科技管理研究》杂志上，指出“功能闲置现象的存在，是由于系统开发建设理念的偏差、内部组织形式及职能的不合理、系统开发建设过程的盲目性、业务人员缺乏计算机系统的应用素质和系统所处环境的改变等五大类原因”（蔡永清和司有和，2008）。

2. 计算机信息系统并不能解决企业的一切问题

与上述情形同时存在的是计算机信息系统并不能解决企业内的所有问题，企业内还有许多信息管理的任务是不能用计算机系统来解决的。

1）计算机系统对于例外问题无能为力

计算机系统是一种“人-机系统”，由信息源、信息接收器、管理者、信息处理机组成。其功能是收集、存储、处理和传播信息，为企业管理服务。它的优点是可以大大提高处理那些重复出现的、例行问题的效率，可以及时提供该系统功能范围内能提供的总体信息。我们在设计系统时，固然可以尽可能地使系统的功能全面一些，把一切可能遇到的、可以用计算机处理的问题，都编到程序里去。

但是，系统的程序一旦设计好之后，功能的目标和处理信息的范围就固定了，在出现例外问题、系统程序没有包括的问题时，系统就无法处理了。而例外问题的管理，在企业中总是会经常发生的，需要企业信息管理者直接去处理。

2）企业某些外部重要信息的捕获，计算机系统无能为力

企业在生产、经营活动过程中需要的信息，确实有许多都可以从计算机系统中获得。但是，不可否认，还有许多重要信息并不出现在计算机系统和网络中。例如，报刊、电视、广播、社会活动、个人交际中都可能遇到对企业来说非常重要的信息。这些媒介和场合下重要信息的获取，全靠企业管理者个人采集信息的信息管理能力。

此外，即使在计算机系统和网络中出现了重要信息，如果发现信息的企业管理者缺乏信息采集意识，不认识该信息的重要性，同样还会让这一信息丢失。

案例1.10 2000年11月16日，我国卫生部鉴于感冒药中的PPA（pipemidic acid，苯丙醇胺）成分可能导致脑血栓，诱发中风，宣布停止生产和销售15种含有PPA成分的感冒药，康泰克胶囊位居第一。康泰克是国内销售量最大的一种感冒药，凭借着药品本身的高质量和主要用于缓解感冒初期症状的功能，占有感冒药市场40%的份额。它的退出，留下了巨大的市场空间。奇怪的是，直到2001年9月4日新康泰克重登市场，在长达292天的时间里，国内竟然没有一个感冒药产品来抢占这空出来的市场份额，乘机取代康泰克的市场地位。新康泰克依然雄踞感冒药市场。（谢丹，2001）

这种千载难逢的商机，不是靠计算机信息系统可以抓住的。它之所以没有被利用，只能说明我国制药行业的管理者们信息意识薄弱，信息管理水平低。

案例1.11 重庆某橡胶股份有限公司的叶先生一次去昆明出差，住进宾馆后，发现室内的抽屉里有一张昆明钢铁控股有限公司（简称昆钢公司）的《昆钢报》，是几天前的一张旧报纸，显然是上一位住房旅客不需要而丢下的。就在他把报纸揉成一团准备扔进纸篓时，突然发现报上有一条简讯：昆钢公司材料供应厂即将进行改扩建招标。一个念头闪电

般从头脑中掠过：材料供应厂改扩建，必然要增添新设备，新设备里会有输送机，输送机上需要橡胶输送皮带。他想到这里，立刻根据报上的电话询问昆钢公司：材料厂设备招标开始没有？要不要输送带？对方回答，招标还没有开始，输送带与输送机合一招标。

他回到重庆，立即在重庆四处打电话寻找输送机厂，结果找到重庆某钢铁研究机构下属的输送机厂，马上与之联系，对方正在准备投标，且正为没有找到合适的输送带厂家着急。于是两家一拍即合，联合行动一举中标。其中输送带一项获得订货300多万元。[①]

叶先生到昆明出差，并不是为了调查昆钢材料厂改扩建工程招标的，能够在事先毫无思想准备的情况下，从一张废弃的旧报纸上发现商机，并能够从昆明到重庆把发现的商机变成现实的效益。这种商机的获取，靠的不是计算机系统，全凭他个人的素质、修养和能力，计算机信息系统并没有帮他什么忙。

3）企业内部员工信息的获取，计算机系统无能为力

在企业内部，有许多信息是管理者实施管理所必需的，尤其是企业员工的信息，他们的精神状态、工作态度、思想压力、个人困难等信息，都是管理者管理工作所需要的。这些信息的采集，无法从计算机系统上获得，只能是管理者通过与员工的直接接触、进行面对面的沟通来获得。

此外，企业管理者除了通过正式的企业行政组织机构系统来获取信息之外，还要通过聊天、家访、聚会、餐饮、路遇等非正式渠道、非正式组织来获取信息、处理信息，面对竞争环境，还需要获取竞争对手的信息等，这些都是不能用计算机系统进行的。

微软（中国）有限公司前总裁高群耀（2000）曾经撰文说："如果不涉及职员见面交流的需求和企业安全的保障体系，微软可以不需要办公室，所有的人都回家上班工作。"很明显，在微软这样一个高度信息化的企业里，计算机系统也不能代替一切管理工作。

可见，计算机系统并不能解决企业内的所有问题，企业还有许多不使用计算机的信息管理任务。运用计算机信息系统进行管理只是信息管理的一部分。

1.3.2 企业信息管理就是对信息部门的管理

在企业内，企业信息管理就是对信息部门的管理的这种认识比较普遍，以为企业信息管理工作就是管好企业的信息部门，具体的信息管理工作是信息部门的任务。

因此，企业设置一个CIO，或者是指定一名副总经理来兼管，企业的高层管理者（CEO）通常是不管信息管理工作的。

产生这种认识的原因，可能与传统的财务管理、人事管理的理念有关。因为在一般单位里，财务管理就是财务部门的事，人事管理就是人事部门的事，企业高层管理者只要抓好财务部门、人事部门就可以了。所以，当信息管理提到议事日程上来的时候，自然也就被认为信息管理就是对信息部门的管理。

其实，这种认识是不全面的。这主要有以下两个方面的原因。

1. 信息管理与财务管理、人事管理有所不同

常规管理中的财务部门、人事部门，其工作的内容、规律和方法，企业高层管理者

① 本书作者司有和根据教学中MBA学员的作业改编，2015年。

都是懂得的。他们能够理解部门工作人员提出的方案、建议，并有能力判断这些方案、建议是否正确。他们会支持财务部门、人事部门的正确方案，不会同意财务部门、人事部门的错误方案，做出违背财务工作、人事工作规律的错误决策。所以，看起来企业高层管理者好像只是在管理财务部门、人事部门，实际上他们自己是直接参与财务管理、人事管理的。

但是，信息管理则不同。信息管理是一种新兴的管理模式，企业高层管理者一般并不懂得或并不熟悉信息管理的规律、方法和内容。那么，一个不懂得信息管理的总经理，就没有能力判断信息部门或 CIO 提出的建议、方案是否正确，有可能轻易否定信息部门或 CIO 的正确建议，也可能会盲目肯定信息部门或 CIO 的错误方案，做出违背信息管理规律的错误决策。

所以，为了管好信息部门，企业高层管理者要学会如何进行信息管理。

2. 信息部门和企业高层管理者的管理角度不同

企业的信息部门作为一个职能部门，其工作的出发点会本能地比较注意本部门目标的实现，对于企业的总目标一般都不关心，往往很不关心，甚至为了部门目标不惜损害企业的总目标。而企业高层管理者的工作出发点总是企业的总目标，高层管理者认为有意义的信息、思想、做法，信息部门的工作人员不一定能够认识到，因而有可能丧失许多机会。更何况在非信息部门里也有许多信息管理的任务，也需要企业高层管理者检查、督促那些部门的人员去从事信息管理。所以，企业高层管理者的职责要求他必须学会从事信息管理。

综上所述，正如吴启迪（2002）教授指出的，企业信息化向企业最高领导者提出了挑战——对企业高层管理者的要求：把信息管理作为企业管理的主业。所以，企业信息管理应该成为企业高层管理者熟悉的经常性管理业务。

1.3.3 企业信息管理就是企业信息资源管理

企业信息管理就是企业信息资源管理的这种认识，在企业里有，在高校信息管理学教师中也有。持这种认识的人多数是基于信息管理发展阶段的理念。

关于信息管理的发展，现在普遍认为经历了三个阶段：传统文献信息管理、现代信息技术管理、当代信息资源管理。后来，也有人提出还有竞争情报管理、战略信息管理（知识管理）等，所以是五个阶段。不过，也有人认为竞争情报管理和战略信息管理是信息资源管理的发展。当今社会已经进入第三阶段或者第五阶段，即信息资源管理阶段。所以，信息管理就是信息资源管理，企业信息管理也就是企业信息资源管理。

其实，这种认识并不妥当。因为上述各个阶段并不是前后更替的，并不是进入信息技术管理时期后，传统文献信息管理就结束了；也不是进入信息资源管理时期之后，信息技术管理就结束了。

将信息作为资源进行管理，确实标志着信息管理进入了信息资源管理阶段，但企业同时还需要对企业文献信息进行管理，还需要运用信息技术对在线信息进行管理。企业内信息资源管理、文献信息管理、信息技术管理三者是同时并存的。所以，企业的信息资源管理仅仅是企业信息管理的一部分。

在企业信息化进程中，有的企业见效不大，有的半途而废，有的企图一劳永逸，结果欲速而不达，有的只见设备不见人，甚至出现企业信息化只见花钱不见效果的“投资黑洞”现象等，究其原因与以上三大认识误区有关。

所以，尽快地提高企业管理者对企业信息管理的认识，走出认识误区，是推动企业信息化、提高企业信息管理成效、提升企业竞争力的关键。

1.4 企业信息管理学

企业信息管理学是以企业信息管理活动的具体实践及其管理成果为研究对象，研究企业信息管理活动的基本规律和方法的学问。

企业信息管理学是企业管理学与信息管理学的交叉学科。

企业信息管理学是企业管理学中的一个独特的分支，是信息管理学理论在企业管理实践中的应用所产生的结果。

1.4.1 企业信息管理学的研究对象

1. 研究对象与学科成立的关系

毛泽东同志在《矛盾论》中说：“科学研究的区分，就是根据科学对象所具有的特殊矛盾性。”（毛泽东选集编辑部，1964）可见，独有的研究对象是衡量学科能否独立存在的标准。

当我们在比较两个学科时，就是比较两个学科的研究对象。

如果二者完全相同，则只是同一个学科；如果二者相互交叉，部分重合，那是两个学科，是两个相互交叉的学科；如果前者包容在后者之中，则前者是后者的子学科；如果二者既不相同，又不包容，那就是两个不同的学科（图 1.2）。

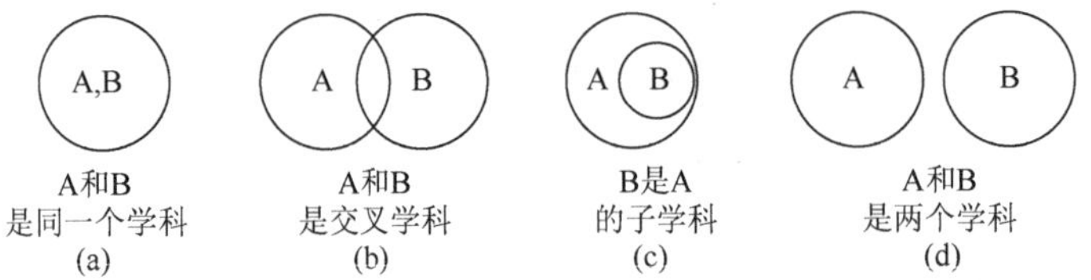

图 1.2 学科研究对象与学科独立性的关系

图中圆圈 A 表示学科 A 研究对象的范畴，圆圈 B 表示学科 B 研究对象的范畴

例如，对于信息管理学和信息资源管理学，它们的研究对象都是信息管理的全过程和信息管理结果，所以，它们是同一学科。符合图 1.2（a）的情形。

对于信息管理学和信息传播学，在信息管理学中涉及信息传播的管理，而在信息传播学里也包括信息传播的管理。二者在信息传播管理上是重合的，所以它们是交叉学科。符合图 1.2（b）的情形。

对于管理学和信息管理学，管理学的研究对象是所有管理的全过程及其结果，而信息管理学的研究对象是信息管理的全过程及其结果，很明显，信息管理的全过程及其结果，是所有管理的全过程及其结果的一种，所以，信息管理学是管理学的子学科，符合图 1.2（c）的情形。

西方经济学的研究对象是宏观经济、微观经济，产业经济学的研究对象是中观经济，二者互不相干，所以是两个相互独立的学科，符合图1.2（d）的情形。

任何一种理论，只要具备了特定的研究对象，就具备了发展成为一门独立学科的必要条件，即使该理论体系尚不完善，非牛非马，也是如此。

所以，确立企业信息管理学的研究对象，不仅仅是学科研究的需要，也是学科自身存在和发展的需要。

2. 企业信息管理学研究对象的分析

企业信息管理学的研究对象，是整个企业信息管理活动的全过程和信息管理活动的结果。

全过程指的是企业信息管理活动的全过程，包括信息的采集、加工、存储、传播、利用、反馈以及资源配置、系统开发、技术更新、运行维护、管理决策等全部企业信息管理活动的过程。研究企业信息管理，首先是研究信息管理活动的过程，研究这一过程每一个环节对最终管理成效产生影响的规律和作用机制，为企业信息管理者提高信息管理水平提供理论指导。企业管理者要提高信息管理的水平，就必须从企业信息管理活动过程中每一个环节入手，才能达到目的。

结果指的是各种各样企业信息管理活动的结果。

之所以用结果一词是指既包括成功的企业信息管理活动的成果，也包括那些平平的、失败的企业信息管理实践。企业信息管理活动的结果形式多样，有书面的，也有口头的；有过去的，也有现在的；有成功的，有平平的，也有失败的；有自己亲身经历的，也有他人的实践或经验。

将结果作为研究对象，既要研究结果本身，也要研究出现这一结果的过程；既要注意那些成功的、优秀的信息管理成果，也研究那些平平的、失败的信息管理实践；研究在这些信息管理实践的过程中，对获得成功产生作用的有哪些具体环节和作用机理，找出经验和规律来；研究造成平平乃至失败结果的有哪些具体环节和作用机理，找出解决的办法来。

企业信息管理活动的结果，无论是成功的，还是平平的、失败的，都是企业信息管理客观规律的具体体现，研究它，可以更直接地帮助我们寻找、总结企业信息管理的规律，建立更接近于实际的企业信息管理理论。

3. 企业信息管理学的学科独立性

为了判断企业信息管理学的学科独立性，我们根据上述“研究对象与学科成立的关系”的理念，做如下分析。

第一，企业信息管理学与信息学。信息学的研究对象是信息和信息活动，与企业信息管理学的研究对象完全不同，所以它们是两个不同的学科。

第二，企业信息管理学与信息传播学。信息传播学的研究对象是信息传播的实践，其中自然会涉及信息传播的管理；企业信息管理学中虽然也涉及信息传播的管理，但是仅仅是企业内的信息传播，仅仅是企业信息管理活动过程中的一个环节，并不涉及信息传播的其他问题。可见，二者的研究对象在信息传播管理上有交叉，所以，它们是交叉学科。

第三，企业信息管理学与信息产业学。我在《信息产业学》中指出：信息产业学的研究对象是信息产业的产业形态和产出形态（司有和，2001b）。这个定义中所说的“产业形态”，就包括信息企业和非信息企业的信息管理问题。企业信息管理学的研究对象是涵盖一切企业的，自然包括信息企业在内。可见，二者在信息企业的信息管理上是重合的，即二者的研究对象也有交叉，它们也是交叉学科。

第四，企业信息管理学与信息管理学。我在《信息管理学》中指出：信息管理学的研究对象是一切信息管理活动的全过程和管理结果（司有和，2001a)。这里的“全过程”和“结果”是包容了企业信息管理活动“全过程”和“结果”的，就是说，信息管理学的研究对象包容了企业信息管理学的研究对象，所以企业信息管理学是信息管理学的子学科。

综上所述，通过对企业信息管理学研究对象的分析，我们看到它与任何一个学科的研究对象都不完全重合，是任何一个学科的研究对象也替代不了的，局部研究对象的交叉是由学科交叉所决定的。所以，企业信息管理学研究对象的唯一性决定了企业信息管理学的学科独立性。

1.4.2 企业信息管理学的学科体系

具备独有的研究对象，只是学科成立的必要条件，就是说，学科能够独立。但是学科是否已经独立，则在于该学科是否已经形成了独立的、较为成熟的理论体系。加上这一条，学科成立就具备了充分条件。用数学的话说，当某一命题具备了充分、必要条件之后，该命题即可成立。学科的建立也是如此。

随着企业信息管理研究的深入，企业信息管理学的基本内容不断丰富，理论体系已经初步成熟。综合已有成果，企业信息管理学的学科体系包括以下六点。

1. 企业信息管理的基本理论

企业信息管理的基本理论主要研究企业信息管理的定义、分类、特征、社会功能；企业信息管理的原则、程序、方法、体系结构等基本理论；企业信息管理的形成与社会、政治、经济发展的关系，及其成长条件与兴衰理论等。

2. 企业信息系统及其建立的理论

企业信息系统及其建立的理论主要研究企业信息系统的概念、特征、组成结构，企业计算机信息系统和信息网络的开发，信息技术装备的配置，企业非计算机信息系统（包括企业信息机构、企业信息资源设施以及企业信息管理工作规章制度等）的建立，企业信息管理工作人员的配备等。

3. 企业现代信息系统管理的理论

企业现代信息系统管理的理论主要研究企业现代信息系统的日常运行与维护、应用管理的内容、系统管理制度、标准化，系统的审计、再开发、改善和重建，企业电子商务、办公自动化系统、企业网站等企业专门计算机信息系统的管理，以及企业信息化的概念和信息化建设的管理。

4. 企业传统信息系统管理的理论

企业传统信息系统管理的理论主要研究企业传统信息系统的运行管理、企业战略信息管理、企业竞争情报的管理、企业传统文献信息系统的管理、企业信息公开的管理、企业会议的管理、企业知识管理、企业信息行为的法律道德管理等企业信息活动的管理等。

5. 企业信息管理的测度理论

企业信息管理的测度理论主要研究企业信息管理绩效的测度理论和测度方法，以及企业信息化水平和绩效的测度理论和方法，包括测度指标体系的建立、数据采集、测度指标的测定和权重的确定以及计算方法。

6. 企业信息管理者理论

企业信息管理者理论主要研究企业信息管理者及其群体的概念、范畴，以及他们的素质、修养、能力的内容结构及三者之间的作用机制，企业管理者信息行为理论，企业信息管理者及其群体的素养能力的自我提高等。

1.4.3 企业信息管理学的产生与发展

1. 企业信息管理学的产生

由于下述三个方面的原因，企业信息管理学应运而生。

1）企业信息管理活动发展的需求

随着知识经济、信息经济的发展，企业和市场的信息化程度越来越高，企业的信息活动越来越广泛，企业信息现象越来越复杂，企业对信息和信息活动管理的需求越来越强烈，使得企业信息管理活动的数量越来越大，发展速度越来越快，于是就提出了探讨企业信息管理活动规律的需求。

此外，在企业管理决策活动中“谋”与“断”的分离，使得专门从事“谋”的信息管理工作从企业管理劳动中分离出来，独立成为一种专门的职业劳动，并迅速发展起来。企业内出现了专门为本企业提供信息管理服务的机构，社会上出现了专门向社会提供信息管理服务的机构和企业。这些专门向内部或向社会提供信息管理服务的企业，要做好服务也迫切需要信息管理理论的指导。

案例1.12 重庆长安福特公司生产的长安福特汽车市场效果很好。当年，在长安福特公司成立之前，新的长安福特公司肯定不能沿用老的国有企业长安公司的管理模式，但是究竟应该用什么模式？长安公司找了重庆一所大学、一个咨询公司和广州一个咨询公司，要求它们提出新的长安福特公司管理模式的方案。

这样，长安公司得到了三个方案，其任务就是在这三个方案中选择一个作为长安福特公司的管理模式。①

在案例中，长安公司使用的是现代科学管理决策的方法。在这个方法中“谋”与“断”就分离开来了。咨询公司专门从事“谋”的工作，而企业管理者的精力和所做工作，则只是在方案的选择上。

2）企业内部信息管理活动发展的需求

在社会信息化程度越来越高的今天，各类企业，不论它是信息企业，还是非信息企业，即通常所说的传统企业，在其日常管理工作中，传统的管理方式已经不敷使用，企业管理者的决策对信息的依赖性越来越强，而决策所需要的信息不仅复杂性越来越高，可用性越来越差，而且要获得可用的信息也越来越困难，所以，企业信息管理的任务越来越突出。这就是

① 本书作者司有和根据自己的调查材料编写，2015年。

说，企业对信息的需求和企业信息管理活动的发展迫切需要企业信息管理理论的指导。

3）企业信息管理学学科发展的需求

企业信息管理学自产生后，就担负起指导企业信息管理实践的任务。当前，我国乃至全世界，企业信息管理学理论的发展滞后于企业信息管理的实践，要满足指导企业信息管理实践的需求，十分迫切需要对企业信息管理的规律、方法等理论进行深入、细致、全面的研究。

然而，已有的信息管理理论，包括图书馆学、档案学、情报学等，都只是面向专门信息机构的信息管理理论，并不是关于企业的信息管理理论，其内容范畴也只属于文献信息的范畴。固然，在企业信息管理中也有企业文献信息管理工作的任务，但是企业信息管理不只是文献信息管理，还有其他信息管理任务。可见这些已有的信息管理理论和模式不能完全满足企业信息管理的需求。

20 世纪 80 年代以来，计算机科学的发展给企业的信息管理带来了新的转机。计算机管理信息系统的发展和深化，确实带来了许多高效处理事务的方便和经济效益。但是，计算机系统毕竟只是工具，并不能帮助管理者处理所遇到的一切信息，更不能代替管理者的思维，不能完全满足企业信息管理的需求。

于是，专门适用于企业管理的企业信息管理学问世了。所以，企业信息管理学的产生和发展是学科自身发展的需要。

2. 企业信息管理学的发展

企业信息管理学并不是从一开始就以独立学科形式出现。

企业信息管理的许多研究成果最初是出现在管理学、信息学、信息管理学的学科中。当计算机科学和技术迅速发展并广泛在企业中使用之后，企业信息管理的研究进入一个迅速发展的新阶段。

国内外在管理学、信息学、信息管理学领域和计算机信息技术应用研究中关于企业信息管理的研究，是企业信息管理学科得到发展的重要学科渊源。

关于这方面的情况，本书在第二版已经作了详尽的论述，这里就不重复了。

案例分析

案例 1.13 2010 年 6 月的一天，重庆渝盛仪表厂的张工程师带着一个三人小分队走访本厂客户来到湖北省荆门第一炼油厂，正好本厂生产的 20 台流量计到货。荆门第一炼油厂在开箱验收时竟然有 12 台精度超差，不符合要求，当面提出要退货。张工程师立即到现场了解情况，每台仪器都有出厂合格证。张工程师知道本厂产品出厂要求严格，既然有合格证，说明在厂内的检测设备上是合格的，现在用荆门第一炼油厂的设备检测精度超差，很明显是由于两套检测设备标定系统不同，但要以此说服荆门第一炼油厂接受，很难；邮寄回厂重新调试后再发回来，可能还是如此；向厂里报告，让厂里派人来修，一是耽误时间，二是很可能也就让自己来修。所以，要尽快修好，只有自己当场调试修理。但是，小分队并没有修理调试的任务，万一调不好，自己责任大。最后，张工程师决定自己当场修理调试，结果花了两天时间将 12 台流量计全部调试合格。

（本书作者根据信息化调研资料改编）

讨论题：

案例中，张工程师的决策过程是一次正确决策的过程。那么，张工程师的决策过程是企业信息管理过程，还是企业常规管理过程？为什么？这样理解有什么意义？

[思考题]

1. 什么是信息？企业信息的一般特征和个性特征各包括哪些内容？
2. 企业信息的类型有哪些？我们应该如何应对这些不同类型的企业信息？
3. 企业信息有哪些功能？企业信息具有“管理与协调功能”“教育功能”“科学功能”的说法对不对？为什么？
4. 什么是企业信息管理？企业为什么要进行信息管理？企业信息管理的特征是什么？它包括哪些内容？在这个问题上有哪几个认识误区？为什么？
5. 为什么说企业信息管理学是一门独立的学科？它与信息学、信息传播学、信息产业学、信息管理学等学科，各是什么关系？为什么？
6. 学科成立的条件有哪些？为什么说，即使现在的企业信息管理学科的理论体系并不适当，企业信息管理学还是一门独立的学科？

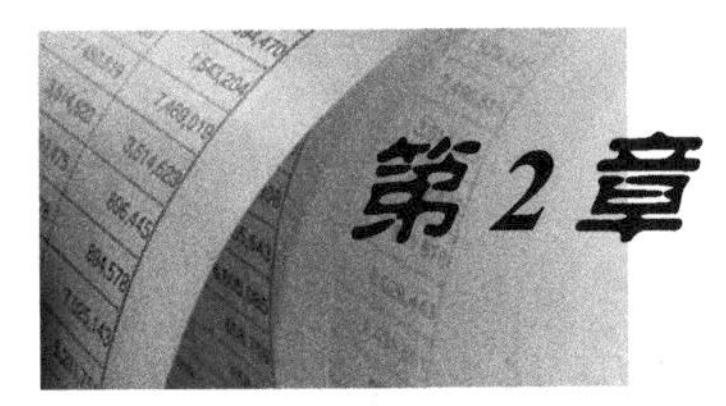

第2章 企业信息管理的原则

开篇案例

三菱公司利用非洲扎伊尔叛乱信息为企业服务

1973 年 3 月的一天早晨，日本东京三菱公司信息分析人员松山，由于前一天晚上开了一点夜车，早上起床晚了一点，一边忙着洗漱，一边听着早间电视新闻。突然一条简讯吸引了他，他赶忙走到电视屏幕前，简讯已经播完了。

于是，他赶紧吃完早餐，一边嘀咕着“扎伊尔[①]发生了叛乱”，一边驾车急匆匆直奔公司。

一到公司，松山拿着刚刚在路上买的一份早报，一边说“扎伊尔发生了叛乱”，径直向公司总裁办公室跑去。

总裁说：“扎伊尔与我们相隔万里，它发生叛乱，与我们公司有什么关系？”

松山喘吁吁地说：“不！有关系！同扎伊尔相邻的是赞比亚，那是世界上最重要的产铜基地。如果扎伊尔的叛军一旦向赞比亚移动，进而切断交通，就必然会影响世界市场上铜的数量和价格……”

总裁没等松山把话讲完，激动地站了起来说：“有道理!”立即转起桌上的电话，拨通了三菱公司驻赞比亚首都卢萨卡分公司的长途电话，命令他们密切注视扎伊尔叛军的动向。

不久，叛军果然向赞比亚铜矿地区移动。这时世界各新闻机构和商界都没有反应，市场上铜价也没有波动，于是三菱公司趁此机会买进大批铜材。

随着扎伊尔局势的变化，世界市场上铜价猛涨。当每吨铜价涨了 60 多英镑时，三菱公司将所购之铜抛出，轻易地赚了一大笔钱。

（本案例根据中山大学出版社 1995 年版胡继武《信息科学与信息产业》153 页所载原文改编）

---

① 扎伊尔即刚果民主共和国，简称刚果（金）。

讨论题：

1. 当年扎伊尔发生叛乱，全世界都知道，为什么只有三菱公司一家获利？
2. 三菱公司的这一行为说明了什么样的信息管理原则？
3. 根据这一案例，说说素质、修养、能力三者之间的关系。

企业信息管理的原则，指的是企业信息管理者在实施企业信息管理时观察问题、处理问题的准绳。

实践表明，在不同企业的信息管理中，每一位企业管理者只有按照相同的观察问题和处理问题的准绳行事，才可能获得相似的管理效果。

本章所述的企业信息管理原则，是在所有企业信息管理活动中都应该遵循的。

2.1　系统原则

企业信息管理的系统原则，是以系统的观念和方法，立足整体，统筹全局地认识管理客体，以求获得满意结果的管理思想。

企业信息管理中之所以存在系统原则，理由有三。

其一，因为企业信息管理的客体对象本身就是一个系统，而且是另一个大系统的子系统。这一点现在已是常识。

其二，企业信息系统是企业信息流的通道，是企业信息功能得以实现的前提和基础，要管理企业信息和企业信息活动，就离不开对企业信息通道（系统）的使用和管理。很显然，这里的企业信息系统，不只是指使用计算机进行管理的企业现代信息系统，还包括不使用计算机进行管理的企业传统信息系统。

其三，企业信息系统是对企业信息和企业信息活动进行管理的重要工具，任何企业信息管理的意图最后都是通过系统去实现的。离开了企业信息系统，很难使企业信息管理获得成功。

系统原则的内容包括整体性、历时性和满意化等三个理念。

2.1.1　整体性理念

整体性理念指的是企业信息管理者在管理中应该把管理客体作为一个合乎规律的由若干个部分组成的有机整体来认识。具体表现在以下三个方面。

1. 系统整体效应的发挥是以整合合理和管理得力为前提的

整体效应指的是：系统的整体功能大于组成系统各个部分的功能之和。

任何系统都是由若干部分组成的，都具有整体效应。所以，在企业管理中许多企业都热衷于企业兼并和整合。

但是，这种整体效应是不会自动发生的，也不是必然发生的。整合后新系统的整体效应是以系统整合时整合合理和整合后管理得力为前提的。

整合合理指的是整合进新系统的各个部分要具有某种相关性，相关性越强就越合理。

管理得力指的是整合之后，对新系统的管理工作能够跟得上。这两条做到之后，整合后的新系统才具有整体效应。

案例 2.1 北京×××剪刀始创于清朝顺治八年（1651 年），之后成为北京剪刀业的象征。

×××剪刀厂 1956 年公私合营，1959 年正式命名挂牌成立。1980 年、1988 年分别获国家银质奖。20 世纪 90 年代初，企业经济效益创历史最高水平，年上缴利润近 200 万元，企业累计创利税相当于国家建厂投资的 4 倍以上。

可是，2003 年 1 月，这个在中国剪刀市场一直占据半壁江山的×××剪刀厂向法院申请破产。

案例中的×××剪刀厂为什么会破产呢？记者在报道此事时，分析其破产的原因之一是 20 世纪 90 年代中期，×××剪刀厂与十几个不相干的企业组成了×××工贸集团。从信息管理原则的角度来看，就是整合不合理，因此不会产生整体效应，导致失败。

此外，在国内高等学校合并中，为了办综合性大学，把有理、工、农、医、文、法等学科的大学合并，自然具有相关性，但是合并后的新学校的发展情况并不一样，有好的，也有差的，究其原因，就是有的学校在合并后管理跟上去了，就办得好；有的学校管理跟不上，自然效果就差。

2. 系统是开放的，管理中需要正确处理自身与上位系统的关系

任何一个系统都是开放的，它必然从属于另一个更大的系统，是另一个更大系统的子系统。于是，在管理中就有一个自身与上位系统之间的关系问题。

信息管理的整体性原则要求，一项工作，如果在本系统（局部）是可行的，是应该做、需要做的，但是从上位的大系统（整体）来看是不可行的，那么局部就不能实行，即本系统不能做。

如果从上位的大系统（整体）来看是可行的、必须做的，而在局部看来是不可行的，则局部仍旧必须实行，即本系统必须做。

案例 2.2 某大学的商学院为了留住年轻教师，决定从本院的创收中提取部分资金，补贴年轻教师购置住房。因为年轻教师按照工龄、职称排队参加全校的分房，一般都要很长的时间才可能实现，这样的话高水平的年轻教师就有可能流失，所以商学院的这一动机无疑是合理的。

但是，消息很快在全校传开，同样具有创收收入的学院就提出，它商学院可以这样做，我们也要这样做；没有较高创收收入的学院也提出，同样在一个大学，它商学院可以做，我们也要这样做，学校应该给我们资金支持。

结果，这件事报到学校之后没有得到批准。①

案例 2.3 1998 年信息产业部成立时，中国电信与信息产业部完全脱钩，并且“一分为三”，分成移动通信、卫星通信与中国电信。这样，中国电信不仅失去了原先全国垄断的地位，失去了利润大的移动通信业务，而且还背上了如退休职工、电信普遍服务的亏损和原有债务等许多负担，所以，分拆对于中国电信是不利的。但是，电信行业从国家垄断

① 本书作者根据自己的调查结果编写，2015 年。

走向市场竞争是世界范围内的大势所趋，中国电信行业要走向世界市场，不尽快地培育、壮大中国的电信企业是不行的，所以中国电信不得不实施“一分为三”的决定。[①]

很显然，案例 2.2 结果产生的原因是：局部可行、整体上不可行的事，则局部也不能实行。而案例 2.3 结果产生的原因是：整体可行、局部上不可行的事，局部必须执行。“一分为三”对于中国电信不利，中国电信也必须去做。

3. 系统是一个整体，处理问题时不能将部分割裂开来认识

系统的整体性质、规律及其功能，存在于各个部分之间的相互联系之中，信息管理者只能从整体和部分的相互关系上来揭示管理客体的运动规律，如果孤立地认识每一部分的性质和规律，就不能揭示系统的整体属性。

尤其是人们在考察实际工作时，只能一个一个地分别加以考察，所以往往不自觉地把管理客体分割成若干个部分，在分别考察完之后只是机械地叠加起来，没有能够从整体的角度、从相互之间的相互作用和相互制约的角度来思考问题，也就是违背了系统的整体性，以致造成决策失误。

案例 2.4　某教授在被引进一所大学时，学校给了他 2 万元的安家费、1 万元的科研启动费。这时，学校正好有一栋教授宿舍楼竣工，学校分给了他一个三室一厅 90 平方米的套房，并说这套房可以买。某教授很高兴地接受这个引进条件，到该大学工作了。可是，不到一个月就有老师满腹牢骚地给学校提意见，说：“他是教授，我也是教授，他给学校一天事还没有做，我给学校都干了一二十年了，为什么我分不到这样的房子。”[②]

案例中提意见的老师所说的话并不错。在实际工作中，有的企业为了引进人才，给了许多优惠条件，如工资、住房等，比本企业内部同等水平、同等层次的人才所享受的待遇要高好多倍。这对于吸引企业外部人才固然有很好的作用，但是也显然会对企业内部原有的具有同等水平的人才产生不利影响，甚至会导致引进了新的人才，得罪了原有的人才，不利于留住人才。

从企业信息管理的角度来看，这里的问题就是没有把系统看成一个整体，将系统内的各个部分（引进的人才、原有的人才）割裂开来的结果。

2.1.2　历时性理念

历时性理念指的是企业信息管理者在管理中必须注重管理客体的产生、发展的过程及其未来的发展趋势，要认识到管理客体是一个随时间推移而变化着的系统，并根据管理客体在变化过程中所表现出来的规律来认识客体、管理客体。

这是整体性理念在时间维上的体现，它要求企业信息管理者在纵的方向上来认识系统的整体性特征。

系统作为一个整体，有一种自适应能力。随着系统内外环境的变化，系统自身能够随之变化，或者变得越来越强，或者变得越来越弱，乃至消亡。企业信息管理者能够把握这种变化的规律，就能够使自己管理的系统走向强大，避免衰退和消亡的发生，即使是避免

① 《别无选择的中国电信》，http://www.doc88.com/p-225229334833.html，2021 年 4 月 20 日。

② 本书作者根据自己的调查结果编写，2015 年。

不了消亡，也能够寻找到新的发展点。

案例 2.5 企业信息化一般要经历从初级到高级的、不断成熟的成长过程。美国管理信息系统(management information system，MIS)专家诺兰(Nolan)在1973年提出、1980年进一步完善，形成了信息化发展阶段的诺兰模型。诺兰模型表述的成熟阶段是企业已经实施了MIS。可是，到了2015年，MIS只是一个中级水平的系统，今天企业信息化发展成熟阶段的标志就不是MIS了。这就是一个历时性的标准。

2.1.3 满意化理念

满意化理念指的是企业信息管理者在管理中必须对管理客体进行优化处理，从整体的观念出发，调整整体与局部的关系，拟定若干可供选择的调整方案，然后根据本系统的需要（目的）和可能（条件），选择满意度最高的方案。

它包括以下两层含义。

1. 企业决策方案的选择标准是“满意”而不是“最优”

在决策方案选择的标准上，实际操作时有三种可能：满足、满意和最优。

“满足”指的是决策者在找到一个比较适合的方案后，虽然也知道还可以找到更加合适的方案，但是他不愿意再找了，满足于已经获得的方案。

“满意”指的是决策者找到了最适合于自己的方案。

“最优”指的是决策者意在寻找客观上属于最好的方案。

很显然，“满足”的标准并不合适，但是“最优”的标准也不合适，因为在企业管理实践中，那些普遍认为是最优的方案，对于一个具体的企业来说，并不一定能够给企业管理带来很满意的结果。

决定企业信息管理工作成败的因素很多，某一方案从这一角度来看是最优的，从另一角度来看可能就不是最优的了；有的方案从理论上看是最优的，但缺少可操作性，无法实施，也就不能选择；或者方案虽然是最优的，但成本投入太大，也是不值得选择的；或者方案虽然是最优的，但是本企业实施该方案的条件还不成熟，该方案现在也就不能选择等。所以，在实际工作中，只能是权衡利弊，统筹全局，兼顾各方，选择满意度最高的方案。

案例 2.6 ××公司是一个经营业务涉及物业管理、制药和娱乐业的民营企业集团，净资产已经超过亿元。为了解决公司进一步发展所面临的许多困难，公司总裁聘请当地专家组成专家咨询顾问组进行诊断。

专家组认为，××公司应该以企业文化管理模式来代替目前正在实施的家族式管理模式。专家组还专门给公司高层管理者举办企业文化讲座，介绍了日本、美国先进企业实施企业文化管理取得的重大成绩，特别强调IBM（International Business Machines Corporation，国际商业机器公司）、惠普、索尼、松下等世界著名公司无一不是建立了令人称道的企业文化。可是，半年过去了，××公司的企业文化管理模式并无多大起色，更没有实现当初描绘的美好蓝图。

企业文化管理模式在××公司的失败，并不能说明企业文化管理模式不是最好的，也不是IBM、惠普、索尼、松下等世界著名公司的经验不灵了，是因为××公司的现状还不具备实施企业文化管理模式的条件。

因为企业管理一般要经历经验管理（能人管理）阶段、科学规范管理阶段、企业文化管理阶段的过程，××公司还处于经验管理阶段，要跳越科学规范管理阶段，去实施企业文化管理阶段是不具备条件的。所以，企业文化管理模式虽然是最优的模式，但是对于××公司来说却不是满意的模式。

2. 企业决策的满意化方案，可以通过调整企业信息系统的结构来实现

任何企业信息系统本身都是可以通过人为调整进行优化处理的。经验告诉我们，对于一个系统，局部最优，不等于整体就一定最优；局部不优，也不等于整体就一定不优。在企业信息系统中，组成整体的各个局部会因为组合方式的不同而使整体表现出强弱不同的功能，可以使本来都是最优的局部组成不优的整体；也可以使本来不优的局部组成一个满意的整体。历史上有名的田忌赛马故事就反映了这个道理。

案例 2.7　战国时期，齐国的田忌喜欢同齐威王赛马。由于齐威王的上马、中马、下马，都分别比田忌的上马、中马、下马要强，而且每次比赛都是上对上、中对中、下对下，因此田忌总是输给齐威王。后来，田忌采用了孙膑给他出的主意，以自己的上马对齐威王的中马，以自己的中马对齐威王的下马，以自己的下马对齐威王的上马，结果是两胜一负，田忌因此赢了齐威王。[①]

这就是中国历史上有名的田忌赛马故事。在故事的第一种情形下，齐威王的三个局部都处于优势，也组成了一个强势的整体；田忌的三个局部都处于弱势，组成的是一个弱势的整体。而在第二种情形下，田忌的三个局部仍旧是原来的三个局部，均处于弱势，但是却组成了一个强势的整体。

可见，是孙膑的策略使原来的三个局部弱势，变成了两个局部强势和一个局部弱势，组成了一个强势的整体，成为一个满意的整体。这就是通过改变内部结构对赛马系统的优化处理。

对系统作优化处理必须是局部优化以整体优化为指导，整体优化要通过局部优化来协调，从整体的结构设置和局部的协调相结合来达到优化系统的目的。

2.2　整序原则

企业信息管理的整序原则是指对所获得的企业信息按照某种特征进行排序的管理思想。

企业信息管理中存在整序原则的原因如下。

（1）因为企业信息管理中面临的信息量极大，如果不给予有序排列，查找起来会非常困难，甚至会发生已经采集到的信息，因一时无法找到，而贻误企业决策的现象。

（2）整序之后，同类企业信息归并在一起，就可以显现出这一类企业信息总体的内涵和外延，也能够发现所采信息的冗余和漏缺，以指导下一步信息采集工作。未经整序、散在排列的信息，在阅读后只能显示每一单条信息的内容，不能显示信息整体的相互关联的内容。

① 见《史记·孙子吴起列传》。

（3）同一组信息，由于提取的特征不同，得到的序列也不相同，所以企业信息管理者可以根据自己的需要选择信息的特征进行整序，以便获得自己需要的信息序列。

整序原则中有分类整序、主题整序、著者整序、号码整序、时间整序、地区整序、部门整序、计算机整序等方法。

2.2.1 分类整序

分类整序是以信息内容的某一特征作为信息标识，以该特征固有的层次结构体系为顺序的整序方法。它是按照划分的规则对拥有的信息进行划分。

1. 划分的规则

划分是逻辑学名词，是指将母概念（种概念、上位概念）分成为若干个子概念（属概念、下位概念）的过程。通常，这种划分被称作分类。

1）书刊资料信息分类的通用标准

作为在企业内提供给员工使用的书刊资料信息，通常使用通用的分类标准（表 2.1）。

表 2.1 《中国图书馆分类法》（第五版）简表

类号	大类名称	小类举例
A	马克思主义、列宁主义、毛泽东思想、邓小平理论	
B	哲学、宗教	
C	社会科学总论	C93 管理学
D	政治、法律	D63 国家行政管理
E	军事	
F	经济	F06 经济学分支科学；F23 会计；F22 经济计算、经济数学方法
G	文化、科学、教育、体育	G2 信息与知识传播；G35 情报学、情报工作
H	语言、文字	
I	文学	
J	艺术	
K	历史、地理	
N	自然科学总论	
O	数理科学和化学	
P	天文学、地球科学	
Q	生物科学	
R	医药、卫生	
S	农业科学	
T	工业技术	TF 冶金工业；TH 机械、仪表工业；TK 能源与动力工程；TM 电工技术；TN 电子技术、通信技术；TP 自动化技术、计算机技术；TQ 化学工业；TU 建筑科学
U	交通运输	

续表

类号	大类名称	小类举例
V	航空、航天	
X	环境科学、安全科学	
Z	综合性图书	

国内有三个通用的标准：一是《中国图书馆分类法》（表 2.1），简称中图法，使用范围最广。二是《中国科学院图书馆图书分类法》，简称科图法，主要在中国科学院系统使用。三是《中国人民大学图书馆图书分类法》，简称人大法，中国人民大学复印报刊资料使用的就是这种分类法。企业的图书馆、资料室可以从中选择一个标准来分类。

2）采用逻辑学划分规则进行分类

对于那些不便使用上述通用标准进行分类的信息，可以按照逻辑学中关于划分的规则来进行分类。逻辑学中关于划分的理论认为划分必须遵守四大规则：划分必须相称、划分出的子项（即子概念，下文不加区分）不能越级、划分出的子项不能互相交叉重复、同一次划分的根据必须同一。

关于这方面的知识，感兴趣的读者可以看下面的“延伸阅读”。

延伸阅读

分类时需要遵循的概念划分四原则

逻辑学中关于划分的理论告诉我们，划分的规则是：划分必须相称、划分出的子项不能越级、划分出的子项不能互相交叉重复、同一次划分的根据必须同一。当人们对一个对象进行划分时，必须遵循这四条规则，违背这些规则所做的划分是不科学的，会犯最基本的逻辑错误。企业信息分类时也应当遵循这四个规则。

1. 划分必须相称

划分必须相称，指的是划分出的各个子概念的外延之和必须等于母概念的外延，既不能大于母概念的外延，也不能小于母概念的外延。

如果各个子概念的外延之和小于母概念的外延，那么，必定有一些本属于母概念的对象被遗漏了，就犯了“划分不全”或“以偏概全”的逻辑错误。

如果各个子概念的外延之和大于母概念的外延，那么，必定是把某些本不属于母概念的对象当作子概念列了进来，就犯了“多出子项”的逻辑错误。

例如，关于燃料的文献信息，可以划分成液态燃料、固态燃料、气态燃料三个子概念。它们的外延之和同母概念燃料的外延相等，这样划分就是相称的、科学的。

如果划分成液态燃料、固态燃料、天然气三个子概念，由于天然气只是气态燃料的一部分，气态燃料的内涵不全，故三个子概念外延之和就小于母概念的外延了，属于“划分不全”的逻辑错误。

如果划分成液态燃料、固态燃料、气态燃料、固体材料四个子概念，由于固体材料中有的可以燃烧，有的不能燃烧，故四个子概念外延之和就大于母概念的外延了，是犯了“多出子项”的逻辑错误。

2. 划分出的子项不能越级

在划分后的子概念、子子概念体系中，属于那一层级的子概念只能处在那一层级上，既不能上提，也不能下放。否则，分类体系就会混乱。这叫子项越级的逻辑错误。

例如，上述关于燃料的文献信息，若划分成液态燃料、固态燃料、天然气、其他气态燃料四个子概念，其外延之和同母概念燃料的外延是相等的，但是仍然不合要求，因为天然气这一个子项是属于气态燃料的下位概念，现在放在同气态燃料相同的层次上，属于越级，不妥。

3. 划分出的子项不能互相交叉重复

子概念不能互相交叉或重复，又叫子项互相排斥，指的是各子概念之间是不相容关系。如果划分的子概念是相容的，就会出现有一些对象既属于这个子概念又属于那个子概念的情况，在分类体系中引起混乱。这叫“子项相容”的逻辑错误。

例如，上述关于燃料的文献信息，若在气态燃料下有一个天然气的子项，在液态燃料下有一个液化天然气的子项，这两个子概念是相同的，属于重复，不妥。

4. 同一次划分的根据必须同一

在同一次划分中，使用的根据只能是一个，即标准必须同一，不能在同一次划分中，同时采用两个或两个以上的标准。划分标准不同一，划分的结果就会相互包容、混乱不清，犯“混淆根据”的逻辑错误。

例如，关于燃料的文献信息，如果划分成液态燃料、固态燃料、气态燃料、天然燃料、矿物燃料等五个子项，其中液态燃料、固态燃料、气态燃料是根据燃料的物质形态来划分的。天然燃料是根据燃料生成的原因来划分的，它和人工燃料是同一个分类标准。矿物燃料是根据燃料的生态形式来划分的，它和植物燃料是同一个标准。可见，这里的同一次划分用了三个标准。

同一次划分的标准不同一，就会导致各分类项中都有相同名称的子项，在将具体信息归入各类别时就无法进行操作。例如，使用上述分类体系，一份关于煤的文献，究竟应该归入哪一类呢？因为煤既是固态燃料，又是天然燃料，也是矿物燃料。

2. 分类整序的步骤和方法

对于那些能够使用统一、规范的图书分类法进行分类的信息，分类整序的步骤比较简单。因为那些规范的图书分类法都已经规定好了分类的体系，并不需要我们去进行划分。我们所做的工作是选定其中一种图书分类法，并充分熟悉它的分类体系，然后分析将要进行分类的信息群，看每一条信息分别属于分类体系中的哪一级的哪一项，确定后给该信息标上分类号，分类工作就结束了。习惯上，这种工作称作归类。

对于那些不便使用图书分类法进行分类的信息，可以根据逻辑学划分的规则，按照以下四个步骤和方法进行分类。

1）提取特征，类间整序

提取特征，类间整序的要求是：从将要整序的信息群中提取一个确定的信息特征，作为划分标准，在分类学中称这种“标准”为“标识”。然后按照上面所说的划分规则，用这个划分标准对所掌握的信息群进行划分，逐级划分出子项、子子项，形成一个上下衔接的类别体系。这就叫类间整序。

类间整序中的信息特征是指企业信息所表现出来的某些性质，举例如下。

中关村大成智慧教育人才科技创新联盟在 2015 年 11 月 12 日发表的微信公众号内容《司有和：中国科技大学少年班办学实践对解答钱学森之问的启示》[①]。

这条信息的特征如下。

问题特征：少年班教育，钱学森之问。

作者特征：司有和。

地点特征：中关村。

时间特征：2015 年 11 月。

主题特征：解答钱学森之问。

载体特征：网络版文件。

信源特征：中关村大成智慧教育人才科技创新联盟。

上述特征都可以用来作为分类的标准，究竟具体提取哪一个特征，必须满足方便用户检索的原则，因为信息特征的提取规定了信息整序后的排列规则，而排列规则会直接关系到用户的使用是否方便。信息特征提取不当，会使整序后的信息使用起来很不方便。

例如，企业收发室为了及时将地址不详的信件送到员工的手中，从企业人事部门要来了企业各个分厂、车间的人员名单。这个名单对收发室就不合用，因为企业人事部门为了管理上的方便，所编制的员工名单提取的特征是员工的所在部门，而收发室就是不知道收信人在哪个部门，只能从员工姓名来查找员工所在部门。所以，只有提取姓名特征，对企业全体员工名单进行重新整序，即按姓氏笔画排列，查起来才方便。

2）确定类名，明白单义

分类体系列出之后，给每一层次的每一子项确定一个名称，即类名。类名要做到单义、明白、准确，不要给出“死类名”。

例如，某大学选修课学生点名册，全校各专业学生都有，排序时先按年级排，每个年级再按专业排，所以专业名称是第三级类名。

可是，在所给的类名中，有一些类名（专业名）就不太合适。例如，国经既可以理解为国民经济，也可以理解为国际经贸，就不是单义了，再像工工、材控、金压等就令人不知所云了。

“死类名”是指用户检索时根本不会想到的那种类名。

3）类内再整，字顺为序

在最低一层的类名之下，如果还有许多信息单元时，需要给这些信息单元再整序，这叫类内整序。

无论是类间整序，还是类内整序，通常是根据所提取的特征确定排序规则。

---

① 《〖视频〗司有和：中国科技大学少年班办学实践对解答钱学森之问的启示》，http://mp.weixin.qq.com/s?__biz=MzIyNDA4ODEzNQ==&mid=400637952&idx=2&sn=ed5b6b7f464bd9a9759d0b3bfe6be579&scene=1&srcid=1231OuhNyjJKelgUpgvtoi4w#wechat_redirect，2021 年 4 月 20 日。

提取产品名、书名、作者名、出版社名和生产厂家名的，均以名称的字顺为序；提取型号特征、数字特征的，以序号从小到大为序；提取时间特征的，以时间的先后为序；提取功能、学科和内容特征的，以知识体系类型为序。

以字顺为序的，有音序法和形序法两种。

（1）音序法，指以汉字的汉语拼音为序的整序方法。

采用汉语拼音法整序，要注意遵守一定的规则：可按汉字语词拼音的首字母为序，也可以按语词的全拼音排序。例如，科学技术，可按 kxjs 排序，也可按 kexuejishu 排序。在全拼音法中，可以按字拼写为序，也可以按词拼写排序。例如，科学技术，可按照 ke-xue-ji-shu 逐字排序，也可按 kexue-jishu 逐词排序，还可以逐字母对比排序，或采用逐个汉字的拼音-字形相结合的排序。

（2）形序法，指以汉字的笔画为序的整序方法，包括部首法、笔画笔顺法和四角号码法。

部首法：《新华字典》《辞海》中部首索引所显示的排序就是部首法。

笔画笔顺法：是指先按笔画为序，即按信息单元名称首字的汉字笔画多少、从少到多地排序，在首字为相同笔画时，再按首字汉字起笔的不同为序排列。

起笔顺序的习惯是：一、丨、丿、丶、乛。

如果起笔也相同，则按名称的第二个汉字的笔画为序。以下类推。

四角号码法：一种标识汉字的方法。它将汉字的笔画分成十类，编为 0～9 等十个序号，由汉字四个角的笔画可得到由四个不同数字组成的号码，这个四位数的号码就对应着一个汉字。这就是四角号码词典中的排序方法。

4）编号得表，基本稳定

给划分出来的类名编号，得到一个由类号、类名组成的分类表。

分类确定之后要保持分类表的相对稳定，不要随便改动。必要时可再编类名索引。

3. 分类整序的适用范围

分类整序的方法应用十分广泛，既可以用于公用信息的整序，也可用于自用信息的整序。只不过在不同领域应用时，方法又有所不同。

1）公用信息资源整序

这指的是企业的图书馆、资料室、文书档案室所藏信息的分类整序。若是文献型信息，应严格按照学科来分类。最好用《中国图书馆分类法》（第五版）简表进行分类。

若是数据型或事实型信息，则可按实际拥有的信息自定分类特征，按分类规则进行分类。例如，企业内组织机构的设置，各类档案的排放，财务账目分类体系的确定，各类论文、报告、文稿资料的结构安排，仓库物品的摆放，企业产品目录的排序和企业电话号码簿的编制等，都可以使用分类法进行整序。不论哪种方法，都要考虑到用户使用的方便。

2）自用信息的整序

自用信息的整序不受分类规则的限制，也不必按学科分类进行，只要自己明白方便就行。在按分类规则分出的若干子项中，有的子项下自己又没有这方面的信息，就可删去这一子项；有的子项下自己有许多信息，就可再分得细一些。

例如，某人将自用信息分为国企改革、市场行情、本厂产品、信息化、理论研究……其中，理论研究一项中他只有一两篇文章，也属于国有企业改革的内容，于是就取消了理论研究这一项，把文章归入国企改革中；相反，市场行情一项中有许多内容，因为企业的产品在北京、上海、广州、武汉、成都等八个城市都有销售点，所以他就把市场行情这一项分成八个子项。

2.2.2　主题整序

1. 主题整序的含义

主题整序是以能够代表信息单元主题的词语作为信息标识，再以词语的字顺为序的整序方法。对信息单元提取主题词的过程通常称作主题标引。

主题整序的种类很多，方法规则也比较复杂，一般都是由专门的图书情报专业人员来做的。但是作为企业信息管理者个人，有时也会用到主题整序，如在起草公文时，在撰写论文时，都需要标注主题词或关键词。

2. 主题整序的要求

主题整序的要求主要是主题词选取的要求。通常，要尽可能满足以下三点。

1）必须选取能够代表信息单元主题的词语

所选词语并不要求一定是被整序信息单元的标题或正文中有的词。在实践中，许多人误以为只是标题上的词，甚至只是把标题中的词分开来写一遍。

2）所选择的主题词，应该概念单一、准确

概念的外延应尽可能地缩小，尽可能选最接近信息单元主题的那个层次的词，即最低层次的词。

例如，××市××局下发的《关于申报“××市信息产业发展资金项目”的通知》所列的主题词是信息产业、发展资金、项目、通知。通知是公文名称，国务院办公厅发布的《国务院公文主题词表》中明确规定要作为主题词。其他三个词，应该说也是能够代表这份公文主题的词，但是如果改为信息产业管理、产业发展资金、项目管理就更贴近公文主题了。

3）尽可能地选择规范词

学术性文献应该选择正式出版的《汉语主题词表》中所列的规范词，公文用主题词应该选用国务院办公厅发布的《国务院公文主题词表》中所列的规范词。如果实在没有规范词，或者不熟悉主题词表，可以选用本学科内使用频率高、比较通用的词语，这些非规范的词被称作关键词。

3. 主题整序的适用范围

主题整序主要适用于公用文献型信息资源和机关公务文书的整序。

在对公用文献信息进行主题标引时，通常根据信息单元的内容选取 3～8 个主题词，再将各信息单元所选出的主题词以字顺为序排列。以后再有新的信息加入时，若已有的体系中已经有这一词语，则该信息即归入此处；若体系中没有这一词语，则按照字顺将此新词插入适当的位置即可。

2.2.3　其他整序

（1）著者整序，即以著者姓名的字顺为序的整序方法。

（2）号码整序，即以信息单元的固有序号为序的整序方法。

（3）时间整序，即以信息单元发表的时间或事实发生的时间为序的整序方法。

（4）地区整序，即以信息来源所在行政区划名称字顺为序的整序方法。

（5）部门整序，即以信息来源的部门名称字顺为序的整序方法。

（6）计算机整序，即运用计算机的排序功能，对存入计算机的信息进行整序的方法。可以是字顺的、音序的，也可以是分类的、主题的。

2.3 激活原则

激活原则指的是对所获得的企业信息进行分析和转换，使信息活化，能够为我所用的管理思想。

信息管理激活原则的存在，是因为企业信息不会自动地为企业管理者服务，未经激活的企业信息没有任何用处，只有在被激活之后才会产生效用。

信息激活能力是企业管理者信息管理能力的核心。所有的企业管理者都应该学会自己激活信息，还要学会利用“外脑”，即学会请社会上的信息咨询企业或专家为自己激活信息。信息咨询企业是专门为用户做激活信息服务的。

以信息激活行为的主体为标准来划分，信息激活可以分为个体激活和群体激活两种。

个体激活指的是企业信息管理者个人的信息激活行为，具体方法有综合激活法、推导激活法和联想激活法。

群体激活指的是企业信息管理者群体的信息激活行为。

群体激活是三种个体激活方法的综合运用，具体方法有头脑风暴法、德尔菲法、对演法等。

2.3.1 个体激活法

1. 综合激活法

这是通过对已经拥有的众多相关信息，进行深入分析和理解，根据需要将它们逻辑地组合起来或加以转换，以求获得新信息的方法。

综合激活法可分为简单综合和辩证综合两种。

1）简单综合

这是部分相加等于整体的综合或“1+1 = 2”的综合，是将已有的众多信息简单地合并在一起，以求获得新信息的方法。

由于合并信息的方式不同，简单综合又可分为以下五种。

（1）纵向综合。这是指将过去的信息和现在的信息合并一处，以求获得新信息的方法。例如，北京火车站拥有中国古典建筑的外形，其候车大厅是现代建筑的薄壳结构，采用大面积天然采光等，这些设计综合了古今中外的建筑特征信息。

（2）横向综合。这是指将同一时期各种相互关联、不同区域、不同方面的信息综合于一处，以求获得新信息的方法。20 世纪 80 年代，日本松下电视机曾经红极一时。这是因为松下公司分析了当时世界所有著名品牌的电视机，寻找每一品牌电视机最好的部件，然后用这些著名品牌电视机的最好部件，组装出全世界最好的电视机。这就是横向综合激活的方法。

（3）方面综合。这是指将有关管理客体的某一个方面的全体信息提取出来，以求综合成新信息的方法。

例如，在企业专利战中，此法往往用来对付竞争对手的专利分割手段。因为专利技术反映了企业的最新技术发展动向，所以很受竞争对手的注意。于是企业在申请专利时，为了避免暴露自己的技术发展动向，就有意识地把自己的某一技术分割成若干个小技术，分别去申请专利，以求隐蔽自己技术发展的真实动向。于是，对某一时期内一个企业的全部专利技术进行简单综合，往往可以发现这个企业的技术研究动向。

如表 2.2 所示，我国在制定能源政策时，是在了解了美国、法国、英国、德国、日本等五个国家在能源方面的若干政策之后，经过简单综合激活，最终确定我国的能源政策。

表 2.2　20 世纪 80 年代运用方面综合法确定我国能源政策

国别	能源资源状况	能源政策的重点	重视煤的液化和气化	开发大陆架石油	研究和采用节能技术	开辟地热太阳能资源	建立核电站
美国	煤炭资源丰富，石油依靠进口	提高煤炭产量	√	√		√	√
法国	优质煤缺乏，石油依靠进口	开采劣质煤为主		√			
英国	石油和原煤均依靠进口	研究采用节能技术为主		√	√		√
德国	无石油资源	开采本国煤炭资源为主	√				
日本	石油和煤都依赖进口	以水力发电为主		√		√	√
中国			√	√	√	√	√

资料来源：李又华等（1990）

（4）外观综合。这是指将具有某种关联的若干外表现象、外观信息综合于一处，以求获得新信息的方法。例如，在上海珠宝商店里可以买到镶有珠宝的 TCL 手机，采用的是外观综合激活的方法。

（5）纵横结合的综合。这是指针对若干拥有的信息，综合运用上述四种手段以求获得新信息的方法。例如，日本的钢铁工业发展很快，是因为它综合吸收了奥地利的转炉顶吹技术、美国的高温高压炼钢技术和德国的熔钢脱氧技术。

简单综合还可以用来研究企业的现状和发展。例如，我们通过中国知网数据库收集到五篇论文：《关于我国中小企业核心能力研究的综述》《基于核心能力的现代企业管理》《基于模糊方法的核心能力识别和评价系统》《民营企业核心能力及其构建研究》《浅谈我国企业核心能力的构建和管理》。那么，我们就可以通过使用简单综合的方法来撰写第六篇论文《××市××民营企业核心能力的研究》。

2）辩证综合

这是部分相加大于整体的综合或“1+1＞2”的综合，是通过对已有信息的多侧面综合，并加以推演和发展，以求获得新信息的方法。它可以是综合后的深化，也可以是由简单综合出复杂，或者是从信息群中发现共同点的综合。

由于综合推演的方式不同，又可分为以下三种。

（1）兼容综合。这是将来自不同区域、不同角度、不同方面、不同层次的信息集中起来，兼顾考虑，进行推演，以求达到多样统一的综合。

案例 2.8 20 世纪 30 年代，希特勒背弃《凡尔赛和约》加快了扩充军备的阴谋活动。1939 年，就在他正式发动战争前夕，作家伯尔托尔福·雅各布出版了一本名为《战斗情报》的小册子，大声疾呼“希特勒将要发动世界大战”，震动了全世界。

这本长达 172 页的小册子详尽地描述了德国军队从各大军区司令部到参谋部的组织结构，详细地列出了德军各级司令部、各师和各军管区的番号、编制、装备、人数、驻扎地点，甚至连最新成立的装甲师步兵小队也写了进去，而且具体无误地写出了 168 名德军陆军各级司令官的姓名和简历等。

希特勒对此大发雷霆，弄不清楚雅各布是如何窃取了德军组织机构的几乎全部情况。于是派出特务在瑞士抓住了雅各布，并在盖世太保的总部审讯。

结果，雅各布的回答让希特勒及其上下官员目瞪口呆。雅各布说：我的小册子里的材料，全部都是从你们德国的报纸上得来的。例如，书中写的“哈济少将是第 17 师团的指挥官，并驻扎在纽伦堡”，那是纽伦堡报纸上的一则讣告上说的，讣告说新近调驻纽伦堡的第 17 师团指挥官哈济少将也参加了葬礼。

在一份乌尔姆报纸的社会新闻栏里有一条消息，报道菲罗夫上校的女儿和史太梅尔曼少校举行婚礼。这条消息说菲罗夫上校是第 25 师团第 36 联队指挥官，史太梅尔曼少校是信号官。这则消息中，还提到一位从斯图加特前往参加婚礼的沙勒少将，是当地驻军的师团指挥官。①

雅各布将这些来自不同区域、不同角度、不同方面、不同层次的信息集中起来，兼顾考虑，最后达到多样统一，揭示了“希特勒将要发动世界大战”这一最本质的新信息。这就是兼容综合的方法。

（2）扬弃综合。这是对若干内容上相互矛盾的信息，既不是全部抛弃，也不是全部接收，而是辩证地分析，扬弃其中的伪信息，保留真信息的综合方法。

案例 2.9 当年，日本军方为了偷袭珍珠港，从计划到组织实施长达三个月之久。在这期间，为了给偷袭做准备，不得不选择同珍珠港相似的海湾进行军事演习，反复进行模拟训练；派出大批间谍甚至潜艇去珍珠港刺探情报；在外交密电中不得已披露对珍珠港特别感兴趣等。这些都是日军不得已要做的真信息。

与此同时，为了掩盖其真实意图，又故意做出一些假信息。

例如，日本任命与罗斯福总统私交甚厚的海军上将野村为驻美大使。在临近偷袭之前，日本驶往美国檀香山的商船照开不误，还将大批的日本水兵接到东京度假等。在日军的外交密电中，故意发出大量的关于菲律宾、关岛的信息资料，相比之下，有关珍珠港的情报资料最少。

这些措施扰乱了美军的注意力，帮助日军偷袭珍珠港成功。②

---

① 根据中山大学出版社 1995 出版的胡继武《信息科学与信息产业》149 页所载原文和《震惊纳粹的雅各布案：剪刀、浆糊和钢笔，二流作家当上了一流间谍》（https://www.sohu.com/a/418212096_120842240）编写。

② 《瞒天过海，日本偷袭珍珠港前的情报战》，https://baijiahao.baidu.com/s?id=1670615977054936231，2021 年 4 月 20 日。

在上述案例中，美军对于日军所发出的真真假假的信息不可能不知道，但没有进行扬弃综合，也就没有发现日军的真实意图，以致日军飞机都已轰炸结束，许多美国官兵还以为是自己的军队在进行军事演习。

再如，前面提到的用简单综合来对付分割专利的案例，有的企业为了防止竞争对手的简单综合法，在分割专利时，就在这些技术专利中插入一些其他技术的专利或假专利。所以，扬弃综合法又可以用于对付这种情形。

（3）典型综合。这是根据具有典型意义的局部信息做出整体判断的综合。

局部和整体有着某种结构表达上的联系，局部信息包容整体所有信息内容的现象，无论是在自然界，还是在人类社会，都具有一定普遍性。

例如，原子结构和太阳系的结构很相似，植物的叶形、果形与整个株形相似，人的耳针穴位系统对应着全身各个部位，人类社会的工厂、村庄、家庭在某些方面就是社会的缩影。这就是全息的意思。故本方法又称为全息综合。

典型综合的关键在于典型性，确实具有典型意义的信息被识别了，被识别的典型性信息所具有的典型意义被准确判断了，典型综合才是有意义的。如果所拥有的信息本身就不具备典型性，那由此综合出来的新信息就不可能是正确的。

案例 2.10 1978 年冬天，安徽省凤阳县小岗村的十几户农民，首创包产到户，包干后的第一个秋收就比上一年增产了 6 倍多。当时“文化大革命”中的“左倾”思潮还十分严重，包产到户是要被视为“复辟资本主义”的。但是当地政府在获得这一信息之后，并没有这样认识，而且还认为这是具有普遍意义的事件，它代表着中国农村经济改革的发展趋势，因而给予大力支持。后来经邓小平同志的总结提高，提出了具有历史意义的家庭联产承包责任制（何沁，1997）。

案例中，邓小平同志根据小岗村的做法，做出了对当时中国农村整体判断的结论，使用的就是典型综合激活的方法。

3）综合激活的基本要求

要通过有效的综合来激活企业信息，必须注意以下几点。

（1）用于综合的企业信息应在两个及以上。因为如果只有一个企业信息，就无所谓综合了。

（2）综合就是对全部信息进行科学分析，深入揭示信息之间的逻辑关系或其他内在联系，尤其是要能够找到全部信息中若干信息的共同点、交叉点、相似点。这些联系点、共同点、交叉点、相似点就是被激活的新信息。

（3）以系统的观念，充分把握综合后新信息的整体效应。综合不是机械合并，综合后的新信息应该表现出综合前诸源信息所没有的新功能和特征。

2. 推导激活法

推导激活是从已知的企业信息出发，根据已知的定理、定律或事物之间的某些联系，进行逻辑推理或合理推导，以求获得新信息的方法。

推导激活法又分为因果推导、关联推导、辐射推导、逆向推导四种。

1）因果推导

这是根据事物之间的因果关系，从已知的、属于因的信息出发，做前因后果的纵向推导，以求获得新信息的方法。

案例 2.11 电影《林家铺子》中有这样一个情节：20 世纪 30 年代，江南小镇上的林家铺子是一个经营杂货的小店。

1932 年 1 月 28 日，日寇侵占上海，大批难民涌到林家铺子所在的小镇。

在这兵荒马乱的年月，林老板为店里的存货着急。他从门缝里看着潮水般的难民从门口经过往镇西的学校涌去。突然，他发现这些难民都没有带洗漱日用品，肯定需要马上添置。于是，决定将脸盆、毛巾、水杯、牙膏、牙刷合并一起，一元大洋一份，连夜准备，第二天一大早，就卖起了“一元货”，结果存货被抢购一空，给摇摇欲坠的小店注射了一剂强心针。①

案例中，林老板从难民们没有带生活日用品，想到难民们需要马上添置，这就是因果推导激活的过程。

2）关联推导

这是根据事物之间的已知规律或某种相互关联，从已知信息出发做前后左右的横向推导从而获得对自己有用的新信息的方法。

例如，在本章的“开篇案例”中，三菱公司根据发生在非洲扎伊尔的叛乱事件，联想到空间上与扎伊尔相邻的是世界著名的产铜基地赞比亚，从而获得了一次赚钱的机会。这就是关联推导。

关联推导和因果推导既有区别也有联系。区别在于因果推导是时间上先后的关联，先有因，后有果；关联推导是同时发生的事件在空间上的关联。所以，从广义上说，因果关系是一种特殊的关联，是一种纵向的关联。

3）辐射推导

这是以已知信息为中心，向四周发散思维，以求获得有用新信息的方法。

发散思维就是针对某一信息，从不同的多个角度进行思考，寻求可能对自己有用的某一角度。故此法又叫多角度思考法。

根据辐射的中心点不同，辐射推导又可以分为以下四种。

（1）要素辐射。这是指在组成信息的若干要素中，以其中某一个要素为中心进行的辐射推导。例如，某一地区农业大丰收，从这个信息的要素之一——农民收入增加，就可以辐射推导出该地农民购买力上升、储蓄额增长、货运量上升、春节货物供应量大等新的信息。

（2）功能辐射。这是指以已有信息的功能为中心进行的辐射推导。也就是说，已知信息是这一种功能，如果能获得那一种功能，对于我们是不是有利。

例如，录像机技术是美国安培公司在 1956 年首创的。不过这种录像机是专门供电视台录制节目用的，体积大，价格贵。日本索尼公司发现这一信息之后，就考虑这种供电视台用的功能，能不能改为供家庭用的功能，于是买了安培公司的录像机技术进行小型化改进，在世界上首先推出了家用录像机产品。这里，索尼公司使用的就是功能辐射推导激活的方法。

（3）范围辐射。这是指在已有信息的范围内以不同的信息处理方法获得新信息的辐射

① 根据电影《林家铺子》的情节改编，2015 年。

推导。也就是说，同样的信息范围，以这种方法处理所得的结果对我们有利，还是以那种方法处理所得的结果对我们有利。

例如，本章最后的思考题第 10 题是盛源集团公司开发部历年科研经费情况统计表。该表显示，中长期研究项目的投资越来越少，而短期项目和技术革新项目的投入增加很快，远远超过了中长期项目。一个企业如果不重视中长期项目，会缺少后劲，影响公司未来发展。

如果仅仅依据表 2.4 提供的数据，就会得出盛源集团公司不重视中长期项目的结论。但是，如果我们把数据处理一下，求平均每一个课题的经费，其结果并非如此。因为中长期项目的总经费虽然在减少，但是课题数也在减少，而平均每一个课题的经费，不仅没有减少，相反却有所增加，平均每个课题的经费，从 2016 年的 5.38 万元，增加到 2017 年的 5.42 万元、2018 年的 7.17 万元、2019 年的 8.67 万元和 2020 年的 12.37 万元。在 2017～2020 年，每年增加的幅度从 0.04 万元、1.75 万元、1.5 万元，直到 3.7 万元，增长幅度越来越大。短期项目和技术革新项目的总经费虽然增加很快，但是课题数也在增加，而平均每一个课题经费的增加幅度并没有中长期项目的增加幅度大，可见公司还是重视中长期项目的，也就是说公司对中长期项目的投资强度还是在增加的。

可见，分析的数据没有变，还是在原来数据的范围内，却激活出不同的结论。这就是范围辐射推导的结果。这种推导的结论，对于企业科研管理工作是有意义的。它告诉企业管理者，中长期项目的管理应该抓的是课题，提高课题的质量，好课题给以大投入，而不要单纯追求中长期项目总经费的增加。

（4）延伸辐射。这是指以辐射后的新信息为中心再进行辐射的推导。

案例 2.12　1981 年，英国王室宣布将为查尔斯王子和戴安娜小姐举行盛大的结婚典礼。消息传出，伦敦的商家都认为这是一个赚钱的机会。糖果工厂在糖果包装盒上印上王子、王妃的照片，纺织印染厂家对本厂产品进行重新设计，印上具有结婚纪念意义的图案和文字。豪华婚礼给经营者带来了巨大的财路。其中，赚钱最多的是一家小印刷厂。

1981 年 7 月 29 日盛典举行之时，从白金汉宫到圣保罗教堂的沿街两边里三层、外三层挤满了观看的人群，3.2 公里长的距离聚集着 150 多万人，当站在后排的人们正在为看不到街道中心的场景而发愁的时候，突然听到传来叫卖声：“看盛典！看不见的请买潜望镜！一英镑一个!”长长的街道两边，同一个时刻，近百名报童同时叫卖，顷刻之间，几十万个潜望镜被抢购一空。[①]

案例中，所卖的潜望镜不过是一种简易的一次性使用的潜望镜，只是用硬纸板配上平面镜制作而成的，成本很低，这家小小的印刷厂因此赚了很大一笔钱。这就是在别人辐射推导的信息的基础上，做进一步的辐射推导。这个例子同样说明，在管理中的创新，只要你想到了别人没有想到的内容，就是创新。

在品牌战略管理中，有一种品牌延伸战略，从信息管理的角度看，品牌延伸的本质实际上就是信息的延伸辐射。

---

① 《潜望镜营销》，http://www.docin.com/p-713582194.html，2021 年 4 月 20 日。

4）逆向推导

逆向推导是从已知企业信息出发，通过由果到因的思考，或者是向已知信息的相反方向思考，以求获得新信息的方法。

案例 2.13 20 世纪 50 年代，浓缩铀作为制造原子弹的重要原料，它的制作方法有离心法和扩散法两种。到 20 世纪 60 年代初，西方国家关于离心法浓缩铀的文献逐渐减少，所进行的数理统计和常规推理表明，离心法在发展中遇到困难了，无法同扩散法竞争，人们都逐渐放弃了，所以没有文献发表。我国科技情报人员并没有满足于这一结论，而是否定了这种推理，从相反方向提出认识，文献发表少了，也可能是离心法在技术上有了重大突破、有意保密、不予发表的结果。事实果然如此，几年之后，英国、荷兰、联邦德国三国宣布联合建造离心法浓缩铀工厂，美国突然宣布已经研制成功 100 公斤分离功单位的大型离心机（北京科技情报学会，1982）。

案例 2.13 显示的就是一种逆向推导。这一逆向推导的结论，对于当时中国研制原子弹的工作具有重大意义。

5）推导激活的基本要求

实施推导激活来获取新信息，必须注意以下几点。

（1）作为中心来推导的信息必须是真实的。因为以不真实的信息为中心、起点进行推导，其结果自然不可能真实，也就没有实际用处了。

（2）推导应尽可能遵循一定的规律和联系，作为中心、起点的信息和推导获得的新信息二者之间应该有某种规律，或者至少有一定的关联。当然激活过程毕竟不是推理过程，允许有一定的灵活性，不必排除想象和经验。

（3）推导激活所获得的新信息是或然的，是否正确还必须经过验证。

3. 联想激活法

联想激活是从已知信息联想到另外一条信息或几条信息，以求获得新信息的方法。经过联想获得的信息，可能是管理者所需要的，或者可以用它们综合成新信息，或者可以从它们中得到启发产生新的信息。

联想和推导不同，联想并不像推导那样经过逻辑推理或者合理推导，而是由此（已知信息）直接想到彼，有时是非逻辑的思维过程，或者是仅仅因为此（已知信息）而得到的启示。

联想激活具体又分为相似联想、接近联想、比较联想三种。

1）相似联想

相似联想是由已知信息联想到与此相似的另一信息，而另一信息是企业管理者需要的新信息的方法。

案例 2.14 第二次世界大战进入 1944 年，苏联红军对德国军队发起了总反攻。

1944 年 4 月，苏军强攻彼列科普，准备解放克里米亚半岛。彼列科普是通往克里米亚半岛的重要据点，地势险要，易守难攻。

1944 年 4 月 6 日的夜间，天降大雪，苏联、德国军队对峙多天的前沿阵地是白茫茫的一片。次日清晨，苏联集团军炮兵参谋长走进温暖的指挥部，附着的一层冰雪的肩章边缘部分开始融化，水珠清晰地勾画出肩章的轮廓。这一现象被细心的炮兵司令员注意到了，他立即联想到，大雪停止，天气转暖，阵地掩体中的积雪将会很快融化。要想避免掩体中变得泥泞，就必须要提前清扫其中的积雪，这就会暴露其掩体的轮廓和兵力部署。

于是，炮兵司令员立即命令进行航空照相侦察，发现德军第一道战壕前后仍旧是一片洁白，一公里内的正面阵地只有少量几处褐色的湿土；而第二道、第三道战壕前的积雪则因被大量清出的泥土覆盖而呈褐色。显然，第一道战壕内只有零星的值班哨兵，而第二道、三道战壕内肯定布满了兵力。此外还发现原先暴露的许多目标是假的，因为它们周围的积雪没有任何改变。这一切为苏军实施有效的炮火攻击提供了可靠的依据。[①]

苏军炮兵司令员使用的就是相似联想，他从参谋长肩章上附着的冰雪融化后的水珠清晰地勾画出肩章的轮廓，联想到德军阵地也会有相似的情形发生。

2）接近联想

接近联想是由已知信息联想到与此相接近的另一信息，而另一信息是企业管理者需要的新信息的方法。这里的“接近”是指时间上的接近或空间上的接近。

案例 2.15　美国的百万富翁哈默在大学时学的是化学专业。他父亲留给他的是一个药店。后来药店倒闭，到 1933 年时，哈默就做起罗曼诺夫艺术品生意。这时，罗斯福正在竞选美国总统。他在竞选演说中表示要实行新政，废除禁酒令。因为早从 1919 年开始美国就一直是禁酒的。

哈默获得这一信息后，马上联想到禁酒令一解除，酒厂就会恢复生产，那么酒桶的需求量肯定空前骤涨。于是，哈默办起了酒桶厂。届时，禁酒令一解除，哈默的酒桶就被各家酒厂用高价抢购一空（谭卫东，1989）。

哈默在这里并没有做合理推导去办酒厂，而是办了酒桶厂，从解除禁酒令到酒桶厂，两者之间，并不是唯一的必然的结论，哈默的结论是接近联想的结果。

《哈默传》的作者称哈默这一做法是将政治信息转化为经济信息。这里的转化就是一种信息联想激活。

3）比较联想

这是将已知信息与由此联想到的另一信息进行比较，激活产生出企业管理者所需要的新信息的方法。比较时，运用类比的方法叫类比联想，是从两个信息中具有相同特征的部分出发经比较得出其余部分也相似的联想；运用对比的方法叫对比联想，是从两个信息中具有不同特征的部分出发经比较得出其余部分的特征也不同的联想。

例如，曾经有人在报上发表文章，论述在中国加入 WTO 之后，中国的汽车业是应该抓整车，还是专攻汽车部件？文中根据几年前中国台湾电脑业放弃整机、集中优势专攻内存等硬件，以致今天能够在内存硬件上拥有很大市场份额的这一信息，进行类比联想，认为以专攻汽车部件为妥。不论该文的结论正确与否，这一结论都是通过类比联想获得的。

4）联想激活的基本要求

要通过有效的联想来激活企业信息，必须从事物之间的普遍联系入手。因为，世界上的事物本来就是普遍联系的，绝对孤立的事物并不存在，从事物和现象的普遍联系中去发现线索，进行广泛而深入的思考，才是我们所说的联想。

---

① 《二战回顾：肩章上融化的雪花带来胜利（组图）》，http://news.sina.com.cn/o/2005-03-29/15595497483s.shtml，2021 年 4 月 20 日。

联想不是胡思乱想，也不是什么天才的显示，联想过程中产生的智慧火花，是行为主体刻苦努力、熟练掌握知识、对事物深入思考的结果。

2.3.2 群体激活法

群体激活法，又称专家分析法、专家调查法。它是向专家调查，凭借专家们的知识和经验，发挥专家群体的作用，直接或经过简单推算，对需要分析的信息进行综合分析研究，寻求该信息使用价值的分析方法。

专家分析法的种类很多，这里介绍头脑风暴法、德尔菲法和对演法。

1. 头脑风暴法

头脑风暴法是一种以会议的形式进行信息激活分析的方法。它通过与会者共同努力来寻求特定问题的解决方案，是当今世界最负盛名的预测方法。

头脑风暴法是奥斯本（Osborn）于 1953 年创造的。他认为，社会压力对个体自由表达其思想观点具有抑制作用。为了克服这种现象，他设想了一种新型的结构化会议形式，会上每个人都可以自由地发表自己的观点，即使是即兴的、不成熟的、不完善的想法，也允许当众表达，也不对任何人的观点做评价，即暂缓评价。这对于个体创造力的发挥具有积极作用。

1）头脑风暴法的操作要点

（1）与会人员的选择。一般是 5～10 人，由会议召集者精心选择。选择的要求与会议的目的有关。

如果会议的目的是希望在问题的深度上获得创新性的结果，最好选择具有相同学科背景的人员参加会议。因为他们是同一方面的专家，具有共同的知识基础，他们在一起讨论，不会就本学科内基础性问题发言，只会循着其专业的思路进行深层次的思考，自然是向纵深挖掘。

如果会议的目的是希望在问题的广度上获得创新性的结果，最好选择各方面背景差异较大的人员参加会议，比如具有不同的经验基础、工作阅历、知识结构等。因为他们的背景不同，但是讨论的又是同一个问题，所以只可能是每一个人从本人的背景出发，围绕要讨论的问题来发表意见，这样他们的答案就与各个方面都有关，自然是在广度上的开发。

与会者的职业或工作与将要讨论的问题不必一定相关，与组织内对将要讨论的问题的态度倾向也不必一定相关，可以相关也可以不相关，但是对于头脑风暴法的基本原则应比较熟悉。要注意避免那些唯我独尊或摇摆不定的人与会。

如果与会者中资深人员比较多，行业面比较广，会给会议主持者带来一些困难，难以驾驭会议进程和方向，但也是获得高质量信息成果的好机会，故应抓住不放，认真对待。

（2）会议进行中，实行暂缓评价的原则。会议开始时，会议主持者简单地说一下会议的议题和将要讨论的问题。会议上，与会者之间不争论、不评价、不反驳，允许“怪”论。会议主持者要创造一个轻松愉快的会议气氛，融洽与会者之间的关系，使与会者思想高度自由奔放，能够毫无拘束和顾虑，即兴想到什么就说什么，不求系统全面。与会者在听到别人提出的观点或方案之后，自己又即兴产生了什么新的想法可以马上提出来，以求互相启发、互相补充，尽可能地提出新方案。

（3）会议进行过程中主持者不要发表意见。会议主持者，特别是高层领导者，不要发表意见，避免影响会议的自由气氛，误导会议讨论方向，抑制与会者提出新的想法，而应该是不怀偏见地倾听，在倾听中吸取决策所需要的新信息。

2）头脑风暴法的优缺点

头脑风暴法的优点在于它在创造具有使用价值的新观念、新建议方面十分有效，有时会出现很有意义的思想火花。据报道，运用此法比一般会议产生方案的效率要高 70%。

头脑风暴法的缺点有以下三点。

（1）选择理想中的有代表性的专家组比较困难，如果在与会者中有大家熟悉的学者、权威、领导在场，会影响某些人思路的发挥和意见的表达，影响会议宽松氛围的形成和会议的最终效果。

（2）由于是即兴发挥、瞬间思路，加上表达能力的限制，意见可能会逻辑性不强、不全面，其中往往掺杂着想象或推测成分，因此需要对会上收集到的意见和方案做好后续的研究论证工作。

（3）如果会议主持者不善于主持会议，或者会议虽然讨论得很好，但未能及时准确地捕捉，也难以获得有效的结果。

3）头脑风暴法运用的案例

美国某研究所运用头脑风暴法为某石油公司制订从阿拉斯加州的油田向美国本土每天运送 200 万桶原油的方案（欧阳洁，2003）。

讨论中，首先提出的第一个方案：由海路用油船运输。这一方案的优点是不存在技术问题，海洋油船运输技术十分成熟。但是，这一方案很明显存在困难：阿拉斯加州处于高纬度，海洋长年结冰，油轮需用破冰船引航，这无疑要增加费用，在起点和终点的码头需建大型油库。海上航行还易受风暴袭击，不安全。

虽然会上没有人说这些问题，但是这些问题确实存在。于是有人提出第二个方案：增设加温系统的油管运输。这一方案的好处是避免海上运输的诸多问题，可以利用成熟的管道输油技术。但是，从阿拉斯加州穿过加拿大到达美国本土，主要的、相当长的地段都是天寒地冻的区域，过度的低温会使石油的黏滞性加大，以致在输油管内不能自然顺畅流动，于是就提出在沿途设加温站，来解决石油在低温下不能顺畅流动的问题。但是，这样做又增加了对沿途加温站的管理问题，还需要给各个加温站供给燃料，费用过高，而且油管在加温后容易变形或破裂。

于是，第三个方案提了出来：海水原油混合管道运输。把含有一定量氯化钠的海水加到原油中去，使低温下的原油成乳状但仍能畅流，这是把汽车防冻液的原理创造性地运用到了输油工程中来。这一方案优点明显：海水取之不尽，用之不竭，增加的费用很少，也解决了石油在低温下黏滞性增大、不能顺畅流动的问题。

然而，在头脑风暴的相互启发下，有人又提出了第四个方案：油气合一的管道运输。因为石油本来在地下是油气合一的，熔点较低，采出后油气分开，才使其熔点变高的。于是该方案提出将天然气经适当转化再加回到原油中去，降低石油熔点增加流动性，用普通油管同时输油输气。

第四个方案仅管道铺设费一项，就比第三个方案节省了近60亿美元。

2. 德尔菲法

德尔菲法是群体成员背靠背地相互激活信息的方法，这是德尔菲法不同于头脑风暴法的主要特征。头脑风暴法是群体成员面对面地相互激发的方法。

德尔菲法是在德尔菲法领导小组的主持下，通过匿名函询的方法，就某个问题向专家发出征询意见的调查表，请专家提出自己的看法，然后由领导小组汇总各位专家的意见，整理成一个新的调查表，再发给专家征询意见，如此反复多次，按照最后收集到的比较集中的意见做出最终结论。

德尔菲法是对专家个人预测法和专家会议预测法的改造和深化，并逐步取代了这两种通过专家进行的定性预测法。专家个人预测法容易受专家个人的经历、知识面、时间和实际占有资料的限制，有片面性和较大的误差。专家会议预测法，虽弥补了个人预测的不足，但是容易受会议气氛和权威的误导，或不愿公开表示修正自己的意见，或没有足够的时间和资料佐证自己的发言。

德尔菲法是美国兰德公司于 1946 年创造的。德尔菲（Delphi）是古希腊传说中的神谕之地。德尔菲城内有一个阿波罗神殿，是可以预卜未来的地方。以此命名，是表示本法是一种预测方法。

多年来，德尔菲法被广泛地应用在科学研究、企业管理、行政管理等领域。在企业管理领域，常常被用于制订企业的长远规划、战略规划等，特别适用于那种缺少信息资料和历史数据，又较多地受社会、政治、人为因素影响的预测课题。

1）德尔菲法的操作要点

（1）成立德尔菲法领导小组。这个小组由主管本次信息激活分析课题的有关人员参加。参加人员应该包括相关的企业管理者和工作人员。它的主要任务是：负责拟定信息分析课题，编制函询调查表，选择参与的专家，寄发和回收调查表，对每次回收的意见进行汇总整理，分析和处理专家的意见，最后提出信息分析报告。

（2）选择参加分析的专家。专家人数一般以 20～50 人为宜。人数过少，没有代表性，影响分析的结果；人数太多，难于组织，工作量大，尤其是回收的意见难以综合。

选择专家的范围通常是根据本次信息激活分析的任务来确定。通常是选择本领域内多年从事与本课题相关的工作、有一定实践经验的专业研究人员和企业管理干部，既有本部门内的专家，也有本部门外的专家，学科领域不要仅限于企业管理学，还应有社会学、经济学以及相关的自然科学、技术科学的专家。

就选择专家的办法而言，本部门内的专家，一般比较熟悉，容易确定；本部门外的专家，可以先由本部门的人员来推荐，再从报刊媒体报道、学术会议、专家名人录中寻找，还可以请第一批确定的专家来推荐。

（3）根据信息分析的任务拟定调查表。调查表是获取专家意见的主要手段，也是分析问题的基础和依据。制表的质量直接关系到分析的结果。通常，德尔菲法使用的调查表有以下四种类型。

一是开放式调查表，又称专家回答调查表。设计者根据分析的任务给出若干条问题，由专家逐条回答或详细论证。在提出问题时可以对相关的问题做一些说明，帮助专家对所提问题本意进行准确理解。这种调查表的优点是专家能自由发表意见，不受任何约束。但是，回收的意见常常非常分散，不利于汇总统计。

二是闭合式调查表，又称选择方案调查表。设计者根据分析的任务列出完成这一任务可能的若干个方案，由专家对各个方案进行评判，指出各个方案的优劣，并给出专家个人选择的结果。这种调查表的优点是，因为方案是事先拟定好的，方案的种类、数量是确定的，便于汇总和统计。但是，事先拟好的方案对专家是一种束缚，如果最好的方案不在其中，就失去了获得最好方案的机会。

三是主观判断调查表。设计者列出未来某事件发生的各种可能，由专家估计各种状态发生的概率，或列出影响某事件发生的各种因素，并给出各种影响因素的权重。

四是行动方案调查表。设计者根据掌握的信息，确定分析的目标及若干子目标，并提出达到这些目标可能采取的各种方案，由专家选择其中一种并说明理由，也允许专家根据这些目标提出新的方案。故该表又称为混合式调查表。

（4）向专家匿名发函征询。德尔菲法的匿名发函征询一般是分四轮进行。

第一轮，发给专家的调查表不带框框，只提出需要解决的问题，请专家们自由发表意见。回收之后，针对收回的调查表上的内容，归并同类事件，排除冗余事件，保留次要事件，形成第二轮调查表。

第二轮，请专家们对第一轮调查表汇总之后列出的事件做出选择和评价，并阐明理由，提出意见。回收后再进行汇总统计。

第三轮，将第二轮汇总的结果再发给专家，请专家们对第二轮调查表汇总列出的事件再次做出选择和评价，并要求充分阐明理由。特别是少数不同意见的专家，要请他们详细陈述意见。因为这类意见往往是其他专家忽略的问题，这对其他专家重新思考自己的方案或重新做出判断会产生较大的影响。

第四轮，在第三轮汇总的基础上请专家们做第四次回答。

实际操作时并不一定都要经过四轮，主要是看返回的意见是否趋于一致，如果第三轮已经基本一致，三轮就可以结束；如果第四轮意见分歧还比较大，那就还要进行第五轮，直到基本一致。

（5）对专家意见的最后处理。德尔菲法领导小组对最后一轮回收的调查表进行分析处理，以求获得最后的分析结果，撰写信息分析报告。

至于具体分析处理的方法，限于本书篇幅不能赘述，感兴趣的读者可以参看本书作者司有和在清华大学出版社出版的《竞争情报理论与方法》一书的 4.2.2 节。

2）德尔菲法的优缺点

德尔菲法的优点在于，回答问题的专家们都有充裕的时间查阅资料，能对需要回答的问题进行深入思考和细致研究；可以集各类专家之长；在几轮反复中专家们可以听到不同意见，取长补短，使综合方案趋于全面；由于是匿名征询，有利于各位专家敞开思想，独立思考，不会为少数权威意见或领导看法所左右；遇到对立观点，不至于发生面对面的冲突，有利于各方冷静地思考对方的意见。

德尔菲法的不足是专家的意见，多数还只是一种主观推测，受专家本人学识水平、经验、评价尺度、生理和心理状态等主观因素的制约比较多。

3）德尔菲法运用的案例

20 世纪 90 年代初，上海市曾运用德尔菲法制订黄浦江污染治理的方案。黄浦江流经上海市区的江段约 40 公里，大小支流 50 余条，穿越市区和郊区的支流十条。黄浦江水系污染的程度，根据上海市自来水公司采用综合评价指数公式计算的结果，污染指数大于 5；根据上海市水系水质调查组采用有机污染综合评价公式计算的结果，污染指数大于 4，水质黑臭。有关部门 1976～1989 年的实测信息表明，到 1989 年为止，黄浦江十条主要支流七条严重污染，三条轻度污染。

鉴于黄浦江严重污染的现状和十年后果预测，提出以下六种治理方案和六大评价要素，请专家帮助选择。

治理方案如下。

A：污染源的分散处理（工厂内部处理）。

B：逐步建造若干小型污水处理厂。

C：大型排污水管，引出长江、东海。

D：建造大型污水处理厂。

E：引上游清水稀释或利用潮汐稀释。

F：人工复氧。

评价要素如下。

a：减少黄浦江的 COD（chemical oxygen demand，化学需氧量）、BOD（biochemical oxygen demand，生化需氧量）、TOC（total organic carbon，总有机碳）、TOD（total oxygen demand，总需氧量）值。

b：增加黄浦江的 DO（dissolved oxygen，溶解氧）值。

c：技术上可行，保养方便，运行可靠。

d：经济上可能，投资少，效果好。

e：要求十年左右有显著效果。

f：布局合理（土地利用、城市规划、管理方便）。

在经过四轮征询之后得到如表 2.3 所示的结果，比较一致的看法是建造大型污水处理厂。上海市政府采纳了这一意见，取得了比较满意的效果，达到了预期目的。

表 2.3 运用德尔菲法制订黄浦江污染治理方案专家意见统计表

方案	评价要素和评价分						评价总分	排序
	a	b	c	d	e	f		
	20	20	20	20	10	10		
A	2	2	4	4	2	2	280	4
B	3	3	4	4	3	2	330	3
C	5	5	4	3	5	5	440	2
D	5	5	4	5	5	5	480	1
E	3	3	1	1	2	2	200	6
F	3	3	2	1	2	1	210	5

3. 对演法

对演法与头脑风暴法二者都是群体成员面对面地相互激发的一种方法，其不同之处在于，头脑风暴法采用暂缓评价原则，不允许相互争论，而对演法强调的就是相互辩论，互攻对方的短处。对演法与德尔菲法的不同之处在于，德尔菲法是群体成员背靠背的相互激发，而对演法是面对面的相互激发。

对演法要求制订不同方案的小组展开面对面的全面辩论，互攻其短，以求充分暴露其中的不足；或是对某一方案预先演习，故意让对方挑剔，尽可能地考虑可能发生的问题，使方案趋于完善。此法在重大决策方案的制订中尤为重要。

2.4　共享原则

共享原则是指在企业信息管理活动中，为充分发挥企业信息的潜在价值，力求最大限度利用企业信息的管理思想。

企业信息管理中之所以存在共享原则，是因为信息具有共享的特征。

一个信息被一个人占有使用，只发挥了一份作用；如果被两个人使用，其作用就增加了 1 倍；被 100 个人使用，其作用就增加 99 倍。这 99 倍的作用在共享之前就是一种潜在的价值。所以，信息的共享可以在企业内使信息相互弥补、相互增强，尤其是可以相互激活，挖掘出信息和信息活动的潜在价值。

共享原则的实现是有条件的。它只可能在具有某种共同利益的范围内实行。在这有限的范围内，既要求范围内的成员贡献自己的信息，又要防范范围之外的人占有本范围的信息。

我们把前者叫贡献原则，把后者叫防范原则。

2.4.1　贡献原则

贡献原则指的是企业管理者要善于最大限度地让企业和全体员工将其所拥有的信息都贡献出来，供企业和全体员工使用的管理思想。

贡献原则是实现信息共享的条件之一，包括以下内容。

1. 动员全体员工把信息贡献给企业

员工处于组织的最基层，他们拥有许多最新鲜、最真实、最有用的信息，这些信息与组织的利益息息相关，及时地获得这些信息，对企业信息管理者的决策十分有利。

案例 2.16　凯诺格公司是美国一家方便食品企业。该公司的一名普通员工科斯特利，一次进城购物，在停车场停车时发现街对面的通用食品公司正在用起重机卸下德国造的双压成型机。他想到自己厂里用的法国成型机，不知是什么原因老出问题，现在看到对手已经换设备了，立即买来照相机和胶卷，隔着街拍照，凭着这些照片，解决了困扰企业的一个大问题。①

案例 2.16 中，如果不是科斯特利的偶然发现并主动报告公司，仅仅靠企业内专职的

---

① 本书作者司有和根据中山大学出版社 1995 年版的胡继武《信息科学与信息产业》153 页所载内容编写。

信息管理人员是不可能发现的。因此，企业要造就一种文化，让员工在企业内无话不谈。只有这样，员工的信息才会及时地、源源不断地贡献出来。

2. 把企业内各自独立的信息系统连成局域网

目前，许多企业都相继建立了一个个的计算机信息系统，如企业管理系统、财务管理系统、人力资源管理系统等。但是，这些系统往往都是各自独立存在的，成为一个个的信息孤岛，而系统的使用者们却处于一种自我感觉良好的状态。这种格局由于缺乏横向联系，既束缚了自身功能的发挥，也限制了组织整体对信息系统的利用效率。

如果企业把这些各自独立的系统连成局域网，调整和提升各自系统的功能，使企业信息化向更高阶段发展，就可以实现各自系统单独存在时所没有的功能，使各自系统将自己的信息贡献出来，供企业员工共享。

本书第 6 章的“开篇案例”说的就是典型的信息孤岛案例。

3. 企业要及时地向员工公布应该公布的信息

企业要及时地向员工公布应该公布的信息，这是贡献原则的另一个重要方面。企业除了需要保密的信息之外，应该经常地将那些应该向员工公布的信息公布出来，让企业员工共享。如果企业不能做到这一点，员工们也就会渐渐地不向企业贡献信息了。

4. 利用社会公益信息系统和信息市场共享企业外的信息

任何一个国家都有一些社会公益信息系统，如各种互联网的网站、图书馆、展览会、交易会等。这些系统提供的信息是免费的或低费的，这是贡献原则在国家、社会层面的体现。此外，企业还可以通过信息市场的信息商品交易的方式获得信息，这属于信息的有偿贡献。

5. 让员工和管理者都建立起共享他人信息的意识

这是贡献原则能够产生作用的前提和关键。因为如果大家把信息都贡献出来了，却没有人想到去使用这些信息，信息是不会自动地产生作用的，也就是说共享仍旧没有实现。对于这一点，国内许多组织并没有重视起来，不说组织员工普遍没有共享他人信息的意识，就是许多信息管理者也没有共享他人信息的意识。

2002 年，在上级部门的大力支持下，上海中药创新研究中心 2000 年 5 月开始的中医药信息智能化研究项目终于完成，初步建立了一个由多个数据库组成的中医药信息库系统，为传统中医药与现代药物研究相结合提供了一个领先世界的数据平台。

可是，在他们向国内 500 多家企业发放有关这一系统的推介信和意见反馈表，并征求这些企业对信息库的应用要求时，竟然是石沉大海。

相反，这一信息却受到国外的重视，耶鲁大学的惠德制药公司在无意中得知这一消息后迅速与中心签约，全面开拓该信息库的国外用户市场。媒体称之为“中医药信息库：墙内开花墙外香”。

这里反映的差别，就是共享他人信息的意识的不同。

2.4.2 防范原则

正因为信息是可以共享的，企业的竞争对手也可以共享自己企业的信息，由此产生了严峻的信息安全问题，要求企业管理者严加防范。这就是信息共享原则中的防范原则，也叫安全原则。

1. 企业信息安全问题严重存在

1）恶意侵害

信息技术的飞速发展，虽然给社会带来许多好处，但是也给恶意侵害他人信息的行为送去了工具和武器。这种恶意侵害行为主要表现为以下情形。

（1）直接截获企业信息。这是指侵害方通过技术手段故意设置各种隐患，从企业的网络、电话、传真等各种信息传播通道上直接截获企业信息。

延伸阅读

震网病毒事件和棱镜门事件

1. 震网病毒事件

震网病毒，又名 Stuxnet 病毒，于 2010 年 6 月首次被检测出来，是第一个专门定向攻击真实世界中基础（能源）设施的蠕虫病毒，如核电站、水坝、国家电网。伊朗遭到的攻击最为严重，被感染的主机占比高达 60%。

震网病毒利用了微软视窗操作系统之前未被发现的四个漏洞，具有极强的隐身和破坏力。只要电脑操作员将被病毒感染的 U 盘插入 USB（universal serial bus，通用串行总线）接口，这种病毒就会在没有任何其他操作要求或者提示出现的情况下，神不知鬼不觉地取得一些工业用电脑系统的控制权。

从该病毒攻击的时间、技术、手段、目的和行为等多方面来看，完全可以认为发起此次攻击的不是一般的攻击者或组织，专家称其高端性显示这种攻击应为国家行为。2012 年 6 月 1 日的美国《纽约时报》揭露震网病毒起源于 2006 年前后由美国总统小布什启动的“奥运会计划”，奥巴马上任后下令加速该计划。

2. 棱镜门事件

棱镜计划（PRISM）是一项由美国国家安全局自 2007 年小布什总统时期起，开始实施的绝密电子监听监控项目。该项目的正式名称为“US-984XN”。

2013 年 6 月，美国中央情报局（Central Intelligence Agency，CIA）前职员爱德华·斯诺登揭露了这个项目。他先将两份绝密资料交给英国《卫报》和美国《华盛顿邮报》，并告知媒体何时发表。按照设定的计划，2013 年 6 月 5 日，英国《卫报》先扔出了第一颗舆论炸弹：美国国家安全局有一项代号为“棱镜”的秘密项目，要求电信巨头威瑞森公司必须每天上交数百万用户的通话记录。6 月 6 日，美国《华盛顿邮报》披露称，从 2007 年以来的六年间，美国国家安全局和联邦调查局（Federal Bureau of Investigation，FBI）通过这一秘密监控项目，直接进入美国网际网络公司的中心服务器里挖掘数据、收集情报，包括微软、雅虎、谷歌、苹果等在内的九家国际网络巨头皆参与其中。

案例 2.17 早在 1999 年，美国英特尔公司在推出奔腾III处理器的时候，为了炫耀奔腾III处理器的功能强大，特别提出为了保证电子商务的安全，特别设置了可以用于识别用户身份的序列码。

结果，《光明日报》记者杨谷提出奔腾III处理器的序列码具有重大隐患。通过其内置的序列码，可以将用户与截取的信息一一对应起来，破译出用户的身份和秘密，或者在信息产品中故意留下嵌入式病毒，安装产品隐形通道和可恢复密钥的密码等。据报道，1999 年 4 月 13 日，英特尔公司奔腾III处理器的市场部主任在北京与杨谷面对面的交锋中，不得不承认奔腾III处理器的序列码确实带来了个人隐私的泄露问题[①]。

案例 2.18 间谍 U 盘（SpyCobra）美其名曰下一代电脑监控技术，你只需将其插入任何一台电脑，15 秒内它就在后台自动给电脑安装一个间谍程序。在无任何操作和显示的情况下，U 盘内的间谍程序会自动按照预先的设计，将电脑中的全部信息复制到 U 盘中隐藏起来。当该 U 盘再次插入连接互联网的计算机时，间谍程序就会迅速将 U 盘上的信息自动发送到指定的邮箱。[②]

（2）对企业信息系统和网络系统的破坏。这是指侵害者向系统传播病毒，或者是电脑黑客直接进入企业的信息网络系统，把系统搞瘫痪。

设在上海的网宿科技股份有限公司和北京数字世界咨询有限公司联合发布的《2020 年中国互联网安全报告》指出[③]，2020 年全年网络安全态势存在三个显著特征：一是新冠疫情对网络攻击的发展情况产生了明显影响，各行业的攻击量伴随复产复工而增长，同时新冠疫情之下兴起的在线教育、远程办公等场景招致黑客关注；二是网络攻击的方式趋于融合，黑客往往采用多维度的手法对目标企业发起攻击；三是相比于 2019 年，2020 年的网络攻击数量呈倍增之势。

具体来看，2020 年网宿安全平台监测到的 DDoS（distributed denial of service，分布式拒绝服务攻击）事件数量同比 2019 年增长 78.79%，90%的 DDoS 事件集中在视频娱乐、零售、游戏行业；Web 应用攻击数量暴增，达 95.24 亿次，攻击量是 2019 年的 7.4 倍；爬虫攻击平均每秒发生约 1134 起，全年攻击量同比增长 200%。针对 API（application programming interface，应用程序编程接口）业务的攻击同比增长 56%，超五成发生在政府机构和电子商务行业。此外，主机安全方面，管理端口成为黑客最主要的攻击目标，高危漏洞攻击趋于利用简单漏洞。

（3）信息战是更高层次的恶意侵害。这个问题直接关系到国家安全。当今世界，国与国之间交战已经不是主要靠军队去攻占对方的领土，而是首先破坏对方的信息系统，使对方信息系统瘫痪，指挥失灵，陷于被动挨打的局面。

案例 2.19 1990 年 9 月，伊拉克从法国购买了一批电脑打印机，准备用于防空系统。由于伊法之间的买卖是在暗中进行的，货物不直接运到伊拉克，而是在安曼中转。就在飞机刚刚停靠在安曼机场时，一辆工具车驶近了飞机，车上乘坐的是化装成工人的美国中央情报局特工人员。就在法国厂商向伊拉克人交货的半小时里，其中一台打印机的原装芯片被置换。置换后的硬盘中预置有被称作“忍者”的病毒。1991 年 1 月 17 日美军对伊拉克的“沙漠风暴”行动开始时，美军通过遥控激活了这一病毒，该病毒从这台打印机迅速蔓

① 《光明日报记者杨谷挑战英特尔公司》，《光明日报》，1999 年 8 月 4 日，第 1 版。

② 《移动存储介质为什么不得在涉密计算机和非涉密计算机之间交叉使用》，http://bmj.wuhan.gov.cn/fgbzk/bmzffgk/202012/t20201211_1550543.shtml，2021 年 4 月 21 日。

③ 《网宿科技：〈2020 年中国互联网安全报告〉（全文）》，http://www.100ec.cn/index/detail--6595821.html，2021 年 7 月 13 日。

延到伊拉克的防空和情报系统的所有计算机，甚至伊拉克战斗机上的计算机也感染了病毒，伊军统帅部几乎成了瞎子，使伊拉克注定失败。[①]

与此同时，把 GPS（global positioning system，全球定位系统）导航技术、无人机技术等近代高科技使用其中，极大地提高了战场上信息传递的及时性、准确性和可行性，解决了人力所不可为的困难，成为制胜之招。

2）泄密

泄密是指企业的机密信息因故发生外泄，给企业造成损失。

泄密主要包括以下几种情况。

（1）保密工作不慎导致的泄密。一些企业员工保密意识淡薄，企业信息工作疏漏百出，在公开场合、普通电话、无线电话上谈论保密事项，很容易被截听。网上通信方式更是极易被截获，即使加上密码，也难以万无一失。

（2）企业内外勾结的盗窃导致的泄密。有少数人，见利忘义，出卖国家机密或出卖企业机密，虽人数很少，但对国家和企业安全是很大的威胁。

例如，某公司某副课长将公司供货商名址、会员客户通讯录等信息秘密复制，卖给同行业的其他公司，导致公司经营业绩大幅下降。事发后，该副课长被以侵犯商业秘密罪判刑。

（3）报刊文章导致的泄密。我国一些特有的先进工艺技术和应该保密的经济信息，有可能以科普、新闻消息的方式在报刊上发表，从而导致泄密。

（4）人员流动导致的泄密。随着我国改革开放的深入发展，企业之间的人员流动越来容易、越来越频繁，这也给企业的信息安全带来隐患。了解企业核心机密信息的人员流出企业，很容易导致企业信息的泄露。

案例 2.20　重庆美心·麦森门业有限公司（简称美心公司）是业内较有名气的一家防盗门企业，他们创造的整体压弯技术是业内首创，但是没有马上申请专利。

后来，参与新产品试制的一名技术人员，跳槽到另一家公司。不到一年，该技术人员将他知道的美心公司整体压弯技术，以另一家公司的名义申请了专利。专利获准后，反过来状告美心公司盗用他们的专利，属于侵权，且一审判决时美心公司败诉，法院查封了美心公司防盗门的成品和半成品。案件最后真相大白，美心公司胜诉。

这个案例就是人员流动导致的泄密。在这个问题上，美心公司犯了两个错误：其一，在接触本企业核心机密信息的人员跳槽离开本企业时，企业高层信息管理者应该马上意识到本企业的核心机密信息有可能被泄露，应该马上采取必要的防范措施。其二，企业缺乏信息自我保护意识，在整体压弯技术成功之后应该马上申请专利。在这个案例中，那个跳槽的技术人员还不是真正懂得专利法。专利法实施申请在先的原则，谁先提出，专利局受理谁的申请。而人员在离开原单位一年内做出的发明创造，专利申请权是原单位的。也就是说，如果那个跳槽人员在一年后申请专利，在这期间美心公司仍旧没有申请专利，那么你即使有再充足的理由能够证实该技术是这个跳槽人员带过去的，也都没有用了，因为专利法保护先申请的人。

---

① 《计算机病毒成战场“暗器” 无声无形显峥嵘面目》，http://news.sohu.com/20040810/n221446696.shtml，2021 年 7 月 13 日。

（5）商业间谍导致的泄密。随着我国对外开放和国际交流的日益扩大，国内外互相往来的人员大量增加，这在客观上给国际商业间谍的窃密活动带来可乘之机。从已经发生的案件可以看出，国外的间谍人员利用合法身份，通过参观、采访、学术交流等合法渠道，窃取我国国家的和企业的机密情报。

例如，据报道，2002 年上半年四川长虹电器股份有限公司（简称长虹）彩电出口猛增，很多国际商业间谍出没其总部绵阳。通过记者采访、合作采购等多种方法，打探长虹彩电的商业秘密。长虹收到许多日韩记者的采访提纲，问题的详细程度出乎意料。

案例 2.21 2009 年 7 月 5 日，轰动国际的"间谍门"案发生，澳大利亚力拓集团上海办事处的 4 名员工因涉嫌窃取中国国家机密在上海被拘捕。他们通过不正当商业手段拉拢中国钢铁生产单位相关负责人，刺探到包括中方谈判组内部会议纪要在内的机密信息并转交给力拓集团[①]。2010 年 3 月 29 日，上海市第一中级人民法院一审判决四人犯非国家工作人员受贿罪、侵犯商业秘密罪，分别判处其有期徒刑 7 年到 14 年不等。[②]

3）技术上、观念上的落后

在今天信息社会里，各项技术更新的速度都非常快。企业所掌握的技术，如同逆水行舟，不进则退。技术上落后就要受制于人。所以，技术上的落后，也属于信息安全问题。观念的落后，会导致我们在处理和利用信息时做出错误的决策，甚至是做出了错误的决策还不自知。

例如，我国已经加入了 WTO，对于 WTO 的运作规则、观念就要熟悉和掌握，否则我们就识别不了什么是对我们有用的信息，什么是对我们不利的信息。

2. 企业信息保密防范的方式

1）封闭式：通过保密制度保护企业信息

这是将企业信息局限在规定范围内来保护企业信息的方式，就是通常所说的保密工作。它要求企业管理者教育规定范围内的员工，提高保密意识，建立保密制度，健全保密措施，达到将需要保密的信息封闭在规定范围之内的目的。

要做好保密工作，需要做到以下四点。

（1）明确保密范围。这个范围一般包括：①企业文件保密，包含有商业机密、经营策略、发展部署、技术机密的各类文件、资料、图表的保密。②企业重要会议保密。③企业新闻报道和企业出版物保密。④科技创新和涉外保密。

（2）健全保密制度，严肃保密纪律。鉴于企业是由广大管理者和员工组成的，为了保证他们在各自的行为中都能自觉地保护企业机密信息，只有通过建立和健全保密制度，制定严格的保密纪律，来规范企业员工的行为。制度和纪律的具体内容应根据企业的具体情况来确定。常见的保密纪律有：不要在公共场所或私人交往中谈及企业机密信息。处理公务时，不在没有保密装置的电话、传真机、电传机上谈及企业秘密信息等保密纪律。常见的保密制度有：新闻报道审查制度、企业发言人制度等。有了制度和纪律，

---

① 《力拓"间谍门"获突破性进展》，https://www.youxia.org/2009/07/1112.html，2016 年 1 月 7 日。

② 《胡士泰因力拓案被判 10 年 律师称其决定放弃上诉》，http://news.sohu.com/20100409/n271402298.shtml，2016 年 6 月 7 日。

还要经常检查执行情况，使制度和纪律不断完善，不流于形式，使保密工作经常化、持久化。

（3）加强保密教育，选好保密人员。企业必须加强对本企业全体成员的保密教育，使他们了解保密工作的重要性，了解新时期企业保密工作的特点，学习保密知识，增强保密观念，遵守保密纪律和制度，养成良好的保密习惯。

（4）严格查处泄密事件。发生失密、泄密、窃密事件后，不论肇事者职位高低，要立即进行查处。失密是丢失秘密文件资料、产品图纸、实物的行为。不论丢失物是否找回，是否造成危害，均属失密。泄密是向不应知道某一企业秘密信息的人员泄露该秘密信息的行为。窃密是采取非法手段窃取、收集、刺探、收买、出卖、提供企业秘密信息的行为。

具体的追查步骤是：首先，工作人员发现后，应当立即报告直接领导，以便及时采取补救或应急措施，并及时报告上级有关部门。

其次，发生泄密事件的部门，应当迅速查明被泄露事项是否属于企业机密或是国家秘密，查清其所涉及的内容和密级、造成或者可能造成危害的范围和严重程度，搞清事件的主要情节和有关责任者，并及时采取补救措施。同时报告有关保密工作部门和上级机关，以便尽可能地减少泄密所造成的损失。

企业成员故意或过失泄露企业秘密，不够刑事处罚的，企业应当依照企业信息保密制度或纪律的规定，并根据被泄露事项的密级和行为的具体情节，给予行政处分。为境外、国外的机构、组织、人员，窃取、刺探、收买、非法提供企业秘密的，应依法追究其刑事责任。

2）技术式：通过技术手段保护企业信息的方式

常见的技术手段有：伪装式、密码式、网络控制、技术创新和数据备份。

伪装式：伪装式又称“业务填充”。在发布正常信息的同时，发布一些随机的无意义的数据，即假信息，迷惑信息入侵者，以达到保护核心信息的目的。

密码式：通过给被传输的数据加密，使截获该信息者无法读取信息具体内容，或者使用数字签名、数字证书来确认信息的真实性。据报道，国外用于网上信息加密的密码产品，其密钥位数最高已经达到 160 位，但是美国政府禁止超过 40 位的密码产品出口。现在是否有所改变，尚未见到相关报道。所以，想买也买不到最好的，更何况保密产品买别人的总是不太放心，我们应该创造具有自主知识产权的保密产品。

网络控制：通过访问控制技术、防火墙技术、入侵检测技术、路由选择技术、反病毒技术、安全审计技术、物理上双网并行等手段来抵御入侵者。

技术创新：通过创造出具有自主知识产权的信息技术及产品，改变技术落后、易受攻击的不安全状态，也是保护信息安全的重要措施。

数据备份：将数据拷贝一份或数份加以保存。备份不只是指文件备份，多数情况下是指数据库备份，即将数据库结构和数据同时复制，以便在数据库遭到破坏时能够及时恢复。备份包括本地备份和异地备份。

3）法律式：通过法律保护企业信息的方式

传统的信息保护方式是一种被动防范的方式。现在，人们开始意识到，应该是规范人的行为，防止窃取他人信息事件的发生，或者加大打击、处罚窃取他人信息行为的力度。所以，在信息保护问题上，目前的主要趋势不再是以传统的密码学为核心，而是规范人们信息活动的行为，提高人们的素质，通过信息法律、信息伦理，约束人们信息活动的行为，达到保护信息的目的。

通常，企业用来保护企业信息的法律有：《中华人民共和国专利法》《中华人民共和国商标法》《中华人民共和国著作权法》《中华人民共和国合同法》《中华人民共和国反不正当竞争法》。

2.5 搜索原则

搜索原则是企业信息管理者千方百计地寻求对本企业有用信息的管理思想。

企业信息管理中之所以存在搜索原则，是因为信息是可以任意索取的，而且任何人在获取后都可以为自己所用。所以，剩下来的问题就是你所需要的、不花钱的或花钱不多的信息在哪里，怎样才能获得。唯一的回答就是自己去搜索。

搜索原则的内容包括强烈的搜索意识、明确的搜索范围和有效的搜索方法。

2.5.1 强烈的搜索意识

意识在哲学范畴的解释是人脑的机能，是人独有的对客观现实的反映。心理学认为，意识是人自觉反映客观现实的心理活动。

所以，本书定义：信息意识是人们独有的对信息的反映，是人们捕捉、判断、整理和利用信息的自觉程度。很明显，信息搜索意识是人们捕捉信息的自觉程度、搜索欲望和搜索动机的集合。

在搜索意识、搜索范围和搜索方法之间，搜索意识的提高，比搜索范围的明确和搜索方法的掌握显得更为重要。因为方法解决的是怎样做的问题，意识才解决要不要做的问题。有了方法，只是会做，但不知道是不是需要做。有了信息搜索意识，才知道是不是需要做。只有方法，没有信息搜索意识，遇到信息也不知道去采集。

所以，要提高信息搜索水平，就必须首先提高信息搜索的意识。

搜索意识对于企业信息管理者至关重要。它是管理者及时、有效地获取信息的前提。因为任何信息不会自动地来到企业信息管理者面前。也就是说，最根本的是企业管理者要能够时时、处处都有一种强烈的搜索欲望和搜索动机。

常见的信息搜索意识有以下五种。

1. 凡事先查，有意搜索

这指的是信息管理者在做任何事情之前，都要去查一查有关这一事情的现实和历史情况的信息搜索意识。

这一搜索意识要求信息管理者在做出新的决策方案之前，应该先查一查别人有无做过与此类似的决策？在提出一个新的研究课题时，先查一查别人在这个方面已经做过了哪些研究工作？企业要搞技术创新，先查一查别人在这一技术方面已经做过了哪些工作？要进生产线，要上一个新的项目，要开辟新的市场等，不论做什么事，都应先查一查别人在这些方面已经做过了哪些，还没有做哪些，别人做过的哪些是做得对的，哪些是做错了的，然后才决定自己怎么去做。

著名美籍华裔物理学家李政道教授在中国科技大学对少年班学生曾经说过，人类之所以会不断地前进和发展，就是因为人类会利用前人已经做过的成果，人类的新一代个体不需要重复前人走过的过程，你们小小的年纪就在谈论相对论，而不需要重复爱因斯坦发现相对论的过程。①

所以，前人成功的经验或失败的教训对于我们都是十分宝贵的信息财富，我们如果事先能够获取，就可以少走许多弯路。

案例 2.22　保温瓶为了防止因热辐射而散热，在内胆壁上镀有一层薄薄的银。由于银是贵重金属，价格高，如果能够用金属镁来代替银，就可以降低成本。20 世纪 60 年代，上海某工厂花了好多时间和经费，终于研究成功。

由于当时国内还没有实行专利制度，有了发明只能申报发明奖。上级在审查时发现，早在 20 世纪 30 年代一份美国专利就已解决了这个问题。

我们知道，专利保护期限最长只有 20 年，期满后可以延长一次，期限是 5 年，加在一起只有 25 年。而那份美国专利是 20 世纪 30 年代的，到 20 世纪 60 年代已经过了专利保护期，完全可以直接拿来使用，根本不用费时费钱去研究。②

上面的案例从反面告诉我们凡事应该先查，然后再做。

再如，人们都知道著名数学家华罗庚是自学成才的数学家，却不知道他曾经承受过被退稿的苦恼，投出去的稿子被一篇一篇退了回来。

这并不是因为华罗庚论文的水平低，而是因为当时他处在闭塞的金坛中学，得不到国内外数学研究的新成果、新信息，使得他发现的一个又一个数学定理、定律都是别人已经发现过的，所以被退稿了。这是智力上的极大浪费。

华罗庚当时所处的环境，没有条件做到凡事先查。他的经历告诉我们，凡事首先搜索是多么重要。后来，华罗庚在他的自传里写道：搞科学研究，一定要充分占有资料，占有资料的目的是了解别人的终点，确定自己的起点（栾玉广，1982）。这在企业信息管理中是同样的。

2. *内外并举，不可偏废*

这指的是企业信息管理者在采集信息时，要同时注意采集企业内部信息和企业外部信息的搜索意识。

但是，在企业内，许多信息管理者在讲到采集信息时，要么眼睛都是盯着企业外部，甚至没有想过还要注意采集企业内的信息；要么头脑里都是企业内的下属和员工的信息，根本没有想过还要注意采集管理者自身的信息。这是不恰当的。信息管理者应该内外并举，不可偏废。

案例 2.23　1982 年，中国的第一根火腿肠——××火腿肠，并迅速得到市场的青睐，市场占有率一度高达 20%，资产猛增到 29 亿元。可是，到了 2001 年，就一落千丈，竟然欠债 13 亿元。在这期间，该企业实施过多元化战略、追求规模经济效应、实行过股份制改造，还与外商合资建立企业集团、资产重组等。然而，这些在国内外屡试屡灵的现代管

---

① 根据本书作者司有和个人现场采访记录编写，2021 年。

② 本书作者司有和根据情报学领域口传案例改编，2021 年。

理新理念，在该企业都没有发挥作用。究其原因，虽然很多，但其中之一就是该企业在每一次发生挫折的时候，都没有从内部总结教训，即没有从内部获取信息。

3. 随意获取，抓住不放

这指的是企业信息管理者在事先毫无思想准备的情况下，对于发生在身边的、瞬息即逝的信息流，能够发现其中与自己相关的信息，并且能够及时地抓住不放，进一步予以激活和利用的信息搜索意识。

这一搜索意识的特点在于企业信息管理者事先并无具体的搜索目的，事先并不知道他所需要的信息会发生，没有任何思想准备，是一种偶然的发现。

不过，偶然之中包含必然。心理学认为，认识主体在没有思想准备的情况下对身边发生的信息产生注意是一种无意注意。

无意注意的产生，往往是由于感受主体内心长期思考形成的一种潜在需求，只不过主体还没有意识到这种需求的存在，一旦身边的信息与这个潜在的需求相一致时，便引起了主体的无意注意。这就是无意注意的产生机理。可见，能够产生无意注意的信息往往就是主体需要的但还没有意识到的信息。

从这个意义上讲，企业信息管理者在日常工作和生活中，如果发现身边的某一信息似乎对自己有用，当这种“一闪念”产生的时候，不要熟视无睹、充耳不闻，马上就放弃，而应该立即抓住，做进一步思考，在确认无用后再放弃，因为这很可能是一个对自己很有用的信息。

本书第 1 章案例 1.11，说的是叶先生到昆明出差，在事先毫无思想准备的情况下，从一张废弃的旧报纸上发现商机，并能够从昆明到重庆把发现的商机变成现实的效益。这个案例中，商机的获取靠的不是计算机系统，而是全凭他个人的素质、修养和能力。什么素质呢？就是这里说的随意获取、抓住不放的信息搜索意识。

4. 确立目标，刻意搜索

这是指企业信息管理者在确定了某一目标信息之后，千方百计地获取该信息、不达目的决不罢休的信息搜索意识。

这一搜索意识的特点在于企业信息管理者已经有了一个明确的目标信息，其工作就是获取该信息的具体内容。目标信息是指企业信息管理者想要得到但还没有获得的信息。这种信息往往是在实际决策中最需要的信息，就其性质来说，就是那种“万事俱备，只欠东风”中“东风”性质的信息。

不过，确定目标信息并不难，难的是如何获得目标信息。

搜索原则中强调这一搜索意识，就是要我们建立一种观念，为了获取目标信息，必须有一种不达目的决不罢休的精神。

5. 遇有困难，咨询解决

这是指企业信息管理者在工作中遇到困难自己没有能力解决，或者是在确定了目标信息后自身没有能力去采集时，知道寻求社会帮助的信息搜索意识。

这一搜索意识的特点在于将企业信息管理者的自我搜索扩展到求他搜索，请求他人帮助来搜索本企业需要的信息。

由于在管理实践中，决策所需要的信息量越来越大，决策所需信息的质量越来越高，决策的难度也越来越大，企业信息管理者也不是全才，不可能解决本企业的所有问题，也不可能把本企业所需要的目标信息都采集到，或者由于工作太忙，时间有限，来不及去解决。企业信息管理者在遇到这种情形时，如果能够意识到向社会寻求帮助，就是信息搜索意识强的表现。

目前，社会上可供咨询的机构和组织很多，有各类信息处理中心、技术和经济咨询公司、图书馆、科技情报机构、大专院校和科研机构，以及各种行业协会、学会、研究会和各级科协等团体。它们可以帮助企业解决各种问题和困难。

2.5.2　明确的搜索范围

这是指企业信息管理者在采集信息之前，要对采集的范围有明确的了解。

如果范围不明确，或者范围有差错，信息采集意识再强，方法再熟练，也只能是做无用功，找不到所需要的信息。

关于确定采集范围的具体内容本书在 7.1 节中介绍。

2.5.3　有效的搜索方法

这是指企业信息管理者在采集信息时，使用的各种方法必须恰当、适用。

搜索方法包括自我总结法、直接观察法、社会调查法和文献阅读法。为了获得可阅读的文献，可采用的途径有购买、索取、交换、文献检索、委托复制、网上下载等。

关于采集方法的具体内容，本书在 7.1 节中介绍。

[思考题]

1. 企业信息管理的系统原则包括哪些内容？

2. 分类整序的步骤包括哪些？每一步都有什么具体要求？

3. “主题整序中主题词的选取，就是从文献的标题中选择几个词就可以了。”这种说法对不对？为什么？

4. 公司收发室为了及时将地址不详的信件送到职工手中，从公司人事部要来了全公司各单位职工名单。这个名单收发室是否适用？为什么？

5. 信息管理的激活原则包括哪三大类？你平时有无激活信息为自己服务的体会？试举例说明。

6. 共享原则中的“贡献原则”和“防范原则”是否相互矛盾？为什么？

7. 信息搜索意识主要表现在哪些方面？你平时是否有这些方面的体会？

8. 阅读下面的短文，然后说说你的读后感。请用简单的一两句话写出你所确立的读后感的主题。至少要写出三个不同的主题。

我需要一克镭

1920 年 5 月的一个早晨，一个美国记者问居里夫人：“若是把世界上所有的东西任你选择，你最愿意要什么？”

居里夫人毫不犹豫地回答：“我需要一克镭，以便继续我的研究，但是我买不起，镭的价格太高了。”原来，居里夫人历尽千辛万苦提炼出来的一克镭，已经无偿地献给了巴黎的镭学研究所了，而当时一克镭的价格是十万美元。

女记者回美国后组织了一个委员会，动员全美国妇女进行募捐。

不到一年，女记者写信给居里夫人：“款已凑足，镭是你的了！”但作为交换条件，美国妇女希望居里夫人访美。居里夫人十分感动，欣然接受邀请。1921 年 5 月 20 日，美国总统哈丁在白宫代表美国妇女把一克镭交给了居里夫人。

9. 下面是一位本科同学毕业论文的提纲，请运用本书阐述的采用逻辑学划分规则进行分类的方法，修改这份提纲。

东方科学仪器进出口公司 MIS 的设计

一、MIS 是现代管理不可缺少的基础

1. 信息化对现代管理的冲击

2. MIS 在企业管理中的作用

二、MIS 的一般概念

1. 计算机辅助管理的发展阶段

2. MIS 的组成

3. MIS 的定义与要求

4. MIS 的最佳模式

三、MIS 的开发过程

1. 系统分析

2. 系统设计

3. 系统实施

四、计算机辅助管理的发展趋势

1. MIS 的局限性及其发展

2. DSS（decision support system，决策支持系统）的特性、构成

3. DSS 的技术等级

4. DSS 库

五、东方公司 MIS 的设计

1. 东方公司简介

2. 系统分析

3. 系统设计

4. 系统实施

六、子系统功能简介

10. 宏渝咨询公司业务员小刘看着盛源集团公司送来的报表（表 2.4），很是担心，因为报表显示：中长期项目的投资越来越少，这会影响到公司未来的发展。小刘的担心对不对？为什么？

表 2.4　盛源集团公司开发部历年科研经费情况统计表

年份	中长期项目		短期项目		技术革新	
	课题数/个	年投经费/万元	课题数/个	年投经费/万元	课题数/个	年投经费/万元
2016	52	280	32	90	11	15
2017	48	260	41	128	68	188
2018	29	208	40	166	97	275
2019	21	182	56	189	132	334
2020	16	198	63	213	184	498

第3章 企业信息系统

开篇案例

李福民厂长的苦衷在哪里？

2015年12月的一天，长江集团董事长把集团下属的惠城分厂厂长李福民叫到自己的办公室，很生气地问他：“你们厂是怎么搞的？去年就亏了100多万元，今年倒好，亏得更多了，你仔细看看！”说着就把财务报表扔给李福民。

惠城分厂是一个拥有1200多名职工的汽车配件生产厂。厂长李福民原来是集团技术部的技术副部长，2012年调去惠城分厂任厂长。两年多来，厂里职工情绪低落，缺勤严重，生产任务完不成，废品率不断上升，年年亏损。

李福民接过财务报表，满腹委屈地说：“我也不知道是怎么回事。这两年在厂里，我是豁出命地在干。经常开大会布置工作，对全体职工要求都非常严格；全厂每个车间、科室都买了电脑，配了许多管理软件，我是一个一个地把着手教他们用电脑、看图纸，对全厂每一件事都安排得妥妥当当，还经常亲自到车间，直接指挥生产，监督工人操作；我还提拔了两名工人担任车间副主任；发奖金时他们的奖金都比我的高，我对每个人都一样，对谁也没有丝毫歧视，没有亏待任何人。”

（根据作者本人调查所得资料改编）

讨论题：

1. 从企业信息系统管理的角度看，李福民厂长工作失败的原因是什么？
2. 案例中，李福民厂长使用了哪些信息管理系统？使用方法对不对？
3. 根据这一案例，说说企业信息系统有哪些类别，相互之间是什么关系？

3.1　企业信息系统概述

3.1.1　企业信息系统的定义和组成

1. 企业信息系统的定义

企业是一个以营利为目的，通过整合各种要素（人、财、物、息、链、险、时、空等），从事生产、流通或服务等经济活动的独立核算的社会组织。

企业信息系统是企业的一个子系统，它是能够对与企业相关的各种信息进行采集、加工、存储、传播、利用和反馈的职能系统。

2. 企业信息系统的组成

1）以企业信息系统要素为标准划分的企业信息系统组成

从企业信息系统要素的视角出发，企业信息系统主要由以下部分组成：企业信息资源、信息处理器、企业信息用户、企业信息管理者和机构、企业信息管理制度和标准。从子系统职能的角度，信息处理器又可细分为信息采集子系统、信息加工子系统、信息存储子系统、信息传播子系统和信息反馈子系统。

a. 企业信息资源

企业信息资源是企业信息系统中的数据和信息，常常以经过处理的结构化数据呈现。表现形式可以是企业内各种公用的、专用的、便于存储和检索的数据库中的信息；与企业技术、管理发展方向一致的图书、期刊、技术档案和资料上刊载的信息；为企业开发管理服务的情报资料库里的信息等。

它又可分为内部信息资源和外部信息资源。内部信息资源是指企业内部活动中所产生的各种数据和信息，如人事数据、设备数据、生产数据、财务数据、销售数据等。外部信息资源是指来自企业外部环境的各种数据和信息，如国家宏观经济信息、人口普查数据、市场信息等。此外，外部的社会信息资源，不论是免费的公共信息资源，还是付费的商业性信息资源，都属于企业信息资源的范畴。

企业在信息管理中，要十分注意企业内信息资源的建设、开发和利用，要设法建立起企业与社会信息资源联络的便捷通道，以满足企业内对信息资源的需求。

把图书馆、专业期刊室、技术档案室、财务档案室、文书档案室等说成信息资源的说法欠妥。图书馆所藏图书中的内容是信息资源，图书馆是管理和提供图书的地方，图书馆本身不是信息资源。同理，专业期刊室、技术档案室、财务档案室、文书档案室是管理专业期刊、管理技术档案、管理财务档案和文书档案的地方，它们本身不是信息资源。这些部门统称为信息管理机构，或称为信息资源设施，即"放置信息资源的地方"。

b. 信息处理器

信息处理器指的是能够进行信息采集、加工、存储、传播、反馈的设备和机构。它主要承担企业信息的采集、加工、存储、传播、反馈，为企业中包括信息管理者在内的各类人员提供信息服务。

c. 企业信息用户

企业信息用户是企业信息的使用者，即企业中不同部门和不同层次的人员，以及接收控制指令后执行各种作业的设备等物理系统。

d. 企业信息管理者和机构

企业信息管理者和机构是指负责管理企业信息资源和企业信息系统开发、运行和维护的专门人员和职能机构。信息管理者和机构主要负责企业信息的管理和企业信息系统从开发、运行到使用过程中各部分的计划、组织、协调、控制和反馈等。

在企业的各类管理工作中，总是有大量例行问题的管理和少量例外问题的管理，而例行问题的管理总是交给职能机构去处理的。企业信息管理也是如此。同时，有关信息系统的运行、保养、维护、完善、更新等方面的专业工作，也要交给专门的职能人员去做。所以，企业内必须设立专门的信息机构。

一个完备的企业信息系统所包括的专门信息机构应该有：①专门向管理者提供决策分析和预测、进行文字加工处理的信息综合部门，如战略情报中心、政策研究室、企业规划部、情报服务室等；②采集、整理、存储信息资料的档案部门，如图书馆、专业期刊室、技术档案室、财务档案室、文书档案室等；③快速传递信息的通信部门，如对外信息交流中心、企业网站、收发室等。企业的专门信息机构通常有信息中心或信息部等。

企业信息管理者中，职位最高的是分管信息中心的经理级管理者，大型企业专设的CIO是企业最高职位信息管理者。

在企业 CIO 或相关主管领导下，还有众多的企业信息管理工作人员。他们不仅是指企业内从事信息管理的管理者和信息管理部门的工作人员，还包括虽然属于其他部门但是需要从事信息管理工作的管理者和人员。

信息管理人员是企业信息管理活动的主体，他们的水平决定着企业信息管理活动的实际水平。

e. 企业信息管理制度和标准

企业信息管理制度和标准，以及相关的规定、协议等，是企业信息管理的基本保证。没有信息管理制度，企业信息管理活动就无章可循，各行其是，无法实施正常的企业信息管理。没有企业信息管理的标准，尤其是企业信息系统没有相关的各类标准，信息系统的开发和建设就无从谈起。

2）以信息处理过程为标准划分的企业信息系统组成

从信息处理过程的视角，企业信息系统又可看成是由输入、处理和输出三个基本的子系统构成。企业信息系统采集企业内部和外部环境与企业相关的各种原始数据和信息，经过处理后变成有用的信息输出，输出的信息提供给企业内外部的信息使用者使用和反馈给信息输入子系统。

一个完整的企业信息系统应该具有对企业相关的各种信息进行采集、加工、存储、传播、利用和反馈的基本功能。

3）以企业信息系统层次为标准划分的企业信息系统组成

从企业信息系统层次视角来看，企业信息系统主要由以下四个部分组成。

（1）物理设施层：由支持信息系统运行的物理软硬件和通信网络组成。

（2）资源管理层：包括各类结构化、半结构化和非结构化的数据、信息，以及可实现这些数据和信息采集、加工、存储、传播、利用的各种资源管理系统，主要有资料管理系统、数据库管理系统、目录服务系统等。

（3）业务逻辑层：由实现企业各种业务功能、流程、规则等应用业务的一组信息处理代码和指令构成。

（4）应用表现层：将业务逻辑和信息资源紧密联结在一起，通常是以人和信息系统交互方式向用户展示信息处理的结果。

3.1.2 企业信息系统的作用

企业信息系统的目标是完成企业的信息管理任务，企业组织通过企业信息系统不断与环境发生信息的交换。企业内部的各种要素也通过企业信息系统的关联相互作用来完成企业的目标。

在企业信息系统内，存在从环境到企业的外源内流的信息流、从企业到环境的内源外流的信息流和企业内部各个要素间的信息流（图3.1）

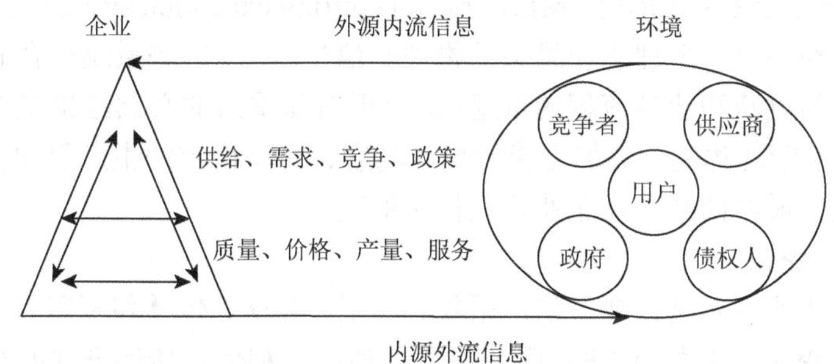

图3.1 企业和环境间的信息流

企业信息系统对于企业的基本作用有以下三点。

1. 企业信息系统是企业一个基本的、必不可少的、重要的子系统。

企业信息系统对于企业的作用就如人的神经系统对于人的作用一样，没有神经系统或神经系统受损，人将处于瘫痪状态。

同样，企业如果缺乏有效的信息系统，或者信息系统不健全，企业的正常生产和经营活动难以开展。企业的客户在哪里？都有谁？他们需要什么样的产品或服务？如何高效、优质、低成本地为客户提供这些产品和服务？企业盈利情况如何？如果企业缺乏有效的信息系统或信息系统不健全，上述一系列急需的、重要的信息将难以准确、完整、及时地获得。企业的信息系统和企业的财务、人力资源、营销、生产制造等子系统一样是一个企业基本的、必不可少的、重要的子系统。它的重要性不仅在于它是一个独立的子系统，还在于它的功能遍布企业的其他子系统，并以此来维系整个企业活动的正常运转。

2. 企业信息系统可促进企业管理工作的改进

由于信息具有无处不在、无时不有的特点，企业信息系统在企业的各种业务活动中得到普遍的应用，尤其是以数字电子计算机、数字通信技术等信息技术为特征的企业现代信息系统在企业中的应用，极大地提高了企业各种活动的效率，促进了企业管理水平的提升，促进了企业组织结构、业务流程、管理制度等的变革，使企业管理向现代化管理发展。具体的改进体现在以下方面。

1）增强管理功能

企业现代信息系统的应用使得企业内部部门与部门之间的沟通、员工与员工之间的交流和沟通更加容易；企业内部横向和纵向的信息传递更加迅速；管理层能更加方便地掌控企业的各项业务活动，全面准确地了解和掌握各种业务数据，实现“运筹帷幄之中，决胜于千里之外”，及时决策并减少决策失误；可以及时获得市场信息，为更好地提供市场需要的产品和服务提供便利；促进管理理念和方式的改变，更容易通过目标管理激发人员的主观能动性；通过物流、资金流、信息流等企业要素的协调统一，从优化计划方面着手，做好管理工作的第一步，为更好地实现企业的管理目标奠定扎实基础。

2）革新管理理念

企业现代信息系统的应用会促成企业管理机制变革和业务流程重组。一些信息系统的设计本身就注入了先进的管理理念和业务流程，如从 MRP Ⅱ（manufacturing resources planning，制造资源计划）、ERP 到 MES（manufacturing execution system，生产执行系统），系统本身就是一种先进管理理念和思想的物理和信息映射。这些系统在企业的应用必然带来企业管理理念的更新和业务流程的重组，这个更新和重组的必然结果是企业再造和管理变化，更加合理的管理体制、更加完善的规章制度、有序稳定的生产组织、科学的管理方法都会随之涌现，最终的结果是企业管理机制的变革。

3）促进组织变革

由于企业现代信息系统改变了信息采集、加工、存储、传播和利用的方式，特别是信息传递由层级型变为水平型，过去受限的信息处理能力和信息传递方式的组织结构会受到冲击，与新的信息系统相适应的组织结构会涌现，原有结构中的冗余部分会消失，而缺失部分会新增或加强。例如，现代信息系统广泛采用后企业的组织结构常常从金字塔形变成扁平的矩阵形，这不仅会打破部门之间的界限，也使企业内子系统之间的联系更加密切，使企业更加充满活力。

4）增加管理手段

互联网特别是移动互联网以及建立在其上的供应链管理（supply chain management，SCM）系统、客户关系管理（customer relationship management，CRM）系统、移动办公自动化系统等作为企业与合作者、企业与客户、企业与员工等之间即时沟通的媒介，正成为企业管理的重要手段和企业文化的一部分。企业可以利用社交媒体加强和客户的沟通，改善客户关系；企业还可以运用多媒体技术使企业通过声音、图像和文字来跨时空控制产品生产或服务提供的全过程，减少产品的不良率和提高顾客的满意程度。

5）提高管理效率

企业现代信息系统的应用，使企业可以突破物理时空，高效、便捷、经济地实现跨地区的管理。公司管理层借助信息系统可以在千里之外及时了解外地子公司活动并对其下达指令。最终的结果是提高了企业的整体管理效率，为企业更好地实现优质、低消耗、低成本、低排放等目标创造了良好的条件。

3. 企业信息系统促进企业间的合作和产业链、供应链的发展

现代信息系统的应用，使得信息流不仅在企业内部高效有序流动，也促进了企业间、企业与其他环境要素间的信息流的高效有序流动，这使得企业与环境间的作用与联系更加频繁和密切。

最终的结果是使得各种资源不仅在企业内更有效地配置，也在以产品或服务为核心的供应链和以产业为核心的产业链上、上下游企业和产业内企业间更加高效地得以配置。传统意义上的企业组织结构和形式也因此而发生变化，总的效果是全社会的资源配置和利用效益得以提高，生产力水平也得以提高。

3.1.3 企业信息系统的分类

一个完整的企业信息系统应该具有对企业相关的各种信息进行采集、加工、存储、传播、利用和反馈的基本功能。企业内具有这些基本功能的信息系统按照不同标准有不同的分类结果。

从企业信息系统中的信息以及所对应的企业组织层级的视角，企业信息系统可分为战略计划信息系统、管理控制信息系统和运行控制信息系统。

从管理对象和管理需求的视角可以将企业信息系统分为数据处理系统、MIS、办公信息系统、决策支持系统、知识管理系统等。

从企业子系统职能的视角又可分为经理信息系统、营销信息系统、制造信息系统、财务信息系统、人力资源信息系统、信息资源信息系统等。

进一步的细分还可分为计算机辅助设计（computer-aided design，CAD）系统、计算机辅助制造（computer-aided manufacturing，CAM）系统、计算机辅助测试（computer-aided test，CAT）系统、MRPⅡ、ERP系统、计算机集成制造系统（computer integrated manufacturing system，CIMS）、SCM系统、CRM系统、电子商务系统（e-commerce system，ECS）。

在数字电子计算机及以数字计算机为基础的数字通信技术被广泛应用于企业之前，企业信息系统仍然存在并对企业的生存和发展发挥着作用，我们将企业的这类信息系统称为企业的传统信息系统。例如，未使用数字电子计算机的企业中的办公会议和宣传系统、文档和报表系统、计划和生产指挥系统、财务系统、销售和供应系统、技术和质量系统存在大量的数据与信息流及其处理，这些数据和信息的处理主要依靠人、簿记、哨旗、信号灯、电报、电话等完成，这些都是构成企业的传统信息系统的要素。

相对于企业传统信息系统，以数字电子计算机和以数字计算机为基础的数字通信技术作为主要的信息处理技术的企业信息系统称为企业现代信息系统。例如，ERP系统、MES、企业产供销一体化系统等。企业现代信息系统因其高效和准确正在代替企业传统信息系统。

把企业信息系统仅仅理解成计算机信息系统是错误的。事实上目前企业信息系统是企业传统信息系统和企业现代信息系统的复合体。可以说，只要企业中人仍然承担着对企业活动需要的信息进行处理的任务，就不能把企业信息系统简单地理解为企业的计算机信息系统。

无论是企业传统信息系统还是企业现代信息系统，它们都要完成企业信息管理的职能，但是两者在完成信息的采集、加工、存储、传播、利用和反馈的职能中对信息的处理

方式和效果上有比较大的差异，对两种信息系统的管理也存在各自的特点。因此本书主要采用企业传统信息系统和企业现代信息系统的分类。

3.1.4 企业信息系统的管理结构①

信息系统的结构指的是组成信息系统各个部分之间相互关系的总和。

企业信息系统是客观存在的。它广泛存在于一切企业之中。它和企业组织系统同在，不论企业规模是大是小，不论企业层次是低是高，都是如此。不过，企业信息系统的结构并不等同于组织系统的结构。

企业信息系统的结构有物理结构、逻辑结构和管理结构之分。

（1）物理结构：只考虑系统中硬件之间连接方式的拓扑结构。

（2）逻辑结构：从各子系统的功能结构，包括硬件功能结构、软件功能结构、管理功能结构出发，来认识企业信息系统的结构。上述的"企业信息系统的组成"和"企业信息系统的分类"说的就是这种结构。

（3）管理结构：从提高管理效果的角度来认识系统构成。构成这一结构的下位概念也是一个信息系统，而且是一个隐形的信息系统。它不是企业信息管理者有意识建立的，是任何一个企业一旦成立，这个系统结构就同时存在了。如果企业信息管理者没有这个意识，就有可能忽视这方面的信息管理工作。

一个全面的信息系统的管理结构，要比想象的复杂得多。为了建立一个在管理中行之有效的企业信息系统，首先在思想上必须建立起一个全面的企业信息系统管理结构。

企业信息系统的管理结构包括以下四个方面的内容。

1. 企业信息系统是正式信息系统与非正式信息系统的复合

正式信息系统是借助企业内的正式组织机构和计算机信息系统组成的信息系统。

现代计算机和通信技术的发展，给每一个企业迅速造就了一个现代化的正式信息系统，微处理机、文字处理机、信息网络等，极大地武装了正式信息系统。

非正式信息系统是既不依赖于正式组织机构，也不遵循组织信息处理原则，同时不受正式组织信息系统约束的企业信息系统。

非正式信息系统由两部分组成：一是企业内外的非正式组织中的信息传播通道；二是非官方的、不很严格的、带有私人交往性质的信息传播通道。

非正式信息系统在管理实践中具有不可忽视的作用：由于非正式信息交流不是官方的正式交流，没有公开场合的那些条条框框，因而可以进行单刀直入式的对话，节省交流的时间和费用。交流者也不会心有余悸，很少有后顾之忧，没有憎恶、反感、逆反心理。这些心理活动是信息交流的大忌，它会造成信息交流的阻力，使信息量耗损。加之交流者双方相互熟悉、理解和信任，不是"管"和"被管"的关系，内心话可以毫无顾虑地尽情地说出来，各方都能进行最大限度的充分表达，交流双方可以相互碰撞、相互切磋，双方的讨教和传授、鼓动和激发、智力协作和情感催化都是同时完成的，交流是全过程的。

① 本小节内容系本书作者司有和所撰。

这给我们一个重要启示：企业信息系统是一个充满整个企业组织的、有形和无形复合的全员信息系统。企业信息管理者如果不能抓住非正式信息系统，就等于丧失了一半的信息管理对象。

非正式信息系统是客观存在的。它在企业管理中可以发挥正式信息系统发挥不了的作用。企业信息管理者要学会利用非正式信息系统为企业管理服务。

例如，当年中美关系的缓解就是从非正式信息渠道的交流开始的，也就有了“乒乓外交”的故事。

再如，在日本的一些企业里，开展有奖征集合理化建议的活动，特别要求合理化建议小组必须是不同车间、不同工种的工人。工人们要想提合理化建议，不能找本车间、本工种的人，就只能去找自己的朋友。很显然，这就是在利用非正式信息系统的功能来获得有用的合理化建议。

许多管理者也都有实际体会，对于非正式信息系统，如果运用得好，在预先沟通下属思想、统一员工思想认识、解决具体矛盾上有微妙的作用。

据《左传·襄公三十一年》记载，春秋时期郑国大夫然明问国相子产，为什么不把老百姓聚集议论朝政的乡校毁掉，子产说：“夫人朝夕退而游焉，以议执政之善否。其所善者，吾则行之。其所恶者，吾则改之。是吾师也。若之何毁之？”并表示对于老百姓的意见要“闻而药之也”。

这就是有名的子产不毁乡校的典故。子产的这种执政理念和境界是相当高的。很显然，乡校反映的信息不是正式信息系统的信息。这说明我国古代管理者就已经能够从非正式信息系统获取信息。

当然，非正式信息系统也有其不足，可能造成泄密，也容易传播谣言，影响正常工作。但是，企业信息管理者不要动辄批评非正式信息系统的员工是搞小团体主义，不要认为非正式信息系统只能是谣言的发源地和集散地，应该学会避免它的这些缺陷，利用它来为企业信息管理工作服务。

对于一个企业信息系统，首先应该以信息技术和信息设备来武装正式信息系统，但是不迷信这些机器设备的作用，同时抓住非正式信息系统，为企业的信息管理工作服务。只有当企业信息管理者使用非正式信息系统的信息来补充正式信息系统的信息时，企业的信息管理才会产生最佳的效果。

2. 企业信息系统是主体信息系统与客体信息系统的复合

主体信息系统是企业信息系统中的人员。

客体信息系统是企业信息系统中所用设备的总和。

主体信息系统包括：正式信息系统中的各级管理者，以及企业信息机构的管理者及其控制下的部门内的秘书、打字员、软件人员、系统分析员、信息设备监控与维护人员等；非正式信息系统中具有举足轻重作用的行为者以及由他控制的人际网络。这就是“全员主体信息系统”的理念。

由于主体信息系统的基本构成单元是人，人是有生理和心理的。人是社会的人，也就存在人际关系和社会关系等。所以，主体信息系统又可划分为生理信息系统、心理信息系统、组合人信息系统等。

主体生理信息系统是由人的生理功能器官组成的系统，包括人感受外界信息的感觉器官、加工信息的思维器官和传播信息的运动器官。这些器官生理功能的好坏直接关系到人对信息的接收、处理和使用。不同的人，生理信息系统的功能水平也不相同。一般来说，运动员、宇航员、飞行员的生理信息系统要优于一般人；各类企业管理者对于管理工作中各种信息的感知能力也会优于一般的员工。

主体心理信息系统是指由人的个性心理品质、心理活动过程组成的系统。它包括人的兴趣、注意、情绪与情感等个性心理品质和意志过程。

主体信息系统首先是作为生理信息系统而存在并发挥作用的，接着便是主体心理信息系统对主体行为的影响和制约。

企业信息管理者的个人行为与他的个人成长背景、个人学识、专业、社会阅历、知识修养和知识结构有很大关系。他的个性结构，如气质类型、心理态势、精神状态、情绪波动，以及意志品质和价值观、行为准则、文化素质、道德传统、世界观等心理因素，都会自觉或不自觉地进入自身的信息活动过程之中，都会影响甚至直接左右企业管理者的信息管理活动和决策行为。

在企业组织中，企业最高管理者的心理特征和各级管理者的心理特征，会在实践中融会成一种群体的价值观念、行为准则、作风和习惯，被称作企业文化，也在约束着企业的信息采集和信息加工，进而约束着企业的信息管理行为。

我们虽然很难描述和证明一项重大的正确决策是来自企业管理者的哪一个心理品质，但是企业管理者的心理因素在起作用是公认的。

组合人信息系统是指分工与协作使得一部分人为着一个共同的目标组合在一起所形成的信息系统。这样，个性心理也就会介入社会群体信息处理的过程。在这个过程中，个性心理有时会受到来自组合群体内的个体发出的各种信息的影响和矫正。

这就是说，在企业信息管理中涉及的每一个人的素质、修养和能力就是一个系统，而整个企业从事信息管理工作的所有人组成了这个企业的主体信息系统。他们的素质、修养和能力的水平直接决定了企业信息管理的效果。

所以，本书特别重视企业信息系统的主体信息系统的建设，专门设立了第 8 章来探讨和阐述信息管理者的素质、修养和能力的自我提高。

客体信息系统中的设备是进行信息管理的必备条件，应予以足够的重视。

客体信息系统的管理，首先是成本与功能的问题。随着信息设备日益增多，价格上升，企业投入信息设备的成本迅速升高。但是，为了企业的生存和发展，又不得不投入，所以客体信息系统的管理也就日益显得更加重要。例如，设备的选型、更新、升级是客体信息系统要考虑的重要问题。

其次是客体信息系统的可靠性问题。客体信息系统不像主体信息系统存在着心理问题，只要人一直按程序去操作，它就会不知疲倦地不停地工作。但是，信息设备都是由若干个元件组成的，这些元件的质量以及这些元件之间的连接决定着整个系统的质量，每个零部件的故障都可能给其他元件的运作带来影响，甚至殃及整个系统，使系统的可靠性下降。所以，要提高客体信息系统的可靠性，就必须提高每个元件的质量，做好零部件的装配工作，协调好零部件之间的关系。

企业信息系统是主体信息系统和客体信息系统的复合体的理念表明，对于企业信息系统的管理，只看到客体信息系统的功能是不够的，关键在于将二者复合好。

在复合中，如果客体信息系统水平不高，主体信息系统水平再高、再努力也不行，主体信息系统不能脱离客体信息系统发挥作用。可见，客体信息系统的水平决定了系统可能达到的最高水平。一个老师制作多媒体课件的能力非常强，即主体信息系统水平很高，但是他上课的教室没有多媒体设备，那么他制作课件的水平就发挥不了。也就是说，这个教室（客体信息系统的水平）决定了这个老师的讲课可能达到的最高水平。

但是，客体信息系统不能代替信息管理者的思维，不能决定信息管理者的行为。事实告诉我们，不论客体信息系统是多么先进，预测精度是多么高，只要没有转变成有效的管理信息，都是毫无价值的，甚至是一种负效应，一种浪费。有效的管理信息并不决定于客体信息系统，而是决定于主体信息系统对客体信息系统所发出信息的理解、接收和使用，即决定于主体信息系统的努力程度和主体信息系统的实际水平。

这就是说，客体信息系统决定企业信息系统可能达到的最高水平，主体信息系统决定企业信息系统实际达到的水平。

在同一个教室上课的老师，他们使用的是相同的多媒体设备，即客体信息系统相同，但是他们演示的多媒体课件的水平并不相同，就说明了这个道理。

正因为如此，企业信息管理者对主体信息系统的管理与对客体信息系统的管理应该区别对待，必须考虑主体信息系统的各种因素。设想一下，在今天这样一个由计算机控制的社会里，愤怒的、不负责任的或者感到委屈的员工，可以把计算机病毒输进计算机系统，或者稍微修改一下数据库里的数据，这是很容易做到的，而由此造成的损失将是难以估计的。

案例 3.1　2000 年 8 月 25 日，美国东部时间 9 时 30 分，股市一开盘，位于洛杉矶的互联网新闻社发布了一条来自 Emulex 公司的新闻稿，宣称该公司下一季度每股将亏损 15 美分，美国证券交易委员会将调查该公司的收支状况……首席执行官福里诺即将下台。在随后的 1 小时内，该公司的股价直线下跌，跌幅超过 62%。纳斯达克市场发现了这种不正常情况，不得不于 10 时 33 分暂停该股票的交易。可是，这一个小时里已经给企业造成了高达 25 亿美元的损失。

事实却不是如此，该新闻是假的。后来经过调查，原来是该公司的一名雇员，听说本企业股价要下跌，就把自己购买的 3000 股本企业股票全都抛出，没想到抛出后反而上扬了，心理不平衡，就制造了这起假新闻事件。①

对于这种由单独一个人就可以进行的“信息罢工”，不论是什么法律、多么周密的计划和防范措施，都将是无能为力的。最好的防御办法，也是最简单的办法，就是让职工感到自己受到尊重和公正对待。

我们千万不能对出了问题的人，就像更换一个报废的元器件那样去处理。

例如，IBM 一位执行经理负责一个开发项目，耗资 500 万美元，结果失败了。这时有人问上司要不要把这位经理解雇，上司说：“把他解雇？我刚为他付了学费！”

① 周德武：《1 小时丢掉 25 亿美元》，《环球时报》，2000 年 9 月 8 日，第 18 版。

可见，在企业信息管理中，对主体信息系统的处理，与对客体信息系统的处理是完全不相同的。

企业信息管理者在建设本企业的客体信息系统时，还要同时致力于主体信息系统管理能力和管理水平的提高，才能使企业信息管理的水平得到实在的提高。不要只看到客体信息系统的力量，特别是要明白，要想实现主体信息系统与客体信息系统之间令人满意的复合，责任还是在主体身上。

3. 企业信息系统是软件信息系统与硬件信息系统的复合

软件信息系统是广义的概念，不是指通常所说的计算机软件，而是维持企业信息系统运行的全部规章制度、行为程序、办公流程、价值观念、企业文化、企业伦理、权力信息流程、能力信息流程等无形的联结方式、指挥手段的总称。

这是一个动态的含义。不同现实形态的企业，具有不同的软件信息系统，同一企业的不同时期也具有不同的软件信息系统。例如，在制造业中，可以实行计件工资制、员工考勤制等；在信息生产行业里，就不要求坐班、允许失败等。这就是不同企业的不同软件信息系统。

硬件信息系统是指信息系统中除了软件信息系统之外的部分。这也是一个动态的含义。不同的企业部门，其硬件信息系统也是变化的。一个小型企业，只要有了文件、报表、电脑、电话机、传真机、秘书、打字员等也就差不多够用了；而一个大型跨国企业就要使用卫星、网络系统的手段了。

人们容易把提高企业管理效率的着眼点放在硬件信息系统上，以为先进的生产设备、技术手段就可以获得理想的管理效率。其实，在企业管理中，软件信息系统哪怕有一点微小的改进，都可能引起管理绩效的重大突破。

案例 3.2 当年，福特汽车公司生产汽车采用的是静态组装法，将汽车底盘放在组装车间大厅的中央，各个部件的组装工人围绕在汽车底盘四周，不同部件的组装工人往返走动费时多，且互相干扰；组装工与传递工之间难以配合；各个部件的备用件也都堆放在汽车底盘的四周，阻塞通道等。结果导致组装效率低下。

后来，实施流水线生产，让不动的汽车底盘动起来，让原来走动的组装工不动，在汽车底盘的运动中组装。结果使得组装一辆汽车的耗时从原来的 748 分钟减少为 93 分钟。在这里，还是那些工人，还是同样的任务，软件信息系统的改变（流水线的实施）使生产效率极大提高（谭卫东，1989）。

盲目添置硬件信息系统设备，而对文件、备忘录、报表、操作程序、管理规则以及其与计算机系统的整体协调缺乏完整的思考，这实际上是忽视了软件信息系统的作用。软件信息系统的功能跟不上的企业信息系统是不完善的，效率是低下的，即使添置了许多硬件设备，企业竞争力还是不会提高。

4. 企业信息系统是在线信息系统与非在线信息系统的复合

在线信息系统是指企业内使用计算机进行管理的信息系统。

非在线信息系统是指不使用计算机的信息管理系统。本书第 1 章信息管理的认识误区中的详细论述已经证明非在线信息系统的客观实在性。

本书作者之一的高小强教授建议，把在线信息系统改为现代信息系统，非在线信息系统改为传统信息系统，是可以的。

企业信息系统类型结构图如图3.2所示。

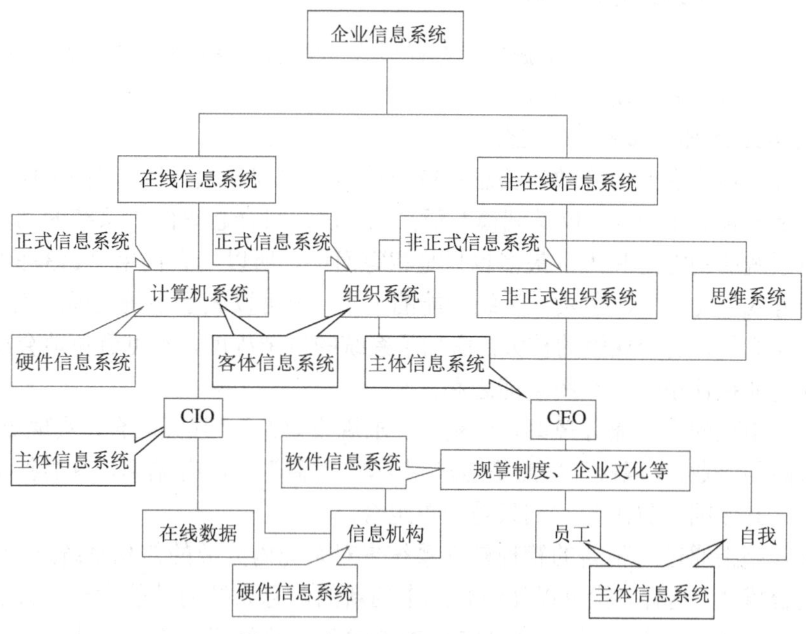

图3.2　企业信息系统类型结构图

确立企业信息系统是在线信息系统与非在线信息系统复合的理念，对企业信息管理工作有直接的帮助。人们习惯于把信息管理理解为利用计算机信息系统进行的管理，我们指出除了这方面的管理之外还有不利用计算机信息系统进行信息管理的非在线信息系统的管理，这样，认识就合理全面了，对实际的企业信息管理工作有直接的帮助。

3.1.5　企业信息系统与企业信息管理的关系

企业信息管理是对企业的信息和信息活动进行管理，通过信息管理更好地实现企业的目标。企业的信息活动包括信息的采集、加工、存储、传播、利用和反馈环节。通过信息管理，使得企业信息的采集、加工、存储、传播、利用和反馈活动更加高效有序，使企业的信息作为资源能更好地服务于企业的目标。

因为作为信息管理对象的信息需要载体，要做好企业的信息管理工作，需要信息处理器、企业信息用户、企业信息管理者与管理机构、企业信息管理制度和标准等构成信息系统的诸多要素。

因此，信息管理可看作信息系统的目标和任务，信息系统是实现信息管理的手段和工具。先进的信息系统可以准确高效地完成信息管理任务，这也是信息系统从传统信息系统转向以数字电子计算机、网络通信技术等为特征的现代信息系统的内在原因。

缺乏信息管理目标和任务的信息系统是无用的一个摆设。因此，信息管理与信息系统是相互依赖和互相支持的关系。

3.2 企业信息系统的开发

3.2.1 企业信息系统的开发思路

在进行系统开发之前，应该把握信息系统开发思路的发展趋势。关于系统开发的思路，已经出现如下一些明显的发展趋势。

1. 由简单组合到有机融合的趋势

简单组合是指将企业内分散的信息系统简单地合并到一起开发新系统的模式。

由于只是一种简单叠加，仅是规模有所扩大，这样组合起来的大系统的功能不会比组合前各个小系统的功能之和大，最多也只是相等而已。所以，人们用“2+3+5≤10”来形容这种组合方式。式中的数字表示系统功能的大小，也可以表示系统规模的大小。这是因为组合后的新系统，由于规模的扩大，增加了系统的复杂程度，不可避免地会出现系统内耗，所以其功能往往小于子系统功能之和。

国内一度出现的企业兼并风潮，说是“追求规模效益”“强强联合，实现更强”，可是大部分这么做的企业，“规模”虽然是追求到了，“效益”却没有见到，有的甚至因此举而一败涂地。究其原因，就因为它们只是简单组合。

有机融合是指通过一种新的管理软件系统来对企业内分散的信息系统进行有机的、取长补短的组合模式。这样，就可以使组合起来的新的信息系统的功能大于组合前各个小系统的功能之和。所以，人们用 α（2+3+5）≥10 来形容这种组合方式。式中的 α 表示一种新的管理软件系统。

这里的管理软件系统的内涵是一个广义的 MIS，即我们在 3.1.4 节“企业信息系统的管理结构”分析里提到的软件信息系统，是维持企业信息系统运行的全部规章制度、行为程序、办公流程、价值观念、企业文化、企业伦理、权力信息流程、能力信息流程等无形的联结方式、指挥手段的总称。

这个式子告诉我们，组合后新系统的功能要大于组合前各个子系统的功能之和，是有条件的。这个条件就是必须保证增加一个 α。

例如，强强联合只是可能更强，要想强强联合一定更强，就必须保证管理跟得上。企业规模扩大，只说明它获得规模效益有了可能，要把这种可能变成现实，管理必须跟得上。所以，企业在进行信息系统再开发时，要看到这种趋势，不能再拘泥于过去那种简单组合的模式。

信息系统的开发也一样，如果仅将原有的一些具有局部功能的信息系统按照简单组合的方式构成大的系统，表面上不会增加多少信息系统开发的投资，但是一旦组合后的信息系统运行起来，很多会因数据和信息规格等差异，事实上成为信息孤岛，或者联结这些孤岛的数据和信息的转换和传递成本极高。

2. 由单主外到内外结合的趋势

早期的企业信息系统开发，比较注意与企业生产直接相关的技术动态、社会思潮，往往是聘请专家对企业的发展进行预测。后来感觉这样做，对于企业还不够具体、直接，于是进一步缩小范围，开始注意本企业的用户需求、了解本企业产品所占的市场份额和竞争对手的情况。这些工作获取的信息自然是进行企业信息系统开发设计时不可缺少的。但是，这些都是注意企业外部信息的思路。也就是说，通过这些工作我们只清楚了企业所面临的外部环境如何，即使外部环境相当好，并不等于良好的外部环境所许可做的事都是本企业可以做的事。

可见，在进行信息系统开发设计时，除了了解外部条件许可企业做哪些事，还要了解内部条件，自己能够做哪些事。

系统开发由单主外到内外结合的趋势如图 3.3 所示。

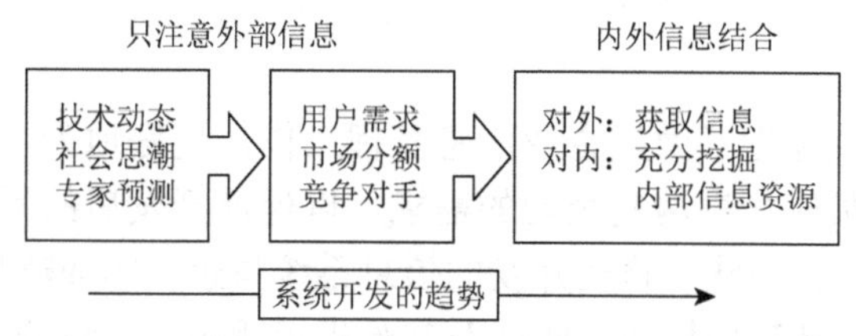

图 3.3　系统开发由单主外到内外结合的趋势

所以，在开发信息系统的时候，不仅要注意到外部信息，还要充分了解自己，考虑如何充分地挖掘和开发企业内部的信息资源，把企业信息系统的功能，定位在既能够充分地利用外部条件，又可充分发挥内部资源上。

3. 从对外加减到对内加减

随着软件市场的发展，市场上可以直接买到企业所需的信息系统软件。虽然价格很高，但是与企业自主开发新的信息系统的费用相比还是要少许多，因此许多企业在开发新的信息系统时就在市场上直接购买企业所需要的软件。

但是，企业拿着自己的信息化方案在市场上寻找信息系统软件时，难以找到能够完全和企业需求相一致的产品。因为软件供应商的产品不是针对某一个企业设计的，而是针对某一类企业设计的，所以很多企业最终就是选择一个比较接近本企业现实需求的软件产品，然后再针对本企业的情况，增加企业需要的、市售软件上没有的功能，减去企业不需要、市售软件上有的功能。

这就是说，为了使买的软件能够用在本企业，对外（软件产品）做加减法。尤其在“不选贵的，只选对的”“紧密结合企业实际情况选择软件”等口号的影响下，这种做法比较普遍。

但是，这种做法的劣势是十分明显的。因为它仅仅是使企业内现有的流程电子化、数字化而已，企业现有流程并没有得到优化和更新，使企业信息系统开发的目的和效果大打折扣。

比较好的信息系统开发思路是：企业在选购市售软件产品时，不以企业需求为标准，而从企业所在行业特征出发，选择本行业最先进的软件产品，然后根据软件产品所显示的先进管理模式和方法，针对企业的现有流程和管理模式，增加市售软件上有的、企业现实没有的功能，减去市售软件上没有的、企业现实有的功能，再用于本企业。

这就是说，为了使购买的软件产品能够在企业内得到应用，对内（企业内部）做加减法。这一理念的优点在于，先进的管理软件产品可以使企业迅速向本行业最先进的管理模式看齐，起到了优化企业内部流程和提升管理水平的作用。

4. 尽可能减少对信息技术的路径依赖

考虑企业的长远发展和企业信息系统生命周期结束后企业更新的信息系统的开发，应该尽可能选择流行的、主流的、有发展前景的信息技术，以便在更新的信息系统开发时有比较小的信息技术路径依赖，减少由路径依赖带来的信息系统切换所引起的额外成本，如人员培训、转岗、新的信息管理和信息系统运行维护聘用、企业信息系统用户因对新技术和新的信息系统的不适应带来的工作绩效降低等额外成本。

3.2.2 企业信息系统的开发原则

1. 适应需求原则

企业开发信息系统是为了做好企业信息管理工作，更好地为企业发展服务。所以必须向信息系统开发人员充分讲清楚企业的需求，以保证开发后的系统能够满足企业信息管理和企业发展的需要。为此，将要开发的信息系统与企业的战略目标和活动，特别是企业的现行管理系统，包括管理机构、职能及其流程相适应、相协调。

这里的“适应”和“协调”有两层含义。一层含义是：如果企业现行组织系统是先进的、合适的，即企业的人、财、物等要素及其流动协调、顺畅，那么即将开发的新系统不能脱离企业的现行管理系统，新的信息系统开发的主要目的是使企业的人、财、物等要素及其流动更加协调、顺畅，使企业更具适应性和高效。另一层含义是：如果企业现行管理系统不能满足企业信息管理的需要，即企业的信息与人、财、物等要素缺乏协调性且信息流低效不畅，就必须进行企业组织变革和管理变革，让企业管理系统、管理模式和管理流程适应新开发的信息系统。

2. 经济实用原则

企业在开发新的信息系统时，需要面向未来为新系统确立更高的目标，使其具有更强的功能、更好的使用性能，但是又不能片面地追求先进性，而忽视经济性、实用性和可靠性，不盲目追求大、全、新，而应该从企业的现实条件出发，本着少投入、多产出、少花钱、多办事的经济实用的原则来开展工作。在充分掌握企业对信息系统的现实和战略需求的基础上，系统整体规划，分步重点实施，逐步全面完善，并在保证先进、实用的同时，切实保证企业信息系统的安全保密性。在保障企业信息安全的前提下，尽可能选用公有外包服务等以降低信息系统运行和维护成本。

3. 灵活统一原则

新的信息系统既要重视系统本身的简洁性、灵活性和可操作性，其功能应面向未来，考虑现实需要，其结构和操作方法应尽量简单，重视系统整体的统一性、稳定性和全局性，从全局利益出发，服从整体利益。

4. 扩展便利原则

鉴于信息技术的更新和发展迅速，在设计阶段可能是很先进的方案，到新系统建成的时候很可能就会有颠覆式的新技术出现，这时需要系统尽可能减少潜在的技术路径依赖，并能有足够的开放性及时地把新技术纳入新开发的信息系统中。

所以，在开发设计新的信息系统时，一定要有预留方案，以便扩展，从而充分保证企业信息系统的发展和规模的扩大，考虑信息系统的开放性、扩充性和良好的可维护性。

3.2.3　企业信息系统的开发方法

企业信息系统的开发方法既是信息系统开发人员应该掌握的，也是企业信息管理者甚至各级管理者和企业信息系统用户需要有所了解的。

这是因为一方面，信息系统开发人员需要充分准确地了解包括企业信息管理者在内的企业各级管理者和信息系统用户的对企业信息系统的需求，才能开发出一个能更好地满足企业需求的信息系统；另一方面，企业各级管理者和信息系统用户如果对信息系统的开发方法有基本的了解，会有助于他们与系统开发人员进行沟通，有助于清晰地向开发人员表达自己的需求，为开发出满足企业需求的高质量信息系统奠定基础。

半个多世纪以来，随着以数字电子计算机为代表的信息技术的快速发展，企业现代信息系统在企业信息系统中的比重越来越大，结构化生命周期法、快速原型法、面向对象法、系统整合集成法等通用的信息系统开发方法日渐成熟，这些方法不仅适合于企业现代信息系统的开发，其思想也适用于企业传统信息系统与企业现代信息系统的融合、转型和完善。

下面对四种信息系统开发方法逐一进行介绍。

1. 结构化生命周期法

结构化生命周期法出现于20世纪70年代。该方法将信息系统及其开发过程看作一个生命周期，共分系统规划、系统分析、系统设计、系统实施、系统验收五个阶段，每一个阶段任务明确，任务完成后产生一定规格的文档资料，再交付给下一个阶段，而下一个阶段则在上一个阶段所交付的文档的基础上继续进行开发过程，前后互相衔接，直至完成系统开发的总任务。图 3.4 是信息系统生命周期的一种模型。

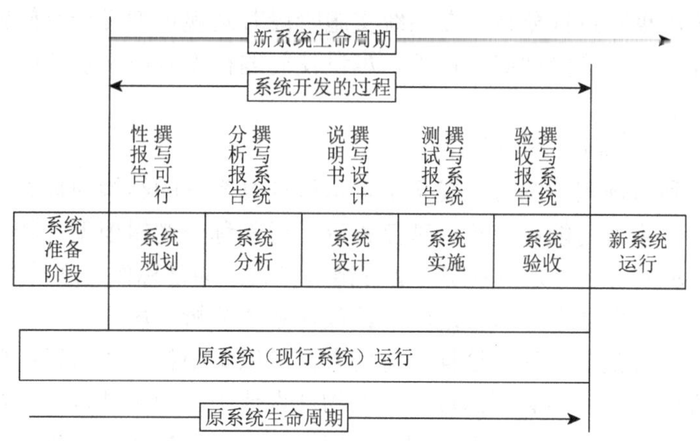

图 3.4　企业信息系统的生命周期示意图

该方法因其采用系统化思想和结构化程度高，不仅为信息系统的开发过程提供了一种有序的方法，也给信息系统开发过程的管理以及验收交付后信息系统的运行、维护和管理带来了便利。

结构化生命周期法是在长期的信息系统开发实践中逐渐建立和发展起来的。目前，它仍然是最为成熟、应用最普遍的一种方法。

结构化生命周期法具有如下特点。

1）坚持面向用户、自上而下、系统优化的观念

结构化生命周期法从用户的需求考虑，强调系统整体和全局优化，先制订信息系统开发的总体战略规划，然后在系统优化的前提下，自上而下地逐级地进行系统分析和系统设计。

在系统开发的各个阶段中，系统开发人员要对现行系统进行全面、细致的调查研究，并在此基础上进行系统分析，确定新系统的方案。开发过程中也尽量请用户单位的管理人员和业务人员一起参加，及时听取他们对系统的看法和建议，使新系统更加符合实际需要和满足用户的要求。

在企业信息系统开发过程中，企业管理人员和用户通过深度参与企业信息系统开发过程，对企业信息系统涉及的企业各种要素和要素间关系有更加清晰的认识，对企业的各种流程和管理制度也有更加清晰的认识。很多情况下，一些过去的错误认识还会得到纠正，不合理的流程和管理制度也会在信息系统开发过程中得以变革和改进。如果把深度参与企业信息系统开发过程的企业管理人员和其他用户看作企业信息系统的一个个以人为单元的信息子系统的话，在企业信息系统的开发过程中，这些子系统也在进行自我开发。

2）强调开发过程的完整性和顺序性

此法将整个开发过程分成若干先后有序排列的阶段，每个阶段都有明确的目标和任务，而各阶段又分成若干个工作步骤。这种有序的安排不仅条理清楚，便于制订进度计划和进行管理，而且上一阶段工作没有完成，下一阶段工作不能开始。下一阶段工作以上一阶段的成果作为依据，基础扎实。

例如，在系统设计阶段结束时，审核设计说明书发现系统分析方面有问题，就需要回到系统分析阶段重新进行分析。在系统实施阶段若发现详细设计有问题也必须返回去重新进行。这样，每一阶段把好审核关，尽量使问题在本阶段发现和改正，就可以保证开发的质量和效率。

3）逻辑设计和物理设计分别进行

逻辑设计是利用规范的图形、线条来表示待开发系统的结构原理、数据和信息对象及其相互关系、子系统功能和信息处理流程等，通常称作逻辑模型。物理设计是用实际的物理构件的图示来表示待开发系统的运行结构模式，通常称作物理模型。

在结构化生命周期法中，系统逻辑设计放在系统分析阶段进行，物理设计则在系统设计阶段进行，两者是分开的。这样安排使人们可以集中精力做自己所要做的事，降低了问题的复杂程度，避免不必要的反复。在物理设计中，使用结构化、模块化方法，自顶向下把系统划分为若干层次，最后划分出模块，在各个模块的基础上进行物理设计和实现，以增强新系统各部分的独立性，也便于系统的实现、运行和维护。

在企业信息系统的开发实践中，逻辑设计较之于物理设计更为困难和重要。好的逻辑设计往往出自既精通企业运行规律也熟悉信息系统开发方法的开发人员和团队，以及他们之间的有效沟通和合作。

4）开发过程文档化

开发过程中每个阶段都必须建立相应文档，编写文档的图表工具都是标准化和规范

化的，使开发人员与用户有共同语言。文档为系统的开发、运行和维护提供了详细的依据，是新系统的一个重要组成部分。

结构化生命周期法也有其缺点。例如，开发前期工作量大；开发周期过长；成本容易超支；对前期错误反馈较慢，要到一个阶段结束时才会发现；文档量太大等，尤其是要求在系统开发初期即对系统的全部功能和结构进行清晰定义，然后才进行实现，这往往是很难做到的。因为在系统开发初期，企业对新系统常常只有一个比较模糊的想法，开发人员对企业的需求也不甚清楚，很难做到将整个新系统描述完整，而且随着开发工作的进行，企业还会产生新要求或因环境变化希望系统也能随之做相应更改，系统开发人员也可能因碰到某些意料之外的问题希望在用户需求中有所权衡等，所以，很难在一开始就设计出一个功能或运行效果都令企业满意的系统。

结构化生命周期法适合于规模较大、功能比较复杂的大中型信息系统的开发。因为大中型系统开发的关键，既要求从系统优化角度对整个系统进行优化设计和把握，同时这个方法通过自上而下的结构化系统功能和子系统分解，可以将复杂的系统分为若干相对对立的子系统来完成。

这个方法也适用于针对行业的通用型基础信息系统的开发，如 ERP 系统、MES、协同办公系统、财务系统、进销存一体化系统等。

2. 快速原型法

快速原型法出现于20世纪80年代初。此法在系统开发之初，开发人员尚未清楚用户的全部需求之前，先根据用户一组基本需求信息，快速地建造信息系统的一个“原型”。用户、开发者及其他相关人员在试用原型的过程中，通过交流沟通，反复评价和修改原型系统，逐步明确各种需求的细节，适应需求的变化，从而最终实现信息系统的功能并保证其质量（图 3.5）。

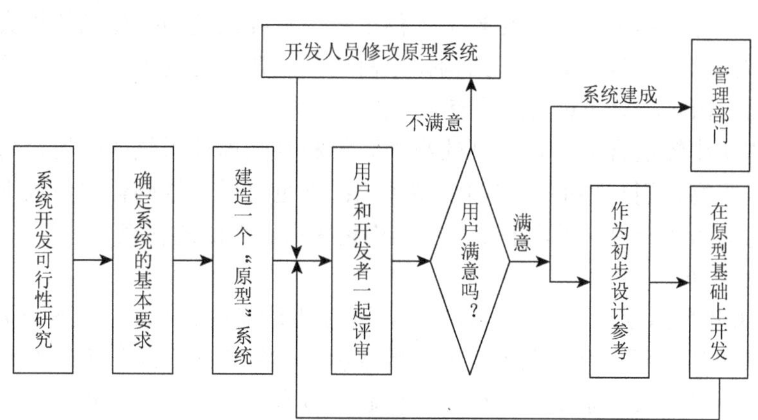

图 3.5 快速原型法的开发过程

在建筑学和机械设计学中，原型指的是其结构、大小和功能都与某个物体相类似的模拟该物体的原始模型。在企业信息系统开发中，用原型来形象地表示系统的一个早期的可运行的版本，它能体现开发的信息系统的部分重要功能和特征。这就是快速原型法命名的由来。

快速原型法在运用与系统开发中有三种方式。

1）丢弃式

这种方式是将快速产生的原型作为与用户沟通的媒介，并不作为实际系统运行，最终要丢弃不用。因此它要求原型的开发费用要低，开发速度要快。

2）演进式

这种方式是将原型作为系统的基础，在与用户沟通的过程中逐步演进成最终需要的实际信息系统。它要求围绕系统基本需求来修改和完善原型系统，但是需要避免无休止地反复和迭代。

3）递增式

这种方式中的原型是一个总体规划、结构比较清楚的方案，然后将总体规划的各个模块在与用户沟通的过程中逐步完善，递增成最终需要的实际系统。它要求开发过程分为两个阶段：第一阶段是总体设计，第二阶段是反复进行的功能子系统的设计。这种方式实际上是结构化生命周期法与快速原型法的结合。

上文的丢弃式和演进式两种方式，更多地用于开发或应用于经验不多的定制类信息系统，递增式常常用于由有行业经验的信息系统解决方案提供商为对某个、某些子系统功能有定制要求的企业进行的信息系统开发。

快速原型法有如下一些特点：它以用户为中心来开发系统，对用户需求的定义采用启发的方式，从原型开始，提供了一个验证用户需求的环境，允许在系统开发早期进行人-机交互测试，引导用户在对系统逐渐加深理解的过程中做出响应，提供了很好的系统说明和示范，使用快速生成的原型减少了开发者与用户之间沟通的困难，提高了用户对最终系统的安全感，产生了对系统功能潜力的新认识，能够提出新的需求。

这种方法通过对原型的反复使用、评价和修改，给用户和开发人员提供了一个学习和实践的机会，对于用户而言，相当于提供了一个最终系统的操作训练机会。这一过程与人们的认识过程相一致，克服了结构化生命周期法开发前期工作量大、开发周期过长等缺点。正因为如此，此法对用户具有强大的吸引力。

快速原型法比较适合于客户定制的小型系统和某些局部系统的开发，特别适合于对系统功能要求不高、用户界面丰富的小型系统；它也可以与结构化生命周期法结合在一起使用，作为前期调查用户需求的工具和结构化生命周期法的补充。

3. 面向对象法

20 世纪 80 年代后期出现的面向对象法，直接从系统需求出发，把需求分解成对象和类，数据和操作都隐藏于对象之中，即把数据和操作结合在一起作为一个对象，通过对对象的定义、操纵来实现系统，从而达到问题论域和求解论域的一致。这种方法特别适用于图形、多媒体和复杂系统。

结构化生命周期法与快速原型法是面向数据或面向过程的，是从用户的需求提炼出数据流，或把需求转换为过程，不是直接在客观需求上展开工作，系统需求与系统分析、系统设计、系统实施是不一致的，因此容易产生一些问题和隐患。

面向对象法的出发点和基本原则，是尽可能模拟人类习惯的思维方式，使开发软件的方法与过程尽可能地接近人类认识世界、解决问题的方法与过程。

对象是人们从客观世界中的实体抽象出来的。因为所要解决的问题具有特殊性，所以对象是不固定的。一个雇员、一本账簿都可以是一个对象，到底应该把什么抽象为对象由所要解决的问题决定。一个对象类由对象的属性和方法所确定，当对象属性的值被赋予特定的值后，一个特定的具体对象就会呈现在开发人员面前，调用特定对象的某个方法，对象就能完成某个功能。对于一些复杂的系统，对象甚至可以是复杂的模型算法等。

通俗地讲，对象是一个独立的、异步的、并发的实体，它能知道一些事情（即存储数据）、做一些工作（即封装服务）并与其他对象协同工作（通过交换数据和消息），从而完成系统的所有功能。

目前，面向对象法作为一种独具优越性的新方法已经得到普遍应用。

关于面向对象法的具体内容，属于计算机技术类课程的任务，本书不作详细介绍。定性地说，它有以下几层含义。一是该方法认为客观世界是由各种对象组成的，任何事物都是对象，复杂的对象可以由比较简单的对象以某种方式组合而成。一个对象也可以看作一个具有某个功能的子系统。二是每个对象都定义了一组数据和一组方法，该数据和方法被封装于对象之中，数据用于表示对象的静态属性，是对象的状态信息，而方法用于定义改变对象状态和完成某个功能的各种操作。三是对象按其属性进行归类，类具有一定的结构，若干个对象类组成一个层次结构系统。类可以有子类（或称为派生类）与父类（或称为基类）。四是对象彼此之间仅能通过传递数据和信息互相联系。

采用面向对象法的优点，一是可以提高程序的稳定性、可修改性和可复用性。由于把客观世界分解成一个一个的对象，并且把数据和操作都封装在对象的内部，所以系统具备可修改性。由于通过面向对象技术，我们不仅可以复用代码，而且可以复用需求分析、设计、用户界面等，所以系统具备可复用性。面向对象法在实现层面上其对象是模块化的，当系统设计完成后，开发者可以方便地根据系统设计所描绘的“蓝图”，通过选用适当的“模块”以“搭积木”的方式来实现整个系统。这样就可以减少重复劳动，在快速实现的基础上大大提高系统开发的质量。二是由于以对象为基础，可以利用特定的软件工具直接完成从对象客体的描述到软件结构之间的转换。三是解决了结构化生命周期法中客观世界描述工具与软件结构的不一致性问题，缩短了开发周期，解决了从分析、设计到软件模块结构之间多次转换映射的繁杂问题。面向对象法适合于应用信息系统开发的底层实现阶段。

不过，同快速原型法一样，在大型的 MIS 开发中，如果不经过自上而下的整体划分，而是一开始就自底向上地采用面向对象法，同样会产生系统结构不合理、各部分关系失调等问题。

通过以上的比较分析可知，面向对象法、快速原型法、结构化生命周期法各有其不同的特点和适用方式，它们之间的关系是相互依存、不可替代的。如果采用快速原型法，想要直接用屏幕来一个一个地模拟和呈现用户的模糊的需求是很困难的；如果采用面向对象法，想在一开始就合理、完整地确定系统的对象也是很困难的。此外，文档也是后期维护修改必不可少的工具。所以，规模较大、功能比较复杂的系统采用结构化生命周期法，可以实现对整个系统的合理规划和过程控制。企业管理者和企业信息管理者应该熟悉这些方法的特点，以便在信息系统开发人员做出选择时能够清楚知道其选择是否合理。

4. 系统整合集成法

整合集成，也有单称整合或单称集成的。集成管理是指将构成某一系统的若干要素，经过管理者主动优化、选择搭配，相互之间以最合理的结构形式结合在一起，形成一个由适宜要素组成的、优势互补的有机体的过程。

它是一种创造性的融合过程，是一种包含人的创造性思维在内的动态过程。它能够成倍地提升整体的效果，有利于优胜劣汰，有助于实现动态平衡。

企业信息系统的整合集成，是同一企业内若干信息系统的整合集成，对于一些企业，在早期的信息化过程中，常常分步骤开发具有不同功能的信息系统，如办公自动化系统、ERP 系统、MES 等，而且这些系统往往还由多个系统开发商分别完成。由于开发所用的开发方法、数据字典和对象定义、商业利益等多种原因，各个系统之间的数据和信息交互成本巨大，有的甚至不对外开放数据接口，这使得企业信息系统的价值难以得到充分发挥。尤其是在企业兼并之后的合作，或者是具有战略联盟关系的供应链的上下游企业之间的长期合作中，最重要也是最头痛的事情就是原有各个企业或上下游企业的信息系统之间的壁垒和鸿沟。企业兼并之后的系统需要整合集成。从并购后的新企业来看，这也是同一企业内若干系统的整合集成。

每年都有大量的企业兼并，这些并购后的企业都存在企业信息系统集成的问题。

1）企业信息系统整合集成的基本内容

（1）硬件集成。硬件集成主要是指各种 IT 的硬件设备之间的集成以及 IT 与企业业务技术之间的集成。例如，数字电子计算机、各种信息采集设备、通信网络等的集成。硬件集成的目的是建立统一的高效协调运行的信息技术支撑平台。

（2）软件集成。软件集成主要指不同操作系统、网络管理系统、数据库管理系统、开发工具及其他支撑软件的集成。广义的软件集成还包括技术方法的集成，主要指信息系统开发、运行和管理的各种技术和方法的集成。在一个企业内部，软件集成经历了 SCM、ERP 和 CRM 等发展阶段，同时要经历重新构建企业产供销一体化系统的阶段，集成范围由企业内部扩展到关联企业和上下游企业。

（3）应用集成。应用集成主要指围绕企业内具有特定功能的应用信息系统，如 CAD、CAM、生产监控系统、质量管理系统、产品及工程技术数据库、制造执行系统等的集成。应用集成是基于软件包的一种系统发展方法。当用户需要某种应用时，可以随机地将一些预编码的商业化程序，如数据库应用、模型化电子表格应用、文字处理应用、桌面印刷应用、图形和多媒体应用、操作系统等集成在一起形成应用软件包，以支持企业的业务运行。为了实现应用集成，必须同时对信息集成，对全企业数据进行总体规划，设计建立统一的数据库管理系统和软件资源管理系统，使企业全体人员都能够共享企业的信息资源。

（4）人和组织机构的集成。人和组织机构的集成包括两个方面：一是指企业内的人员、机构必须随着整合集成进行新的安排。二是指对整合集成的管理工作也要集成。它要求企业成立由信息技术人员、信息管理人员和企业业务人员组成的统一机构，要求企业决策层领导参与集成过程，要求所有管理者和操作人员都具备集成观念等。

在上述四个方面的内容中，软件集成是核心，硬件集成是通过软件集成实现的，应用集成则是软件集成的延伸，人和组织机构的集成是集成取得成功的保证。

2）企业信息系统整合集成的步骤

由于信息系统涉及管理和技术两个方面，具有跨多个公司法人、跨部门、跨技术平台、跨应用系统的特点，并购企业中还有跨并购时间点的特点，所以信息系统整合集成相比于组织整合、流程整合、文化整合要困难得多，做法上也少有标准模式可循。

企业信息系统整合集成可分为四个阶段。

（1）规划阶段。因为整合集成涉及企业的发展战略、组织结构、商业模式、业务流程、知识技术等许多方面，而这些方面是分层分级、相互依存的。战略和管理的思路是自上而下的，而整合集成往往是从具体人、财、物、技术开始的，是自下而上的。在并购企业中，往往是信息系统的整合滞后于管理和业务的整合。所以整合集成的第一步必须进行精心的规划。规划的内容，主要是整合集成的实施策略、计划与行动步骤、切换方案，特别是在新系统尚未使用而旧系统已经停止运行的整合混沌期的过渡方案。

（2）设计阶段。这是整合后新的信息系统的技术实现。设计的依据是企业的战略和业务管理需求，设计理念是“细节决定成败”，要保证对无数业务细节和复杂技术实现逻辑的把握。集成设计的方案，一般包括：需要并、删、改的系统，新旧组织结构的差异分析，应用系统的开发需求，硬件和网络环境的整合要求，新业务逻辑的模拟测试，与新系统配套的流程、制度、标准等，管理和信息系统的切换方案，过渡策略和办法，大系统优先和小系统推后的分步策略等。

（3）切换阶段。这指的是整合集成后的新系统启用，原有的旧系统停止运行。这一工作比起同一系统的升级切换要简单一些。因为不同的系统，尤其是并购企业中原来各个企业的信息系统，通常只保留一个，或者通过建立一个新的系统来实现，不用考虑历史问题，数据只需要取某一个时间点之后的就可以了，不需要将历史数据都补录进系统。

切换阶段至少要注意以下三点。

一是切换的时间点选择，要尽可能地选择对业务流程、业务处理影响小的时间点。例如，选择业务淡季或休息日。

二是切换时技术风险的防范。新系统中一些遗漏的小细节，很可能使系统运转不起来。因此除了在设计时保证对无数业务细节和复杂技术实现逻辑的充分把握，还要制订切换的技术应急方案，做好一定的准备。例如，暂时适当放开系统权限、关闭部分系统审核逻辑、安排人工录单等。

三是做好切换的配套工作。切换前的业务培训、管理培训、系统新功能培训、业务操作差异讲解等都很重要。并购企业的系统整合集成还要考虑与并购的其他过渡方案相协调。这些工作做好了，才能保证切换顺利成功。

（4）整合后的优化。整合集成后的系统，在切换之后开始运行，但并不是整合集成的结束，而是还需要进一步优化，因为不能保证在规划、设计和切换的各个阶段中都是百分之百的合适和满意。企业流程和业务的优化是永恒的主题，所以，依赖于流程和业务的企业信息系统的优化也就没有终点。

3.2.4 企业信息系统的开发步骤

在企业信息系统开发步骤上，有两个认识误区：一是现实中仍然有一些企业高层管理者认为，企业对于开发信息系统项目立了项，划拨了经费，剩下的事就是系统开发人员的事了；或者因主观意识不到位，或者因专业人员要求，放弃了信息系统开发的主导权，在系统的开放性和可扩展性、系统的运行和维护、系统的数据和信息共享等方面，对开发商缺乏长远的和科学的要求。二是在许多阐述信息系统的教材中，一般都以系统分析、系统设计、系统实施来表述信息系统开发的步骤，并且大多数都是从技术开发人员的角度，而非信息管理者的角度来讨论信息系统开发步骤。这两种认识都是不妥当的。

当然，企业请来的技术开发人员应该管，但企业管理者更应该管，因为这本来是企业自己的事。一方面，虽然企业信息系统并不需要企业管理者具体设计实施，但是企业管理者必须知道信息系统开发的步骤，只有这样才可能管理和控制好系统开发工作的过程。在历史上许多信息系统开发失败的案例中，企业管理者不重视、不闻不问是主要原因之一。另一方面，企业管理者因不了解信息系统开发需要遵循的规律，以致乱指挥、瞎过问也是一个原因。

下面，本书就从企业信息管理者的角度来介绍企业信息系统开发的步骤。

如图 3.4 所示，企业信息系统的开发包括五个步骤：系统规划、系统分析、系统设计、系统实施和系统验收。

1. 系统规划

系统规划指的是企业在准备开发企业信息系统之前，根据企业发展战略对未来的信息系统做出的描述，以及对为了实现这一系统应做工作所做出的安排。

这里的系统规划是企业信息管理战略的重要内容，对企业信息系统的描述也是在企业信息管理战略层面上的思考。本书在第 5 章专门论述企业战略信息管理的问题。企业信息管理战略和企业信息资源战略是企业战略信息管理的两大部分。

在企业信息系统开发建设中，系统规划是十分重要的。因为它是一项耗资巨大、历时很长、技术复杂和企业内外交错的系统工程，是否适合企业的实际情况和发展战略，是否符合企业所处的内外环境，特别是是否顺应信息技术发展趋势，直接关系到能否提升企业竞争力、企业投入能否获得丰厚回报的问题，必须从战略的高度进行综合谋划。

系统规划的步骤一般认为包括五个环节：战略需求分析、确立战略目标、选择战略方案、初步预测和制订规划。

1）战略需求分析

战略需求分析是在企业信息管理战略层面上制订信息系统建设规划的第一步。它是企业高层管理者在决定建设新的信息系统之前，具体分析在企业实际运行中有哪些事项需要使用新的信息系统来处理，以及企业发展战略未来对该系统可能存在何种需求。

在系统开发实践中，需求分析有两次，一次是企业的需求分析，另一次是在系统分析阶段由开发人员所做的需求分析。

这里的需求分析是第一次的企业的需求分析，是完全由企业管理者完成的。它所解决的问题是企业有哪些事项需要使用新系统来做，企业未来有哪些可能的事项也需要该新系统来做，分析的结果是从现实和未来的信息管理工作中提炼出需求来，是从无到有的创新过程。

开发人员的需求分析与此不同，是通过对企业提出的需求分析报告的分析，来了解企业需求的内容，是对一个已有需求的理解过程，这个需求分析更多是战术层面上的。当然，这里有开发人员对需求分析报告的修改和补充。许多企业在进行系统建设时，没有做战略需求分析，结果开发人员入驻企业后的需求分析就成了第一次需求分析，导致许多人误以为系统建设只有一次需求分析。

战略需求分析的重要意义在于它确定了信息系统开发的指导思想和原则、信息系统建设投资策略、信息技术选择原则、信息系统建设中先进性和开放性考量等。

企业信息管理者视角的战略需求分析与信息系统开发者视角的需求分析的关系是战略和战术的关系。从企业信息管理者的角度看，战略需求分析需要在选择信息系统开发商、技术接洽和商务洽谈之前完成，战略需求分析最好有对企业所在行业的企业管理有丰富经验并对信息系统解决方案也有丰富经验的咨询服务商而非信息系统开发商的参与。

信息系统开发者视角的需求分析是在战略需求分析基础上的战术化，更多是面向未来又切合现实的。这两次需求分析的关系，对于信息系统开发者，有一个如何恰如其分地理解企业战略需求、将战略需求战术化并在系统设计和系统实施中予以反映的问题。

但是，更重要的还在于企业管理者自己提出的战略需求是不是恰如其分地反映了本企业的发展战略，特别是信息管理战略，在此基础上企业管理者自己提出的战术需求是不是恰如其分地反映了本企业现实的真正的需求。

如果企业的战略需求分析不妥当，可能信息系统验收之日就是其重病或生命周期结束之时。如果企业的战术需求分析不妥当，信息系统开发人员无论如何分析，都不会获得妥当的结果，系统开发的失败就难免了。

需求分析是建设新的信息系统的原因和动力。因为有需求，才需要建设新系统；为了实现需求，新系统建设才有不竭的动力。只有明确了需求，才可能制定出明确和符合实际的规划目标。因此，需求分析的结果，是信息系统在战略层面的规划基础，合理的系统规划目标，是使系统的能力与企业当前和未来业务要求相匹配的前提。

不当的需求分析会导致企业陷入困境。在历史上企业信息化失败的案例中，有 50%的企业没有能够实现信息化项目的目标，就是在一开始对最终目标没有一个清晰的认识；有的属于流程工业的企业，却购买了离散制造业的软件系统；有的企业舍得花钱买了最好、最全的管理软件，却只能用到该软件产品不到一半的功能；有的采用先进的(含专家系统、智能优化算法等)进口软件，但在实际应用中，基本只用到其中的数据和信息的采集、存贮、显示、传递等部分功能，类似一个数字化仪表的中控和指挥通信系统。还有的企业辛辛苦苦开发了新系统，可是用了不久，企业有了大的发展就不够用了，丢弃不用很可惜，继续用又不能满足需求等。这些问题的出现，究其原因，主要是在信息系统开发开始时没有做好需求分析。

一般认为，要做好需求分析，应该遵循以下三个原则。

(1)需求分析要全面掌握企业内外的信息。虽然企业信息管理者成年累月地参与企业内的管理工作，但并不意味他就真正了解企业，了解企业的信息管理。因此，他需要进行认真的调查研究，只有全面掌握企业内外的真实信息，才可能进行有效的需求分析。

进行需求分析，通常需要四个方面的信息。

一是企业的历史和现状信息。包括在人、财、物、时、空等方面的现状和历史信息。

二是企业的环境信息。这是指能够影响企业信息系统建立的外部因素，包括技术环境、市场环境、政治环境、文化环境、法律环境等。尤其要了解本企业所在行业的信息化水平、本企业与行业水平的差距、行业和政府部门的约束条件等。

三是企业信息系统发展现状的信息。这主要是指关于已有的系统信息基础、系统信息流程、系统信息传输、系统信息用户等方面的调查研究，以便清楚地了解本企业处于信息化建设中哪个阶段、现实水平和存在的问题，信息管理、信息技术和信息系统未来的发展趋势，主流企业的信息系统状况。

四是未来的预测信息。预测企业在未来建立信息系统期间可能发生的问题和解决的办法，尤其要尽可能地预测建立新系统可能会出现的人员的、技术的、管理的、经费的困难和障碍，预测新系统中的各个项目的轻重缓急，以便做出安排。

（2）需求分析要全面思考。企业管理中常见的一个弊病，就是头痛医头，脚痛医脚。企业信息系统开发要避免这种情形出现。所以，需求分析一定要从企业的全局出发，从企业的战略发展目标、运作方式、行业特点、生产和经营类型等宏观项目，到企业管理的每一个关键流程和关键业务项目，都应该考虑到。

（3）需求分析要全员参与。企业信息系统的开发，不只是信息管理部门的事，它直接涉及企业全体人员的切身利益，需要企业全体人员的参与，否则，系统开发是不可能成功的。因此，需求分析一定要面向企业全体人员，向他们做调查，了解他们的需求和他们对开发和建设新的信息系统的态度与意见，在需求报告中要充分反映他们的需求，解决他们提出的问题。

最终，需求分析的结果是一份需求分析报告。

2）确立战略目标

这是系统规划的第二步。

系统战略目标是在一定时期内企业建设新系统要达到的预期成果。企业信息管理者应该根据需求分析中获得的信息，确立企业建设新系统的战略目标。战略目标是系统规划的核心，要制订规划必须首先确定目标。只有确定了目标之后，才可能去安排实现目标的各种措施和配置相应的资源。

企业信息系统建设的战略目标，应当与企业总体的战略目标相匹配，既不能超过企业总体战略目标许可的范围，也不能与实现企业总体战略目标毫不相干。面向未来充分有效地开发利用信息资源，满足企业内外、当前和未来可能的信息需求，提高企业整体的管理水平、工作效率和竞争力。

目前，企业信息系统建设的战略目标分为三个阶段。

第一阶段是企业内外数据和信息的互联互通，通过各种传感技术和网络通信技术实现人-人互联、物-物互联、人-物互联等，将企业所需要的人、财、物等各种要素的特征数据充分采集，并将要素更加紧密地关联起来。在制造企业，目前这一阶段的热点是物联网和工业互联网技术。

第二阶段是建立企业统一的大数据平台，通过把第一阶段采集的企业内外的各种海量数据进行加工和序化，把企业各种要素及要素之间的关系从数据层面提升到更加有序的信息层面并加以存贮。在制造企业，目前这一阶段的热点是工业大数据。

第三阶段是实现企业数据、信息和知识处理的智能化。通过数据、信息与知识的逐层序化，减少对企业各种要素与要素关系的不确定性的认识，更加准确地认识企业活动规律，让企业管理者能做出更加明智的决策，更好地实现企业目标。这一阶段可使数据、信息和知识的价值被充分挖掘和发挥。在制造企业，目前这一阶段的热点是数字孪生与智能制造。

三个阶段的目标是递进式的。系统目标的确定，需要注意以下三点。

一是做好调查研究，把企业的真正需求认知清楚。

二是实施企业级项目管理。面向企业，统筹规划，要保证企业系统目标的分解，确实是企业内各部门需要实现的分目标。如果企业资源有限，要按照项目优先级划分的思想，确保更有价值的、更加急需的分目标进入系统目标范畴之内。

三是进行可行性分析，保证设计的新系统能够在现有条件下实现。

3）选择战略方案

这是系统规划的第三步。

战略方案是企业为实现系统开发的目标所采用的各种不同措施和资源配置的、面向未来的安排。选择战略方案是企业信息管理者根据战略需求分析中获得的信息，对提出的若干方案进行评价和比较，最后选择一个优化的或满意的方案的过程。

方案的制订，首先是根据企业信息系统建设的战略目标来识别企业活动，找出那些可以使用信息技术来管理的活动，并从中区别哪些属于重复性活动，哪些属于工程项目性活动，然后确定具体的措施，再配置相应的资源。由于企业的资源有限，不可能所有的项目同时进行，只能选择一些经过综合分析是最有利的项目先进行。风险大和风险小的项目应该有一个比较合理的比例。

方案的内容，也就是规划的内容，对不同的企业有所不同。但是，不论什么企业所制订的规划，至少应该考虑以下几个方面的问题：第一，规划目标；第二，工作范围；第三，资源配置；第四，编制规划网络图；第五，进度安排；第六，管理措施；第七，编制派生专题计划；第八，经费预算。

4）初步预测

这是指在规划中要对新的信息系统规划实施的成本、效益和风险做出初步的预测。这个预测工作也可以在需求分析报告中进行。之所以称作初步预测，是因为系统规划通常是由企业人员来做的。待技术开发人员进入企业后，还应该征求技术开发人员的意见，才能保证预测的准确。

成本预测是上文经费预算中所提到的各类支出经费的总和。

效益预测是估算新系统投入使用后可能会给企业经济收益带来的增长。

风险预测是对建立新的信息系统可能出现的种种问题做出估计。这类问题的随机性大，不太好预测。

5）制订规划

这里的“制订规划”和前面所说的“系统规划”中的“规划”一词含义不同。在“系统规划”中，“规划”是动词，“系统”是“规划”的宾语。所以，“系统规划”是宾语前置的词组，即对系统进行筹划和安排。而“制订规划”中的“规划”一词是名词，是指表述筹划和安排的文本。

所以，制订规划是系统规划的最后一步，是将系统规划的方案整理成文。

规划制订好后，需要对规划方案进行可行性分析，撰写可行性分析报告。

通常，可行性分析从以下三个方面入手。

一是经济可行性分析，即新的信息系统在经济上是否可行。它包括：新系统的投入是否超过了企业的可能；系统建成后运行管理费用的投入及其可能创造的经济效益的估算，以及投入回收期的估算等。新系统应该是以最小的费用建立起一个能够满足需要、预期能够获得最大经济效益的系统。

二是技术可行性分析，这是指分析企业新的信息系统所提出的要求在现有技术条件下是否能够实现。例如，对信息系统运行速度的要求、对存储能力的要求、对通信功能的要求等，应该是当前社会上的技术水平能够达到的。

三是环境可行性分析，包括分析企业的内部条件与外部环境对系统运行的影响，是否可以提供管理、操作及信息传递的保障等，是否符合现行国家法律和政策、企业规章制度、行业标准等。

规划方案和可行性分析报告审议通过后，应据此编写项目任务书，并上报企业高层管理者，经过批准后实施。

在我国企业信息化进程中，曾有一些信息系统开发的成功率比较低。系统开发者称之为“MIS 泥潭”“信息化黑洞”，经济学家称之为信息悖论。导致这个现象出现的原因很多，其中很重要的原因之一就是企业事先没有做出一个合理的战略规划。

2. 系统分析

在系统规划阶段主要是企业管理层的人员参与。本企业或企业外的技术开发人员有时也参加一些讨论，但主要还是管理者的事情。

项目任务书发出后，系统开发进入系统设计前的系统分析阶段，技术开发人员进驻企业，开始全程参与。

这里说的“系统分析”是指企业管理者、参与开发的业务人员和技术开发人员，根据企业项目任务书所确定的范围，对企业拟建的新的信息系统进行问题识别、详细调查、可行性分析、系统化分析，最终完成新的信息系统逻辑设计方案的过程。

系统分析是必要的。因为新的信息系统是由技术开发人员设计并实施完成的，他们只有全面了解企业的需求，最大限度地了解企业的各种可能，才能设计出符合企业需要的新的信息系统。

系统分析的过程，本质上就是企业将自己的需求向信息系统开发的技术人员提出，双方通过沟通、讨论并取得一致意见后，最终为技术开发人员认可和接受的过程。

要做好系统分析工作，从作为信息系统用户的企业的角度，以及企业管理者、企业信息管理者和信息系统的其他用户的角度提出完整、清晰、明确的对信息系统的需求是成功开发新的信息系统的前提。另外，信息系统开发人员全面准确地理解用户的需求也是成功开发新的信息系统的关键。

通常，因为知识领域的差异，有时候用户因为缺乏信息管理与信息系统的专业知识难以一开始就提出完整、清晰、明确的需求，而信息系统开发人员因缺乏对企业管理问题的具体经验和认知，在理解用户的需求方面常常也存在困难。因此，用户和信息系统开发人员通过充分沟通来共同明确信息系统的需求非常重要。

从用户的角度看，通过这一过程，不仅可以对新的信息系统的需求更加清晰和明确，而且在这个过程中会伴随着对信息对象和信息流的梳理与深入认识，从而发现一些企业在管理理念、组织结构、业务流程、管理制度、生产设备等方面存在的不合理之处，发现改进管理工作的源头。这其实是企业信息系统建设和企业信息化建设给企业带来效益的一个非常重要的途径。

为了做好信息系统建设工作，从企业管理者的角度，特别是企业信息管理者的角度来看，在系统分析阶段，应该完成好以下三件工作。

1）尽可能明确地向开发人员表述信息系统建设项目的目标和需求

系统规划中提出的目标是宏观的、粗线条的，往往都是非技术性的表述方式，在技术要求上是含糊笼统的，不能满足技术开发人员的需要。

例如，某企业的生产计划长期依赖人工制订，存在计划不及时、不合理，难以针对客户需求的变动或生产过程的随机扰动及时动态调整的情况，期望建设一个生产计划和调度优化系统，其目标是建设一个可部分代替人工制订优化的生产计划和调度方案的信息系统，可以即时响应用户需求和生产过程变化，保障生产组织的有序和稳定，达到提质增效的目的。显然，这个目标对于信息系统开发人员而言，是一个典型的企业管理者内心清楚的目标表述，而非技术性表述。

这种表述，从企业管理者的角度来看，是相当明确了。可是，对于信息管理者和信息系统开发人员而言，什么是优化的计划和调度方案？如何衡量它是优化的还是不优化的？部分代替人工，具体是哪些部分代替、哪些部分不代替？客户需求和生产过程变化的表征是什么？生产组织的有序和稳定如何衡量？上述一系列问题必须在需求分析的阶段转变为技术性的语言加以清晰表述，信息系统的开发工作才能顺利向前推进。要做到这一点，企业管理者和信息系统用户了解信息管理与信息系统的知识，以及企业信息管理者及信息系统开发人员了解和熟悉企业的业务与业务流程等非常重要。

要明确地表述信息系统建设项目的目标，可从以下几个方面考虑。

（1）企业管理者尽可能由从人、财、物以及它们的相互关系的角度提出目标要求，转向从人、财、物、信息及其相互关系的角度提出要求。尽可能从信息处理的角度来表述新的信息系统的目标。因为在系统设计时，通常只涉及系统的功能、配置、接口、环境等方面。例如，新系统对数据传输功能、数据流量控制功能、统计功能、运算功能、图表绘制功能和处理各种事务功能的要求，对系统配置的要求，对系统环境的要求等。

（2）尽可能地从定量的角度来表述新的信息系统的目标。对于时间、速度、质量等定量指标，应尽可能地从本企业的实际情况出发提出确定的量化标准；有些难以量化的指标，也要尽可能具体明确地把目标要求提出来。

(3)尽可能地对所提出的全部问题区别轻重缓急，明确它们之间的相互关系。是因果关系、主次关系，还是权衡关系，应该分别明确表述出来。特别是在权衡关系中，需要说明权衡的两方，哪一方是主要的，哪一方是属于制约条件的，双方可以接受的最低标准是什么等。

(4)信息系统用户在与开发人员的沟通中要主动询问，在沟通的过程中尽可能学习使用信息管理的语言来与开发人员交流。当开发人员询问有关项目目标的情况时，企业管理者和企业的业务人员应该尽可能地从上述三个方面来表述。作为企业的人员，不论是自己在询问对方，还是在回答对方的询问时，都需要耐心和反复地沟通，直到双方意见达成一致时为止。

信息系统开发人员需要体谅和理解企业管理人员对信息系统目标表述不清晰的情况，学会从那些含糊的要求中理解项目的目标，通过与企业管理者和企业员工进行有效沟通来把企业关于系统的需求和目标真正搞明白。有同行业信息系统开发经验的开发人员也可以利用过去经验引导用户更快、更好地澄清和表述要求。只有这样才能把信息系统设计好。

2）项目目标实现的可行性分析

在进行信息系统规划时已经做过可行性分析，那个阶段的可行性分析主要是针对战略规划方案，由企业管理人员完成，更多的是在战略层面。

这里的可行性分析，是针对项目目标，根据企业的环境、资源等条件，判断新的信息系统能否得到有效的实现和应用，由信息系统开发人员和企业管理者共同完成。

从某种意义上来说，等于是由信息系统开发人员主导来审核项目的可行性。这里的可行性分析也包括经济可行性分析、技术可行性分析、环境可行性分析等三个方面。

通过可行性分析，如果发现有不妥之处，则应立即采取相应措施：如果是项目目标过高，就应该降低要求；如果要求不能降低，就应该寻求其他方法；如果环境不许可，就应该修改原来的目标等。

开发人员为了保证可行性分析结果的正确和有效，需要对企业进行详细深入的调查，调查过程中，企业应尽最大努力支持和配合信息系统开发人员的调查，避免错漏数据和信息而影响可行性分析结果的正确性。开发人员在调查基础上进行可行性分析，在与企业管理者充分沟通的前提下提出可行性分析报告。

3）绘制和审读企业现行的相关流程图

信息系统开发人员根据可行性分析报告，绘制企业现行的组织结构图、工艺流程图、工作流程图、事务工作分析图、数据流程图等。

前四种图是开发人员必须掌握的基础信息，是后续分析的依据，而数据流程图则是开发人员根据掌握的信息进行分析和加工出来的新信息，是描述系统逻辑模型的最主要的工具，是后续讨论、分析、提出改进措施的主要依据，是开发人员必须做的工作。

这五种图必须通过多次反复修改和检验，逐步完善，尤其是要反复征求企业管理者和企业员工的意见，获得补充、修改和认可。

所以，认真审读这些流程图就成了企业管理者和信息系统用户的重要任务。对于前四种流程图，企业管理者是熟悉的，能够看懂，发现问题应该及时向开发人员提出来，以便补充或修改。对于第五种即数据流程图，企业管理者和信息系统用户可能并不熟悉，需要先向信息管理专业人员和信息系统开发人员学习，弄明白图中符号的含义，读懂图的意思后，再做出评判。

系统分析阶段的工作成果是系统分析说明书，在交由企业管理层讨论通过后，就成为下一阶段“系统设计”的依据，也是将来信息系统验收的标准。

上述三项任务，企业管理者切不可等闲视之。如果企业需求的表述出现偏差或错误，信息系统开发人员依据错误的企业需求来设计新的信息系统，轻则导致系统功能不能满足企业的要求，需要大幅度地修改，重则会导致系统开发项目的失败。

3. 系统设计

系统设计，又称物理设计。系统分析的结果是获得新系统的逻辑模型，解决新的信息系统的功能，即“做什么”的问题。系统设计则是根据新的信息系统的逻辑模型提出物理实现的具体方案，提出物理模型，解决“怎么做”的问题。

系统设计分为初步设计和详细设计。

1）初步设计

初步设计又称基本设计、结构设计或总体设计。它是在确定企业信息系统目标的基础上，选定系统的结构模型，设计系统的工作程序，并选择系统所需要的硬件设备和软件系统等。

系统初步设计的方案由信息系统开发人员完成。初步设计完成后，企业要组织有企业管理者、有关专家、企业业务人员参加的可行性论证会，如果方案基本可行，则可进入详细设计阶段；如果方案与目标规划的差距较大或不可行，则应重新调查研究并提出新的初步设计方案。

2）详细设计

详细设计是按照初步设计所确定的模型，对信息输入、输出形式，信息收集与处理的方法，信息流程，信息存贮与检索方法等进行具体设计。

详细设计的内容主要包括：系统流程图设计、程序模块设计、代码设计、输入/输出格式设计、处理过程设计和数据存储设计等。

设计的最终目标是要在节省研制费用、降低资源消耗、缩短研发时间，以及不断提高工效、可靠性及可维护性等方面形成设计方案。

详细设计后，必须进行认真的评审。

企业一定要再次组织有企业管理者、有关专家、企业业务人员参加的评审会，及时发现问题和解决问题。评审没有通过的详细设计方案不能进入系统实施阶段。

系统设计阶段的技术文档和工作成果是系统设计说明书。它是系统实施阶段的指导性文件。

新的信息系统不能只由开发人员单独完成，它要求最终用户（企业）的高度参与和足够的控制，以确保信息系统能够满足本企业的业务需求。这不仅是为了保证系统的可用性，而且是为了增加企业信息管理者对信息系统的理解和熟悉，增加系统的可接受性。

实践证明，在系统设计阶段，企业不充分地参与是系统失败的主要原因之一。

企业管理者在参与信息系统设计时，要做到以下三点。

一是要虚心向开发人员学习信息管理与信息系统的知识，仔细了解系统设计的具体内容。

二是在了解设计内容后，发现与企业建设信息系统的目标要求不相符合时，一定要以高度的责任心，及时向开发人员提出。

三是在提出建议、意见时，尽可能地避免带入个人的好恶和情绪，一切以实现企业的目标为准绳。

4. 系统实施

系统实施是将系统设计阶段提出的关于新系统方案的系统设计说明书转换成一个完全可以操作的实际的信息系统。其任务有以下几点。

1）硬件设备和软件系统的添置

硬件设备和软件系统的添置主要有两种方式：一种是租赁，另一种是购置。

租赁就是对于系统设计中需要的硬件设备和软件系统，向专门的公司租用硬件设备和软件系统的使用权。租赁的方式有很多好处：一是租赁可以减轻企业的资金压力，因为一次性购买新系统的软硬件设备，需要大量的资金，分多年支付租金就可以分散购买设备的资金压力，也使得预算均衡，资金利用平稳。二是租赁可以有效地降低技术投资的风险。信息技术更新速度快，其软硬件的生命周期短，很容易出现过时产品的积累，造成固定资产积压浪费，租赁可有效地降低这一风险。

购置就是企业自己一次性地将新系统所需要的软硬件设备购全。它包括硬件设备的选择、购置和安装，软件系统的选择、购置和开发。如果是建设新的网络系统，则需要选择网络操作系统。当然，这些工作是信息系统开发人员具体完成的，但是企业管理者必须参与，共同研究和选择。

当前还有一种购置是购置服务，如购置计算服务、购置存储服务等，即企业可以不投资信息系统所需要的某些硬件或软件，而去投资由专业服务提供商提供的能完成企业信息系统某些功能（如计算、存储等）或某些业务（如财务等）的服务。购买服务时，企业需要充分考虑信息安全问题，要注意防范企业的商业秘密外泄。

2）专门的信息管理机构的设置或重构

通常，在开发新的企业信息系统时，为便于新信息系统投入使用后与管理工作相适应，应设立企业的信息管理机构，如企业的信息中心或对已有的信息管理部门进行重构，通常这一专门的信息管理机构在企业 CIO 的直接领导下开展工作。企业信息管理机构还应该在信息系统建设项目开始之前就深度参与项目工作。

3）信息系统用户及其他有关人员的培训

这一工作一是为了信息系统投入使用后能快速发挥作用，二是为了有人能够马上承担运行和维护的职责，三是为了在系统调试过程中，担负考察系统的正确性和质量的任务，他们是本企业自己的、能够完善系统的一支重要力量。

4）基础数据资料的录入或转换

对于新建立的信息系统，所有需要的数据必须一一录入。对于在已有系统上改建的新的信息系统，还需要将已有系统的数据转换到新系统中来。

5）各种规章制度的建立

新系统投入使用之后需要各种规章制度、操作规程、岗位责任制度的建立。

上述五项任务是互相联系的，需要企业信息管理者统筹兼顾，认真对待。系统实施是按计划分阶段完成的，每个阶段都应写出实施进度报告。系统实施工作结束后要编制系统操作手册和使用说明书。

5. 系统验收

系统验收应该在系统实施成功并经过试运行一段时间（通常在半年到一年）后进行。一般是通过召开正式的验收会或鉴定会的形式进行。

验收会由投资项目并使用系统的企业组织，同时聘请有关部门专家和主管部门的人员参加，按照系统规划、合同书和系统分析说明书对系统进行全面检查和综合评价，以判断系统是否符合原定的目标，是否存在需要改进的地方。如果发现新系统实施后效果不佳，则要认真分析，找出原因，明确责任，加以解决，然后才能正式交付使用。

系统验收后即可正式交付使用。

这时需要进行新旧系统切换。切换主要有四种方式。

（1）直接方式，又称立即方式。规定一个切换的时间，届时旧的信息系统停止运行，新系统开始工作。这种方式极为简单，但风险较大，对新系统的可靠性要求比较高，如果新系统一旦发生问题会给工作造成巨大损失。

（2）并行方式，指新、旧系统同时运行一段时间，以便检查新系统的问题或修改新系统。但并行期间，要投入双份人力、物力、财力和时间，而且对两个系统进行对比检查的工作量也非常大，令人难以承受。

（3）逐步方式，指先将旧系统的一部分换成新的，经过一段时间运行稳定后再切换另一部分。这种方式避免了上述两种方式的弱点，但是又出现了新旧系统混合使用时二者的协同工作，如果不能协同工作，还要想别的办法。

（4）导航方式，指新系统在一开始只用来处理少数风险小的业务，作为对新系统的检查。然后逐步增加工作量和扩大管理范围，直到新系统全部功能都投入运行。

新系统切换成功之后即进入正常的运行。这时企业就要开始对新系统进行日常运行维护管理和应用管理了。从生命周期的角度看，信息系统从开发到投入运行，只是信息系统生命周期的开始，虽然开发过程结束了，但是信息系统的生命周期的另一个重要阶段——信息系统的运行与维护随之而来。有关这方面的内容在3.3节介绍。

3.3 企业信息系统的运行和维护

企业信息系统投入使用后，日常运行和维护工作相当繁重。

系统的实际使用效果不仅取决于系统的开发设计水平，还取决于系统维护人员的素质和系统运行、维护工作的水平。这方面的内容主要包括系统数据和信息的管理、系统的运行管理、系统的维护管理等内容。

3.3.1 系统数据和信息的管理

数据和信息是企业信息系统工作的基础，没有数据和信息，或者数据和信息不能及时地更新，信息系统就无法正常有效地工作。这方面的工作包括以下四项。

1. 数据和信息标识

这是指对企业各类业务所涉及的人、财、物等方面进行的数据表征和信息编码。

这些工作在信息系统开发过程中作为一个基础性工作必须完成，但是因为企业是一个开放系统，在企业活动中，不断会面临新的人、财、物等资源，需要对这些新增资源予以准确标识，以便运用新开发的信息系统对这些资源进行有效管理。

目前主要的标识方法有直观标识、条码、二维码、电子标签等。

通常，数据表征和信息编码的规则在信息系统开发的设计阶段就已经完成。它需要满足保密信息私有化、公开信息公用化的要求。直观标识主要用于涉及人工处理和核对的环节，而条码、二维码和电子标签等用于机器处理环节。由于企业目前仍然是人机协同来完成企业活动，在光学标识企业物理资源时，通常采用直观标识和条码或二维码混合方式，即通常在有人员的地方，会有相应的与电子标识对应的直观标识。

做好对企业资源的数据和信息标识工作，可以为企业信息系统的作用得到更好的发挥奠定基础。

2. 数据和信息采集

这是指从各类数据和信息源采集企业所需要的数据和信息。它包括两大类，一类是那些在企业管理中可以使用现代信息技术来管理的数据和信息，另一类是信息系统运行和维护过程中所需要的数据和信息。

这一工作是由企业内各级信息管理人员做的。信息管理人员既包括现代信息系统管理人员，也包括传统信息系统的信息管理人员。采集数据和信息时，要满足数据和信息采集真实、准确、完整、系统、及时和适用的原则。

随着信息技术的发展，数据和信息的自动采集越来越普遍地得到应用。这不仅减少了人力、提高了效率，更重要的是数据和信息的自动采集能更好地满足数据和信息采集的真实、准确、完整、系统、及时和适用的原则。

前面的数据和信息标识工作是数据和信息自动采集的基础，同时人工智能技术的应用，也为通过对物理对象的特征抽取、模式识别等处理自动采集的数据和信息提供了广阔的前景。

3. 数据和信息校验

这是指为了保证输入信息系统的数据和信息真实准确、完整无误，在将收集到的数据和信息输入信息系统之前对其进行检验与校正的工作。

这是一项非常重要的工作，因为信息系统遵循 GIGO（garbage in，garbage out）的原则，即输入糟粕必然输出垃圾。如果录入系统的不是真实准确、完整无误的数据，无论系统采用多么先进的硬件设备，软件具有多么强大的加工功能，系统都不可能正确、有效地工作，甚至会导致错误的决策。

它要求校验人员对信息系统所处理的业务有足够的了解，对于信息系统对数据和信息的要求有确切的了解。只有这样才可能发现那些对于系统业务来说是错误的数据和信息，或对于系统来说是不适合输入的数据和信息。对于系统业务一无所知的人是不可能做好校验工作的。

这一工作是由系统主管人员或专门设置的数据和信息控制人员完成的。

在数据和信息标识工作做得好的情况下，校验工作通常可以自动完成。人工的核对和校验通常前移到标识阶段，即标识与被标识对象的一致性校验。

4. 数据和信息录入

这是指把经过校验合格的数据和信息准确、迅速地输入信息系统。它包括新数据的录入或存储数据的更新。

这是由数据和信息录入员来完成的。录入员只保证录入的数据与字面的数据严格一致，对于数据的具体含义并不承担责任，这一责任是由校验人员承担的。录入员不得擅自改动录入的数据，也无权代理校验人员的工作。

信息系统在使用过程中，还有一类数据和信息是由企业的业务人员和信息系统用户直接录入的，为了保证这部分数据和信息满足真实、准确、完整、系统、及时和适用的原则，在管理制度上需要对此提出相关的考核要求，而这一点往往是企业所欠缺的。

随着物联网技术和人工智能技术的应用，数据和信息的人工录入正在逐渐被自动录入所取代。

3.3.2　系统的运行管理

1. 信息系统的日常例行运作

企业信息系统投入使用之后，每天运行并完成一些例行的运作，具体包括：组织机构、人员和设备的运作，信息处理和信息服务等。

这里的组织机构主要是指企业的信息管理部门，如信息中心等。人员主要指信息管理人员与信息系统维护和管理人员，设备是信息系统相关的软件和硬件。

企业的信息管理部门是保证信息系统正常运行的核心。

它在企业 CIO 或分管的高层管理者领导下，按照既定职能开展工作，只有它的正常运作才能保证信息系统的其他部分正常运转。通常，这由企业长期形成的文化、管理制度和人员素质来保障，以现代信息技术为核心的企业现代信息系统的应用对企业信息管理部门的例行运作提出了更高的要求。

信息管理人员与信息系统维护和管理人员的日常工作的好坏决定了企业信息系统的作用能否充分发挥。目前，一些信息系统维护和管理人员来自企业外部的信息系统开发商或第三方信息系统服务商，协调好这类外包服务的关系是保证这类信息系统维护和管理人员日常工作质量的关键。

软件和硬件的日常运行和操作，是为了保证信息系统能够始终处于正常状态之下，包括软硬件的使用管理、定期检查、备品配件的准备及使用、跟踪软件版本的更新情况、各种耗材的使用及管理、电源及工作环境管理等。这是由软硬件管理人员负责完成的。

例行的信息处理及信息服务的工作，包括数据更新、统计分析、报表生成、数据的复制及保存、与外界的定期数据交换等。这些工作是按照一定需求和规定定期或不定期地通过运行某些事先编制好的程序由专门人员完成的。

有时，还有一些临时的信息服务需求。例如，临时查询某些数据，生成某些一次性的报表，进行某些统计分析，进行某种预测或方案预算，面向新的信息系统开发所需的数据和数据接口等。这些信息需求通常都是企业高层管理者提出来的，或者是企业高层管理者同意的。

这些工作虽是临时提出来的，但它是企业管理所急需的，其作用往往比例行的信息服务重要得多。随着管理水平的提高和各级领导信息意识的加强，这种要求还会越来越多，工作量会越来越大。

2. 信息系统日常运行情况的记录

这是信息系统运行管理的例行任务。记录的内容可以用于对系统运行绩效的评估，也可为修改系统缺陷、改善系统性能、排除系统故障提供重要的依据。

1）记录的内容

（1）工作量。工作量包括每天信息系统运行的时间，用户使用情况，每天、每周、每月的数据和信息录入数量，提供的信息数量，系统中积累的数据量，数据使用的频率，满足用户临时要求的数据量等。

传统的信息系统主要采用事务记录或日志，如收发文记录、会议纪要等形式来记录。现代信息系统通常具备自动日志功能，正确使用这些功能可完整记录这部分内容。

（2）工作效率。工作效率包括系统在例行运行中占用的人、财、物、能等，系统为完成规定工作占用的人力、物力和时间。

（3）系统服务质量。系统服务质量包括系统提供的信息、提供方式的满意度、数据的精确程度、及时性等。

（4）系统维护修改情况。系统维护修改情况包括系统维护工作的名称、内容，维护过程情况、时间、执行人员等。不论是传统信息系统，还是现代信息系统，它们的维护修改情况都要保存好原始记录。传统信息系统中的某些维护和修改，如信息管理机构的改组、人员任命、信息管理制度变革、人员岗位职责变动、信息流程再造等相关文件的记录，往往是容易被忽视的地方。

（5）系统故障情况。无论故障大小，都应该记录。记录内容包括故障发生的时间、故障的现象、故障环境、处理的结果、原因分析、善后处理和处理人员。这些记录和后期的分析，可以为信息系统的改进和完善提供准确可靠的第一手材料。同样，传统信息系统的故障记录往往被忽视，这种记录常常留存在相关人员的头脑中，未能结构化地可靠存储、加工和共享。

2）记录的要求

（1）信息系统发生故障时要记录，系统运行正常时也要记录。正常运行的记录可为故障分析提供依据，系统平均无故障时间是判断系统可靠性的重要指标。

（2）对于现代信息系统，既要设置系统自动记录功能，又要强调必须手工记录。因为一旦机器发生故障，信息系统就不能自动记录了。

（3）强调当事人、当场、当时记录，不能事后追记或请别人代填，而且要制作结构化的记录表格或本册，方便填写。整个记录必须真实、准确、完整。

（4）既要记录信息系统软硬件发生的故障，又要记录系统中非软硬件的故障。例如，由于数据收集不及时，年度报表不能按时完成，并不是软硬件的故障，但确实是信息系统的故障。再如，机构职能或人员职责划分未能完全覆盖企业业务对信息处理的需求、信息系统用户操作不熟练，耽误了处理信息的时间，这也不是软硬件的故障，但也是信息系统的故障。

(5)信息系统的管理者、维护者和用户都有记录的责任。硬件相关人员记录硬件的运行维护情况，软件相关人员记录各种程序的运行维护情况，录入员记录录入的数量、时间、出错率，校验员记录校验的结果，用户记录使用过程中信息系统的失效情况，主管人员记录系统的整体情况。

3. 信息系统运行结果的分析

这是指在信息系统运行后，对系统各项功能所产生的效果进行分析，了解系统功能实现的程度。例如，企业物资管理系统的物资采购计划功能是用来每月自动生成下月采购计划的。如果库存还很大，系统却提出要再采购，就要检查是原始数据输入有错，还是系统本身有错。这就是对系统运行结果的分析，不能认为系统有结果输出就是正常的。运行结果分析的工作是由企业职能部门和信息系统主管人员负责的。

4. 信息系统运行的安全性管理

这方面管理的内容，包括物理安全管理、访问控制管理、传输保密管理。它主要是防范来自企业内部和外部的意外事件或人为侵害，如越权访问系统上存放的信息，窃取、破坏或篡改数据；防范计算机病毒的入侵；防范未经授权的盗用或破坏性使用、滥用企业信息系统设备；防范系统自身运行中出现的硬件故障、软件故障、系统环境故障、操作失误、停电等给系统造成的损失。

系统可采用主动监控措施，利用系统的监控和审计功能，实时记录企业系统信息资源的使用情况，及时报告越轨行为或提供危险行为的警报。可设置防火墙，阻止各种非法入侵者。还可采用防御限制措施，如用户注册、用户口令分级与加密、目录保密、站点位置限制、时间限制、用户访问资源权限控制、目录与文件属性控制、备份机制与数据加密等。对于信息系统的数据和信息，除了开发时设置的灾备系统外，还需要根据数据和信息特点进行定期备份。

3.3.3　系统的维护管理

1. 系统维护管理的内容

由于企业环境、用户需求、企业战略、经营策略、商业模式、组织结构、管理机制、业务流程等的变化，以及信息技术的更新换代和信息系统生命周期等各种原因，要保证信息系统始终能够满足企业的需求，就必须对系统进行经常性维护。

信息系统的维护包括组织结构、人员、系统软硬件维护。

组织结构的维护是指以信息管理职能部门为核心的信息管理职能、机构设置和管理考核制度的维护，其目的是使信息系统更好地应对各种变化，为实现企业目标发挥更好的功能。例如，一些能耗高的企业生产指挥系统，在节能减排的压力下，应该使物料生产的指挥系统与能源供应以及二次能源利用指挥系统合并，以保证企业的物料生产信息和能源供应信息能够更好地交互和协同利用。相应的一些信息处理、传递和利用等流程和管理制度也需要做出相应调整。这部分工作主要由企业或企业主导外请专业的企业管理和信息管理解决方案咨询商协同完成。

人员的维护主要是指企业管理者、信息管理者和信息系统用户需要接受新的信息技术与信息管理知识的培训，特别是在用信息系统升级之后，以便更好地了解和掌握升级后的信息系统的新功能，使信息系统的作用得到充分发挥。这部分工作主要由企业或企业主导外请专业培训机构协同完成。

硬件维护是指对信息系统的硬件日常运行环境的维持、设备维修和故障处理。例如，设备环境的温度、湿度和净度的控制，电源的正常供应，定期对设备进行例行保养检查，发现异常及时排除等。硬件维护还包括因硬件的生命周期终结后的升级以维护系统正常运转。硬件维护通常是由企业与硬件供应商采用“硬件+服务模式”协同完成。

软件维护是指在软件交付使用后，为了改正软件中存在的缺陷、扩充软件的功能、延长软件生命周期等，对软件所进行的修改工作。软件维护还包括信息系统中选用的通用软件，如操作系统、数据库以及伴随硬件升级后的通信、驱动程序升级，以及某些面向业务的应用扩展等。软件开发商 60%的人力和财力是用于已开发软件的维护，可见软件维护工作量之大。

软件维护工作可分为以下四种类型。

（1）纠错性维护。改正在系统测试时没有发现的软件缺陷。通常是优先改正那些影响系统正常运行的、严重的缺陷。

（2）适应性维护。这是指系统的硬件升级改变后，为了适应新的系统硬件环境对软件进行的修改。这方面的维护工作量约占整个软件维护工作量的 20%。

（3）完善性维护。随着用户对系统使用的逐步熟悉，往往对系统的要求越来越高。这些要求在系统开发初期并未认识到，或者没有写进“需求报告”中，所以软件中没有这些功能，但是这些要求对于完善系统、满足企业的需求是合理的，所以一般也列入软件维护计划。这方面的维护工作量占整个软件维护工作量的 50%～70%。完善性维护通常是伴随硬件的扩容进行的。

（4）预防性维护。为改进软件的可靠性和可维护性，以便适应预期的未来环境和企业需求的变化，主动增加预防性功能，减少以后的维护工作量，延长软件的生命周期。

软件的维护工作通常由企业与信息系统开发商和软件供应商采用“软件+服务模式”协同完成。因此，完善性维护有时也涉及在用信息系统的开发商和第三方应用供应商之间的关系。例如，随着人工智能技术的发展和成功应用，企业对产品在线质量管理的要求越来越高，则需要采用有技术实力的产品、在线质量管理系统开发商的产品。那么，企业应该主导协调在用信息系统开发维护商与第三方应用供应商之间的衔接，如数据和信息接口、人机界面嵌入等。这也属于完善性维护的工作。

上述所有维护内容，在信息系统建设初期的规划中，企业管理者应结合信息技术发展趋势和信息系统应用的商业模式的发展趋势来进行考虑，在与信息系统开发商和相关系统的供应商的商务洽谈乃至签订合同中，应该有原则性的约定，以避免因维护问题带来信息系统生命周期内的质量退化或生命周期严重缩短。

2. 系统维护文档的管理

在系统维护过程中，无论是组织结构维护、人员维护、硬件维护，还是软件维护，都会形成一定的维护文件。例如，维护申请单、维护申请摘要报告、机构设置文件、人员培训总结和记录、软件修改报告、维护记录、维护趋势图等。此外，还有开发时期形成的软件文档。这些文档都需要专门的管理。

维护申请摘要报告是一种定期报告，可以每周或每月统计一次，其内容包括上次报告以来已经处理的、正在处理的和新接到的维护申请项的名称、数量及其处理情况，以及新申请中特别紧迫的问题。

维护趋势图则是在维护申请摘要报告的基础上绘制而成的，是一种不定期的报告，显示在统计时期内每月收到的新的维护申请以及正在处理的申请数量的变动趋势。

3. 系统软件配置的管理

在信息系统运行和维护时期，软件配置工作的任务较为繁重。

软件配置是信息系统软件在生存周期内，各种形式、各种版本的程序与文档的总称。对软件配置进行科学的管理，是保证软件质量的重要手段。配置管理贯穿于软件的整个生命周期。

软件配置管理工作常常借助于自动的配置管理工具。常用的有软件配置管理数据库和版本信息控制库。

软件配置管理数据库存储关于软件结构的信息，产品的当前版本号及其状态，每次改版和维护的简单历史，每个产品各种版本，每种版本的各种文档，已交付使用的用户，有关产品维护历史、纠正错误的数量等方面的信息。

版本信息控制库可以是软件配置管理数据库的一个组成部分，也可以单独存在。它与软件配置管理数据库的区别是：软件配置管理数据库是对所有软件产品进行宏观管理的工具，而版本信息控制库则着眼于单个产品，以文件的形式记录每一产品每种版本的源代码、目的代码、数据文件及其支持文档。每一文件均记有版本号、启用日期和程序员姓名等标识信息。管理人员根据需要，可以对任何文件进行建立、检索、编辑、编译（或汇编）等操作。

3.4　企业信息系统的发展背景及其趋势

3.4.1　企业信息系统的发展背景

企业信息系统作为企业的子系统，其发展趋势一方面受到企业发展趋势的影响，同时，从它的构成和功能等方面看，它也要受到它赖以发展的背景，如信息技术、信息管理等发展趋势的影响。

从企业发展的角度来看，未来的企业将生成和发展于更加激烈的竞争环境中，客户个性化、定制化需求将是未来趋势，同时环境和生态的更高标准对企业的创新和资源整合能力也将提出更高要求，其必然的趋势是企业内外部各种资源流与信息流的协同作用会更加密切，企业管理的重心也会从早期企业信息化程度低、信息流相对不畅情况下的控制和反馈的管理活动模式，向协调、组织、计划和定标活动的模式过渡。随之出现的是企业的组织形式、组织结构也会迎来革命性的变革。网络化、虚拟化、分布式等将成为未来可以预见的企业的主要特征。

从信息技术的角度来看，由于数字电子计算机在可见的未来仍然会是信息技术的核心，因此数字化作为信息化的深入仍然会持续。新一代网络通信技术，如5G[①]和6G[②]、物联网技术、移动互联技术、可穿戴技术、自动信息采集技术、大数据和云计算技术、区块链技术、虚拟现实技术、数字孪生技术、脑联技术，特别是人工智能技术的快速发展，都为企业信息系统的发展提供了广阔的空间。

信息-物理-社会系统将会在万物互联、人-人互联、人-机互联的背景下，为人-机-物一体化信息系统的发展提供技术基础和发展动力。

从信息管理的角度，根据DIKW（data、information、knowledge、wisdom，数据、信息、知识、智慧）认知阶梯理论，早期的信息管理以信息化为特征，注重从数据—信息—知识的结构化和有序化来实现人类智慧的增长，未来信息管理的发展趋势是以智能化为特征，注重信息处理的结构化和有序化，以应对数据和信息爆炸对信息处理所需的计算资源的巨大需求。

信息系统的发展正是在上述背景下，可从其外部环境的影响和系统内在发展逻辑中看出其端倪。

3.4.2 企业信息系统发展趋势

企业信息系统由于前述企业未来趋势、信息技术发展趋势和信息管理发展趋势等环境的变化与技术进步，未来将呈现网络化、柔性化、敏捷化、智能化等特点。

1. 网络化

企业信息系统的结构经过了主机/终端（host/terminal）、单机、客户机/服务器（client/server，C/S）、浏览器/服务器（browser/server，B/S）等多个发展阶段，从基于单机的事务处理系统，到基于网络的分布式信息系统，其规模和复杂度均有较大的提高。当前基于“internet（互联网）/intranet（内联网）/extranet（外联网）”的信息系统成为主流的信息系统架构，企业中物-物互联、人-人互联、人-物互联、人-机互联等在物联网技术、移动互联网技术和可穿戴技术等支持下，会以网络化的特征，使企业各种资源之间的联系和相互作用变得更加密切，通过网络化实现对各类分布式数据和信息的高效处理，使企业信息系统最大限度地发挥作用，确保企业信息系统对企业管理水平的提升，最终保障企业目标的实现。

2. 柔性化

柔性化是要求企业信息系统能够根据企业内外各种变化进行重新设计或组合，通过新的组合满足企业对信息系统的新功能的需求。这里所说的柔性，包括企业信息系统从功能到结构要素的柔性，具体而言，它包括以下几个方面。

（1）功能柔性，指可以根据企业需求的变化对信息系统功能进行动态的增减和组装。

（2）系统柔性，指信息系统由于运行环境，如企业兼并、分拆和重组等变化，而进行的扩充和重组。系统柔性也适用于由企业战略转移、商业模式创新、组织结构变革、业务流程再造等所引起的对信息系统的扩充和重组的需求。

---

① 即fifth generation of mobile communications technology，第五代移动通信技术。

② 即sixth generation of mobile communications technology，第六代移动通信技术。

（3）数据和信息柔性，指数据和信息的灵活输入、处理、存贮和输出等。通过数据和信息柔性，使原有系统在对数据和信息对象，以及数据和信息流不必进行大的改动下满足企业发展和企业环境变化对企业信息系统的多种新需求。

3. 敏捷化

敏捷化是指企业信息系统能根据环境的变化进行快速调整与重组。敏捷化的基础是构成企业信息系统的软硬件具有可重构、可重用和可扩充的模块化特征。敏捷化既是企业环境快速变化的需求，也是市场、产品和服务快速变化的需求，它还是企业核心竞争力的构成要素之一。敏捷化的企业信息系统能够随着虚拟企业的建立而迅速成形来支持企业信息管理和企业管理的需要，当虚拟企业发生变化时，它也能即时做出相应的变化。

4. 智能化

智能化是指企业信息系统能以认知科学为基础，运用人工智能技术对企业的信息进行更加高效的、具有智能水平的处理，一方面节约大量的信息处理资源，另一方面通过智能化，从结构化、半结构化数据和信息的处理，向非结构化数据和信息的处理拓展，为企业提供更好的信息服务。智能化将会成为企业信息系统发展的长期和重要的趋势。

具有信息-物理-社会系统特征和人-机-物一体化的智能化信息系统将会以数字孪生的形式，通过仿实为虚、虚中寻优、模优为实、虚实共振、协同进化的方式使企业信息系统与企业物理系统共同进化，实现企业资源的更好配置和利用。

案例分析

案例 3.3　王厂长放手开发新系统

江南化工厂的王明国厂长对企业信息管理非常重视。

在企业信息系统开发技术人员进厂的第一天，王厂长亲自接见，盛宴招待。他慷慨激昂地说：“我相信你们的能力和技术水平，放手让你们做，需要多少资金，你们尽管说。”

开发组组长张志平工程师问：“王厂长，咱们厂有需求分析报告？”

王厂长说：“哦，太忙了，没有顾得上做，你们做吧。”

“我们做，行吗？”

“行。没有关系，我同意。”

于是，开发组在做完需求分析后，就直接自行进入系统初步设计阶段。初步设计方案出来后，请王厂长组织人进行审查。

王厂长说：“厂里这一阵子工作太忙，实在没有时间。再说，计算机我也不懂，你们看着办就行了，我相信你们。”

在系统详细设计期间，参加系统开发的本厂三个化工技术人员向王厂长请示，说：“我们三个都是学化工的，不懂计算机，他们说的话我们都听不懂，也帮不上忙，还不如回本岗位工作，我们每个人都还有一大摊子事呢。”

王厂长不假思索地说："也好，留在那里也是浪费人力资源，回去吧。"

当系统详细设计结束时，开发组组长问他："要不要组织专家论证审查？"

王厂长说："你们就是专家，还请谁来审查？"

（本书作者司有和根据本人企业调查案例编写）

讨论题：

1. 王厂长这样进行企业信息系统建设能够成功吗？为什么？

2. 案例中，王厂长的几次回答表达了他对系统开发技术人员的高度信任，这是常用的激励员工的基本方法。用在这里是否正确？为什么？

3. 在系统详细设计期间，王厂长同意三个参加系统开发的本厂技术人员回本岗位工作的做法是否合适？为什么？

[思考题]

1. 什么是企业信息系统？它包括哪些具体的组成部分？它有什么作用？

2. 你过去认为信息系统的管理结构是什么？学习本章后，你对于信息系统管理结构的四种构成有什么看法？

3. 日本的一些企业里，在开展有奖征集合理化建议的活动中，要求建议者必须是不同车间、不同工种的员工，认为这样可以获得更有价值的合理化建议，并且确实如此。为什么？请用非正式信息系统的作用加以解释。

4. 将企业信息系统看成由主体信息系统和客体信息系统、软件信息系统和硬件信息系统复合而成的，这样分析对企业信息管理有什么启发？

5. 企业信息系统开发的方法和思路有哪几种？每种方法有什么优缺点？

6. 企业信息系统的开发包括哪几个步骤？每个步骤包括哪些要求？

7. 什么是企业信息系统的运行和维护？具体包括哪些内容？

8. 企业信息系统的发展背景是什么？它有哪些发展趋势？

第4章 企业现代信息系统的管理

开篇案例

CIO的困惑

2015年8月的一天晚上，联新机械公司的CIO何其昌到万都酒家，找了一个角落的座位，独自一人喝着闷酒。

下午，和生产部的经理李凯军吵了一架，到现在心里还很不爽快。

他想："公司投巨资建起来的ERP系统上线已经3个月了，原以为系统一上线，自己也可以借此大功告成，在公司里扬眉吐气一下，看看我何其昌的本事。没想到如今落得这个下场，现在生产部、采购部不用系统，卡在这里，动弹不得，手下的人还受了那么多的冤枉气。"

想着想着，把怨气统统都集中在李凯军身上："最可恨的就是那个李凯军，他肯定是害怕使用新系统，不能再通过旧体制讨得个人利益。他从系统建设初期就和我们开发组对抗，如今系统上线了，竟然鼓动员工罢工，不使用新系统。下午还和我吵架，差点动起手来。他除了扳手还会用什么？电脑再简单的界面和功能也不会用。"想到这里，心里觉得自己挺能干。

眉间刚刚有一点舒展，马上就又紧锁起来："可是，生产部门是核心部门，他们不用，系统怎么运转起来呢？"一肚子气愤又变得无可奈何了。

"还有那个采购部的许铭天，官腔十足，也是抵制着不用系统。这个部门问题肯定很大。当初让他们准备基础数据，就老是拖着。后来才知道，他根本没有入库账、出库账的完整数据，漏洞很大。现在顶着不使用系统，肯定有鬼。"

"章总这个人，还是有魄力，手一挥，就决定上ERP。"

"他倒是很支持我的工作，只问我要多少钱，拨了钱就放手让我做，向他请示工作，他每一次都是对我非常信任。可是，就是对生产部的李凯军也是太宽容了，还要我尊重他们，说什么上ERP的资金是他们生产部门赚来的。特别是许铭天，章总和他是老乡，据说还是远房亲戚……"

“真不知道章总下一步怎么打算。照这样下去，我不干了……”

（本书作者司有和根据自己的调查资料整理）

讨论题：

1. 案例中，从联新机械公司 CIO 何其昌的困惑可以看出该公司信息系统的应用出了什么问题？你认为应该怎样解决比较合适？

2. 案例中，何其昌对李凯军、许铭天的分析是否正确？为什么？

3. 根据这一案例，说说企业信息系统的开发与管理要注意哪些事项？

4.1 企业现代信息系统管理概述

4.1.1 企业信息系统管理的概念、作用和思路

1. 企业信息系统管理的概念

如第 3 章所述，对于整个企业而言，企业本身就是一个大系统，是由若干个子系统组成的。企业信息系统是企业这个大系统的一个子系统。它是能够对企业相关的各种信息进行采集、加工、存储、传播、利用和反馈的职能系统。

企业所有的子系统都需要管理，所以作为子系统的企业信息系统也需要管理。

企业信息系统管理是指通过计划、组织、协调、控制和反馈等管理活动，通过对构成企业信息系统的企业信息资源、信息处理器、信息用户和信息管理者及信息机构、信息管理制度和标准等合理配置，从而使企业信息系统安全稳定运行、更好地发挥其职能作用，并与企业的其他子系统协调一致来高效实现企业的总目标的活动。

2. 企业信息系统管理的作用

作为企业的子系统，即构成企业系统的结构要素，通过管理使其发挥作用并能与企业的其他子系统协调一致是企业信息系统管理的目的。

就企业信息系统自身而言，企业信息系统管理和第 3 章中所述的企业信息系统运行与维护既有联系也有区别，企业信息系统的运行与维护是企业信息系统管理的基础，企业信息系统的运行与维护不能涵盖企业信息系统管理的范畴。企业信息系统的运行与维护重点在维持信息系统的正常运行，而企业信息系统管理是在信息系统正常运行基础上使其功能充分发挥并与企业的其他子系统协同一致来实现企业的目标。

在第 3 章中，依据是否以数字电子计算机及以数字计算机为基础的数字通信技术等为主将企业信息系统划分为企业传统信息系统和企业现代信息系统。因为企业活动至少还存在人的参与，所以目前大多数企业的信息系统实际上是两种信息系统的复合系统。企业传统信息系统和现代信息系统技术特征的不同带来其管理活动的差异，但是其管理的目标是共同的，包括：第一，确保企业信息系统的安全；第二，确保企业信息系统职能的充分发挥；第三：确保企业信息系统与其他子系统的协调运行。

本章将分别从企业信息系统的三个目标来讨论企业现代信息系统的管理。关于企业传统信息系统的管理，本书将在第 5 章介绍。

3. 企业信息系统管理的思路

1）使企业信息系统的运行服务于企业的运行

企业信息系统的目的和存在的理由是最终实现企业的目标，即更好地服务于整个企业的运行。因此企业信息系统从开发建设到使用和管理都是围绕着服务于企业运行这个目标的。企业信息系统的管理就是通过确保信息系统的安全运行以及与企业其他子系统的更好协调，最终实现企业的正常运行，实现企业的整体目标。

2）充分利用非正式信息系统并强化正式信息系统的功能

本书第 3 章在阐述企业信息管理系统的管理结构时曾指出："企业信息系统是正式信息系统与非正式信息系统的复合。"正式信息系统是借助于正式组织机构形成的信息系统，非正式信息系统存在于企业内部非正式组织中，它的存在也会影响企业的运行，因此，非正式信息系统也属于企业信息系统的一部分。非正式信息系统的存在更说明企业信息系统是一个充满整个企业组织的、有形和无形复合的全员信息系统。

非正式信息系统对于企业信息系统而言可以看作对正式信息系统的补充。企业信息管理者如果不能抓住非正式信息系统，就等于丧失了一半的信息管理对象。

管理并利用好非正式信息系统可以更好地为企业管理服务。尤其是那些需要全体员工执行但员工中又有不同意见的方案、措施、办法，在实施之前，通过非正式信息系统，沟通员工的思想，了解员工的真实想法，对统一员工思想认识会有很好的效果。而且，这种问题通过正式信息系统往往不能很好地奏效，这类涉及人的问题，往往也是使用企业现代信息系统无法解决的。

此外，非正式信息系统除了非正式组织中的信息传播通道之外，还包括企业管理者与员工在非正式场合下的接触和信息交流。企业管理者在这种场合下与员工的亲切交流，往往会在个人形象塑造、第一手信息采集等方面获得意想不到的收获。所以，提高企业信息管理者利用非正式信息系统的意识水平，注意在非正式场合与员工的沟通，是充分利用非正式信息系统为信息管理服务的重要方式。

总而言之，只有当企业信息管理者使用非正式信息系统的信息来补充正式信息系统的信息沟通时，企业的信息管理才会获得最佳的效果。

正式信息系统可以是传统信息系统，也可以是现代信息系统，如企业干部业绩的网上公示、企业的移动协同办公系统等就属于现代信息系统。而企业的战略决策、知识创新、各种线下会议、职能科室发布和传递非电子和数字化文件、非线上信息的发布、各种非数字化的文献（如图书期刊、技术资料和档案等）则属于传统信息系统。企业传统信息系统内的信息资源往往结构化程度相对较低，信息的处理需要手工进行，效率一般比较低。因此，强化企业内正式信息系统的功能，是企业信息系统管理的重要内容。

3）提高信息资源和信息处理的结构化水平

通过组织，对企业内各种信息资源和信息系统进行管理，从而提高整个企业信息系统的结构化程度，提高企业信息管理的效率。通常这可以通过使维持企业信息系统运行的全部规章制度、行为程序、办公流程、价值观念、企业文化、企业伦理、权力信息流程、能力信息流程等无形的联结方式、指挥手段的集合变得更加结构化和有序来加以实现。

4）提高企业信息用户、信息管理者的信息素养水平

本书第 3 章在阐述企业信息管理系统的管理结构时曾指出："企业信息系统是主体信息系统与客体信息系统的复合"。

企业的信息用户、各级管理者和信息管理人员组成了企业的主体信息系统，而企业信息系统中所用设备的总和就是客体信息系统。

主体信息系统是企业信息系统中的决定性因素。虽然主体信息系统不能脱离客体信息系统发挥作用，但是，客体信息系统并不能代替管理者的思维，不能左右管理者的行为，有效的管理取决于主体信息系统对客体信息系统所发出信息的理解、接收和使用，即取决于主体信息系统的努力和主体信息系统的水平。在许多企业信息化失败的案例中，企业管理者不闻不问或者水平过低，是一个共同的原因。

所以，企业的信息管理工作在建设本企业的客体信息系统时，必须同时致力于主体信息系统管理能力和管理水平的提高，才能使企业信息管理水平得到提高。

4.1.2　企业现代信息系统管理的本质特征、特点和内容

1. 企业现代信息系统管理的本质特征

企业现代信息系统管理的本质特征是在企业开展信息采集、加工、存储、传播、利用和反馈等信息管理活动中大量使用现代信息技术，如数字电子计算机及以数字计算机为基础的数字通信技术等。

2. 企业现代信息系统管理的特点

除上述定义中所说的内容之外，企业现代信息系统通常还具有以下四个特点。

（1）信息资源数量大、结构化程度高。

（2）信息处理主要依靠以数字电子计算机为核心的现代信息技术，系统性、准确性和管理效率都较高。

（3）对信息系统和信息管理的专业化要求使得信息用户、信息管理者和管理机构之间的界限比较清晰，信息技术人员在现代信息系统和信息管理中发挥重要的支持作用。

（4）企业信息管理制度、标准规范性和统一性相对于企业传统信息系统而言有所改善。

3. 企业现代信息系统管理的内容

企业现代信息系统管理的内容归纳起来，包括以下四个方面。

（1）企业现代信息系统的安全和合规管理。

（2）企业现代信息系统的运行和审计管理。

（3）企业现代信息系统内部人员的管理。

（4）企业现代信息系统的应用管理。

4.2　企业现代信息系统的安全和合规管理

4.2.1　企业现代信息系统的安全管理

1. 企业信息系统安全管理的概念及其特点

企业信息系统安全是指企业信息系统中完成信息系统职能的各种物理的、技术的与

组织的结构以及信息系统中的数据和信息处于正常状态，能保证信息系统中的数据和信息没有被毁坏、更改和泄露等。

一个处于安全状态的企业信息系统，不论是现代信息系统，还是传统信息系统，都应该具有企业信息系统的七个共性特点。

（1）真实性。系统能最大限度确保信息的真实性，能对信息的真实性、信息的来源等进行鉴别。

（2）保密性。系统能确保机密数据、文件等不被窃取，或即使被窃取，窃取者也难以了解这些机密数据或文件所含的信息。

（3）完整性。系统能确保数据、文件等的一致性，防止被未经授权的用户非法篡改。

（4）可用性。系统能确保合法用户对信息和资源的使用。

（5）可控制性。系统对信息的传播及内容具有控制能力。

（6）可追踪性。系统能记录和追踪用户的信息行为。

（7）可审查性。对系统出现的安全问题能提供调查的依据和手段。

企业现代信息系统除了具备上述企业信息系统的共性特点外，还具有作为现代信息系统的个性特点：技术性。它高度依赖以数字电子计算机为核心的现代信息技术。在企业现代信息系统中，用来完成信息处理工作的主要是数字电子计算机软件和硬件系统，而数字计算机网络和数字通信网络系统承担系统中的数据传输任务，各种传感器实现对信息的自动采集任务。

对于企业现代信息系统来说，上述八个特点可使企业中动态、随机和瞬间发生的事件实现跨越时空的人-人互联、物-物互联。企业内外也可通过互联网实现数据和信息的互通互联。

2. 企业现代信息系统安全管理的概念

企业现代信息系统随着信息技术的发展逐渐被应用于企业活动的各个方面，如企业运营、管理控制、经营计划、战略决策等。企业现代信息系统中处理与存储的既有日常业务处理数据和信息，也有涉及企业战略计划和决策的信息，其中相当部分是极为重要并有保密要求的。随着企业信息化的深入，现代信息系统成为企业系统越来越重要的子系统。企业现代信息系统的任何故障，都将对企业经营活动产生巨大影响。

企业现代信息系统所具备的系统开放性、资源共享性、数据互访性、信息聚生性、介质存储高密性、介质剩磁效应性、电磁泄漏性、通信网络的脆弱性、保密困难性等特点给其安全带来了潜在的风险。这些特性如果被不当利用或未采用有效的安全管理手段，系统的数据和信息资源就可能蒙受很大损失，甚至危及企业组织的生存。因此，加强对企业现代信息系统的安全管理十分必要。

企业现代信息系统安全是指企业信息网络中的硬件、软件系统正常运行，系统中的数据和信息真实、完好，无毁坏、泄露、非法篡改和未经授权的复制等。

企业现代信息系统安全管理就是依靠法律法规、管理细则和防护措施、物理实体安全环境、硬件系统安全措施、通信网络安全措施、软件系统安全措施等来保障企业信息系统的数据和信息安全。

企业现代信息系统安全管理的目的，主要是防范来自企业内部和外部的意外事件或人为侵害。例如，防范越权访问系统上存放的信息，窃取、破坏或篡改数据；防范计算机病毒的入侵；防范未经授权的盗用或破坏性使用、滥用企业信息系统设备；防范系统自身运行中出现的硬件故障、软件故障、系统环境故障、操作失误、停电等给系统造成的损失。

3. 影响企业现代信息系统安全的主要因素

为了做好企业现代信息系统安全管理工作，了解影响企业现代信息系统安全的主要因素非常重要，通常包括以下六种因素。

（1）不可抗力因素，主要指地震、水灾、风暴、火灾、暴力或战争等，这些因素将直接危害企业现代信息系统的安全。

（2）系统物理环境及硬件因素，主要指信息系统物理环境及系统硬件等因素，包括机房设施和环境、电磁干扰、数字计算机、数据和信息存储介质和系统、辅助设备、数据通信网络等。

（3）系统软件因素，指软件的非法篡改、复制与窃取将使系统的软件受到损失，并可能造成数据和信息泄密。

（4）数据和信息因素，指数据和信息在存储与传递过程中存在的潜在泄露，如因电磁辐射而带来的泄露。

（5）人员与管理因素，指影响信息系统安全的管理人员的素质、责任心，以及企业的管理制度和法律法规等。

（6）外部犯罪和其他因素，指通过计算机病毒和黑客等犯罪手段侵入信息系统或利用电磁辐射等非法获取企业的数据和信息等因素，也包括除上述因素之外的影响企业信息系统安全的其他因素。

上述各种影响企业现代信息系统安全的因素中，频繁出现的安全隐患常常存在于信息系统完成信息管理职能的活动，如数据和信息的采集、加工、存储、传播、利用、反馈等活动中。这些安全隐患主要包括数据输入隐患、数据处理隐患、数据传输隐患、软件系统隐患和数据输出隐患等。数据输入隐患是信息系统采集数据时，输入数据不实或被篡改；数据处理隐患指因硬件受损或被破坏、电磁干扰和电磁辐射造成信息泄露；数据传输隐患指网络或通信线路受损或信息被截获盗取；软件系统隐患指操作系统、数据库系统和应用程序受病毒、黑客非法篡改或破坏；数据输出隐患是在数据和信息输出端因设备等原因造成信息泄露或被窃取。

4. 企业现代信息系统安全管理的内容

企业现代信息系统安全管理的内容包括物理和环境安全、网络安全、操作系统安全、应用软件安全、数据信息安全和管理安全等。信息系统物理和环境安全指为保证信息系统的各种设备及环境设施的安全而采取的措施，主要包括场地环境、设备设施、供电、环境温度和湿度控制、空气净化、电磁屏蔽、信息存储介质等的安全。网络安全、操作系统安全、应用软件安全等也可看作技术安全，即在信息系统内采用技术手段，防止对系统资源非法使用和对信息资源的非法存取操作。

随着信息技术的发展以及相应的技术服务的新的商业模式的兴起，由第三方信息系统服务商为企业提供信息系统服务（如云计算和云存储等）甚至企业业务服务（如中小企业的第三方记账和会计业务）等正在兴起，这些新的事物对企业的信息系统安全提出了新的课题，企业在选择这些服务的时候必须清楚自身的信息安全级别以及确保选择这些服务后的法律环境等。

由于企业现代信息系统的强技术性特点，其安全防护措施可分为技术性安全措施和非技术性安全措施。

技术性安全措施是指借助与系统直接相关的技术手段来防止安全事故发生，技术性安全措施因与信息系统本身的强技术关联，其安全保障效果有限，通常在企业现代信息系统的安全管理中，技术性安全措施所占的比例很小。

非技术性安全措施是指利用国家法律法规、企业规章和其他物理措施等来防止安全事故发生。非技术性安全措施不受信息系统本身的控制，是施加于信息系统之上的。

企业现代信息系统的安全管理应在采取技术性安全措施基础上更多地采用非技术性安全措施。

企业现代信息系统的安全问题不单是一个简单的技术问题，它更是一个管理问题，只有严格的管理才是使其安全和可靠的重要保证。

对于企业现代信息系统的安全管理，可以按照《计算机信息系统 安全保护等级划分准则》（GB 17859—1999）中对信息系统安全保护等级所划分的用户自主保护级、系统审计保护级、安全标记保护级、结构化保护级和访问验证保护级的五个等级，结合企业的业务类型和信息安全要求，采用相应的安全保护措施。

例如，对于一般的中小型仅具备商业保密要求的企业，可以采用前两个安全保护等级。在具体的安全管理策略和措施上，可以依据分权隔离、最小特权、标准化、技术先进成熟、失效保护、普遍参与、职责分离、设计独立、控制影响、资源保护和效率等原则，采取构建安全体系，定案、定岗、定位、定员、定标、定规、定流程等规范化管理措施来保证企业现代信息系统的安全管理获得预期效果。

4.2.2 企业现代信息系统的合规管理

企业信息系统管理的合规性，不论是企业现代信息系统，还是企业传统信息系统，都是指企业信息系统在完成其职能过程中应符合国家法律法规、行业的伦理准则、社会道德标准和企业的规章制度等要求，在信息的采集和传播等过程中不应出现违反法律法规、职业伦理、社会道德和企业规章的信息行为。

4.3 企业现代信息系统的运行和审计管理

企业现代信息系统在运行过程中，其运行和维护管理工作的水平决定了系统的使用效果。企业现代信息系统的运行和维护管理的内容主要包括系统数据管理、系统运行管理、系统维护管理、信息网络运行和维护管理以及系统审计管理五项内容。

4.3.1 系统数据管理

数据是企业现代信息系统工作的基础，没有数据，或者数据不能及时地更新，系统就无法正常有效地工作。这方面的工作包括以下三项。

1. 数据采集

这是指从各类信息源采集企业所需要的数据信息。它包括两大类，一类是那些在企业管理中可以使用企业现代信息系统来管理的信息，另一类是企业现代信息系统运行和维护过程中所需要的信息。

这一工作是由企业内各级信息管理人员来完成的。信息管理人员既包括现代信息系统技术人员，也包括信息管理人员。采集数据信息时，要注意数据的真实、准确、完整、系统、及时和适用。

2. 数据校验

这是指为了保证输入系统的数据信息真实准确、完整无误，在将收集到的数据信息输入信息系统之前，对其进行检验和校正的工作。

这是一项非常重要的工作，因为如果录入信息系统的不是真实准确、完整无误的数据，即使信息系统是最先进的设备和功能最为强大的软件，信息系统都难以正确、有效地工作，会导致错误的决策。

它要求校验人员对信息系统所处理的业务有足够的了解，要确切了解企业活动和信息系统对数据的要求。只有这样才可能发现那些对于企业系统业务来说是错误的数据，或对于信息系统来说是不适合输入的数据。

对于系统业务一无所知的人是不可能做好校验工作的。这一工作是由系统主管人员或专门设置的数据控制人员完成的。

3. 数据录入

这是指把经过校验合格的数据信息准确、迅速地输入信息系统。它包括新数据的录入或存储数据的更新。

这是由录入员来完成的。录入员只保证录入的数据与字面的数据严格一致，对于数据的具体含义并不承担责任，这一责任是由数据校验人员承担的。录入员不得擅自改动录入的数据，也无权代理校验人员的工作。

随着信息技术的发展，企业现代信息系统数据管理中的数据采集、数据校验和数据录入工作很多已经逐渐由机器代替相关人员来自动完成，其管理效果更加准确和高效。

4.3.2 系统运行管理

1. 系统的日常例行操作

企业现代信息系统投入使用之后，需要每天开机运行，完成一些例行的操作，具体包括：设备的例行操作、信息处理和信息服务。

设备的例行操作是为了保证系统的各种设备能够始终处于正常状态之下，包括设备的使用管理、定期检查、备品配件的准备及使用、各种消耗性材料（如各种固定和移动存储件、墨粉、打印纸等）的使用及管理、电源及工作环境管理等。这是由硬件操作人员负责完成的。

例行的信息处理和信息服务的工作包括数据更新、统计分析、报表生成、数据的复制及保存、与外界的定期数据交流等。这些工作是按照一定需求和规定、定期或不定期地通过运行某些事先编制好的程序，这部分工作常常由软件操作人员通过系统的软件自动完成。

有时，还有一些临时的信息服务需求。例如，临时查询某些数据，生成某些一次性的报表，进行某些统计分析，进行某种预测或方案预算。这些信息需求通常都是企业高层管理者提出来的，或者是企业高层管理者同意的，具体由软件操作人员负责完成。这些工作虽是临时提出来的，但它是企业管理所急需的，其作用往往比例行的信息服务大得多。随着管理水平的提高和各级领导信息意识的加强，这种要求还会越来越多。

2. 系统日常运行情况的记录

这是系统运行管理的例行任务。记录的内容可以用于对系统运行绩效的评估，也可为修改系统缺陷、改善系统功能、排除系统故障提供重要的依据。

1）记录的内容

（1）工作量。工作量包括每天开机时间，每天、每周、每月数据录入的数量，提供的信息数量，系统中积累的数据量，数据使用的频率，满足用户临时要求的数据量等。

（2）工作效率。工作效率包括系统在例行操作中占用的人力、耗材，系统为完成规定工作占用的人力、物力和时间。

（3）系统服务质量。系统服务质量包括系统提供的信息、提供方式的满意度、数据的精确程度、及时性等。

（4）系统维护修改情况。系统维护修改情况包括系统维护工作的名称、内容、维护过程情况、时间、执行人员等。

（5）系统故障情况。无论故障大小，都应该记录。记录内容包括故障发生的时间、故障的现象、故障环境、处理的结果、原因分析、善后处理和处理人员。

2）记录的要求

（1）系统发生故障时要记录，系统运行正常时也要记录。正常运行的记录可为故障分析提供依据，系统平均无故障时间是判断系统可靠性的重要指标。

（2）既要设置系统自动记录功能，又要注重手工记录。因为一旦机器发生故障，系统就不能自动记录了。

（3）强调当事人、当场、当时记录，不能事后追记或请别人代填，而且要制作标准记录表格或本册，方便填写。整个记录必须真实、准确、完整。

（4）既要记录信息系统设备发生的故障，又要记录系统中非机器设备的故障。例如，由于数据收集不及时，年度报表不能按时完成，并不是机器的故障，但确实是系统运行的故障。再如，系统人员操作不熟练，耽误了处理信息的时间，这也不是机器的故障，但也属于信息系统运行的故障。

（5）系统的工作人员都有记录的责任。硬件人员记录硬件的运行维护情况，软件人员记录各种程序的运行维护情况，录入员记录录入的数量、时间、出错率，校验员记录校验的结果，信息管理员和信息系统主管人员记录系统的整体情况。

3. 系统运行结果的分析

这是指在信息系统运行后，对系统各项功能所产生的实际效果进行分析，了解系统功能实现的程度。例如，企业物资管理系统的物资采购计划功能是用来每月自动生成下月采购计划的。如果库存还很大，系统却提出要再采购，就要检查是原始数据输入有错，还是系统本身有错。这就是对系统运行结果的分析，不能认为系统有结果输出就是正常的。运行结果分析的工作是由信息系统主管人员负责完成的。

4. 系统运行的安全性管理

这方面管理的内容已经在前面专门进行了阐述，在系统运行中，主要是正确配置和运用系统的安全管理功能，采用主动监控措施，利用系统的监控和审计功能，实时记录企业系统信息资源的使用情况，及时报告违规行为或提供危险行为的警报。可设置防火墙，阻止各种非法入侵者。还可采用防御限制措施，如用户注册、用户口令分级与加密、目录保密、站点位置限制、时间限制、用户访问资源权限控制、目录与文件属性控制、备份机制与数据加密等。

4.3.3 系统维护管理

1. 系统维护管理的内容

由于企业的管理机制、经营策略的改变，企业环境的变化，用户的意见和要求的变化，计算机软硬件等技术的更新换代和系统自身发生故障等各种原因，要保证系统始终能够满足企业的需求，就必须对系统进行经常性维护。

系统的维护包括系统硬件的维护和系统软件的维护。

硬件维护是指对硬件系统日常运行环境的维持、设备维修和故障处理。例如，设备环境的温度、湿度的控制，电源的正常供应，定期对设备进行例行保养检查，发现异常及时排除等。

软件维护是指在软件交付使用后，为了改正软件中存在的缺陷、扩充软件的功能、延长软件的寿命等，对软件所进行的修改工作。随着信息技术的进步，通常软件维护工作量比硬件维护工作量要大得多。软件维护工作有四种类型。

第一类，纠错性维护。改正在系统测试时没有发现的软件缺陷。通常是优先改正那些影响系统正常运行的、严重的缺陷。

第二类，适应性维护。这是指系统的硬件环境有了改变，为了适应新的系统硬件环境对软件进行的修改。这方面的维护工作量约占整个软件维护工作量的20%。

第三类，完善性维护。随着用户对系统使用的逐步熟悉，往往对系统的要求越来越高。这些要求在系统开发初期并没有写进需求报告中，所以软件中没有这些功能，但是对于完善系统、满足企业的需求是合理的，所以一般也列入软件维护计划。这方面的维护工作量占整个软件维护工作量的50%～70%。

第四类，预防性维护。为改进软件的可靠性和可维护性，以便适应预期的未来环境和企业需求的变化，主动增加预防性功能，减少以后的维护工作量，延长软件的寿命。

2. 系统维护文档的管理

在系统维护过程中，无论是硬件维护还是软件维护，都会形成一定的维护文件。例如，维护申请单、维护申请摘要报告、软件修改报告、维护记录、维护趋势图等。此外，还有开发时期形成的软件文档。这些文档都需要专门的管理。

维护申请摘要报告是一种定期报告，可以每周或每月统计一次，其内容包括上次报告以来已经处理的、正在处理的和新接到的维护申请项数及其处理情况，以及新申请中特别紧迫的问题。

维护趋势图则是在维护申请摘要报告的基础上绘制而成的，是一种不定期的报告，显示在统计时期内每月收到的新的维护申请以及正在处理的申请项数。

3. 系统软件配置的管理

在系统运行和维护时期，软件配置工作的任务较为繁重。

软件配置是一个系统软件在生存周期内，各种形式、各种版本的程序与文档的总称。对软件配置进行科学的管理，是保证软件质量的重要手段。配置管理贯穿于软件的整个生存周期。

软件配置管理工作常常借助于自动的配置管理工具。常用的有软件配置管理数据库和版本信息控制库。

软件配置管理数据库存储关于软件结构的信息，产品的当前版本号及其状态，每次改版和维护的简单历史，每个产品各种版本，每种版本的各种文档，已付使用的用户，有关产品维护历史、纠正错误的数量等方面的信息。

版本信息控制库可以是软件配置管理数据库的一个组成部分，也可以单独存在。它与软件配置管理数据库的区别是：软件配置管理数据库是对所有软件产品进行宏观管理的工具，而版本信息控制库则着眼于单个产品，以文件的形式记录每一产品每种版本的源代码、目的代码、数据文件及其支持文档。每一文件均记有版本号、启用日期和程序员姓名等标识信息。管理人员根据需要，可以对任何文件进行创建、检索、编辑、编译（或汇编）等操作。

4.3.4 信息网络的运行和维护管理

企业信息网络管理指的是在信息网络使用期内，为保证用户安全、可靠、正常使用企业信息网络为企业管理服务，而从事的全部操作和维护性活动的全过程。

企业信息网络的运行和维护管理属于企业信息网络管理的内容。

企业信息网络管理包括：①网络配置管理；②网络运行管理；③安全性管理；④企业信息网络管理员的培训与管理。企业信息网络的运行和维护管理包括五个方面：①网络故障管理；②网络性能管理；③数据通信网络中的流量管理；④企业信息网络路由选择策略管理；⑤记账管理。相关详细内容可在计算机类课程中学习。

信息网络的运行和维护管理中，信息安全往往是最重要的考虑。如果企业的信息网络接入国际互联网，还应按《互联网信息安全管理系统使用及运行维护管理办法（试行）》等实施管理。

4.3.5 系统的审计管理

对企业现代信息系统的审计，又称系统评价。它是指企业现代信息系统在运行一段时期后，定期或不定期地由上级部门或企业自身或第三方专门的审计机构，对信息系统进行全面检查的工作。企业现代信息系统的审计管理即是对该项工作的管理。

系统审计的目的，是了解信息系统的工作情况，根据使用者的反映和运行情况的记录，判断系统资源的使用效率，提供信息服务的水平、质量和效益，以及其在多大程度上满足了企业管理的需求，以便发现问题，提出系统改进或扩充的方案。

通常，信息系统审计是分两个方面来进行的。

1. 信息系统水平和质量的评价

这是指根据事先确定的质量标准和测评指标体系，评价待测系统水平的高低和质量优劣的工作过程。通常，包括以下评价标准和指标。

1）信息系统的有效性

将信息系统实际运行所实现的目标，与系统开发前所确定的目标相比较，检查系统开发前提出的各项目标业务、门类、质量、速度等是否已经实现，完成上述任务所付出的人、财、物和时间等资源是否控制在预定的界限之内；从运行记录看系统的利用率，以及企业管理者和系统使用者的满意度等。

2）信息系统的实用性

检查系统满足企业管理需要的程度和系统资源利用状况，如检查主机的时间利用率、数据传送速度与数据加工速度的匹配、存储占用率、外围设备利用率、系统响应时间等，检查系统的兼容能力，有无伸缩性和可扩充性，以及用户使用是否简易方便等。

3）信息系统的可靠性

检查系统的运行状态是否稳定可靠，系统的平均无故障时间，系统的错误检验率和故障恢复功能，以及有无重大问题亟待改进或解决。

4）信息系统的安全性

检查系统的安全与保密性能、意外事件防范措施以及系统的安全级别等。

2. 信息系统绩效的评价

信息系统绩效评价是衡量系统给企业带来多大的成绩和效益。系统的绩效具有整体综合性、形式多样性和时间滞后性的特征。

在信息系统绩效评价中使用的是经济绩效和非经济绩效。

常用的经济绩效指标主要是一些可以直接定量测量的财务指标。例如，企业年利润增长率、企业投资效果系数增长等。

常用的非经济绩效指标主要是一些非财务指标和难以定量说明的指标。例如，系统提供的对企业管理有用的信息占所供总信息的比率，能满足企业管理及时需要的信息占所供总信息的比率，以及不能满足企业管理需求的信息类型、管理效率的提高、员工劳动强度的降低、对企业管理变革的推动等。

关于信息系统的审计，无论在学术理论界，还是在实际应用中，已经把其概念的外延进一步扩大，称之为IT审计，专指由独立于审计对象的、专门的IT审计师，站在客观的立场上，对以数字电子计算机为核心的信息系统进行的综合检查和评价。

其评价范围覆盖信息系统从计划、分析、设计、编程、测试、运行维护，到系统报废的全生命周期业务，因而有系统规划审计、系统开发审计、系统执行审计、系统维护审计，以及涵盖整个信息系统生命周期的共同业务审计等种类。

企业现代信息系统的审计管理，实际上已经涉及对整个信息系统全生命周期审计工作的管理。

4.4　企业现代信息系统内部人员的管理

企业现代信息系统内的人员，同样指的是在企业各级职能部门、信息管理机构等的工作人员。与企业传统信息系统内部人员所不同的是，他们中的某些人员特别是信息技术人员和信息管理者所承担的劳动更为复杂和专业。一方面，他们的信息管理水平与企业传统信息系统的运作水平关系更加密切。另一方面，企业现代信息系统又是一个人-机系统，人员是系统的主要组成部分。对系统人员的管理直接关系到系统功能的发挥。

4.4.1　信息系统内人员在系统中的作用

在企业信息化实践中，比较多的企业往往会失望，企业现代信息系统并没有像在信息化项目启动之初想象的那么神奇和有效。追根求源，还是人的问题，因为新的信息系统的功能能否发挥出来取决于三个方面的条件。

首先，新的信息系统功能的实现，需要企业资源的有效整合、组织机构的变革优化、流程的改造等方面工作的匹配。这些工作需要企业管理者认可和实施。

其次，企业发展是一个动态过程，信息系统只有不断地适应这个动态变化过程才能帮助企业提高管理水平。这种动态适应不是信息系统可以自动完成的，它需要企业管理者敏锐的观察能力和果断的决策能力，及时抓住动态信息，果断用于对新系统的修改和升级，也需要其中信息技术人员和信息管理人员在信息系统的运行过程中确保系统的安全运行，以及与企业的其他子系统协调发挥好作用。

最后，企业管理者本身对新系统所包含的管理思想的认识、接受和执行有一个过程。管理者认识不到位，新系统是管理不好的。

由此可见，企业现代信息系统不能达到预期的效果，在很大程度上是因为企业管理者只注意到系统建设项目本身，而忽视了在系统应用过程中人力资源的持续投入。

系统内人员的管理指的是将参与信息系统管理的全部人员，按照系统岗位的需要进行分工和授权，并使他们相互配合，协调一致地工作的管理过程。

4.4.2　系统内人员管理的工作任务

1. 保留参加信息系统项目开发的骨干

这是建设信息系统内管理人员队伍的重要一环。尤其要将在信息系统开发中参与项目组工作的成员保留下来。有许多企业在新的信息系统投入使用之后，就把项目组解散，是不恰当的。因为项目组的开发成员在系统开发和系统试运行阶段，学到了大量有关项目管理、业务流程优化、软件设置等方面的知识和技能。熟悉和了解信息系统本身以及信息系统和企业其他子系统的关系，是新的信息系统运行需要的骨干力量。

他们回到原岗位将无用武之地，而企业外的各类咨询公司却非常需要这类技术人才，工资又往往比企业内要高，这些人很容易被吸引而流失。企业要注意保护和留住这些人才。项目组成员应该成为企业新的信息系统管理的骨干力量。

2. 建立人员管理制度

在管理制度中明确规定系统内各个岗位的任务、职权和职责，对承担各个岗位任务的人员进行明确的授权。要对在系统内各个岗位上工作的人员，定期或不定期地进行检查和评价，表扬先进，批评落后。为此还要专门制定客观公正的评价指标和测评方法。

3. 做好人员培训工作

对所有在岗或即将上岗的人员进行培训。培训中，对信息系统和信息管理的专业人员与企业管理人员在培训内容的选择上应各有侧重。信息系统和信息管理专业人员的培训，应把重点放在信息系统和信息管理的知识与系统规范方面，同时要提高他们对企业其他子系统的了解和熟悉程度。培训方法除强调在实践中学习外，可以委托培养、进修或请人授课等。对企业管理人员的培训，重点是信息管理与信息系统的基本概念，结合具体项目的必备知识和技能，并帮助他们学会自我提高。

目前，企业都比较重视培训工作。近年来，许多企业纷纷将原来的人事部改为人力资源部，反映了企业对于人员培训工作的重视。

但是，培训在实践中往往是一种头痛医头、脚痛医脚的模式。例如，要上财务信息系统，就办一个财会人员短训班；要上办公自动化系统，就办一个行政人员短训班等。这样的培训当然也会有某些效果，但是效果并不明显，对系统利用能力的提高并不明显。

加强新信息系统应用管理中的培训工作，要有全员参与的思想。企业信息系统的应用效果，要有企业全体成员参与才会得到最大限度的提高。既然要求全员参与，就必须全员培训。也就是说，企业上了现代信息系统，就要对全体人员进行培训，让企业内每一个人将系统中与自己有关的功能都学会。

这种培训，不是请几个专家到企业来做几次报告就可以解决的。它需要培训者对计算机系统的全部功能有充分的了解，并且对每一个功能与企业的哪些部门有关也有充分的了解。只有这样才能安排好培训计划，对不同的员工安排不同的培训课程。

这种培训需要全体员工的积极配合。如果企业的员工把参加培训当成额外负担，缺乏学习的主动性，那么系统的应用效果还是难以保证。

4.5 企业现代信息系统的应用管理

4.5.1 企业现代信息系统应用管理的概念

企业现代信息系统的应用管理，指的是企业为了充分使用已经建立起来的计算机信息系统的全部功能所做管理工作的过程。

企业现代信息系统的应用管理工作关系到信息系统是否能发挥好其作用的问题，信息系统建成并运行后不会自动就发挥好其预期的作用，需要适当的管理工作才会使其在企业整个系统中的作用充分发挥出来。

虽然信息系统的运行、维护、升级、审计是信息系统管理工作的内容，但是这些工作仅仅是保证信息系统能够正常运行，解决的只是工具本身存在的问题，并没有解决工具的使用问题。因为一个能够正常运行的信息系统，并不等于它会自动地发挥作用。它毕竟只是一个工具，工具要发挥作用在于人去使用它。这就涉及信息系统的应用管理问题。

4.5.2　企业现代信息系统应用管理不得力的表现

从企业现代信息系统的生命周期的角度看，信息系统的应用属于其生命周期的一部分，因此企业现代信息系统的管理也需要纳入信息系统全生命周期管理的范畴。

系统应用效果差是企业现代信息系统建设失败的重要原因之一。

通常，信息系统建设失败中属于应用管理不得力的部分主要表现有以下几种。

1. 没有确立全面的系统应用管理观念

企业信息系统的建设是一个全新的工作，企业信息管理者中大多数人对其并没有一个全面、完整的认识，差不多都是在建设的过程中学习的。所以，对现代信息系统应用管理的观念，往往滞后于系统的建设进程，总是在经历之后才能意识到原来的想法、做法不妥。

1）误认为系统上线等于项目的终结

很多企业信息管理者将系统上线看成系统建设项目的结束。在一些研讨会和学术报告会上，与会的企业人员，尤其是企业系统项目组的组长都喜欢问“什么是系统成功的标志”一类的问题。一个建立系统的项目，从设计到实施，再经过试运行和验收，能够上线交付使用，好像应该是项目结束、系统成功的标志。有了这种认识，系统上线之后自然就会松口气了。

其实不然，系统上线了，只能说系统是造出来了，可以用了。但是，系统是不会自动产生作用的。系统是否成功，还要看今后在管理中管理者怎样使用。

产生上述认识误区，可能与传统的企业生产理念有关。本来，企业生产一个产品，经过设计、制造、检验，都通过了，可以出厂了，产品就制造成功了，作为产品的生产者，任务也确实基本结束了。后面的事就是用户的事了，最多也只是售后服务的问题。可是，企业建立计算机系统则与此不同。开发和建立一个系统，仅仅是为企业管理者制造一个管理工具，系统上线了，只能说明工具造出来了，接下来要用这个工具。只有用这个工具，这个工具的作用才会发挥出来。

所以，系统上线之后，项目组不能解散，应该保留系统建设过程中起过作用的主要业务人员和技术人员，以保障系统的应用，主动地思考并解决系统在企业中的应用问题，不只是处理一些运行和维护的问题。

2）缺乏对系统效益滞后的心理准备

在社会活动中，从活动的投入，到活动产生效益，总会有一个时间间隔，我们称之为效益的滞后期。

企业建立信息系统也是如此。尤其是企业建立信息系统时，总是伴随着企业架构的改变，在有的系统中，企业一半以上的流程会被系统所替代，甚至影响企业 90%以上的业务流程。这在很大程度上改变了一个企业的业务流程、企业文化、企业知识系统和工作环境，因此系统上线之后肯定会有一个适应期，系统的绩效自然不会在短期内产生。许多企业管理者对此缺乏心理准备，在系统效益滞后期，看不到效益的增长就认为系统没有作用。

所以，企业管理者应该充分认识系统上线后效益滞后期的存在，通过有效的管理尽可能地缩短这个滞后期。

企业管理者应该认识到成本、范围、时间的关系，当我们将系统的应用范围一再扩大的时候，成本就会增加，时间就会延长。时间一延长，扩大了的范围就不可能马上达到，甚至达不到。所以，我们不仅要问怎样做是可行的，还要问怎样做是不可行的。对不可行的做法没有充分的心理准备，就会感到系统的作用不大。

3）新系统解决方案与企业文化相左

企业文化是企业全体成员在企业的生存发展过程中创建的，它时刻都在左右和制约着企业成员的行为。因此，建设新的计算机系统，就必须考虑企业的新系统应该和企业文化相容相合。

可是，计算机系统是多种多样的，企业的文化也是各不相同的，它们之间不是任意配对都是相容相合的。

一个崇尚分权式管理的企业就不要选择集权式的 MIS；一个崇尚沃尔玛全球总部拥有不可置疑的权力和纪律的企业，就不要开发分权式信息系统。这就是说，企业现代信息系统不只是技术解决方案，还是业务和组织结构解决方案。

2. 组织领导工作的欠缺

企业管理者在系统应用管理中，组织领导工作跟不上的表现如下。

1）缺少对优秀业务人员和技术人员的有效授权

要使用好企业计算机系统，当然需要一批优秀的业务人员和技术人员，成为项目经理的得力助手。虽然企业也能够想方设法把这些人调至项目组，但是却不能给予必要的授权，他们除了做系统本身的事情之外，系统应用管理需要其他业务部门配合的事情，他们无权过问，或者业务部门不理睬他们，导致应用管理不力。

2）不能听取顾问团队的意见

许多企业在系统建设之初，就能花钱组建起企业计算机信息系统建设的顾问团队。可是在项目建设过程中却表现出对顾问团队的质疑，不能听取顾问团队的意见。不可否认，顾问团队中的供应商、经销商、咨询商一方也确实存在一些问题，如只是为了赚钱、和用户不合作、斥责用户素质低下等，但是我们也不能否认他们在系统建设这一点上，经历的次数可能是数十次、上百次，企业自身才只是一两次，他们有丰富的经验，也知道其他企业的教训，这正是企业所需要的。所以，企业应该尊重他们，与之建立相互信任的伙伴关系。

3）没有建立高级管理小组

企业新系统的建设涉及企业内的方方面面，而且往往涉及各个具体部门的重大变革，这不是一个 CIO 能够指挥得动的。

所以，必须成立一个高级管理小组。该小组是企业建设新系统的最高决策管理机构，对企业最高层负责。小组组长必须是企业 CEO，这就是通常所说的信息化工程都是“一把手工程”。在实践中，许多企业的系统建设项目中没有建立高级管理小组，有的虽然建了，但是主要负责人仅仅是挂名，很少过问具体事项。

3. 缺乏基础数据的准备和及时更新

计算机系统的有效使用依赖于输入准确、有用的数据。在项目开始之初就应该准备。但是，据调查，许多企业在系统上线的前两个月才开始意识到数据质量的重要，以致匆匆忙忙地搞数据，数据数量不足、种类不全、可靠性差。数据质量不高，再好的系统也不会有好的管理效果。

还有的企业在生产中许多数据随意性很大，经常改变，以致一线生产人员不是依照系统来工作，而是依照图纸来工作。这里的问题在于，不应该改变的数据，就不能改变，一定要依照系统给的数据来工作；如果是应该改变的数据，自然需要改变，但是系统内的数据就应该及时更新。

4. 人员培训没有跟上

一个新系统的上线使用，其效果 30%来自技术层面，70%来自人员和管理。人们习惯于按照已有的程序工作，但是只要上新系统，总会有变革，有些大型系统会使企业 90%以上的流程发生变化。有变化，思想就不适应，技能和操作也会不熟练，这本身就需要学习和培训。

再加上新系统可以赋予企业内每个成员相同的使用功能，一个传统的订单操作员可以成为全能的客户服务代表，这需要他学习新系统的功能。企业的培训工作做不好，新系统就无法发挥作用。

综上所述，系统应用管理工作在系统上线后应该放在第一等重要的位置。

4.5.3　企业现代信息系统应用管理的理念

信息系统应用管理对于不同的系统是千差万别的。每一种系统究竟应该用什么样的管理方法，只能是针对具体企业的具体问题进行具体分析。但是，信息系统应用管理的理念是相通的。

归纳实践中使用的信息系统应用管理的理念，可有以下几种。

1. 以服务企业系统目标为管理目标

例如，从信息系统数据库中抽取数据生成报表，对于销售经理、生产经理和服务经理来说肯定是不一样的。当信息部门教会了这三位经理怎样在计算机上生成自己所需要的报表后，其中任意一位经理仍旧不知道其他两位经理看到的报表中有哪些数据对自己也是重要的。当他们只关心自己看到的数据时，他们之间的相关性、连续性工作就会受到影响。如果信息管理部门帮助他们了解了彼此关注的事情是如何连贯起来的，业务流程则会顺畅得多，信息系统的潜在功能就会得到进一步发挥。

2. 以营销理念对系统进行经营

将企业信息系统的用户作为客户，信息系统（包括企业内的信息管理部门）作为服务提供者，分析企业内负责信息系统管理的信息部门，与使用信息系统的各个业务部门之间的关系，就如同市场生产商向消费者提供产品的营销关系，信息部门向业务部门提供产品（信息系统）和信息管理服务，业务部门使用这个产品和接受服务，不同的只是业务部门不向信息管理部门支付货款。

正因为二者很相似，所以信息部门完全可以营销的理念来经营系统。那么，营销过程中行之有效的方法，就都可以用到信息系统应用管理中来了。

3. 以处理突发事件的理念应对信息系统的需求

企业现代信息系统上线运行之后，信息部门的人员总是忙得不可开交，来自企业各个业务部门的需求和投诉接二连三，应接不暇。似乎信息部门再怎么努力地工作，都不会赢得业务部门的满意。信息系统变得越来越难管理了。

要结束信息部门上述忙乱的局面，一个重要的管理意识就是建立突发事件应急机制，以突发事件处理的意识来应对系统的需求。

这包括以下四点。

1）建立和健全信息技术服务流程

信息技术服务流程指的是企业信息部门在接到其他业务部门的需求信息时，应该按照规定的服务流程来办理，做出迅速反馈，及时予以解决。

流程的建立，本质上是信息部门给自身定位，并规定从这一定位出发，建立一个科学合理的企业信息系统运行、维护、应用的管理架构。

新建立的信息技术服务流程应该是可以衡量的。一个可以衡量的流程，就能够知道它的进步，企业可以通过衡量获得流程的进步和存在的不足，使流程在执行的过程中不断地得到改进、调整和完善。

新建的流程应该与企业所处的内外环境相协调，能够相互联系和相互依赖。如果把信息技术流程搞成一个单个行为，与内外环境中的其他流程没有联系，那样建立起来的流程，很可能会导致信息管理领域的错误或失败。例如，刚刚解决了这个流程的问题，却导致了另一个流程产生了新的问题。

信息技术服务流程还需要与人员、制度相结合。首先，要有责任人，要对信息部门的人员进行明确的分工，消除来了电话乱找人的现象。可以通过建立"首问责任制"，即哪位工程师最先接到业务部门的电话，就成为该任务的责任人，由他负责处理或者协调相关人员处理这一任务。

其次，要在企业高层的支持下，把信息技术服务流程的方式固化成企业的制度，要求企业各个业务部门和全体人员自觉遵守，消除动辄打电话、随叫随到的现象，使信息部门的人力、物力和财力得到高效合理的使用。

信息技术服务流程中应该包括建立应急预案。当系统遇到严重问题时，按照应急预案的程序处理，对技术、财务和管理资源做好计划和协调，确保在发生严重问题后可以提供持续的服务。这里的关键是人员的素质水平。它直接关系到服务质量的高低，技术也很重要，它是服务质量和效率的保证。

2）学会处理优先级

在确定突发事件的处理程序之后，还必须通过区别突发事件的优先级来确保流程的有效执行。在信息部门需要同时处理几个突发事件，又要受到时间、人力和资源的限制时，信息部门只能针对不同的优先级，排定先后次序依次来处理。但是，所有发生突发事件的单位都会认为他们的故障最紧急。所以，建立统一、公开、为大家认可的优先级标准就成了平衡各方利益的前提，也只有这样才能使大多数用户满意。

通常，企业的信息技术服务优先级的划分标准如下。

（1）针对不同用户划分。例如，总裁一级的领导，优先级应该适当往前排，因为他们的时间比较宝贵，为他们节省时间就是为企业获取有利的资源。

（2）根据不同业务部门系统划分。例如，财务部门系统等关键系统的优先级应比较高，生产系统的优先级应该比一般管理人员的优先级要高。

（3）根据不同事件的影响范围划分。例如，服务器、数据库等后台问题，比起 PC、打印机等前台问题的影响范围要大，其优先级应该高。例如，网络中心一台出故障的交换机上连接着企业的销售部邮件服务器、库存数据服务器、人力资源服务器，这一事故将直接影响企业内关键部门的正常工作，就属于紧急一级，应该立即处理。

（4）根据当前可用的资源条件来划分。通常，解决一个目前资源齐备的问题，其优先级可以高一些；对于一些资源条件不完全具备的问题，就应当适当推后一些时间来处理。

3）通过实施服务级别管理降低成本

服务级别管理指的是根据所收集的客户信息、信息部门可提供的设施，以及可以利用的信息资源，针对客户的特定需求，以客户为中心定制最合理的服务方案。这是源于客户需求的拉动，不是单纯地基于现有技术的供应驱动，需要的才提供，不需要的就不提供。这样，同一级别的服务可以使用相同的服务方案。

因此，这使得信息部门的服务能够将企业的业务和信息服务结合起来，使得信息系统最大限度地满足业务的需要，还可以避免重复投资和资源浪费，从而降低信息部门的服务成本。

4）形成可复用的经验

突发事件的应急处理，虽然处理时都是一件、一件单独的事件，但是不论是什么企业，业务部门和员工的需求都有一定的共性，具有共性的突发事件就可以用相同的方法来处理。企业中，我们经常会遇到这样的情形，相同的问题多次出现，不同的人在遇到相同的问题时都要花很多的时间和精力来处理。前面处理某一问题的经验并没有能够用到后面同样问题的处理中。

企业信息部门的工作应该注意到这一点，注意积累，每一次紧急事件处理之后，加以分析、总结、归纳，找出原因和解决问题的办法，记录在案，存于系统中的知识库，供以后再出现同类问题时使用。这将是提高系统应用管理、应急问题处理效率的有效方法。

4. 以用足用透的理念对待系统的功能

在已经建有信息系统的企业里，系统的已有功能不能全部得到使用，是系统应用中最常见的毛病。前文就提到在一些建设新系统的企业里，新系统中有 20%的需求在已有的系统中就可实现，只是平时闲置没有使用。针对这种系统功能闲置的情况，企业管理者一定要建立起将系统功能用足用透的理念。

这个理念包括以下三点。

1）熟悉系统的功能，凡是有的功能尽快地全部用上

一个新系统上线了，企业的高层管理者、信息部门的负责人一定要把系统的全部功能记录在案，经常地询问这些功能都用上了没有，有哪些没有用上？为什么没有用上？怎样才能尽快地用上？有哪些功能只是一部分人在用，为什么还有一些人没有用？怎样才能让这些人也用上？

2）提升企业需求，使用暂时未用的功能

在已有的系统中，有的功能没有用上，是因为企业目前的条件还不成熟。这种情况的存在，首先要问清楚，既然企业目前的条件还不成熟，不能使用这一功能，为什么当

初建立系统的时候加入了这一功能。这样做主要不是为了追究责任，而是搞清楚当时这样做的道理，以便今天利用好这一功能。

其次，迅速搞清楚这一功能所处理的事务是不是企业的真正需求，如果确实可以成为企业的真正需求，那就应该迅速地提升企业需求，使暂时未用的功能尽快地用起来。

3）将现有功能升级，适应内外环境变化的需求

企业管理者在将企业系统的已有功能充分使用的同时，应该密切注视企业内外环境的变化。当企业内外环境已经发生变化，需要企业信息系统做出相应变化的时候，企业首先需要考虑的，不是立即建立一个新系统，而是应该考虑通过已有系统升级的方法能不能得到解决，如果旧系统升级可以解决，就不必再建一个新系统。这也属于对系统的功能用足用透的范畴。

5. 化解信息系统应用管理的阻力

1）信息系统应用管理阻力的表现

信息化过程会给企业带来革命性的变化，涉及人员利益时，不可避免地在企业员工和各级管理者中会产生各种矛盾，这就是信息系统应用管理的阻力。

企业实施信息化，从一开始就存在阻力。当现代信息系统建成上线后，进入系统应用阶段，有些阻力并没有完全化解，仍旧存在，而且还会产生新的阻力。

这些阻力主要表现在以下四个方面。

（1）不了解，不熟悉。企业员工和各级管理者对刚上线的新系统不熟悉，不了解系统的功能，不会操作，影响系统的应用。

（2）抵触与懈怠。由于新系统改变了原来的操作模式或操作程序，而人们总是习惯于原来的模式和程序，长期以来形成的习惯根深蒂固，以致本能地使一些个人或群体在情感上产生对新系统的抵触，表现出对新系统应用的懈怠情绪，甚至会言不由衷地提出反对意见。

（3）反对。新系统上线后，一些人由于新系统下，个人岗位随之改变，离开原来熟悉的群体，放弃原来熟练的技术，从零开始学习新的操作方法和技术，还有可能使自己个人职位下降或者经济收入减少，因而会提出反对的意见。那些原来钻旧体制的空子而在新系统下失去既得利益的人则会反对新系统。据报道，大连市某化学工业公司的物资MIS，在投入使用的第一年，仅堵漏洞一项的经济效益就达 1000 万元。但是，那些吃惯了漏洞的人，由于新系统伤及其个人利益，就忌恨这一系统，忌恨参与开发该系统的人。这种忌恨在日常工作中就会干扰信息系统的正常应用。

（4）信息部门和业务部门不配合。实践表明，许多企业在系统建设阶段，就不停地发生业务部门和信息部门之间的矛盾冲突事件。信息系统的建成，说明原来的矛盾已经一个一个地得到解决。但是，信息系统上线后还会有新的矛盾。当上述对新的信息系统不熟悉、不了解，或者抵触与懈怠，或者反对的个人，担任业务部门负责人时，就会影响该业务部门与信息部门的关系，以致二者之间经常发生矛盾，不能相互配合。本来，信息部门是信息技术的服务者，业务部门是信息技术的需求者，二者不能相互协调和配合，系统的应用也就无法推进了。

2）系统应用管理阻力的化解

只有正确认识阻力，才能有效地化解阻力。

正确认识阻力，就是懂得阻力的存在是正常的，不必大惊小怪；阻力的表现是不公开的，要善于观察和发现；产生阻力的动机是复杂的，不可简单处置。尤其是信息部门与业务部门不能相互配合的阻力和个人的阻力混淆在一起，更加复杂，需要认真对待。

要有效地化解阻力，首先要明白，要想让企业上下都能够齐心一致地使用新系统，这已经不是技术问题而是管理问题了。如果这些问题不解决，再好的计算机系统也发挥不了作用。要化解上述阻力，可有以下几个办法。

（1）更新观念，强化宣传。这是解决上述抵触与懈怠阻力的办法。更新观念是指让企业员工和各级管理者建立崭新的价值观念、信息管理观念、思维观念等，让他们自觉地使用新系统。因为观念问题解决了，本来不会的事情，他们会自己主动地去学会。

强化宣传，就是大力宣传信息化的重要性，尤其是宣传新系统的功能，宣传新系统可能会给企业带来的经济效益和社会效益，宣传实施新系统与保护和提升每一个企业成员的个人利益是一致的。宣传中有正强化和负强化。正强化是大力表扬符合实施新系统要求的做法和员工。负强化是控制那些不符合实施新系统要求的行为，可以是取消已有的荣誉，或者惩罚抵制者。

（2）抓紧培训员工。这是解决对新系统不了解、不熟悉阻力的办法。此法的难度并不在于要不要培训，而在于怎样培训。因为企业内的员工和各级管理者，不仅各自的工种不同，而且各人的个人素质水平差异很大，新系统究竟能满足他们哪些要求，如果能把这些情况搞清楚，能够进行个性化培训，这个阻力的化解就会很快。

（3）区别阻力的性质，坚决堵住漏洞。这是解决上述反对阻力的办法。在持反对意见的成员中，并不都是钻旧体制空子的既得利益者，有一部分人是由于习惯势力的作用。因此，在处理时，首先要明确上新系统是企业的正确决策，反对新系统肯定是不对的。其次，要严格区别这两类人的性质，对于既得利益者的反对，应该坚决加以批评、处罚；对于受习惯势力影响的反对者，主要还是教育。

（4）做好业务部门和信息部门之间的协调。两个部门之间不协调，有认识原因，也有个人既得利益受到限制或削弱的原因。鉴于部门不协调实际上是部门负责人的问题，因此解决两个部门的协调问题，实际上是解决两个部门负责人的关系问题。如果属于认识问题，就是教育、培训、提高；如果属于个人既得利益问题，应该批评、处罚或调离。

化解了阻力，企业现代信息系统的正常管理工作才能得以顺利开展。企业信息系统应用管理主要指应用企业信息系统实现企业信息管理任务中涉及的管理问题。企业信息资源属于企业信息系统的内容，常常又把企业信息系统的应用管理看作对为完成企业某些任务而开展的信息系统应用于企业信息资源的管理。对于企业现代信息系统，所涉及的信息资源管理主要涉及企业的电子和数字化档案、协同办公系统等。

4.5.4 企业电子和数字化档案的管理

企业的电子和数字化档案是指归档后的、具有保存价值的电子和数字化文件的总称。电子和数字化文件是指能够被现代数字电子计算机系统识别、处理，按一定格式存储在磁带、磁盘、光盘、U 盘等存储介质，并能在网络上传输的数字代码序列。

电子和数字化档案的优点是存储密度高，传递速度快，便于检索利用，可以大大缩短查档时间。不同地区、不同单位之间很容易实现电子和数字化档案信息资源的共享。

电子和数字化档案的不足，一是缺乏历史凭证性，电子和数字化文件上的信息与载体是分离的，很容易被修改；二是对计算机设备的依赖性，使用者无法从载体直接阅读；三是网络传输的不安全性。这给电子和数字化档案的保护工作增加了难度与工作量。

企业电子和数字化档案的管理与传统纸质文献信息的项目相同，也包括企业电子和数字化档案的存储管理、企业电子和数字化档案的服务管理，以及企业电子和数字化档案的保护。

1. 企业电子和数字化档案的存储管理

企业电子和数字化档案的存储管理与传统纸质文献信息的项目大致相同，包括归档、登录、编目、编码、索引、保存和维护等环节。企业电子和数字化档案信息系统管理包括电子和数字化档案的归档、维护、利用和安全管理。

1）电子和数字化文件的归档

电子和数字化文件的归档与档案管理中归档的含义相同。它是指企业将在生产、经营活动中不断产生的电子和数字化文件，在活动结束后，由相关业务部门整理立案，定期移交给企业档案室或虚拟档案室集中保存的活动过程。虚拟档案室是指企业设立于企业内部服务器或委托第三方的云服务器及相关信息资源存贮服务系统。

电子和数字化文件的归档与传统档案管理中的归档要求一样，也包括四个方面：归档范围、归档时间、归档案卷的质量和归档手续。其中，归档范围和归档时间的要求完全一样，在归档案卷的质量和归档手续上稍有不同。

归档案卷的质量就是电子和数字化文件的质量。电子和数字化档案形成部门在移交归档前，必须对电子和数字化文件进行鉴别以及存储载体的选择。

电子和数字化文件的鉴别，主要是区分电子和数字化文件的文件价值。只有那些对本单位工作具有查考利用价值或保存价值的，才有必要作为电子和数字化档案保存下来，其余的电子和数字化文件就可以在机内删除。同时，还要注意鉴定电子和数字化文件的真伪，电子和数字化文件制发单位应该将电子和数字化文件的原件归档，以保持该电子和数字化文件的原始性，以维护电子和数字化文件的凭证性与依据性。鉴别后的电子和数字化文件应编制归档文件顺序号，确定文件的保管期限，打印出文件移交目录，以便办理文件移交手续。

关于电子和数字化档案存储载体的选择，早期主要采用磁介质载体，特别重要的量小的电子和数字化档案，采用不可擦写的光盘介质。随着闪存技术的成熟，则改为采用闪存介质载体。大型企业集团可采用区块链技术确保电子和数字化档案的安全存储。

归档手续与传统档案管理中的归档手续也只是稍有不同，就是移交的电子和数字化文件的载体。电子和数字化文件的归档管理，目前在企业内尚有一定困难。因为有许多人误以为电子和数字化文件不是文件而忽视其归档，或怕增加工作量而不愿承担此项工作；或由于电子和数字化文件必须借助计算机系统归档，这对不熟悉操作技术的立卷人来说，容易产生畏难情绪。

企业应从信息管理工作的大局出发，促进电子和数字化文件归档纳入办公自动化和信息管理的工作程序，建立电子和数字化文件归档制度。

2）电子和数字化文件的登录、编目、编码和索引

归档后的电子和数字化文件，与传统档案归档时一样需要登录、编目、编码和索引，不同的是它是在计算机上通过构建树形结构文件夹来实现。

电子和数字化文件的分类编目、编码，一般主张参照档案室的档案全宗号与档案分类号来划分电子和数字化文件的类别，这样做有利于归档后的电子和数字化档案分类协调管理。

3）电子和数字化文件的保存和维护

电子和数字化文件归档保存后即进入电子和数字化档案管理时期。这里第一步的工作就是电子和数字化文件的保存和维护，具体包括以下三个方面的内容。

(1)保证电子和数字化档案载体物理上的安全。将归档的电子和数字化档案经编目、编码、索引整理完毕后存储。

(2)保证电子和数字化档案内容的可读性。由于电子和数字化文件离开了生成时的计算机软、硬件平台就无法显示其承载的内容，所以，电子和数字化档案管理工作除了对电子和数字化档案本身进行很好的保护外，还必须对其所依赖的技术平台加以保存或采用其他方法加以转换，以保证电子和数字化档案内容的可读性。

(3)对电子和数字化档案进行有效的检测与维护。为了确保电子和数字化档案信息的可靠性，需要对所保存的电子和数字化档案载体进行定期检测和拷贝，发现问题后及时进行有效的修正或更新。在检测与维护时，必须进行严格的管理，并规范操作程序，因为任何一项误操作，都可能使电子和数字化档案遭到人为损害，甚至造成难以弥补的损失。此外，还要对检测、维护、拷贝等操作过程进行记录，避免发生意外。

2. 企业电子和数字化档案的服务管理

企业电子和数字化档案的服务管理，又称电子和数字化档案的利用。从内涵上看，和传统档案文献服务工作是一致的，只不过有着电子和数字化档案独有的方式和对象。

电子和数字化档案提供利用的方式，一是提供拷贝，二是网上传输，三是在电子和数字化档案馆的系统上直接利用。管理中有以下三项工作。

(1)电子和数字化档案利用者及利用工作者的管理。应当根据他们的工作性质和责任的不同，确定其不同的使用权限，并依此向利用系统注册登录。在实际提供利用中，由系统自动判定当前使用者的身份及其所使用功能的合法性。

(2) 对提供利用载体的管理。这主要是电子和数字化档案拷贝的提供与回收。提供拷贝时应该依据利用者的需求，并确认其具有使用权限。提供时要有完善的手续，提供者和利用者双方应对提供拷贝的内容进行确认，并对使用载体的类型、数量、使用时间、最后回收期限及双方责任人等情况进行登记。

拷贝回收是指除经过编辑公开发行的电子出版物外，对那些提供利用的电子和数字化文件的拷贝必须进行回收，并对回收来的拷贝做销毁处理。

(3)电子和数字化档案利用中的安全管理。这属于电子和数字化档案保护工作的范畴，我们在下面进行详细介绍。

3. 企业电子和数字化档案的安全保护

1）电子和数字化档案内容的安全管理

纸质档案保护中只要保护好档案的载体纸张，档案信息就得到保护。电子和数字化

档案则不同，电子和数字化档案的内容信息与载体是可以分离的，因而随时都面临着被修改、盗窃，甚至被销毁的危险，还会因受到电脑病毒的攻击而损坏。

保护电子和数字化档案内容有技术途径和管理途径两大类。

技术途径主要有证书式数字签名、手写式数字签名、文件加密、数字水印、数字时间印章、身份验证、防火墙技术、防写只读技术、存取权限控制等。

管理途径可有以下一些做法。

（1）建立电子和数字化档案管理的记录系统。电子和数字化档案形成后因载体转换和格式转换而不断改变自身的存在形式，只有详细建立起电子和数字化档案的形成、管理和使用说明，才能证实电子和数字化档案内容的真实性。尤其是记录系统可以将电子和数字化档案的元数据记录在案。元数据是电子和数字化文件在创建时同时生成的，包含电子和数字化文件的内容信息、结构信息和背景信息三项要素，并且一经生成就被封装起来，只能被写入和读取，而不能被改动和删除，忠实记录了电子和数字化文件的原始面貌，因而足以保证电子和数字化文件的凭证性要求。

（2）建立电子和数字化档案的制作责任制。制作人员应对其制作的档案负全责，一经定稿，就不可以进行任何修改。不允许不相关人员进入他人的职责范围，需要时可用只读形式调阅，以防止误操作、有意删改等原因造成档案信息的改变。

（3）建立和执行科学、合理、严密的管理制度、归档制度和保管制度。从电子和数字化文件的形成、处理、收集、积累、整理、归档，到电子和数字化档案的保管、利用，每一个环节都要消除信息失真的隐患，实现电子和数字化文件以及电子和数字化档案的全过程管理。归档时应该对电子和数字化档案进行全面、认真的验收和移交，保证档案内容的齐全完整、真实可靠，相应的目录、载体的运行环境说明等应一同归档。

上述所有关于电子和数字化档案的管理工作，可以建立一个计算机电子和数字化档案管理系统来完成。电子和数字化档案管理系统是企业现代信息系统的子系统之一，它的建立与一般计算机信息管理系统的建立是一致的。

2）电子和数字化档案利用中的安全管理

对电子和数字化档案的利用，实行利用权限控制，防止无关人员对电子和数字化档案的非法读取，防止在利用过程中泄密和损伤信息。

具体实施时应当根据利用者的实际情况选择合适的利用方式，而不是无原则地向所有利用者提供全部利用方式。采用网络传输或直接利用等利用方式时，对有密级的信息内容要进行加密处理，并对所使用的密钥进行定期或不定期的更换。不论采取哪种利用方式，都必须对利用的全过程进行有效的监控，并自动进行相关记录，作为对利用工作查证的依据。

3）电子和数字化档案载体存放的安全管理

为了电子和数字化档案载体存放的安全，必须建立一个适合磁、光介质保存的环境，载体存放要满足防火、防水、防潮、防霉、防虫、防光、防尘、防盗、防磁、防震、防辐射的“十一防”的要求。

电子和数字化文件的寿命还与技术环境有关。一旦技术过时，则利用该技术存储在载体上的信息就无法读出。技术过时的表现有两个方面：一是技术革新，使旧的存储技术消失。二是由于商业性的原因，由单个厂家生产或销售的电子和数字化文件设备会由于厂家的破产或改变产品生产而很难找到配套产品。

一般来说，大多数电子和数字化文件载体的预期寿命都超过了识读它的硬件和软件的技术期限，也就是说，技术过时对电子和数字化文件安全性的影响显得更为重要。

4.5.5　企业协同办公管理

1. 企业协同办公的概念

企业协同办公是利用网络、计算机、信息化，通过企业内外部多人沟通、共享、协同，从而实现方便、快捷、高效、低成本办公业务的一种企业组织工作方式。

企业协同办公是传统办公自动化随着智能移动终端和移动互联网等技术的快速发展出现的一种升级换代，通过即时沟通、数据共享、移动办公等手段使得企业的日常办公、资产管理、业务管理、信息交流等业务和职能得以更好地开展和发挥，更重要的是它能使企业通过信息和知识的高效共享创造更多的价值。

企业协同办公是从早期的企业办公自动化演变而来的，其功能以最早的结构化数据处理为中心，提高文件档案的企业信息资源管理水平。企业协同办公跨越时间和地域限制，以网络为基础，以工作流为中心，通过提供文档管理、电子邮件等信息服务，实现公文流转、流程审批、会议管理、制度管理等众多企业活动功能，规范了企业的管理，提高了企业运营效率。

目前，企业协同办公已由最早的行政办公信息服务，逐步拓展到组织内部的各项管理活动环节，成为组织运营信息化的一个重要组成部分，甚至从企业内部拓展到企业所在的供应链。企业协同办公可以使企业管理者做到随时随地身处办公室，及时处理企业中出现的各种问题，使得企业的各项活动在信息流的更加有序的流动下变得更加高效。

2. 企业协同办公的功能和优点

1）企业协同办公的主要功能

（1）组织沟通。这里的组织沟通不仅限于团队的信息传达或者通信，其作用更重要的是协同全面实现组织沟通过程的时效性、完整性和有效性。

（2）管理协作。实现团队协作，如项目管理、流程管理、事务管理等。通过管理协作，使企业更加灵活柔性地适应各种变化。

（3）知识创新和共享中心。通过协作，以人为中心重新组织企业所需的应用、数据、信息和知识，更好地实现组织的知识创新和知识共享。

2）企业协同办公的主要优点

（1）规范管理，提高工作效率。通过工作流系统，各种文件、申请、单据（如公文会签、计划日志、用款报销等）的审批、签字、盖章等工作都可在网上进行。一些处理弹性大而不易规范的工作流程也可变得更加有序。

（2）节省运营成本。通过无纸化办公节约了大量成本；通过规范工作审批流程为企业员工节省大量工作时间；通过远程协作大幅减少差旅费用。

（3）消除信息孤岛。在信息系统的协同性要求下，可以彻底消除企业内部各业务系统相互独立、数据不一致、管理分散等形成的信息孤岛，使得企业的各种资源在更加紧密的相互作用中增值。

（4）促进知识高效管理。实现知识经济时代企业最重要资产的知识的创新、沉淀、传播和应用，减少因人员流动而带来的知识的流失。

（5）提高企业凝聚力和竞争力。企业组织内外的沟通更加方便，信息流更加有序便捷，使企业的凝聚力和竞争力增强。

3. 企业协同办公的管理

企业协同办公管理的各种功能通常是在企业协同办公信息系统平台基础上实现的。目前一些协同办公管理的功能包括个人事务、协同办公、信息中心、流程审批、知识管理、人事管理、行政管理、财务管理、项目管理、个性设置等，可实现企业内任务布置、任务催办、手机短信提醒、邮件收发、公告通知、考勤管理、工作日志、工作计划、绩效考核、会议管理、网络存储等。

例如，财务管理可以利用电子发票实现网上报账；会议管理可对全局性会议进行统筹安排，发送会议通知，自动通知及定时提醒与会人员，实现网上远程视频会议及录像等。

对于企业协同办公管理所需要的庞大复杂的信息系统，没有专业信息管理与信息系统管理人员和技术人员，没有科学、严格、规范的对该信息系统的管理制度和管理流程，维持其正常运行是极其困难的。对于这样一个信息系统的应用管理，除了通常的对信息系统的管理手段和方法外，与企业运营的其他企业子系统的协同管理也尤为重要，做好这个工作的前提是梳理清企业中各种资源流的相互作用和协同机制，如物质流、能量流、资金流、信息流、价值流等相互之间的作用关系并加以管理，即借助信息系统的内在功能，实现对资源的管理到资源间关系及其运动的管理。

案例分析

案例 4.1　关于系统日常运行情况记录的讨论

厂里的 MIS 刚刚上线运行，技术副厂长钟勇来到微机房，听他们机房人员讨论系统日常运行情况记录的问题。会议开始后发言很踊跃。

系统程序员小张说："系统事先已经设计好了，系统是可以自动记录的。"

钟勇说："系统发生故障就不能自动记录了吧？"

记录员小刘说："那也简单，发生故障的时候就手工记录。平时运行正常，可以省点事，不用手工记录，反正系统可以自动记录。"

微机房主管钱逊表示赞成："对。记录就是为解决事故提供信息的。"

系统设备维护小齐说："我们的系统都是一流设备，系统故障会很少的。"

小张附和说："设备故障确实不会多。不过，我听我爸说，他们那个厂，把数据录入、数据提供不及时，年度报表不能按时生成，也看成系统的故障。"

钱逊觉得莫名其妙，说："那是人的故障，怎么是系统的故障？"

录入员小李说："我反对，那不能算是系统故障。"

小刘说："就是，我也反对，那不能是算系统故障。"

钱逊说："好了，不要争了，不算就不算，但是设备发生故障时一定要当事人、当场、当时记录，不能事后追记或请别人代填。"

小张说："真要是出了故障，该是你钱主管来记录了吧。还用我们小兵来记？"

钱逊有些不耐烦了，说："不是这样的，平时你们每一个人都要记录的。"

大家异口同声："啊？都记啥？"

钱逊有点生气，说："都没长脑筋！自己想想，该记些啥就记啥。"

钱逊扭头问钟勇："你说，他们都该记啥？"

钟勇说："自动记录与手工记录必须同时进行。硬件人员记录硬件运行维护情况，软件人员记录各程序运行维护情况，录入员记录录入的结果，主管记录人员出勤的数量、工作效果和差错。"

校验员小高说："我没有任务？"

钟勇说："哦，你负责记录校验的结果，记录系统的整体校验情况。"

（本书作者司有和根据自己企业调查案例编写）

讨论题：

1. 案例中讨论的系统日常运行情况记录的内容，是否符合企业计算机系统维护中对记录环节的要求？为什么？

2. 微机房主管钱逊的观点有哪些不妥之处？为什么？

3. 技术副厂长钟勇在会上的态度和发言，你认为是否合适？为什么？

[思考题]

1. 企业信息系统管理、企业现代信息系统管理、企业传统信息系统管理三者的概念是什么？三者之间是什么关系？

2. 企业现代信息系统管理的内容和思路包括哪些方面？做好企业现代信息系统管理工作的关键是什么？企业现代信息系统的安全管理和合规管理的区别是什么？

3. 已经有了企业现代信息系统的运行管理、安全管理，能够保证系统正常运行不就可以了吗，为什么还要应用管理？系统的应用管理有哪些阻力？如何化解？

4. 企业的电子和数字化档案管理的内容具体包括哪些方面？

5. 什么是企业协同办公？企业协同办公管理的功能和优点是什么？怎样管理？

6. 管理学院给每一个老师配备了相同的计算机和相同的应用软件，但是不同老师用这些设备做出的课堂教学课件的水平不一样。这一现象说明了组织内信息系统的主体信息系统和客体信息系统之间的什么关系？

第5章

企业传统信息系统的管理

开篇案例

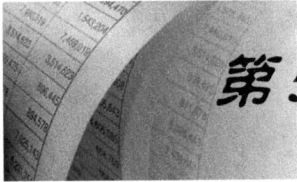

××厨房设备公司不服××县工商局行政处罚决定案

××厨房设备公司（简称××公司）于1995年4月20日由公司经理等六人到××热水炉厂（简称××厂）参观，表示要购买、代销××厂的LKZ型系列燃油自动热水炉产品。参观中，他们利用在生产现场与职工谈话的机会，对××厂技术副厂长和技术职工私下许以高薪，邀请其到××公司工作，并留下联系名片。

同年5月3日，××厂技术副厂长等携带盗窃的该燃油热水炉的技术图纸、三块电路板跳槽到了××公司。××公司没有接受图纸和电路板，但以高薪接受了人员。

同年5月5日，××公司申请企业法人执照，经营范围增加燃气具、茶水炉（无压），经营方式增加生产、安装、维修。××厂发现××公司利用其技术人员生产同类产品，于1995年9月15日向××县工商局投诉：诉××公司侵犯其商业秘密。

××县工商局于1996年3月4日作出裁决，××公司未经××厂允许，利用原××厂技术副厂长等掌握的LKZ型系列燃油自动热水炉的制作工艺和方法，制造同类型的热水炉，其行为侵犯了××厂的商业秘密，违反了《中华人民共和国反不正当竞争法》的规定，责令其停止违法侵权行为，并处以罚款4万元。

××公司不服，向××市工商局申请复议，××市工商局复议后，维护了××县工商局的处罚决定。××公司不服复议决定，向××县人民法院提起诉讼，诉称×公司生产热水炉，从未看过××厂的图纸，没有拿过××厂的任何资料，副厂长有盗窃，我们××公司并没利用。

（本书作者司有和根据网上信息资料改编）

讨论题：

1. ××公司向法院起诉工商局能否胜诉？为什么？
2. 案例中，××公司的哪些行为不符合企业管理的规范？
3. 根据这一案例，企业的信息安全保护工作应该注意哪些事项？

5.1　企业传统信息系统管理概述

5.1.1　企业传统信息系统管理的特点

本书在第 3 章对信息系统进行定义时就已经指出，在数字技术广泛适用于企业管理实践之前，企业信息系统就已经存在，并对企业的生存和发展发挥着作用，我们称企业的这类信息系统为企业传统信息系统。

企业传统信息系统的管理具有以下特点。

（1）在信息管理过程中，很少使用，许多地方甚至不使用数字电子计算机及以数字计算机为基础的数字通信技术。

（2）信息资源种类繁多，且结构化程度低，但其中不乏对企业发展十分有用的信息，具有极大的潜在经济价值。所以，企业里经常有人说“一个主意究竟值多少钱”。

（3）信息处理主要依靠人，系统性、准确性和管理效率难以保证，随机性比较大，因此对企业信息管理者的信息管理素质、修养和能力要求很高。

（4）信息用户、信息管理者和管理机构界限模糊，完全依赖企业信息管理者的素质水平、信息意识及其主动性。

（5）企业信息管理制度的建立、信息管理标准的规范和统一都比较困难。

5.1.2　企业传统信息系统管理的内容

企业传统信息系统管理的内容十分广泛，归纳起来，可包括以下四大类。

1. 企业传统信息系统的运行和维护管理

传统信息系统作为一个信息系统，和计算机系统一样，存在运行和维护的问题。例如，构成传统信息系统的企业各级职能部门、信息管理机构、秘书部门、企业出版物编辑部门、图书资料档案部门、传达通信部门等各部门都需要每日不间断地运转，保持信息流的畅通，实现各自的信息管理职能。在这些部门运转过程中，如果出现问题要及时给予解决；这些部门的工作流程、方法、规范等方面如果存在不合理的地方要及时修正，包括企业信息管理的规章、制度和标准，要不断地加以完善。这就是对传统信息系统的维护。

由于企业传统信息系统本身构成复杂、种类繁多、结构化和标准化程度低，而具体到每一个传统信息系统的运行管理又是千差万别的，因此在企业传统信息管理事件中，又分为企业传统文献信息系统的管理和企业信息活动的管理两大类。

按照相关国际标准的定义，文献是记录有知识的一切载体。企业文献信息是企业在生产、管理活动中形成的指令、报告、资料等所有文献资料的总称。它是企业信息的一种，是构成企业文献信息系统的主体。

企业文献信息系统是一个人-机系统。它是由人、企业文献、计算机和其他设备、目的和过程等系统要素组成的综合体。它是采集、加工、存储、传播和利用企业文献信息的系统。它是企业信息系统中的一个基础子系统，是企业现代文献信息系统和传统文献信息系统的复合，对企业信息管理工作，特别是对企业决策起着非常重要的作用。

企业文献信息系统管理的内容包括传统纸质文献信息的管理和电子档案管理两部分。前者详细内容见 5.4 节“企业传统文献信息系统的管理”。

企业信息活动的类型很多，包括企业信息生产活动、企业信息发布活动、企业信息保护活动、企业信息利用活动和企业信息服务活动等。

在这些企业信息活动中，有些活动，如电子商务、CIO 体制的实施、信息化工程等都属于企业现代信息系统管理的范畴，但是大部分活动还是属于不使用计算机或部分使用计算机的传统信息系统的管理。

本章从中选择了企业战略信息管理、企业竞争情报的管理、企业传统文献信息系统管理、企业信息公开的管理、企业会议的管理、企业知识管理、企业信息行为的法律道德管理等七种，在 5.2～5.5 节进行详细介绍。

2. 企业传统信息系统的修补与审计管理

企业传统信息系统所涉及的企业内各种不同类型的部门都是比较稳定的，一般不会经常变动，只会在某些部门增加或减少某些管理职能，或者是增设一个新的部门，或者是撤销某个不再需要的部门，即对传统信息系统进行修补，而将整个管理职能部门组成的信息系统全部推倒重来的重建工作并不存在。

企业传统信息系统的审计与企业现代信息系统审计对以计算机信息系统为核心的整个系统做出评价的做法不同，而是检查企业传统信息系统所涉及的企业内各种不同类型部门，对各自的工作状况进行评价，很少有对整个传统信息系统的评价。这种工作检查，在实际中是经常有的，半年一次或者是一年一次，由该机构的上级主管部门组织进行，只不过一般并不称之为审计，通常是与员工考评同时进行。

3. 企业传统信息系统的安全和合规管理

关于企业信息系统安全的概念，本书在第 4 章就明确指出：企业信息系统安全是指企业信息系统中完成信息系统职能的各种物理的、技术的与组织的结构以及信息系统中的数据和信息处于正常状态，能保证信息系统中的数据和信息没有被毁坏、更改和泄露等。管理安全是指具有比较完整并能有效发挥作用的确保信息系统能处于安全状态的安全管理制度、保密制度等。

一个处于安全状态的企业传统信息系统应该具有以下七个特点，就是本书在第 4 章里阐述企业现代信息系统的八个特点中的前七个：真实性、保密性、完整性、可用性、可控制性、可追踪性和可审查性。

由于企业传统信息系统的技术性较弱的特点，其安全管理内容主要包括物理安全、数据信息安全和管理安全。物理安全主要包括记录数据和信息的文件、图纸、档案、实物等以及相关的环境的安全。这方面的内容本书在 5.4 节介绍。

本书第 4 章已经指出：企业信息系统管理的合规性是指企业信息系统在完成其职能过程中应符合国家法律法规、行业的伦理准则、社会道德标准和企业规章制度等的要求。企业传统信息系统的合规管理也是这个含义。

鉴于本书已经在“2.4.2 防范原则”中介绍过信息安全的法律法规管理，本章在“5.5.4 企业信息行为的法律道德管理”中介绍企业信息获取、使用、公开等信息行为的法律道德管理问题。

4. 企业传统信息系统内人员的管理

企业传统信息系统内的人员指的是在企业各级职能部门、信息管理机构、秘书部门、企业出版物编辑部门、图书资料档案部门、传达通信部门工作的人员。他们中除了信息管理机构的人员之外，大部分是企业职能管理部门的工作人员，但是他们必不可少地要从事信息管理工作。他们的信息管理水平直接决定着企业传统信息系统的运作水平。关于这方面的问题，本书在第 8 章再作讨论。

5.1.3　企业传统信息系统管理的思路

本书 3.1.4 节阐述了企业信息系统的管理结构，并指出：企业信息系统是正式信息系统与非正式信息系统的复合、主体信息系统与客体信息系统的复合、软件信息系统与硬件信息系统的复合、在线信息系统与非在线信息系统的复合。企业传统信息系统的管理就应该按照这四个复合的理念来进行。

1. 强化正式信息系统的功能

本书在 3.1.4 节阐述企业信息系统管理结构的时候，曾经提出过“正式信息系统”的概念，指出正式信息系统就是借助正式组织机构形成的信息系统。正式信息系统中当然也可以使用计算机来进行管理，如企业的电子商务活动、企业干部业绩的网上公示、企业的计算机文献检索系统等。

那么，所有不使用计算机的正式信息系统的工作就属于传统信息系统的工作了。例如，企业知识创新管理、企业内各种会议的管理、企业内职能科室发布和传递纸质文件的工作、企业各类非计算机系统的信息职能机构的组建和运作、企业信息非网上发布的管理、企业信息保护的管理、企业内各种非数字化的文献信息设施（图书馆、技术资料室、人事档案室等）的建设和管理，以及企业战略信息系统、企业竞争情报系统中非计算机部分的管理等。

这些工作是企业信息管理中不可缺少的内容，计算机对它们无能为力。它们要依靠手工方式或管理者直接参与的方式来完成。所以，强化正式信息系统的功能，是企业非在线信息系统管理的重要内容。

2. 充分利用非正式信息系统为企业管理服务

本书在 3.1.4 节阐述正式信息系统和非正式信息系统关系时曾指出，非正式信息系统的存在说明企业信息系统是一个充满整个企业组织的、有形和无形复合的全员信息系统。企业信息管理者如果不能抓住非正式信息系统，就等于丧失了一半的信息管理对象。

企业信息管理者一定要学会利用非正式信息系统为企业管理服务。尤其是那些需要全体员工执行但员工中又有不同意见的方案、措施、办法，在实施之前，通过非正式信息系统，沟通员工的思想，了解员工的真实想法，对统一员工思想认识会有很好的效果。而且，这种问题通过正式信息系统往往不能很好地奏效，也是使用计算机系统无法解决的。

此外，非正式信息系统除了非正式组织中的信息传播通道之外，还包括企业管理者与员工在非正式场合下的接触和信息交流。企业管理者在这种场合下与员工的亲切交流，往往会在个人形象塑造、第一手信息采集等方面获得意想不到的收获。

相反，如果企业信息管理者，尤其是企业高管，在这种场合仍旧高高在上、出言不逊，不仅不会获得第一手真实信息，还会给自己的个人形象抹黑，引起员工的心理反感，最终失去员工的追随。

所以，提高企业信息管理者利用非正式信息系统的意识水平，注意在非正式场合与员工的沟通，是充分利用非正式信息系统为信息管理服务的重要环节。

总而言之，只有当企业信息管理者使用非正式信息系统的信息来补充正式信息系统的信息沟通时，企业的信息管理才会获得最佳的效果。

3. 抓紧企业软件信息系统的建设

本书 3.1.4 节已经定义软件信息系统是一个广义的概念，不是指通常所说的计算机软件，而是指维持企业整个信息系统运行的全部规章制度、行为程序、办公流程、价值观念、企业文化、企业伦理、权力信息流程、能力信息流程等无形的联结方式、指挥手段的集合。

不要认为做好这些工作不是信息管理工作，其实，这些工作才是核心的信息管理工作。这方面工作哪怕是一点微小的改进，都可能引起效益的重大突破。改革开放仅仅是国家政策的变动，却创造了改革开放以前的 30 余年里没有做到的业绩。这就是软件系统的威力。

企业信息管理中也是如此。企业计算机信息系统巨大潜力的发挥依赖于软件信息系统的完善。

以为先进的生产设备、超级的技术手段就可以获得理想的管理效率，盲目添置硬件设备，对文件、备忘录、报表、操作程序、管理制度以及其与在线信息系统的整体协调缺乏完整的思考，实际上是忽视了软件信息系统的作用。

4. 促进企业管理者自我提升，提高主体信息系统的水平

企业的各级管理者和信息管理人员组成了企业的主体信息系统。主体信息系统是企业信息系统中的决定性因素。虽然主体信息系统不能脱离客体信息系统发挥作用，但是，客体信息系统并不能代替管理者的思维，不能左右管理者的行为，有效的管理取决于主体信息系统对客体信息系统所发出信息的理解、接收和使用，即取决于主体信息系统的努力和主体信息系统的水平。在许多企业信息化失败的案例中，企业管理者不闻不问或者水平过低，是一个共同的原因。

所以，企业的信息管理工作在建设本企业的客体信息系统时，必须同时致力于主体信息系统管理能力和管理水平的提高，才能使企业信息管理水平得到提高。

5.2　企业战略信息管理

5.2.1　企业战略信息管理的含义

战略信息管理这个词组有两种含义：一种是战略的信息管理，即从战略高度进行的信息管理，是覆盖信息管理所有领域的、高级阶段的信息管理；另一种是战略信息的管理，是对具有战略价值的信息进行的管理，仅仅是信息管理中很小的部分。本书使用的是前一种含义。

本书定义：战略信息管理是企业为了在市场竞争中求得自身的生存和发展，对企业发展长远目标和实现目标的途径所做的总体谋划，并围绕信息资源、信息技术、信息人员、信息设备及其他相关资源进行规划、组织、指挥、控制和协调等信息管理活动的全过程。

战略信息管理是战略管理与信息管理的集合。它的核心概念是信息战略。

信息战略是企业战略之一，是企业信息功能要实现的任务、目标，以及实现这些任务和目标的方法、策略、措施的总称。从某种意义上说信息战略的展开过程就是战略信息管理。所以，战略信息管理也可以理解为对信息战略进行的管理。

今天，所有的企业都处在竞争的环境之中，要竞争就必须具备优势，优势则来自有效的长期努力和积累，而有效的长期努力则全靠超前的思考和安排，超前的思考和安排就是战略管理。同时，所有的企业都处在信息社会，无论是信息是需要管理的资源，还是企业环境的剧烈变化，也都要求企业实施信息管理。

可是，许多企业都发现，战略管理做了，信息管理也做了，企业并没有取得满意的管理结果。

因此，有必要检讨企业在战略管理和信息管理的结合上存在什么问题。信息管理包括信息技术管理和信息资源管理两部分，长期以来，企业管理者大多数偏重信息技术，忽视了信息本身，特别是企业管理者对信息资源的理解和开发远远不够。也就是说，信息技术本身存在着许多局限，解决问题的答案也不在信息技术之中，问题的关键在于信息本身与企业战略联系起来，形成“信息战略”的理念，实施战略信息管理才可能使企业获得有效的发展。

5.2.2　企业战略信息管理的内容结构

战略信息管理强调企业信息战略与企业整体战略的协调，注重把握企业信息管理的全局和关键，追求以信息战略来提升企业竞争力。

它是围绕信息战略而展开的过程，是由战略制定、战略实施、战略实施结果评价三个环节组成的。其中，战略制定又包括战略目标确定、战略分析、战略选择、战略规划等四个环节（图 5.1）。通常所说的战略决策，其实质是在若干个战略方案中进行选择的过程，也就是上述结构中的战略选择。

在信息战略制定中，要理顺信息战略与企业业务战略、企业总体战略的关系，全面、深入地分析企业信息功能的外部环境、内部条件及其变化趋势，确定影响信息战略制定和实施的关键性因素，并有针对性地制定、评价和选择企业信息战略。具体内容在“5.2.3 企业战略信息管理的战略制定”中介绍。

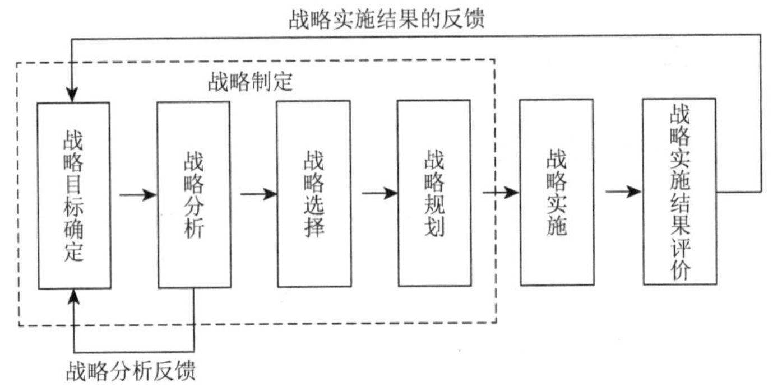

图 5.1 企业战略信息管理的内容结构

在信息战略实施中，要确立和培育适应时代发展的信息价值观和信息文化，建立适应企业战略发展所需的信息组织和信息队伍，不断调整和完善资源配置的方式，强化信息功能与其他业务功能、管理功能的协调与协同，最大限度地发挥信息资源在降低风险、提高效率、改进效果、促进创新等方面的作用，切实支持企业战略目标的实现和企业的战略转型。

在信息战略实施结果评价中，要制定科学合理的评价指标体系，动态追踪企业信息战略的实施过程，联系企业信息战略目标和实施情况进行实时分析，并根据内外部环境的变化及时调整和修正战略，以确保企业的可持续发展。

企业要实施战略信息管理，无论是信息战略制定阶段，还是信息战略实施阶段、信息战略实施结果评价阶段，都应该有一个强有力的、有企业高层管理者直接参与的班子。因为高层管理者最了解各项战略决策中的信息需求，也只有高层管理者才有可能解决战略信息管理中遇到的争议和问题。

5.2.3 企业战略信息管理的战略制定

1. 战略目标确定

战略目标是企业目标的一种表现形式。战略目标的确定非常重要。目标定得过低，对企业发展没有推动意义。目标定得过高，届时完不成，既浪费资源又耽误时间。战略目标应该是经过努力可以达到的目标。

要确定合适的战略目标，通常要回答三个方面的问题：第一，我们企业是一个什么企业？谁是我们企业的顾客？我们顾客需要的到底是什么？第二，我们企业应该是一个什么企业？我们应该进入什么样的市场？什么市场最有发展前途？第三，我们企业能够是一个什么企业？进入这个市场有些什么障碍？本企业能不能克服？怎样克服？

在上述三个方面的问题中，第一个方面的问题是用来了解本企业的现状，第二个方面的问题是用来判断本企业最理想的目标，是可能达到的最好目标，第三个方面的问题是用来确定从企业自身实际情况出发，实际上能够达到的目标，即实现最好目标的可行性。如果对这些问题能够有一个比较清晰的认识，就可以明白本企业在未来时期的总需求，也就能提出战略目标的初步方案。

最难回答的是第三个方面的问题，一个企业要真正了解自己并不容易。过高估计企业能力，可能导致战略目标定得过高，以致制定的战略不能得到实现。过低估计企业能力，可能导致战略目标定得过低，致使企业失去发展的战略机遇。

2. 战略分析

战略分析是战略制定的第二个环节。它是战略制定者对企业所处的内外环境进行分析，以求为战略目标确定和战略选择、战略规划提供依据所做的工作。

战略分析主要包括对企业外部环境分析和对企业内部状况分析。

1）企业外部环境分析，确立本企业的地位

这主要是分析对企业长期发展具有重大影响的外部环境因素，包括一般社会环境分析、市场环境分析、行业环境分析、自然环境分析和竞争对手分析。

确立本企业的竞争地位，是通过对外部环境进行分析之后，考察本企业作为竞争者，在市场中处于何种地位。市场地位，包括本企业产品的市场占有情况、市场需求情况、产品的差异性和独特性，以及与本行业领袖企业的比较，找出自己的差距，确定本企业在短期和长期应当着重加强的工作。

2）企业内部条件分析

这主要是了解本企业会有哪些有利条件可以利用，可能会有哪些机会，会有多少威胁和障碍；如果有条件、有机会，企业能不能利用；有威胁、有障碍，企业能不能回避和克服。这就需要对企业内部状况进行详细具体的分析。

企业内部条件分析有两个内容：一是分析企业内部资源状况，包括本企业的长期目标和战略；本企业的技术经济实力和生产能力，产品质量、品种结构、技术性能等方面的独特性；本企业的经营状况和财务状况、市场占有率和市场需求，与行业中领袖企业的差距；本企业的人力、财力、设备、物资、产品等有形资源，以及管理模式、商标、专利等无形资源。二是分析企业内部能力状况，如企业的计划、组织、管理、认识和企业文化等，尤其是管理者的价值观、进取心、观察力、凝聚力和管理能力，以及员工的追随力、积极性和创造力等。只有将二者分析的结果综合一处，才可能获得恰当的、符合企业实际情况的战略规划。

3）战略方案设计

战略目标确定解决的是企业应该做什么或打算做什么的问题。在战略分析中，通过企业外部环境的分析，寻找环境中的机会，解决环境许可做什么的问题；通过企业内部状况分析，解决的是企业能够做什么的问题。只有这两方面都许可企业去做，企业方可以行动。这就是图 5.2 所示的企业的资源和环境中的机会重合的部分，这才是企业的机会。因为在这一部分，既是环境许可的，也是企业自身能力许可的，企业才可以去行动。简单地说，就是五个字：可行方可行。

有了这个可行方可行的原则，再通过比较分析本企业优势、劣势，环境中的机会、威胁，对每一种可能出现的变化做出研究，就可以判定与外部威胁相对应的预防措施和应对的方案；从现有情况出发，分析未来的竞争动向和趋势，以决定影响企业发展的关键因素，寻求可能的和有效的对策等。这样，战略方案也就设计出来了。

3. 战略选择

战略信息管理中的战略选择，指的是在战略分析阶段制订的若干个战略方案中选择一个或几个作为准备实施的信息战略的工作。

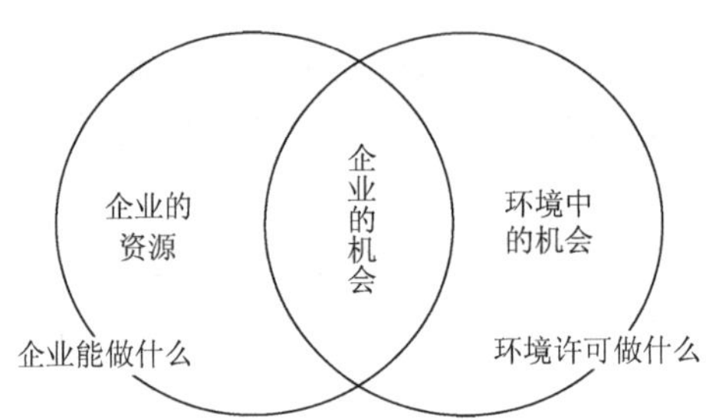

图 5.2　企业信息战略分析的思路

企业信息战略通常应该包括信息技术战略和信息资源战略两大类。与企业信息战略并存的还有很多其他业务战略（表 5.1），也需要选择。

表 5.1　企业常用的战略类型

战略类型名称			战略的基本含义
公司层战略（大战略）	维持战略		维持一种温和程度的增长或仅维持现状
	扩展战略	前向一体化战略	获取经销商、零售商的所有权或对其控制
		后向一体化战略	获取供应商的所有权或对其控制
		横向一体化战略	获取竞争者的所有权或对其控制
		集中多元化战略	增加新的与原业务相关的产品或服务
		混合多元化战略	增加新的与原业务不相关的产品或服务
		横向多元化战略	为现有用户增加新的不相关产品或服务
	收缩战略	收缩重组战略	紧缩经营规模、经营范围，实施重组
		剥离战略	将组织的一部分或某一分公司售出
		清算战略	将公司资产全部售出
业务层战略（企业战略）	适应性战略	防御者战略	希望在稳定环境中保持自己有限的市场
		开拓者战略	试图在动荡环境中寻找开辟新市场机会
		分析者战略	既想保持原产品又想在动荡中寻求机会
		反应者战略	战略失败的表现
	通用竞争战略	总成本领先战略	以低成本取得行业中领先地位的战略
		差别化战略	有意识在行业内形成产品和服务独特性
		专一化战略	主攻某一特殊的细分市场
职能战略	信息战略	信息技术战略	关注企业现代信息系统的建设与管理
		信息资源战略	关注企业传统信息系统的建设与管理
	市场战略	市场营销战略	关注产品组合、定价、分销渠道等问题
		市场开发战略	将现有产品或服务打入新的地区市场
		市场渗透战略	通过更大营销努力提高现有的市场份额
	其他职能战略	财务战略	关注资本结构、借贷、分红和资产管理
		生产战略	关注生产率、生产计划、厂址定位等
		研究与开发战略	关注产品开发、技术预测和专利申请等
		人力资源战略	关注人员提高、劳资关系、政府政策等
		组织设计战略	关注分散程度、协作方法和部门化依据

选择之后还有一个业务战略与信息战略匹配的问题。信息技术战略是关于企业内部现代信息技术应用于企业信息系统（在线信息系统）建设的战略，其内容包括两个方面：一是从战略的高度改造和升级传统信息系统到现代信息系统；二是处理好信息技术与企业业务的关系，即信息技术战略与业务战略的关系。

信息技术战略支撑业务战略，但必须服从于业务战略，处于企业业务战略的总体框架之中，应该在企业长期战略方向和目标之下确定企业信息技术的长期目标和战略。两者发生脱节的现象在企业中比较多见，但这已经不是技术问题，而是管理问题了，是企业管理者的信息战略的意识问题。

关于信息技术战略的规划，本书在第 3 章的“系统规划”部分已经叙述过了。

信息资源战略是关于如何发挥企业掌握的内外信息资源功能的战略。它也包括两个方面：一是从战略的高度认识企业信息资源，主要是战略信息资源的识别和管理；二是处理好战略信息资源利用与企业业务的关系，即信息资源战略与企业业务战略的关系。

战略信息资源是与企业战略相关或是企业战略管理过程中所需要及所产生的信息资源的总和。它是信息资源总量中最重要和最具增值潜力的部分，是企业决策所必需的、关系到企业发展全局和远期规划的信息资源。

战略信息资源管理是为企业战略决策部门服务的。它包括：战略信息资源采集、分析和传播三个阶段。采集是在广泛的一般信息资源基础上获取并提炼出战略信息资源；分析是对收集到的信息从战略的高度寻求具有战略意义的信息形成战略方案或意见；传播是将战略信息资源产品传递给企业的决策者，最大限度地发挥战略信息资源的价值。例如，在企业竞争情报管理中的竞争情报战略就属于信息资源战略的一种。本章将在 5.2 节介绍其具体内容。

4. 战略规划

战略规划是战略制定的最后一个环节。它指的是企业为实现所确定的战略目标，将战略分析和战略选择的结果变为企业可以具体实施的计划安排的过程。

战略规划这一复合词组，有两层含义：一是作定语-名词词组用时是指某一战略的具体文本文件；二是作副-动词词组用时是指战略制定的第四个环节，具体规划战略的目标、措施、资源配置等。本书这里是指后一层含义。

1）战略规划工作的内容

战略规划的工作应该包括以下几个方面。

（1）企业信息战略的总体说明。企业信息战略的总体说明包括总体信息战略目标、选择的战略模式及其选择理由，以及实现该战略将给企业带来怎样的变化。

（2）确定企业信息战略的分阶段目标。通常，企业总是将实现信息战略总目标的过程分成若干阶段，每一阶段再设置分目标，每一阶段分目标的实现就是总目标的实现。所以，必须把总目标分解为若干阶段的目标。

（3）安排信息战略行动计划和项目。战略目标的实现是通过一个个具体的战略活动来完成的。所以，必须对具体的战略活动进行计划安排。

（4）企业内各种资源的配置。信息战略行动计划的具体执行需要一定的资源支持。企业的资源包括信息资源、人力资源、财力资源、物质资源和时间资源。资源配置必须实事求是，有多大力量办多大事，既不能盲目铺张，造成浪费，也不能过分控制资源使用，使战略实施受到限制，更不要超越企业本身资源的许可，进行过分配置。这一环节十分重要，它要解决的是本企业能不能办的问题。

（5）制订应变规划。当根据预测对环境所做的某些关键假设不成立或不确切的时候，或者当环境发生了超出预料范围的变化时，企业应该采取什么行动，需要预先安排。这就是应变规划。

2）战略规划工作的要求

（1）十分重视对环境因素的分析。这时，要把眼光集中到对企业活动产生影响的环境要素，尤其是对那些制约企业活动又必须接受的环境要素的分析。

（2）注意总体规划与派生规划的逻辑关联。派生规划是根据总目标派生出来一系列分目标制订的计划。例如，科研规划、产品开发规划、市场开发规划、企业发展规划、财务规划等。必须处理好这些计划与总体规划的逻辑关联。

（3）分析连锁效应和后果。正面的连锁效应应该设法获取，负面的连锁效应和社会后果应该设法避免。例如，一项投资报酬率很高的长期投资项目，如果会对环境造成连续的不良影响而使企业形象遭受极大损害，就应该设法避免，可以不上这一项目，或者修改项目的某些内容使之不会对社会产生不良影响。一项与企业经营战略有关的公共项目投资，虽然回报低微，但企业可以从不断扩大的社会影响和日益提高的知名度上获得极大利益，就应该积极实施这一项目。

（4）处理好长期目标与短期目标的关系。长期目标就是信息战略规划中要实现的战略总目标。短期目标是企业当前的目标，一般是指企业当年或近一两年的目标。过分重视短期目标，往往会影响对长期战略目标的考虑；只注意战略目标，把战略目标和企业短期目标对立起来也是不合适的。比较合适的办法，就是把战略目标中分阶段目标的第一阶段目标定为企业的短期目标。

（5）处理好战略信息资源与信息系统的其他部分的协调和适应关系。对于企业的传统信息系统，因其所采用的现代信息技术较少，需要考虑战略信息资源如何在企业传统信息系统的作用下更好地为企业战略管理发挥作用。

5.3 企业竞争情报的管理

5.3.1 企业竞争情报概述

1. 竞争情报的含义

竞争情报，又称竞争性情报（competitive intelligence，CI），是 20 世纪 80 年代中期在国际上兴起的新概念。

关于竞争情报的定义，目前说法并不统一。本书综合已有说法作如下定义。

竞争情报是关于竞争环境、竞争对手、自身竞争策略的系统化、及时性、可操作的信息产品和研究过程，是为了提高竞争力而进行的专门的合法的情报活动。

这一定义有六层含义：一是它本质上是一种信息，竞争性是对它的限定。二是它的范畴包括竞争对手、竞争环境和本企业竞争策略。三是它的成果是一种产品。无论是一篇分析报告，或是一个结论，都是企业需要的信息产品。四是它本身是一个研究过程，操作性、过程性十分突出。五是它以提高竞争力为目的。六是它是一种合法活动，反对一切违法的、不道德的情报活动，与商业谍报活动有本质的区别。

有人强调竞争情报“主要是为企业战略管理服务的”（李国秋和吕斌，2011），这个提法欠妥。因为竞争情报以提高竞争力为目的，能提高竞争力的信息，并不一定对企业具有战略意义。

竞争情报可以广泛地适用个人之间、企业之间、非营利组织之间，乃至于各个国家之间的竞争活动。应用于企业的竞争情报则称为企业竞争情报。

2. 竞争情报的类型

竞争情报按照不同的角度可划分成不同的类型。

按研究对象的时间区间，可分为过去的竞争情报、现在的竞争情报和将来的竞争情报；按研究的功能用途，可分为决策竞争情报、预测竞争情报、技术与产品开发竞争情报、市场营销竞争情报和法律法规竞争情报；按研究内容的范畴，可分为环境竞争情报、竞争对手竞争情报和竞争战略策略竞争情报，再细分还可分为技术竞争情报、产品竞争情报、市场竞争情报、经济竞争情报、管理竞争情报和法律法规竞争情报。

3. 竞争情报的特征

竞争情报的本质是信息，因此具有信息的全部特征。它是一种具有特殊功能的信息，所以又具有如下的反映自身特殊性的特征。

1）情报性

情报性，又称针对性。情报是对用户有用、经传递到达用户的知识或信息。竞争情报也具有这一性质。它具有非常明确的目的，就是通过这一活动使自己在竞争中取胜。它由竞争的前提出发，在特定时期针对某一明确的竞争对手，或者针对某一特定问题，指向非常明确，也非常具体。

2）实用性和预测性

竞争情报面向竞争，旨在解决问题，在竞争中取胜，是企业解决竞争难题的实用工具。它的方法是完全可操作的。

竞争情报是为企业战略服务的。战略是为了解决未来与竞争对手的问题，必须对未来做出预测。所以，预测性在竞争情报中表现得尤为突出。竞争情报除了直接广泛收集关于竞争态势的情报信息，还要通过情报研究，预测竞争者、行业发展、行业性质变化的趋势，为制定本企业的战略服务。

3）综合性

竞争情报的采集和分析过程比较烦琐，情报源和信息渠道比较广泛，情报获取比较零散，包括大量的非文献信息（人际情报）的收集。对情报的分析，要关注每个渠道所获得的信息，抽取关键要素，揭示事物本来面貌，所使用的分析方法、分析工具也是多种多样的。所以，它是对零散信息的综合，以求获得系统化的、概括性的认识。这其实是一个情报整合的过程。

美国 MCI 公司主管谢拉（Sharer）对竞争情报人员说：你们的工作是为高层管理人员提供信息“马赛克”拼图，从一个个小块中获得一个完整的“全面”图像。拼图是高智力的活动，需要人们辅以不间断的判断和分析，以系统和全面的原则支配“拼装”过程。这就是现在受到普遍关注的竞争情报的马赛克理论，又称智力拼板理论，反映了竞争情报工作的综合性特征。

4）创造性和高增值性

竞争情报的成果，是从复杂的、零散的信息中总结出明确的全新的方案、结论，提出以前被忽略的、被掩盖的、关键的、重要的信息，用以指导企业在竞争中获胜，有时能够达到使企业起死回生的功效，这本身就是一种创造性的工作。它的贡献并不亚于企业在技术上的新发明、新发现和在管理上的新变革给企业带来的价值增值。

5）合法性

竞争情报自诞生之初，就强调是一种合法活动。它的合法性表现在竞争情报信息获取的合法性和使用的合法性。

获取的合法性指的是获取竞争情报信息的方式应该是公开搜索，或者是反求工程法、定标比超法、专利分析法等专业性很强的、合法的特殊搜索方法。由于本书篇幅有限，这些特殊的搜索方法就不介绍了，感兴趣的读者可以阅读《竞争情报理论与方法》一书的有关章节（司有和，2009b）[123]。

使用的合法性是指在有些情况下即使通过合法手段获得了信息，也不能根据这些信息去做违法的事情。例如，从公开出版的专利公报上获得某专利信息是合法的，但是未经专利权人授权就擅自使用该专利是违法的。

5.3.2 企业竞争情报工作的基本内容

企业竞争情报工作的基本内容包括三大部分五项内容。

第一部分，竞争情报的收集。

第二部分，竞争情报的分析。竞争情报的分析包括企业竞争环境分析、企业竞争对手分析、本企业竞争战略分析与战略制定等三项内容。

第三部分，反竞争情报工作。

鉴于竞争情报收集的内容，与本书第 7 章介绍的信息采集基本是一致的，这里就不重复了。下面就介绍其他四项内容。

1. 企业竞争环境分析

企业总是处在一定的社会环境之中。在市场竞争中，也就相应存在着竞争环境，企业不了解竞争环境，就无法进行生产和经营，就难免在竞争中失败。

企业竞争环境是企业外部的、影响企业竞争力提升的诸因素的总和。在竞争情报分析中，就是分析一般社会环境、市场环境、行业环境、自然环境。

一般社会环境分析包括对人口环境因素、经济环境因素、技术环境因素、政治法律因素、社会文化因素和国际环境因素的分析。

市场环境的分析包括两个角度。一个是基于了解市场的市场分析，指企业对准备进入或者已经进入的市场，为了了解该市场，对市场容量、市场潜量、市场销售、市场机会、市场需求和市场结构进行的分析。这一分析有助于企业选择目标市场。另一个是基于目标市场的市场分析，指企业对准备进入或者已经进入但准备重新定位的市场进行分析。通常是对该市场进行细分，然后在细分的市场中选择目标市场，最后进行本企业产品或服务在该市场的市场定位。

行业环境分析包括的内容很多，不过一般只选择行业集中度、行业内产品的差别、行业壁垒、行业信息化的程度、行业结构等指标进行分析。

自然环境分析包括两个方面：其一，分析企业的生产、运营与自然环境是否吻合。其二，分析企业的生产会不会给环境带来污染。

企业在从上述项目分析竞争环境时，还要注意进行环境监测，以便随时了解企业当时所处的竞争环境发展变化的状况，以便于分析竞争态势，把握竞争动向，为管理者决策提供参考。

企业竞争环境分析的目的就是寻找有利因素，抓住市场机会，回避不利因素，化解市场威胁，重点跟踪主要信息，以便随时做出反应。

2. 企业竞争对手分析

1）识别和确认竞争对手

在实践中，不能简单地认为竞争对手就是同行企业，不是同行肯定不是竞争对手，需要学会如何识别并确认竞争对手。识别竞争对手有以下三条思路。

一是行业竞争的思路。凡是提供同类产品或服务，或提供替代品的企业都可能是竞争对手。例如，钢铁行业、汽车行业等，即同行可能是竞争对手。

二是市场竞争的思路。凡是与本企业争夺同一顾客群的企业，或者是争夺相同原材料的企业都可能是竞争对手。例如，打字机行业的竞争对手是电脑业、制笔业等，它们都是满足顾客的书写要求，即不是同行也可能是竞争对手。

三是潜在竞争的思路。目前虽不在本行业但很容易进入的企业，进入本行业有明显协同效应的企业，战略延伸必将进入本行业的企业，可能整合企业的供应商、客户，甚至收购或兼并本企业的企业，都有可能成为本企业的竞争者。

不过，处于上述三条范围内的企业并不一定就是竞争对手。还需要进一步确认。确认的原则是：在上述范围内，那些在市场中与本企业势均力敌、相互争胜的企业是本企业的竞争对手。

势均力敌一般是通过市场份额来判定。相互争胜是指已经发生争斗，对本企业产生实质性威胁或存在潜在威胁。所以，处于上述三种范围内的企业，如果它市场占有率小，不与本企业产生争斗，就不是竞争对手。

竞争对手范围的确定至关重要。若确定范围过大，会加大企业监视环境信息的成本；若范围过小，会使企业无法应对未监测到的竞争对手的攻击。

2）采集竞争对手的信息

竞争对手确定之后，究竟应该对竞争者做哪些调查，说法也不尽相同。一般认为，竞争情报分析应当包括总体经营战略目标和政策、产品和服务、定价、销售和市场营销、技术服务、运行、成本地位、研究与工程、金融、组织结构、管理层、在顾客和竞争者中的市场形象、总体形象等内容。有人在这 13 个方面的每个方面再给出一些细目，如市场占有率、销售额、利润率、投资收益、现金流量、新的投资等，共 106 项指标。不过在具体实践中，并不是每一次都要将 106 个指标都用上，可根据需要选取部分可行的指标组合。

其中，最为重要的是竞争对手的策略信息，因为两家企业的策略越是相似，它们之间的竞争就越是激烈。此外，竞争对手的目标信息也是非常重要的。

3）评估竞争对手的能力

通过对竞争对手的分析，确定竞争对手在企业组织、生产运行、产品性能、产品开发、技术动向、营销策略、财务管理等方面的现状和能力，做出基本估计。

同时还要关注竞争对手的意图、近期与远期规划、现在的竞争实力和地位、竞争弱点，特别是要对对手的行为会对本企业产生的影响做出估计，对行业中领袖企业与弱小企业的特点和行为做出分析，制定自身企业的相应措施，包括赶超战略战术和防范战略战术。

此外，生产要素需求竞争者对要素需求的改变，也是竞争对手改变生产工艺和生产规模的重要信号，是分析对手行为的一个关键因素。

3. 本企业竞争战略分析与战略制定

本企业竞争战略分析包括以下两个方面。

1）明确本企业的竞争地位

在进行环境分析、市场结构分析和竞争对手分析之后，考察本企业作为竞争者在市场中处于何种地位。

市场地位包括本企业产品的市场占有情况、市场需求情况、产品的差异性和独特性，以及与本行业领袖企业的比较。应确定本企业在短期和长期内应该加强的重点，从现有情况出发对未来的竞争动向和趋势进行推测，针对可能出现的变化，制订相应的应对方案，寻求可能的和有效的对策。

2）制定本企业竞争战略

由于要在竞争中取胜就必须具备优势，而优势来自长期的努力和积累，有效的长期努力和积累则决定于战略，所以实施竞争情报管理，必须实施企业竞争战略。

竞争情报中的竞争战略属于企业战略信息管理的范畴，是企业信息战略的一部分。在信息战略制定中，有战略目标确定、战略分析、战略选择、战略规划等工作。其中，信息战略方案的提出，各方案的前景预测与评价，都是竞争情报工作的组成部分。企业高层管理者在进行战略决策时，还需要竞争情报人员配合分析决策关键因素，判定竞争战略，监督决策方案实施过程。

4. 反竞争情报工作

竞争情报的竞争性导致它的对抗性特征十分明显。你要想方设法获取竞争对手的情报信息，竞争对手企业也会千方百计地收集你的情报信息。

固然，企业在发现企业重要秘密信息被窃之后可以诉诸法律，但是这已经是事后处理了。因为企业秘密信息一旦被窃之后，就与窃取信息者共享了。这个时候，我们确实可以给窃取者以重罚，也可以要求窃取者不再使用，然而再重的罚款、再严的要求，也无法让窃取者不知道这个信息。窃取者依据他所知道的信息就可以制定对付我们的办法，这将对企业产生极大的威胁。

所以企业必须想方设法保护自己的秘密信息，尽量不使竞争对手从公开场合获取本企业的情报信息。这就是反竞争情报工作。它包括以下内容。

1）确定专人，明确任务

确定专人指企业必须指派精干的专职人员承担反竞争情报任务。最好是由企业的竞争情报专职人员来承担。因为他们在获取竞争对手情报时就是找对手的漏洞和弱点，同样这些地方也会是本企业的漏洞和弱点，这样就可以有效地防止对手获取我们的情报。明确任务又称定义保护需求，指企业要具体确定需要保护的核心情报和商业秘密、保护的时间和防范对象，并在尽可能短的时间里将任务（保护需求）传递给与这些信息相关的部门和员工。

2）建立一整套企业反竞争情报工作制度

这套制度包括以下三大类。

一是企业核心情报信息保护制度。要求企业高层管理者和普通员工都要遵守。

二是企业信息公开制度和宣传报道制度。力求在周密设计的情况下，避免泄露企业的核心情报信息。

三是来访接待制度。对外来人员的参观采访活动只能给予适度的开放。

制度文本的建立并不困难，难的是制度制定之后，不能束之高阁，而应当建立相应的制度执行机构，在实际工作中坚持执行制度。

例如，企业在进行必要的信息公开时，如何在高信息量下，不同时扩散保密信息，这需要进行通盘考虑和慎重处理。在接待各类来访人员时，对每类人员应该透露什么、不透露什么，该透露的透露到什么程度，怎么样才能既不损害自身形象又不损害与到访者的关系，还不至于泄露企业的关键信息，这是需要认真谋划和规定的。

3）了解情况，制定对策

（1）了解竞争对手获取有价值情报的能力。那些具有巨大潜在的乃至致命威胁的，不是眼下规模比本企业大的企业，而是情报获取能力强的企业。

（2）了解自身的弱点，即评估本企业有效防止他人获取本企业情报的防范能力。因为竞争对手往往总是从本企业的弱点向本企业发起进攻的。

（3）研究和制定破坏对手情报收集效果的具体对策。对策是多种多样、非常具体的。例如，企业在即将推出一项新产品之前，需要增加采购原材料。一个企业的原材料采购量突然大幅度上升，会给竞争对手明显的暗示：某些事情正在进行。因此，为了避免竞争对手收集采购量增长的信息，必须制定十分具体的对策。这和传统的保密工作不同，我们没有办法不让竞争对手从供应商、承运商那里知道本企业采购原材料的信息。

4）付诸实施，全员参与

首先应该将反竞争情报的对策方案传递给企业高层决策者，由企业高层决策者组织实施。方案实施后，要继续进行分析和监控，以了解哪些对策方案是正确的、可以继续实施；哪些是有偏颇的、需要修改，有没有新的更加具有威胁性的问题等。其次，还要讲究“信号”发布的技巧，如可以有意改变信号特征，让对手收集到非核心性信息或虚假信息，进而做出错误的判断。最后就是全员参与，它不是企业高层决策者几个人的事情，需要企业全体员工的参与。

5）分析实施效果

经过一段时间之后，企业应该总结反竞争情报工作的实践，探讨所制定的对策措施的有效性，以保证反竞争情报工作能够起到实际效果。

5.3.3 企业竞争情报工作的步骤

1. 选定目标

这一工作是指要明确本次竞争情报工作针对的对象是谁，为什么在目前特定环境下提出这次任务，需要知道什么，具体范围是什么？包括哪些内容，迫切性如何，在获得情报之后可以满足本企业的哪些决策等。

2. 情报收集

这是企业竞争情报工作的关键环节。收集时要根据情报源的特征和可利用性采用不同的收集方法，对确定的情报源展开有效的探究。收集过程中还要不断地进行校准和重新收集。

3. 分析加工

这方面的工作包括整理、分类、排序、存贮（建立情报库或数据库）、解释和推断，并加工成为可利用的新情报。情报信息的加工过程，是信息的情报化过程，是汇集零散信息成为具有新价值的综合性情报的过程。在分析与加工的过程中，需要使用分析工具、分析技巧、推理方法，进行科学抽象和理性思维，将定性分析和定量方法相结合。这是使信息增值的重要步骤。

4. 应用传播

这是将分析加工的结果以一定的形式传播给决策者。由于决策的针对性、实践性，竞争情报一定要以明晰、容易理解的“产品”形式出现，而且要提供简洁、准确的观点和结论。应用传播是一个双向交流的过程。它可以是本企业的竞争情报人员与企业管理者的交流，也可以是专业咨询企业的竞争情报人员与用户（委托研究的企业）之间的交流。在交流的过程中会互相补充，臻于完善。

上述四个步骤既相互独立又互相联系，后一个步骤对前一个步骤还不断地输出反馈信息，整个流程处于不断地调整之中。竞争情报的成果付诸应用之后，往往还会产生新的问题，发现新的目标，于是就进入新一轮的竞争情报工作的流程。

5.4 企业传统文献信息系统的管理

5.4.1 企业传统文献信息系统管理概述

1. 企业传统文献信息系统管理的内容

这里说的企业传统文献信息系统，指的是由纸质文献信息组成的信息系统。它是组成企业文献信息系统的两大部分之一，另一部分就是电子档案系统。电子档案系统的管理包括电子档案的归档、维护、利用和安全管理。这些内容本书在“4.5.4 企业电子和数字化档案的管理”中已经介绍过了

企业传统文献信息系统的管理，即通常所说的档案管理，包括文献存储管理、文献服务管理、文献保护。

2. 企业传统文献信息系统的类型

企业纸质文献信息有企业内部产生的内源性文献信息，包括技术档案、人事档案、文

书档案、企业经营档案；还有企业外部产生的外源性文献信息，包括书、报、刊资料等。二者都是传统的手工式系统。

1）技术档案系统

企业的技术档案是企业在生产工艺设计、产品设计、生产设备设计等活动中形成积累起来的，经过整理、鉴定留作历史记录的技术文件材料，主要包括技术图纸、图表、专利文件、产品标准、操作规程等方面的文字材料、数据材料、照片等。随着信息技术的发展，企业技术档案中也出现了影片、录像、录影带、光盘和 U 盘等非纸质文献。由于同属于技术文献，这些非纸质技术文献往往和纸质技术文献同放一处。

技术档案产生于企业的科研、生产活动领域，属于自然科学范畴，这是它与其他种类档案的根本区别。它是经过整理、鉴定，具有保存价值并履行了归档手续留作历史记录的技术文件材料。它是真实地反映企业生产、科研活动的第一手材料，同时，又为企业的生产、科研提供有效的服务。

企业技术档案具有四大功能。一是技术管理功能。它所记述和反映的企业生产与科研活动的过程、数据、事实，有助于企业管理者对情况进行准确判断、分析和决策，优化科技、生产管理活动。二是辅助认识功能。它是人们借鉴、继承前人或他人的生产和科研成果的重要资料。三是原始凭证功能。它是解决有关生产、科研的疑难问题、知识产权纠纷以及其他有关争议问题的有力凭证。四是提高经济效益功能。用好技术档案可以降低活劳动消耗，如节约工时、避免重复劳动、节约原材料、挖掘生产能力、开发新产品等，提高经济效益。

2）人事档案系统

企业的人事档案是指企业员工个人在社会实践中形成的，记述和反映个人经历和德才表现，以个人为单位，经过鉴别、整理后保存起来以备查考的文字材料。

目前，我国将人事档案分为正本和副本，副本是正本中某些类型主要材料的重复件或复制件。其中，正本分为十类，副本分为七类。

正本材料的十类依次是：履历材料，自传材料，鉴定、考核、考察材料，学历、评聘专业技术职务与评定岗位技能的材料，政治历史审查材料，入党入团材料，奖励材料，处分材料，录用、任免、出国（出境）、工资、待遇及各种代表会议代表的材料，其他可供组织参考的材料。

人事档案是企业人力资源管理中考察、了解企业管理者和员工的重要依据之一，可以为澄清个人历史问题提供凭证，为人才开发提供信息，是编写人物传记和专业史的珍贵史料。

3）文书档案系统

企业的文书档案是指在企业管理的公务活动中形成和使用之后经过整理归档以备查考的各种文件材料。企业虽然不是政府部门、行政机关，但是仍然有公务文书产生，也就相应地有文书档案存在。

企业文书档案有上级主管部门发来的指示、规定、批复、通知；企业上报的报告、请示、报表；同兄弟企业互通信息的函件；企业内发的生产计划、总结、规章、制度、会议记录、通知、通告等。

企业文书档案作为传达政府和企业的行政方针和政策、发布法规、报告情况、总结和交流经验的一种重要工具，在企业管理中起着重要作用。

4）经营档案系统

企业的经营档案是指企业在生产经营管理活动中产生和使用的、经过整理归档以备查考的各种文件材料，包括企业客户信息资料和实物，企业各营销点工作计划、数据、方案、业绩等资料，企业所在市场的信息资料，企业竞争对手的资料，企业与供应商、销售商往来的文件资料等。

这些信息对于企业的发展至关重要。可是，在传统的企业档案管理中没有重视这一块。由于这些档案与技术档案、文书档案和人事档案都不相关，以致这些资料信息无法归档，处于无人问津的状态，随着当事人的调动、退休、离职，散失严重，对于企业来说这是极大的损失。

5）书、报、刊资料系统

通常，企业都要根据自身的需要，购置一定数量的图书、报纸和期刊。这些资料也需要加以专门的管理和保护。

3. 企业文献信息管理的认识误区

由于企业文献信息与图书馆、档案馆的管理对象相似，从而给人一种错觉：成熟和完善的图书馆、档案馆管理模式可以照搬到企业来用。这是当前企业文献信息管理中普遍存在的一个认识误区。因为在实际管理中，作为社会公共设施的图书馆、档案馆的管理和企业的文献信息管理之间存在以下四个矛盾。

1）收藏与使用的矛盾

图书馆、档案馆只注重收藏，自己并不使用所收藏的信息，使用是读者的事。

企业则不同，不仅注重收藏，而且是本企业自己利用，不允许他人使用。

2）收藏与清理的矛盾

图书馆、档案馆属于社会公益机构，其收藏原则是越多越全越好，新旧信息都要收藏，即使是过时的、目前看来无用的信息也要收藏，因为那可以在将来满足历史研究的需要。

企业则不能这样。企业内文献信息的收藏只可能是有用原则，有用才收藏。随着时间的推移，企业内存储的文献信息越来越多，其中对本企业已经没有使用价值的信息也会同步增长。这些无用信息的增长，不仅会增加存储空间和费用，而且必然会增加检索有用信息的困难和检索费用，所以企业必须清理和剔除那些无用信息，而且要求不断加快剔除无用信息的速度。

3）服务与责任的矛盾

读者在图书馆、档案馆里找不到所需要的信息，图书馆、档案馆并没有责任，也不会因此有任何损失，读者并不能指责档案馆、图书馆的工作。

企业则不同，企业使用信息所得结果的好坏，与企业管理有着直接的利害关系。企业内的文献信息管理部门是直接为本企业管理者决策服务的，能够及时为决策提供有效的信息是他们追求的最高目标。当企业在需要某一文献信息时没有能够及时提供，或者提供的是过时、失真的信息，不是没有责任，而是一种失职。企业会因此造成决策延误或决策失误，甚至会给企业带来重大经济损失。

4）投入与收益的矛盾

企业的传统文献信息资源在收藏和保管方面需要占用企业的人力和财力等资源，而一些信息使用价值会受到时效性的影响，因此在考虑投入和运用这些信息资源获得的收益之间往往存在矛盾，通常，会因为认为收益不大，而不愿意持续投入。结果，相当数量的企业难以保存和收藏自企业成立以来的相关企业活动记录信息，甚至一些与企业发展密切相关的早期技术文献等常常在需要时难以找到。

所以，企业文献信息管理不能照搬图书馆模式。

相反，图书馆、档案馆模式的全馆信息集中统一管理的长处，企业却没有学过来。任何一个图书馆、档案馆都有全馆文献总目录，而企业内却没有。企业信息分散在企业内各个职能部门，大大降低了信息共享的水平，特别是在企业传统信息系统发挥主要作用的企业，这种情况更为突出。企业要管好文献信息，除了要从传统信息系统升级到现代信息系统外，更为重要的是需要建立崭新的企业文献信息管理的理念和模式。

5.4.2　传统纸质文献信息的管理

传统纸质文献信息管理，又称档案管理。它包括传统纸质文献信息的存储管理、服务管理和保护管理。

1. 传统纸质文献信息的存储管理

传统纸质文献信息的存储管理，包括企业图书馆、资料室、档案室保存的纸质文献信息的存储管理，又称档案保管工作，包括以下五个环节。

1）归档

由于企业的纸质文献信息有两大类：一类是企业图书馆、资料室的纸质文献，另一类是企业档案室的纸质文献。而图书馆、资料室的文献信息的归档是由其自身完成的，并不归档到档案室，而企业档案室保存的纸质文献信息的存储是需要归档的。

这里的归档工作是指企业将在生产、经营活动中不断产生的纸质文献信息，在活动结束后，由相关的业务部门整理立卷，定期移交给企业档案室集中保存的活动过程。

根据国家有关规定，我国档案实行集中统一管理的原则，企业也应建立归档制度，任何人不得私自保存和销毁文件。归档制度包括以下四个方面的内容。

（1）归档范围。一般而言，凡是反映本企业管理活动，具有查考利用价值的文件材料，均属归档范围，包括上级主管部门下发的文件材料、本企业制发的文件材料，供应商、经销商、合作企业的文件材料等。只有书报刊资料不须归档，仍旧由企业图书馆、资料室管理。

（2）归档时间。这是指企业机构、业务部门将需要归档的文件向档案室移交的时间。一般应在第二年的上半年。有些文书处理和档案工作由一人兼管的企业，可以采取随立卷随归档的做法。

（3）归档案卷的质量。归档案卷的质量包括案卷内容质量和案卷结构质量。内容必须遵循文件材料的形成规律和特点，保持文件之间的有机联系，区别不同价值，完整无缺、系统有序，加设封面，便于保管和利用。结构要种类齐全，份数完整，不缺张少页，每份案卷可以组成一个保管单位，便于保管和利用。每份案卷增加封面，封面上的标题不宜太长，要求文字简短而又清楚，鲜明准确地反映卷内文件的内容，并注明该案卷的保管期限。

（4）归档手续。归档应该办理归档手续，首先由移交人员说明立卷归档的情况；其次由档案室人员根据移交人所说情况和案卷目录进行清点、核对，证明案卷符合案卷目录后，交接双方履行签字手续；最后，将案卷目录的副本由档案室经手人签字后交于移交单位保存。归档是企业文献信息管理工作的一个标志点，归档后，这一年的文献材料也就从现行处理阶段转入档案保管和利用阶段。

2）登录

登录就是建立账目。图书馆、资料室的书报刊资料，在采购入库之后就要登录；而各类档案在归档后，档案室的工作人员要对档案进行登录。登录有助于了解档案信息存储的概貌，保持信息资源的完整，便于管理，还有利于形成一种方便的检索工具，同时这也说明该信息已经属于本企业或本部门所有了。

3）编目

编目就是编制目录的工作。图书馆、资料室的书报刊资料，在登录后要编制分类目录、作者目录、书名目录。而各类档案的编目，则包括以下两个方面。

（1）编制卷内文件目录。编制卷内文件目录指给一本档案案卷内所有文件进行登记形成的目录，包括顺序号、发文号、责任者、题名、日期、页号和备注，一般置于案卷首页。这一工作是由业务部门文献信息管理人员在移交文献档案前做的。在编制卷内文件目录时，还要填写卷末备考表和填写案卷封面。

（2）编制案卷目录。编制案卷目录指档案室给所藏全部案卷编制的目录。这是由档案室的工作人员做的。通常是按照已经排定的顺序，给各份案卷逐一编号、登记、造册。具体包括：封面和扉页、目次、序言或说明、简称对照表、案卷目录表、备考表。案卷目录至少应一式二份，一份供日常使用，另一份保存备查。

4）编码

对于图书馆、资料室的书报刊资料，在编目后要编制分类号。归档的档案也要根据档案室的分类体系给档案编制档案号。其本质是用统一代码替代存储信息的名称。

5）排架

排架是将经过登录、编目、编码之后的书报刊资料或档案在书架上或资料柜中按一定次序进行排列的过程。排架的目的主要是实现有序保存，便于清查、核对及统计，方便提供、利用。常用的排架方法有按登录顺序排架、按信息来源排架、按首字笔画排架、按文献内容分类排架、按文献主题排架。

排架后要进行全宗编号。全宗是指一个独立的机关、团体、企事业单位或人物在社会活动中所形成的档案的总和。对于企业文献信息管理来说，一个全宗就是企业内一个部门、一个机构在工作活动中所形成的全部档案材料。

2. 传统纸质文献信息的服务管理

企业文献信息管理者不能只当文献资料保管员，还要做文献信息的服务工作。企业文献信息服务工作的内容包括文献的阅览、报道、检索和咨询。

1）企业文献阅览服务

这是指企业文献管理机构（图书室、资料室、档案室等）提供专门的阅览条件，让企业成员在指定时间和场所阅读所收藏文献资料的信息服务工作。它主要是阅览室的管理，包括阅览室类型定位、阅览室室藏文献的组织、阅览室现场条件的准备和用户接待。

2）企业文献报道服务

这是指企业文献信息管理机构将自身拥有的文献信息（书刊或者档案）经过加工整理，以便于使用的形式主动、及时地向全企业广泛传播，以引导对企业文献信息有效利用的服务工作。通过报道服务，让企业内更多的人知道企业自身已经收藏了哪些文献信息资源，使这些文献信息得到复用，创造更多的价值。

文献报道的方法通常有三种：口头报道、直观报道和媒介物报道。口头报道包括信息发布会、企业内有线广播；直观报道包括文献展览会、技术演示会；媒介物报道包括信息刊物报道和企业内部局域网报道。报道的体裁有文献目录、简介、文摘、文献动态、文献译报、文献汇编、文献综述和述评等。

3）企业文献检索服务

这是指企业文献信息管理机构根据企业内用户的要求，从企业收藏的文献信息和社会公共信息库中找出所需信息并提供给用户的过程。它包括以下三个方面。

一是文献线索检索，向用户提供寻找所需文献线索的数量和路径。例如，目前关于 CIMS 的进展有哪些文献？

二是数据检索，直接提供用户所需的确切数据。例如，某种型号电缆的传输速率、某一竞争对手与本企业同类产品的市场价格。

三是事实检索，直接提供用户所需的特定事实。例如，某竞争对手企业近三年的专利申请情况，或近两年来汽车发动机的发展动向等。

文献检索服务的方法包括手工检索和计算机检索两种。

4）企业文献咨询服务

咨询服务是咨询机构根据用户的要求，以专门的知识、技能和经验，运用科学方法和先进手段，进行调研、分析、预测，客观地提供最佳的或几种可供选择的方案，帮助委托方解决疑难问题的服务活动。企业内有许多方面的工作可以通过寻求咨询服务来解决。企业文献咨询服务仅仅是上述咨询中的一种。

它是企业文献信息管理机构根据企业内的用户对企业文献方面的需求，帮助用户解决疑难问题的服务活动。企业文献咨询服务大体可以分为三种类型：指导性咨询服务、线索性咨询服务和专题性研究课题咨询服务。

3. 传统纸质文献信息的保护管理

1）文献保护的含义

广义的企业文献信息保护，一是指维护文献实体的秩序状态，使文献在存放和使用中始终有序；二是指保护文献实体的理化性状，使其在存放和使用中不受或少受人为的或自然因素的损害，并尽量延长其物质形体的“自然寿命”。前者实际上就是通常所说的文献信息存储，后者就是狭义的文献保护。

狭义的文献保护是指通过研究文献制成材料的损坏规律及科学保护文献的技术方法，以达到最大限度地延长文献物质载体（文献制成材料）寿命的工作。

文献制成材料损坏的内因是材料的性能及其耐久性。它决定于材料的原料质量、化学成分、理化性能和生产过程及工艺。例如，决定纸张本身耐久性的因素是造纸植物纤维的质量、植物纤维的化学性质和造纸过程。

文献制成材料损坏的外因是指文献周围的环境因素、生物因素及人为因素，如不适宜的温度、湿度、光照、空气污染物、虫害、霉菌及有害生物。纸质文献一旦形成，其内因已经确定，对延长文献寿命起决定作用的则是外部条件。

因此，要做好文献保护，既要研究破坏文献的内部因素，还应研究损坏文献的外部因素。一方面，不断改进文献载体材料与记录材料本身的性能，提高其抵抗外界不利因素的性能；另一方面，在文献已形成后，不断完善文献的外部条件。

在文献保护中，必须贯彻以防为主，防治结合的指导思想。虽然文献制成材料老化的趋势是不可逆的，但是这是一个由量变到质变的过程，延长量变过程所需的时间，就可以推迟质变发生的时间，也就等于延长了文献的寿命。

2）文献保护的内容

文献保护工作包括以下三个方面。

（1）文献库房的建设与设备购置。库房选址应地势较高，地基坚硬干燥，排水顺畅，空气流通，远离易燃易爆场所，远离有大气污染的工矿企业。库房质量标准应能够防水、防潮、防热、防火、防大气污染物、防光、防虫。

（2）文献库房管理。①要有进出库制度。一般情况下，非档案工作人员原则上不允许进入库房。档案工作人员在非工作时间内一般不允许入库，不许在库房中吸烟、喝水、吃食物等。②要进行库房温湿度控制。据有关研究结果表明，较为适宜的库房温度应该在14～20℃，相对湿度应在50%～65%。③要采取“八防”措施，即防火、防水、防潮、防霉、防虫、防光、防尘、防盗。

（3）文献修复。这是对破损文献进行修正、恢复，去除文献中对耐久性不利的因素，恢复文献原来面貌，提高文献制成材料耐久性的工作。其主要内容包括：①去污。清除文献上的泥斑、蜡斑、墨水斑、霉斑等各种污斑。其方法很多，应根据污斑、字迹及纸张情况而定。有机械去污、溶剂去污、氧化去污等。②去酸。由于造纸过程中的施胶、大气污染等原因，文献纸张呈酸性。酸能促使纤维素水解，纸张强度下降。去酸法主要有液相去酸和气相去酸。③加固。在文献制成材料中，有的字迹材料耐久性较差。例如，铅笔字迹不耐磨，红墨水和纯蓝墨水字迹不耐水，圆珠笔和复写纸字迹不耐热等，对此，需要加固。加固方法主要有涂料加固、塑料薄膜加固、丝网加固等。④修裱。修裱就是使用黏合剂和选定的纸张对破损文献进行修补或托裱，恢复文献原有面貌，增加强度，延长寿命。这是一项复杂、精细的工作，主要涉及黏合剂的选择、修裱用纸的选用、修裱技术、干燥和修整等。⑤纸质文献字迹的恢复与显示。其主要包括物理法、化学法等。例如，摄影技术、恢复字迹技术。⑥计算机修复。照片被折伤，照片影像泛黄或褪色，纸质文献字迹褪色后，可用传统方法修复，也可以在计算机中用图像处理软件进行修复。

5.5 其他常见企业信息活动的管理

5.5.1 企业信息公开的管理

企业信息公开是一个专用概念，专指企业向社会发布自身信息的工作。

企业是社会的细胞，企业信息流也是社会信息流的重要组成部分。企业有着公开自身信息的内在动力，这是企业生产经营管理的需要，也是树立企业形象的需要，同时企业也有义务为社会信息资源的共享提供信息。

1. 企业信息公开的内容

通常，企业对外公开信息的内容，主要有以下几个方面。

1）向上级主管部门公开信息

企业每年应该通过年度计划、统计报表等形式，向上级主管部门报告企业有关技术创新、产品开发、市场营销、基本建设、人员选聘和培训等方面的情况和计划。这是国家宏观经济 MIS 中信息的重要来源。这些信息是国家实现国民经济宏观调控的重要依据之一。

2）向社会监督部门公开信息

企业每年应该如实地向国家统计、审计、银行等有关社会监督部门提供企业的总产值、销售额、利润率、固定资产、流动资产、无形资产、全员劳动生产率、上缴利税等方面的数据信息。这些数据信息，既是有关社会监督部门掌握企业实际情况，以便对企业发展予以支持的需要，也是国家了解整个国民经济发展状况，进行宏观调控和宏观决策的需要。

3）向社会信息网络公开信息

在今天的信息社会，由各类信息网络、网站、信息中心、咨询机构、图书馆、档案馆、情报单位组成的社会信息网络，由于其覆盖率高、传播速度快、反馈及时等优点，已经成为社会信息资源共享的最佳设施。

企业可以及时、主动地向这些社会信息网络公布自己的信息，如公布有关技术创新、招商引资、项目合作等方面的意向信息，提供有关本企业产品的样本或说明书、企业的情况简介、研究报告等信息。

这些信息不属于公开出版发行的文献，用户和消费者一般不容易获得，在社会信息网络上公开这些信息，可以大大方便用户和消费者了解本企业的情况，对于本企业的发展十分有利。

同时，这样做也可以密切企业与信息网络部门的联系，为自己获得新的有关信息和接受咨询服务提供便利条件。

4）向其他企业公开信息

任何企业在生产经营过程中都会与其他企业发生业务联系。上游的有供应商企业，下游的有经销商企业，平行的有生产、技术方面合作的企业，企业之间的联系越紧密，相互交流的信息量也就越大，对本企业的发展就越有利。相关企业之间建立畅通的信息交流网络，使企业从生产所用的原材料、产品销售到售后服务的一切信息都可以在相关企业中进行交流，以便获得企业间的最佳配合。

5）向用户和消费者公布信息

这不仅是保护消费者权益的法律需要，而且也是企业争取用户、扩大市场占有率的重要手段。企业通常是用发布广告、召开用户座谈会、举办展销会等方式进行，公布其产品的性能特点、使用方法、售后服务等方面的信息，让用户和消费者了解本企业的产品信息，吸引用户和消费者购买自己企业的产品。

在社会信息网络飞速发展的今天，用户和消费者要获得需求信息十分容易，他们都是货比三家才形成购买行为。所以在市场竞争越来越激烈的今天，谁能够不失时机地向用户和消费者公布信息，谁就具备了高于竞争对手的竞争优势。

6）向股东和股民公开信息

股票持有者了解上市企业的信息是他们的权利，企业应该及时地或定期地、如实地向他们公布有关企业的财务、信用及负债、企业资本净值、盈利水平、股息分配等方面的信息，而且要求透明度要大。股东和股民在了解企业的这些信息后，行使某些企业管理的权利，如议案表决、利润分配、新股认购、剩余资产分配以及决定是否继续向本企业投资等。所以，信息公开是上市企业的一项基础性工作，是保证企业正常运作的前提条件。

2. 企业信息公开的要求

企业向社会公开信息，必须满足可靠、及时、充分的要求。可靠是最重要的要求。可靠就是真实、准确和完整。企业向政府、社会、消费者和股民公开的有关企业的产品和服务信息、企业经营效益信息必须是真实、准确和完整的，不得发布假信息。

不过，企业出于竞争的需要，发布某些迷惑竞争对手、转移竞争对手注意力或本企业投石问路的非本意信息，是可以的。

3. 企业信息公开的方法

1）信息发布会、新闻发布会、记者招待会

信息发布会是企业用于向社会发布企业信息的一种专门会议，由需要发布信息的企业职能部门组织，参加会议的主要是新闻媒体的记者，所以又称新闻发布会或记者招待会。

信息发布会具有及时、公开和影响面广的优势。它借助于大众媒体，可以获得很好的传播效果。在信息发布会现场，企业可以具体解释、说明所公布信息的细节，这种企业与记者双向对话的方式，日益成为行之有效的信息公开方法。

此法可用于企业向社会各界公开发布各种生产、经营、服务和社会承诺等信息，以期引起社会各界、用户和消费者的关注；或者周知本企业的相关事项；或者到企业所在地以外的中心城市或地区发布本企业的有关信息，以期开辟新的市场；或者以此获得某些有效的支援与合作；或者以此与竞争对手周旋。

召开信息发布会，要讲究事先进行精心的策划。你策划成什么样式，它就发生成什么样式。你策划得好，信息发布活动的效果就好；你策划得不好，效果就差，甚至会出现差错或泄密。不能是到信息发布会将发布的信息在会上念一遍就了事。

2）产品展览会、商品展销会、商品交易会

产品展览会是指参展的企业把各自的产品拿到会上展示，供用户和消费者参观的集会形式。由于在产品展览会上总是要进行商品交易的，所以有时又叫作商品展销会、商品交易会。

此法的优点是，到场参观的用户和消费者能见到产品的实物，直观、明白，还可以自己进行现场操作，检验产品的性能，所以最能够显示本企业产品的优势。缺点是，展览的时间有限，不可能一直展览下去，且到场参观的人数也有限，所以宣传效果受到一定限制。

产品展览会通常是由行业协会、团体或相关的政府职能部门出面组织。现在许多城市还有专门组织产品展览会的展览公司。某些拥有专门展览场地的单位就是一种专门的会展中心，把组织产品展览会当作一种业务进行经营。

对于企业来说，参加展销会有以下三大任务。

（1）努力介绍好本企业的产品。要事先进行周密计划，物色参展人选，制定参展程序；要慎重选择与本企业产品对口的展览会参展，不必见展会就上；要精心布置本企业的展台，文字、图片、实物要一应俱全。文字要简短，一目了然，产品实物摆放要方便参观者观看和操作，同时还要备有详细的产品介绍材料，以备参观者索取，接待来访者要热情诚恳，百问不烦。

（2）注意获取竞争对手的信息。参加同一个展销会的企业往往相互之间就是竞争对手。平时要获取对方的一点信息都很困难，现在竞争对手的展位就在同一展览大厅，既可以看到他们的活动，也可以听到他们的谈话。而且各参展企业都会专注于推销自己的产品，设防、保密的观念比平时淡薄，所以，产品展销会是获取竞争对手信息的最好时机。这个任务可不能忽视。

要在展销会上获取竞争对手信息，通常的做法是一看、二谈、三收集、四比较。一看就是在开展后，要通览全馆，建立总体印象，参加所有活动。然后观察竞争对手的展厅，仔细分析其展厅的布局、组织、人员数量，确认访谈对象；尤其要注意观察在竞争对手展厅参观的人数、参观人员结构、提问内容、细谈对象；并对双方的参展情况进行比较，分出高低优劣。

二谈就是与竞争对手的参展人员交谈。可错开参观高峰期，拜访对手展厅，以便有时间长谈，可选择与竞争对手参展的技术人员交谈。交谈从产品开始，逐步进入核心，但切记不能当面作记录，不能用录音机录音。只能是交谈结束后在僻静处把新的发现记录下来。

三收集就是要注意收集所有能得到的文字资料、名片、说明书，有些现场情况、产品实物可拍照片。国外还有人罗列了商品展销会结束时应该收集的文件清单：参加展销会的人员名单、所有参展公司的名单、所有交谈和观察的记录、研讨会或讲座的目录和文稿、所有参展宣传材料和广告材料、所有参展的新闻发布材料、价格目录、技术资料、散发的杂志文章的重印件以及产品照片、样品、包装、标签等。这些资料都是十分宝贵的情报信息。

四比较就是比较所收集到的信息。可以纵向比较，将在多次展销会上收集到的同一产品的信息资料，按照时间顺序排列之后进行比较，就可以发现这一产品信息的变化趋势，这一趋势则反映了竞争对手在这一产品上的战略思想。如果没有变化，也很重要，说明这个企业对这个产品不重视了。还可以横向比较，将在同一次展销会上收集到的不同竞争对手的信息进行相互比较，就可以发现在竞争对手中哪些强一些，哪些弱一些。

（3）注意做好反竞争情报工作。因为你企图在展销会上获取竞争对手的信息，竞争对手也会千方百计地在展销会上来获取本企业的信息。所以，企业必须十分清醒地认识到，在展销会上丝毫不能放松反竞争情报的工作。

关于竞争情报的工作，本书在 5.3.2 节已经阐述过了。

3）广告

广告有狭义和广义之分。广义的广告是指运用口头的、文字的、图画等的说服方式，为了有助于商品和劳务的销售，所进行的一种公开宣传活动。狭义的广告是指通过支付价款，委托专门的部门，在一定时期内获得某种媒体，有计划地宣传商品和劳务的一种活动。自从有了市场和商品，也就有了广告。

由于媒体的不同，又分为网络广告、电视广告、电影广告、广播广告、报纸广告、期刊广告、路牌广告、店面广告、车体广告、招贴广告等。

广告是企业向用户和消费者公开信息的最主要的渠道。客观事实已经证明，广告与企业的收入盈利息息相关。管好企业的广告，是典型的企业信息管理工作。广告管理的内容相当丰富，企业管理者可以找一些专门论述广告管理的图书，学习广告管理的知识。

4）企业新闻报道

新闻报道对于树立企业形象至关重要。特别是在我国，正式的新闻报道，通常具有对报道对象的肯定、褒扬、推广的内涵，企业能够在电视、广播和报纸的新闻中得到报道，比广告所获得的效果还要大。在这一问题上，虽然新闻媒体部门占主动地位，并不是企业想报道就能够被报道，但是企业如果有这方面的意识，能够了解媒体宣传的政策、方式，积极去争取，还是有可能被报道的。因为关于企业的管理创新、技术成果、先进人物、改革经验、信息化成果等，都是媒体所需要的新闻题材。许多情况下，不是企业的情况不值得报道而是媒体不知道。

5）企业冠名的公益活动

通过企业冠名的各种公益活动，如赞助参与支持“希望工程”的活动，开展关爱残疾人的爱心活动，举办各种与企业有关的学术交流活动，为用户和消费者提供免费学习使用本企业产品的培训活动，在电台、电视台、报纸上开办专门的以企业名称冠名的广播节目栏目、电视节目栏目或报纸专栏等。

这些做法，虽然只有一个企业名称，并不能介绍企业的产品，但是在提高企业社会知名度上很有效果。因为这些活动通过媒体报道出去，社会也就同时知道了企业；这类专栏、栏目，天天与听众、观众、读者见面，也就天天与企业见面，如果专栏、栏目办得好，企业的知名度就会更高。

6）企业自身媒介

企业自身媒介很多，如企业网站、企业出版物、书面报告、报表、电话、传真、电子邮件等，都可以用于公布企业自身的信息。

企业网站是信息公开的最现代化手段。它具有突破时空限制的极大优点，不论在世界什么地方，也不论是一天的哪一个时间段，它都可以接受客户和消费者的访问，是全天候的、不关门的企业门市部，是不闭幕的商品交易会。企业信息管理者应该充分加以应用。

企业出版物是指由企业自己编辑印刷的文字材料，过去都是纸介质的，现在也有刻制光盘的。其内容主要介绍本企业的基本情况，如领导成员、组织机构、历史沿革、产品介绍等。通常是用于在接待来访或商务谈判时赠送给对方，或在参加商品交易会、产品展览会时赠送给参观者的。要编好企业出版物，具体的编排、印刷、用纸等事务可以交由专业部门去做，企业管理者要注意的是，该出版物要写什么内容，必须写的内容应该按照怎样的次序排列，需要使用哪些照片等，一切都应该从企业利益出发，而不要搞成为少数人树碑立传的小册子。

书面报告和报表是企业向上级主管部门、社会监督部门、股民和股东公开信息的主要手段。通常，这些报告、报表是职能部门工作人员编制的，但是企业的管理者应该核查这些材料，确认无误后再发出去。

电话、传真、电子邮件等通信媒体，既可以一对一地传播信息，也可以一对多地传播信息，是企业公开信息最便捷的工具。

通常，企业向同行企业、供应商和销售商企业公开信息，企业售后服务工作中向用户和消费者公开信息，就是通过这些工具来完成的。当然这里有一个如何提高通话效率和效果的问题，这主要依赖于企业管理者表达能力的提高。

4. 企业信息公开的策略

信息公开的策略是企业信息公开活动使用的计策和谋略。主要是寻求在什么时间、什么地点、使用什么信息公开的工具、怎样使用工具，才能获得最好的信息公开效果。总结近几年来企业信息发布的实践，可归纳为以下五大策略。

1）为您服务，满足需求

企业争夺用户和消费者，始终是企业信息公开的直接目的。这里的争夺不是强制，因为企业不能强制用户和消费者购买自己的产品，但是任何人的行为都是由动机驱动的，企业可以运用信息的诱导功能，通过所公开的信息，诱导用户和消费者产生购买本企业产品的动机，然后在这种动机的驱使下产生购买本企业产品的行为。于是，争夺就表现为谁的信息能够抢先进入并牢固地占领用户和消费者的大脑。

所以，信息公开的第一个策略就是攻心的策略：为您服务，满足需求。

具体来说，可有以下三个策略。

（1）动之以情，亲密接触。这是说企业从情切入，寻求产品对应人的情感枢纽相应的部位与层次，赋予在包装、广告、促销、设计上面，进行定向准确而又有分寸的切入，使情的投射穿过消费者的情感障碍，使消费者受到强烈感染或被冲击，激发消费者对本企业的好感。这种情感一旦产生，就会诱导产生潜在的朦胧的购买本企业产品的动机。

（2）热点热炒，投其所好。这是说企业从社会关注的问题、舆论的焦点、热点出发，与本企业形象或产品相联系进行信息公开，可以拉近企业与消费者的距离。在今天信息社会里，每个时期都有热点出现，但不等于这些热点都会被企业所利用。因为某一热点对哪个企业会有用，并不决定于热点本身，而完全取决于企业对热点的精准把握和恰当发挥。

精准把握就是对热点与本企业形象或产品之间的联系的深刻理解，抓住时机，该出手时就出手。有时还需要准确预测，必要时要通过特殊渠道事先取得相关的趋势信息，以便早做准备。例如，2003 年 10 月 15 日，神舟五号载人飞船成功发射，一时间，神舟五号和杨利伟成了社会热点。早有准备的新天下电脑公司在此之际公开信息，将其生产的四模式大屏幕液晶电脑取名“神舟”，借神舟东风，卖自己的电脑。

恰当发挥是指热点的利用要讲究一个度，炒得过度，火候嫌大，容易引起目标群体的反感，成为信息垃圾；炒得不热，又无法造就相当的声势，达不到消费者的兴奋温度。

（3）文化渗透，深层接触。这是说，国内跨地区营业的企业，或跨国公司在他国经营的企业，要在文化上进行本土化，才能得到所在地居民的认同。例如，你是在北京开饭馆，那就应该考虑北京人的价值观、语言习惯、知识范畴等非物质文化和建筑、交通、菜品等物质文化，才可能经营得好。

泰国饮料红牛，在进入中国市场时，就宣称它是华人的研究成果，中国消费者一般认为，在中国市场上销售的外国饮料都是外国的配方，这种饮料是华人研究成功的，就会有一种特殊的力量使它产生购买动机。现在，恐怕很少有人知道红牛是泰国的红牛了，因为它已经被中国化、本土化了。

同样，中国企业在国外市场也要在尊重和引导对方文化上面大做文章。

如何打文化牌，一是要细致分析目标群体中具有的民族的、区域的、层次上的特征，二是通过各种活动帮助消费者开发其潜在的文化意识。因为文化意识是潜在的，它对消费者的作用是在下意识状态下起作用的，消费者在主观上并没有意识到。因此，企业的信息公开如果能够启发消费者那潜在的文化意识，让消费者主观上产生明确的、自觉的认识，就更容易给消费者产生良好印象。

2）善假于物，为我所用

为您服务，满足需求，是从消费者身上找“刺激物”。除此之外，企业还可以从客观的社会环境中寻找可利用的“刺激物”。例如，电影明星、戏剧明星、著名企业老总、著名社会人物、专家学者、社会组织、社会事件、特殊物品等都可以作为利用的对象。社会公众对明星总有一种崇拜的心理，喜欢模仿明星的行为是一个普遍现象，明星支持的产品也就会得到一般消费者的认可；专家学者在社会中具有权威效应，是消费者眼中值得信赖的人物，专家的话最有说服力，加上人们的安全心理，所以专家支持的产品也会得到消费者的支持。

例如，金龙鱼第二代调和油在多种场合请专家说明这样的信息：人体饮食中饱和脂肪酸、单不饱和脂肪酸和多不饱和脂肪酸达到1∶1∶1的比例时，最有益于健康。尽管有人认为这个概念普通消费者很难看懂，其科学性值得怀疑，但通过推广“1∶1∶1”，金龙鱼大大减轻了鲁花牌花生油对自己的压力。

另外，舒肤佳利用中华医学会的鉴定，高露洁等牙膏产品利用中华口腔医学会的鉴定，也起到相同的作用。

但是，和热点问题一样，明星也好，专家也好，都是客观存在的，并不等于这些明星、专家都会被企业所利用。因为某一明星、专家对哪个企业有用，并不取决于明星、专家本身，而完全取决于企业对明星、专家与本企业关联的认识和理解。在现实中，有的企业在利用明星、专家后却适得其反，就是这个企业对明星、专家与本企业关联的认识有问题。

3）自我造势，强化效果

为您服务，是从消费者出发；善假于物，是从他人出发；第三个策略就从企业自身出发：自我造势，强化效果。具体来说，本策略也可分为以下三个方面。

（1）渲染气氛，提高效果。企业的每一次信息公开活动，都要事先进行精心策划，大肆渲染信息公开现场的气氛，可以大大提高现场效果。本书在第1章的案例1.5介绍的富亚公司总经理喝涂料的案例，就是一次成功的渲染气氛、提高信息公开效果的企业信息公开会。

（2）制造悬念，吸引注意。悬念是一个文学创作术语，说的是可以使读者或观众对故事发展或人物命运产生关切心情的情节安排手段。这一手法可以运用到企业信息公开中来。在悬念的布置过程中，调动起消费者的好奇心，为接收核心信息创造良好的感受环境，然后突然抖开包袱，给消费者留下深刻印象。

（3）喊冤辟谣，唤起同情。企业在经营过程中有时难免会遇到突发事件，直接关系到企业的生死存亡，这个时候需要企业通过信息公开，力挽狂澜，转危为安。通常，这时的策略就是喊冤辟谣，唤起消费者的同情和支持。

例如，2002 年，格兰仕在面对国外竞争者关于微波炉有害人体健康的诽谤时，立即果断做出决策，派出得力人员进京向媒体“喊冤”，在京召开有政府领导和专家出席的大规模“辟谣会”，从科学上阐明微波炉的安全性，在各大媒体上，包括自己的网站上，揭露国外竞争对手的险恶用心，对诽谤进行反击，终于洗刷了自己的“不白之冤”。

相反，2001 年 10 月，南京××园陈馅月饼事件被曝光后，其负责人不仅不肯作自我检讨，还指责同业竞争者，批评中央电视台的如实报道，结果陷入了消费者的唾沫里再也没有喘息机会。

4）挑战对手，获取优势

企业信息公开的第四个策略，是从消费者、他人和企业自己，转向企业的竞争对手：挑战对手，获取优势。

具体来说，可分为以下两种策略。

（1）创新形象，差异竞争。在市场经济条件下，企业总是处于竞争的环境中。所以，企业的信息公开不可能回避企业存在竞争对手这一事实，也不可能全然不考虑企业竞争对手可能存在的反对和干扰。应对竞争对手的有效办法就是采用差别化竞争的策略。这里的关键在于寻找差别信息。在抓准差别信息之后，在不贬低对手的情况下，通过有特色的宣传活动、灵活的推销手段、周到的售后服务，赢得消费者的关注。

例如，农夫果园果汁饮料在初入市场时，广告词是“农夫果园，喝前摇一摇”和“农夫果园，三种水果的果汁饮料”，打出了它的个性：果汁浓度 30%，所以喝前要摇一摇，这不就是对一般果汁只有 10%浓度的一种叫板吗！“三种水果”总比一般果汁只是一种水果的果汁的营养价值要高吧！这种“差别”的发现和推出，本身就是一种创新。

（2）明修栈道，暗度陈仓。在竞争中，企业的信息公开还需要虚虚实实，迷惑对方，为自己赢得时间；或投石问路，探听对方虚实，争取主动。本书在第 1 章案例 1.6 中介绍的北极绒公司明买养鸭场，暗做鹅绒服就是这种策略。

5）运用博弈，竞争取胜

上述四大策略说的是普遍规律，你会这样做，别人也会这样做，是大家都可以使用的方法策略。

本来，当你知道别人准备怎样做之后，就比较容易确定本企业的行动策略。问题难就难在怎样才能知道别人打算做什么？还有，方法策略那么多，企业环境又那么复杂，到底用哪一个策略对本企业比较合适？

所以，第五个策略就是运用现代博弈论的方法，来分析判断别人可能会怎样做，或者来判断本企业究竟应该选择怎样的策略，再确定本企业怎么做。至于如何进行博弈分析，已经不属于本课程的范畴，就不介绍了。

5.5.2 企业会议的管理

企业会议是一种典型的信息活动，也是典型的企业信息系统的应用。

企业会议是企业实施管理的重要手段，还是发现人才的重要渠道，是学习、宣传、教育的载体。可以说，没有不开会的企业。然而，会不会开会，就不一定了。

企业会议的种类很多，会议有企业内部的会议，如传达会、汇报会、报告会、座谈会、业务工作会；还有大型的职工代表会、学术研讨会；还有涉及企业外部的会议，如信息发布会、新闻发布会、产品展览会、商品展销会、商品交易会等。

通常，企业内部会议和外部会议的作用和功能不同，对其的管理也是不同的。因此受篇幅限制，不能全部介绍，只能选择其中几个。其中信息发布会、新闻发布会、产品展览会、商品展销会、商品交易会，本书已经在“5.5.1 企业信息公开的管理”中介绍过了，这里只介绍其中的企业内部业务工作会议的管理。

企业会议管理是为了实现企业目标，对企业会议的计划、组织、指挥和控制的社会活动的全过程。

全过程包括会前准备、会议进程管理、会议结束总结。不能把会议管理仅仅看成对会议进程的管理。

对于企业的内部会议特别是业务工作会议，其管理主要包括以下步骤。

1. 会前准备

会议准备工作关系会议质量，是保证会议成功的前提，切不可掉以轻心。对于日常的企业工作会议来说，主要做好以下几项准备。

1）会议议题和目标的确定

议题是会上准备讨论的问题。目标是会议召集者希望得到的结论。这两个问题在会前准备时一定要明确，且议题是已经具备成熟解决时机的议题，是本级会议权限范围内能够解决的议题，是经过讨论可以达成统一意见、获得预期结论的。最忌讳的是那种“大杂烩”式的一揽子会议，试图什么问题都议，结果只能是什么问题也解决不了。

2）会议议程的安排

议程是会议进行的顺序。如果议题不多，只有一两件事情，也就无所谓议程。会议开始后，主持人开门见山一说即可。如果议题较多，就应该按照先急后缓、先重后轻、先共同后个别的原则来安排，将紧急的问题、重要的问题、共性的问题放在前面，先进行讨论，保证会议目标的实现。因为会议开始时，与会者精力充沛，思想集中，效果较好。也可避免因会议时间不够，来不及讨论，耽误紧急问题、重要问题的决策。

3）与会人员的确定

与会人员确定的原则就是相关性。与会人员必须与会议议题和目标相关，并应至少提前一天将会议议题通知与会者，使其在会前有所准备。

4）会议资料和会务准备

会上需要讨论的议题资料、背景资料等必须事先准备就绪，打印出来，发给与会者。会议地点、会议所需要的设备等方面也要做好准备。

如果议题不成熟，或与会者意见分歧严重，或会议材料没有准备齐全，或某些关键的、必须参加的与会者因公、因病没有时间与会，则不宜开会。如果会议议题可以用电话、备忘录或个别谈话等方式解决，或者属于不宜扩大知情范围的事务，或者是琐碎小事，也不宜开会。

2. 会议进程管理

会议进程管理的具体内容包括：按照事先确定的会议的议程，组织和指挥会议进行。会议一开始，就要用明晰的语言说明会议的议题，以便将与会者的注意力集中起来，围绕中心议题进行积极的思考。会议主持人要充分发扬民主，提倡各抒己见，并善于引导，对会议进行有效的控制，最后对各种意见进行综合。

会议的控制主要包括以下三个方面。

1）会议进程的控制

这项工作就是在会议进行的过程中，留心会议的进程是否按照原来计划规定的程序在进行。如果一切正常，预计会议能够按时完成任务，那自然很好。

会议进程中需要控制的有两种情形：一是跑题的控制。在会议发言内容偏离会议议题和目标时必须及时干预、提醒，并以明晰、简洁的语言重申会议的议题；二是发现原先的会议安排不当的控制。当会议进行了一段时间之后，可能会发现原先确定的议题太多、讨论不完；或者是原先确定的某一议题，与会者的意见分歧太大；或者发生了与原先安排不一致的新情况等，必须立即处理，及时调整。

2）与会者不良倾向的控制

常见的与会者不良倾向有以下几种表现。

（1）迟到。会议一定要按时开始，不要随意推迟开始时间。对于迟到者应该给以批评，并在会议中不时提到这个问题，在会议结束再次强调这个问题

（2）“开小会”。与会者在底下小声议论或闲聊，应立即予以制止，或者让正常发言停下来，静等 1～2 分钟，并微笑地看着闲聊的人，以待其停止。

（3）少数人垄断发言，或喜好争论，甚至左右了会议的进程和方向。对这类与会者应该立即干预，通常是在该发言者稍有停顿的时候，会议主持者插话，转移话题，请他人发言；或者客气地提醒发言者尽量简洁一些。如果争论的内容与会议目的不一致也应该及时制止，可礼貌地劝解双方停止争论，在会后再交换意见。

（4）大多数与会者不发言。这种现象持续过久，不仅耽误了会议时间，还会影响会议目标的实现。对这类与会者，会议主持者一是进一步解释会议的宗旨和目的，缓和会议气氛，二是可以不时地将他们拉进讨论中，点名让他们发言。但是，一定要注意，不要批评他们，也不要让他们感到难堪。

（5）与会者进出频繁，办其他事情。因为有的与会者是职能部门的工作人员，开会时总有人来找，他也只好离开会场处理问题。进进出出，不仅他自己开不好会，也影响其他人开会。会议主持者必须立即制止。

3）会议主持者的自我控制

在会议进程中，会议主持者应该随着会议的进展灵活处理自己的观点，思维要高度集中，随时留意与会者的一些非语言行为，发现自己主持会议中存在的问题，注意调整

自己主持会议的语气和行为，注意照顾不同性格特点和心理特点的与会者的意见，调动他们的积极性。

会议主持者不要经常打断与会者的发言，更不要搞“一言堂”，导致与会者不能或者不敢充分发表意见，使会议变成了高层管理者独断专行的合法渠道。这种情形的次数一多，与会者也就迎合领导想法，使主持者失去集思广益的机会。

会议主持者还应该注意自己主持会议的语言艺术。一是讲话要非常明确、清晰、简洁，毫不含混模糊，不要空话、套话、大话连篇，颠三倒四、拖泥带水，不仅会浪费时间，还会使与会者产生厌烦情绪影响会议质量。二是要注意引导、启迪，允许有不同意见存在，对于会议上争论的解决，要从语言上让与会者感到你不是在做裁判，也不是一锤定音，搞一言堂，但要让与会者明白下一步需要从哪个方向上进行讨论。三是要充满热情，富有感染力，表现出对工作的高度责任心，同全体与会者的平等、融洽的态度，对与会者关怀、友好的心情。只有这样才能达到鼓舞士气的目的，形成团结的气氛，把会开好。

有的会议主持者缺乏能力，议而不决，决而不办，使会议流于形式，浪费人力物力，贻误管理时机。这需要会议主持者不断提高自己的素养和能力。

至于有的会议主持人不能拍板决定，是因为他是受上级领导委托召开会议的。他无权拍板，自然不能责怪会议主持人，但是这样的会议后遗症很大，是对与会者积极性的打击，是应该避免的。

3. 会议结束总结

会议结束时，会议主持者应该进行会议总结。会议总结一般应该包括三个方面的内容。一是本次会议的结论。结论有可能是大多数人的意见，这好办，直说即可；也可能是少数人的意见，这就需要解释为什么按照少数人的意见做结论，虽然解释也不一定就能够使大多数人接受，但必须做出解释。二是贯彻本次会议结论的具体方案。三是应该解答会上与会者提出的问题，遇到不能接受的要求时也应该解释原因。

5.5.3 企业知识管理

企业知识管理理论和实践始于 20 世纪 80 年代，发展于 90 年代。20 世纪 90 年代后期，知识管理首先在美国，随后在西方其他各国企业中得到推广，效益显著。

自 1998 年以来，我国每年都有大量极具使用价值的企业知识管理学术研究成果发表，并且有一部分企业开始实践企业知识管理。

1. 企业知识管理概述

1）企业知识管理的含义

知识是从多种途径获得并经过组织的结构化和系统化的信息，是人们对客观事物的确信的认识。它是在数据、信息的基础上经过序化而获得的。

企业知识管理作为管理领域的新生事物，到目前还没有一个被大家广泛认可的定义。

例如，百度百科里是这样定义的：“知识管理是知识经济时代涌现出来的一种最新管理思想与方法，它融合了现代信息技术、知识经济理论、企业管理思想和现代管理理念。”同时又说：“知识管理是对知识、知识创造过程和知识的应用进行规划和管理的活动。”同一处定义都不统一[①]。而 MBA 智库百科的定义，更是不知所云[②]。

综合已有的各种不同的说法，大都认为企业知识管理包括三个内容：一是知识本身的生产；二是对知识本身的管理；三是对应用知识为企业服务的行为的管理。

综合已有的各种不同的说法，本书对企业知识管理作如下定义。

企业知识管理是通过对企业外部知识和内部知识的获取、整序、存储、共享、应用与创新，以求提高企业的应变能力和创新能力的社会管理活动的全过程。

这个定义表明如下内容。

知识管理的对象：知识。

知识管理的内容：获取、整序、存储、共享、应用与创新。

知识管理的目的：提高企业的应变能力和创新能力。

知识管理的本质：社会管理活动的全过程。

有的著述在定义中强调：知识管理是"为企业组织的发展提供向导"，可以"实现全局最优"（王悦，2014）。这种提法并不恰当。当然，这两条是所有知识管理的实施者都会有的目标。但是，这仅仅只是实施者的愿望而已，并不是知识管理本身具有的属性。也就是说，实施知识管理的企业，有可能成功，能够实现这两个目标；也有可能不成功，这两个目标就实现不了。所以，是否成功，取决于知识管理实施者的水平和素质，并不是知识管理本身的要素，写在定义里就不合适了。

2）企业知识的类别

实施企业知识管理，涉及知识的分类。

通常，依据知识的内容，将知识划分为事实知识、理论知识、技术知识、文学知识和管理知识等。根据知识的存在形式，将知识划分为显性知识和隐性知识。

显性知识是指通过语言或文字方式传播、具有物质载体的、可确知的知识。例如，报纸、期刊、图书、计算机数据库、光盘或 U 盘等。

隐性知识又称经验类知识，是个人或组织经过长期积累而拥有的知识。例如，工作诀窍、经验、形象、企业文化、价值体系等。它存在于人的大脑中，往往是人的下意识行为，不易用言语表达，不易传播给别人。例如，技术高超的厨师或艺术家可能达到很高水平，却很难将自己的技术或技巧用语言文字表达出来。

3）企业知识管理的功能

企业知识管理具有很好的功能。企业实施知识管理，只要做得好，就可以通过鼓励和培育新思想、新主张，最大限度地把企业员工吸引到献计献策和通力合作的活动中来，共同开发新产品和服务，从而提高企业的创新能力；通过对市场迅速做出反应，可以将突发事件带来的危害降到最低限度，或者能够及早地做出寻求新出路的决策，提高企业的应变能力；通过最大限度地获取和共享企业内的最佳知识，可以提高企业员工技能水平，有效

---

① 知识管理（管理学术语），https://baike.baidu.com/item/%E7%9F%A5%E8%AF%86%E7%AE%A1%E7%90%86/120079#reference-[1]-17029705-wrap，2021 年 7 月 9 日。

② 知识管理，https://wiki.mbalib.com/wiki/%E7%9F%A5%E8%AF%86%E7%AE%A1%E7%90%86#.E4.BB.80.E4.B9.88.E6.98.AF.E7.9F.A5.E8.AF.86.E7.AE.A1.E7.90.86.07UNIQ1ae840195c3a8aff-nowiki-00000029-QINU1.07UNIQ1ae840195c3a8aff-nowiki-0000002A-QINU，2021 年 7 月 9 日。

地提高企业的工作效率；通过将企业内的知识集成化，在全企业内交流和共享，从而使企业知识的潜在资源价值得到充分发挥。

2. 企业知识管理的内容

企业知识管理的内容包括知识的获取、整序、存储、共享、应用与创新。

1）企业知识的获取

这一工作包括内部知识的获取和外部知识的获取。

企业的内部知识，可以说是无处不在。这些知识散布在企业内部各个角落，使用这些知识的先决条件就是首先要获取它。既有零散分布在企业内各部门的资料和文档中的显性知识，如经营数据、产品信息、营销文档、客户信息、技术规格等；也有隐性知识，如个人经验、专家技能，或者是蕴含在数据库、数据仓库中的知识。通常采用文本资料收集、计算机系统复制传输、利用数据挖掘技术收集，以及通过与员工的交谈、观察、模仿来获取。

企业外部知识也包括显性知识和隐性知识。获取外部显性知识，与企业信息的采集是一样的，并无特殊之处，我们将在第 7 章里详细介绍。获取外部隐性知识比较困难，需要信息采集者在向外部企业学习时细心交谈、观察和体会。

企业在获取外部知识时，还需要首先对外部知识加以判断，区别其真假和可靠程度，然后迅速做出反应。对于真知识，自然要认真对待，满足企业内部的共享需求；对于假知识，既可以不信，也可以将计就计。不论采取何种态度，提高反应速度是企业知识管理所追求的目标。

2）企业知识的整序

企业在获取知识后必须整序，使无序的知识转化为有序的知识，使其能够通过信息技术手段传递，便于在企业内公开、共享和交流。整序包括对知识进行分类、分析、整理、提炼和初步激活，以求形成对企业有价值的新的知识。

显性知识的整序，按照本书第 2 章整序原则中所说的方法操作即可。

隐性知识的整序，则比较复杂。因为隐性知识隐蔽存在于员工的头脑中或存在于企业的结构与文化中，无法用语言或书面材料进行准确描述，因此不易被他人获知，难以让人明确把握，自然无法像显性知识那样来整序。

然而，隐性知识在企业知识中的比重较大，而且使用价值高，是企业知识管理的主要内容之一，企业信息管理者绝不能对本企业的隐性知识心中无数，放任自流。虽然隐性知识看不见，摸不着，但是隐性知识的载体——员工个人、部门团体是可以直接管理的。因此，我们完全可以通过对员工个人、部门团体的整序来对隐性知识间接整序。例如，企业信息管理者应该知道企业内某人具有某种经验、技术，某部门具有某一特殊能力等。这样，当企业需要使用某一隐性知识时，企业就可以及时地知道在哪里能够找到所需要的知识。

3）企业知识的存储

企业通过多种途径获取的知识，如果不及时地予以存储，就会随着某项具体工作的结束而消失，或者随着员工的退休、调离而流失。要知道，正是知识一点一滴地汇聚存储，才构成了企业的知识财富，形成了企业文化、企业价值和企业竞争能力。因此，企业知识的存储是企业知识应用的前提。

由于企业内部组织结构、人员特征、分工特性以及管理手段的不同，不同企业具有不同的知识积累与协调机制，使得不同企业之间所积累的知识具有较大的差异性，进而形成了企业之间不同的知识优势，最终形成基于特有知识资源的竞争优势。也就是说，成功的企业所依靠的往往是能在市场中占有优势的、具有独特价值的企业所积累存储下来的知识。

常用的知识存储方法有知识仓库和知识地图。

知识仓库是存放信息和知识的地点，是无形的。传统的数据库和信息库存放的是一般的数据和信息，而知识仓库属于一种特殊的信息库，它不仅存储着知识的条目、与之相关的事件、知识的使用记录以及来源线索等，还收集了各种经验、备选的技术方案以及各种用于支持决策的知识，特别是知识仓库中存放的数据相关的语境和经验参考，它比数据库和信息库具有更高的效率和使用价值。

知识地图是一个企业的相关知识的位置图。其形式类似地理位置的图示，或者是知识黄页、知识目录，是按照某种路径构造的向导式知识数据库。知识地图可以显示企业所拥有的知识资源分布，以知识清单或图片的方式显示企业知识分布的地点与查找路径，指示拥有某些知识的个人、部门或数据库，以便在需要时可以方便地找到这些知识。

4）企业知识的共享

企业知识的共享指的是企业员工个体的知识财富（包括显性知识和隐性知识）通过各种手段（语言、图表、比喻、类比）和各种方式（文本、电话、网络）为企业中的其他员工个体所分享，并进一步把个体的知识转化为企业全员都可共享的知识。

这里既包括知识在员工个体之间的交流，涉及隐性知识与显性知识的相互转化，也包括知识在个体、团队和企业三个层次之间的流动。

企业内的知识共享，对于显性知识是比较容易操作的，对于隐性知识就不容易了，它是企业知识管理的难点之一。因为共享知识本身不是人们的自觉行为，一般人都是会有意无意地隐藏自己的知识并疑惑地看待来自他人的知识，人们为确保自己在企业中的地位，不会轻易地将自己所拥有的专门知识供他人分享，人们担心一旦把自己辛苦积累的知识或者老祖宗传下来的独门秘方分享给其他同仁后，将有被取而代之的危险，而在自己独占这些知识时会产生一种安全感。这种心理状态是企业内知识共享的主要障碍。所以，培育良好的企业知识共享内部环境，使员工自觉自愿地贡献出自己的知识，一直是企业知识管理的目标。

实现企业知识共享，需要有相应的组织结构和文化氛围，要在企业内部提倡知识共享价值观，营造开放而又信任的合作环境，最大限度地提供公共信息资源，增加工作流程的透明度，形成有效的业绩评价与激励机制，为员工之间提供方便的渠道，让员工有更多的机会与其他人进行知识交流，尤其是设法让具有不同知识结构的人员进行交流，在交流中了解他人的知识，解决实际问题。

此外，组建知识沙龙也是实现知识交流的有效途径。知识沙龙是指由一些具有共同兴趣、来自相同或不同团体的人们，由于互动的需求所凝聚而成的群体。通过知识沙龙的持续性互动可以交流知识、分享知识、创造知识，不仅能丰富员工的个人知识，还可增加企业知识竞争优势。

企业中的知识沙龙有如下两种存在形式。

一是实体性知识沙龙。它是由企业以本身核心竞争力的定位来设计和组建的。根据企业发展的目标，将具有各种知识的专业技术人员组织起来，进行定期或不定期的活动，如读书会、交流会和讲座，开展知识评价等，使参与者从不同的知识结构和知识领域内获得灵感和启迪，产生学习和创造新知识的冲动。

二是虚拟性知识沙龙。它是利用网络系统由企业管理者引导或自发组建的。在企业的知识管理平台上开展活动，在网上交流，互不谋面，参与者不仅可以用实名，也可以用虚名，因而参与者可以更加大胆、不受约束地发表自己的意见和建议，为具有相同或不同知识背景的专业技术人员提供了一个互动的空间，特别适合于个人隐性知识的显性化。

5）企业内的知识应用与创新

企业内的知识应用与创新主要是指利用所存储的显性知识去解决问题并产生新知识的过程。这一方面表现为利用已有的知识，形成新的产品知识、新的业务过程知识等；另一方面，随着员工将显性知识运用到实践中，能够得到不同的体验，常常可以使员工自身知识储备得到拓展，即增加员工个人的隐性知识。

例如，销售人员在现有的知识基础上，利用智能分析软件就能找到扩大销售额和产品组合的最佳方案，并可以由此迅速地拓宽、延伸和重建自己的知识系统。

知识应用与创新是知识管理的最高境界，它可以帮助企业实现整体知识规模的拓展以及知识质量的提升，在某种程度上它更是一种质的改善过程。

知识创新获得成功的概率与创新者关于创新所涉及的体验的广度和深度成正比。广度指的是创新者围绕创新所积累的体验的范围，这一范围越广，创新所能获得的启发和借鉴就越丰富。深度指的是创新者关于创新所涉及的体验的深刻程度，越是深刻的体验，越有助于创新者理解和把握所创造的新观念的内涵。

知识创新涉及的领域是非常广泛的，具体包括技术创新、管理创新、制度创新等。其中技术创新是知识创新的核心和基础，制度创新是知识创新的前提，管理创新是知识创新的保障。

例如，企业员工在知识创新中获得了成功，应给予适度奖励；而对于创新的失败，不分青红皂白地过分强调追究责任，或者轻易地予以处罚，就会严重挫伤员工的创新热情。这就需要制度创新、管理创新来解决。

3. 企业知识共享的模式和策略

1）企业知识共享的模式

企业知识共享模式中较为著名的是日本学者野中郁次郎（Ikujiro Nonaka）和竹内弘高（Hirotaka Takeuchi）提出的 SECI 模型（Nonaka and Takeuchi，1995）（图 5.3）。

（1）社会化模式。这是指从隐性知识到隐性知识的共享模式，是个人与个人之间分享隐性知识的过程。其主要是通过观察、模仿和亲身实践等形式使隐性知识得以传递。师徒传授就是个人间共享隐性知识的形式。在今天，借助信息技术建立虚拟知识社区，为在更广范围内实现知识的社会化创造了条件。良好的团队建设，亲密、和谐、相互关心的组织文化，是个体之间隐性知识交流通畅的有力保证。由于新知识往往起源于个人，因此社会化是知识创造的起点。

	隐性知识	显性知识
隐性知识	社会化（socialization）	外部化（externalization）
显性知识	内在化（internalization)	综合化（combination)

图 5.3　企业内知识共享 SECI 模型

（2）外部化模式。这是指从隐性知识到显性知识的共享模式，是通过一系列方法把隐性知识表达成为显性知识的过程，也就是隐性知识显性化的过程。由于显性知识可以方便地进行传播，所以这一模式是促进隐性知识大量传播的关键性步骤。在实践中，隐性知识显性化包括两种情形：一是将企业内员工个体的隐性知识转化为企业所有成员都能理解的显性知识；二是转译企业外部的消费者、专家的隐性知识为企业内所有成员都能共享的显性知识。这两种情形中都需要借助比喻、类比、图像、演绎、归纳等推理方法。

（3）综合化模式。这是从显性知识到显性知识的共享模式，是一种将零碎的显性知识进一步系统化的过程。经过社会化和外在化过程，员工头脑中的显性知识还比较零碎，也没有变成格式化的语言。将这些零碎的知识组合化，个人知识就上升为组织知识，从而能更方便地共享。例如，企业的审计师收集整个企业的信息，并将它总结成一份财务报告。由于这份报告综合了许多不同来源的信息，所以是一种新的更加综合的知识，从而更方便地为企业其他人员所共享。分布式文档管理、内容管理、数据仓库等是实现显性知识综合化的有效工具。

（4）内在化模式。这是从显性知识到隐性知识的共享模式，是显性的组织知识转化为组织中其他成员的隐性知识的过程。这其实是一个学习的过程。综合化的知识能够在组织成员间更畅通地传播，组织中成员接收了这些知识后，可以将其运用到工作中去，并创造出新的隐性知识。团体工作、工作中学习和工作中培训等是实现知识内在化的有效方法。企业管理者的每一个决策，企业成员的每一个行为，都是根据其内化了的隐性知识来进行的。

在企业知识共享过程中，这四种模式都存在，它们相互作用形成一个螺旋上升的知识递增过程，并依据知识共享螺旋不断将知识演绎下去。

2）企业知识共享的策略

（1）个人化策略。这主要是针对隐性知识的共享，将没有掌握某种知识的人与掌握该知识的人紧密联系在一起，为员工之间的知识交流提供更多的机会。例如，可以通过面对面的交流、电子邮件、BBS（bulletin board system，公告板系统）、电话、视频会议等方式来传递。这种策略强调个人之间的对话，知识的共享是通过“人—人”方式进行的：通过与拥有相应知识的人进行直接接触实现知识的共享和交流。这种策略特别适合于个性化定制型、产品换代周期短、依靠员工个人经验、以技巧等不易于显性化的知识解决问题为主的企业。

（2）编码化策略。这主要针对业已存在的以编码形式存储在计算机中的知识实现共享的策略。这对生产标准化或成熟产品的企业知识管理较为有利。这种策略采用的是“人—文档”方式，知识被创造出来后，经过编辑成为独立于创造者之外的知识，存储在载体上，然后通过传播载体间接进行传播并被重复使用。

现实中的企业不可能只有显性知识，或者只有隐性知识。企业在实施知识共享策略时，应该根据自己企业的主要特点和该时期的战略目标、竞争策略，识别阻碍自身知识增长的主要障碍，选择某一种策略作为在该时期企业的重点。例如，对 80%的知识采用一种策略进行管理，其他 20%采用另一种策略管理。

4. 企业知识管理的要求

1）建立一个与知识管理相适应的知识管理机构

传统的企业管理机构是一种等级鲜明的层次结构。在这种结构里，企业成员实际上成为整个组织“机器”中的一个不具有主动性的“零件”，严格的等级控制方式严重地阻碍了企业内部员工的知识获取、交流和共享，阻碍员工的创造性思维，影响企业知识创新的进程。而且复杂的组织机构形成的冗长的知识传播通道，不仅阻碍了知识与信息的有效传播，而且严重抑制了企业对瞬息万变的外部环境的反应能力、企业的学习能力和知识创新能力的提高。

企业应该改变传统的组织结构，使之有利于实现知识的价值，有利于显性知识和隐性知识的转化，有利于知识的交流与共享，以实现知识创新的目标，这就要求企业应有专职人员和机构来管理，成立强有力的知识管理项目推进机构，对整个企业知识管理工作进行规划和实施。

所以，企业实施知识管理必须建立一个与知识管理相适应的知识管理机构。而建立知识管理机构的关键点是选择合适的知识主管（chief knowledge officer，CKO）。

2）构建企业知识库

实施知识管理的基本条件和方法是建立知识库。企业的知识库应该存储与企业经营、生产、管理有关的信息和知识，并被有序化，可以为企业提供信息服务和知识服务。这不仅需要企业的经费支持、相关软件和硬件的支持，还需要数据、知识的支持。企业知识库一般设在企业的内部网络上，系统由安装在服务器上的一组软件构成，能够提供所需的服务以及基本的安全功能。

3）开展学习型企业活动

这是企业知识管理的重要措施和方法。通过学习型企业活动不仅可以使企业员工获得新的知识，而且可以在活动中加大知识的交流速度和范围，实现知识在企业内的广泛共享，提高企业的知识创新能力。学习型企业活动就是学习型组织活动。关于这方面的内容和方法在本书第 6 章中再作介绍。

4）建立知识创新激励机制

建立知识创新激励机制，也有学者称为人力资源管理知识化。因为知识存在于人的头脑之中，人不仅能学习知识，更重要的是能创造新的知识。

人的知识往往与人的经历、理解、思考联系在一起，还包括思想、心理和感情的因素，人的行为贯穿于企业知识管理活动的全过程。所以，人力资源管理知识化是企业知识管理的核心，核心在于通过企业的知识管理，建立知识创新激励机制，能引发员工知识创新的激情，实现隐性知识和显性知识的升华。知识创新激励机制虽然也使用物质激励，但更注重精神激励。

5.5.4　企业信息行为的法律道德管理

企业信息行为的法律道德管理，又称企业信息系统的合规性管理。它指的是要求企业成员在进行信息管理、完成其职能过程中，要遵循国家的法律法规、行业的伦理准则、社会道德标准和企业的规章制度，反对一切不正当竞争行为，保证企业所有的信息管理行为合法性的过程。

鉴于信息安全的法律法规管理，本书已经在“2.4.2 防范原则”中介绍过了，这里就介绍企业信息获取、使用、公开等信息行为的法律道德管理问题。

1. 企业信息行为的合法性

1）企业信息获取的合法性

合法地获取企业所需信息的方式，有公开搜索和特殊方法搜索两种。

（1）公开搜索。公开搜索包括搜索场合的公开和搜索手段的公开。这是指企业信息采集人员根据企业特定的信息需求，通过对公开的文献资料的检索，与相关人员交谈，参加各种研讨会、交易会及各种公开展示活动等方式，有计划、有目的地收集各种第一手资料，跟踪搜索相关的背景资料。

（2）特殊方法搜索。这是指专业性很强的情报获取方法。例如，在竞争情报工作中使用的反求工程法、定标比超法、专利分析法等特殊方法。

2）企业信息使用的合法性

这是指企业使用所有从外部所获信息的行为必须是合法的。这里更深一层的含义是，即使是通过合法手段所获取的信息，在使用它时也有一个是否合法的问题。例如，从公开出版的专利公报上获得了某专利信息，这种获取手段是合法的。但是，企业如果未经专利权人授权就擅自使用该专利，就是违法的。

3）企业其他信息行为的合法性

企业在向社会发布信息时，如在广告宣传、媒体报道、会计信息发布等活动中，必须坚持真实、诚信，反对假冒伪劣。在系统开发中依法进行，生产过程有污染物排出必须治理污染，符合环保法律法规等。例如，本书第 1 章案例 1.7 就是缺乏法律法规知识导致的企业信息发布会失败。

2. 企业信息管理中不正当竞争行为的表现

不正当竞争行为是指经营者违反法律法规和自愿、平等、公平、诚信等公认的道德伦理，损害其他经营者的合法权益，扰乱市场经济秩序的行为。

不正当竞争行为具有极大的社会危害性。它所造成的后果，对于受侵害的企业来说，轻者损失严重，重者会面临倒闭破产；而对于违法侵害他人的企业来说，轻者信誉扫地，重者也要付出惨重的代价，做出巨额赔偿。

不正当竞争行为在大多数情况下是直接指向商业秘密的。

《中华人民共和国反不正当竞争法》第九条指出，“本法所称的商业秘密，是指不为公众所知悉、具有商业价值并经权利人采取相应保密措施的技术信息、经营信息等商业信息”。

1）企业信息获取中的不正当竞争行为

《中华人民共和国反不正当竞争法》第九条中的“以盗窃、贿赂、欺诈、胁迫、电子侵入或者其他不正当手段获取权利人的商业秘密”属于不正当竞争行为。

对于盗窃，常见的表现有：窃取权利人书面的机密资料和图纸；或者采用秘密拍照的方式获得企业生产设备或生产方法等信息；或者利用现代化的高科技手段，如安装电子窃听器、利用电脑黑客侵入网络数据库等手段窃取机密资料。

对于利诱和胁迫，常见的表现有：侵权人以金钱收买或女色引诱知情人来获得权利人的情报信息；侵权人以揭示隐私或使权利人中计等手段来要挟；用其他胁迫手段迫使知情人泄露企业的情报信息；侵权人使用各种手段挖走竞争对手的人才以获得对手的情报等。

2）企业信息使用中的不正当竞争行为

《中华人民共和国反不正当竞争法》第九条中的“披露、使用或者允许他人使用以前项手段获取的权利人的商业秘密；违反保密义务或者违反权利人有关保守商业秘密的要求，披露、使用或者允许他人使用其所掌握的商业秘密”均属于不正当竞争行为。“前项手段”指盗窃、贿赂、欺诈、胁迫、电子侵入等手段。

近年来，企业内的员工盗窃本企业的商业秘密，或者管理者监守自盗出卖企业商业秘密，或者通过利诱、胁迫的手段挖走其他企业人才的案件时有发生。

3）企业其他信息行为中的不正当竞争行为

常见的就是发布虚假广告，和某些媒体的记者密谋搞有偿新闻，上市公司发布虚假会计信息，超标排放污染物，未经许可擅自使用他人的注册商标、有效专利和计算机软件程序等。

3. 不正当信息行为的法律制约

1）信息获取和使用中不正当行为的法律制约

《中华人民共和国民法典》规定，侵权人承担民事责任的方式主要有停止侵害、返还财产、赔偿损失、赔礼道歉等。“故意侵害他人知识产权，情节严重的，被侵权人有权请求相应的惩罚性赔偿。”

我国法律中也有关于信息获取和使用的相关规定。例如，《中华人民共和国劳动法》规定，劳动者“违反劳动合同中约定的保密事项，对用人单位造成经济损失的，应当依法承担赔偿责任”。《中华人民共和国公司法》规定：董事、监事、高级管理人员不得擅自披露公司秘密。“股东及其委托的会计师事务所、律师事务所等中介机构查阅、复制有关材料，应当遵守有关保护国家秘密、商业秘密、个人隐私、个人信息等法律、行政法规的规定。”《中华人民共和国反不正当竞争法》中明确规定不得实施侵犯商业秘密的行为，对侵犯商业秘密的，“由监督检查部门责令停止违法行为，没收违法所得，处十万元以上一百万元以下的罚款；情节严重的，处五十万元以上五百万元以下的罚款”。《中华人民共和国刑法》中的有关侵犯知识产权罪的条款对于信息的非法获取和使用作出了规定。

2）其他信息行为中不正当行为的法律制约

《中华人民共和国环保法》《中华人民共和国专利法》《中华人民共和国商标法》《中华人民共和国著作权法》《计算机软件保护条例》中都有处罚不正当竞争行为的规定。企业的技术信息、商标可以通过申请专利和注册登记，获得《中华人民共和国专利法》和《中华人民共和国商标法》的保护。企业的各种信息加工成果和自主开发的计算机软件，可以运用《中华人民共和国著作权法》和《计算机软件保护条例》来保护。

4. 不正当竞争行为的伦理道德制约

伦理道德是一种社会成员共同认可、自觉遵守的行为规范。在信息管理活动中，信息管理者的不正当竞争行为也要接受伦理道德的约束。

1）企业信息行为伦理道德制约的不同认识

在信息管理实践中，许多人对此有着不同的认识。据报道，美国戈登咨询公司曾经向美国 175 家企业的信息经理做过问卷调查，对于在法律上并不违法但有违道德观念的七个选项，有 94%以上的经理表示不愿意采用。100%的经理都不愿意采用讹诈、威逼的手段来获得竞争对手的信息。可见大多数经理认为应该接受道德约束。但是，也有人认为，我与竞争对手是在进行战争，只要能击败它，我可以做任何事情，用任何手段，只有这样才是公平竞争。

此外，伦理道德制约还具有模糊性特征，在无穷无尽的信息行为中，是否合乎伦理道德，有时有明显的分界线，有时并无明显的分界线。例如，在不知情的情况下拥有偷窃的财产；在不知道是保密信息的情况下拥有该信息；在对手公司没有采取保护措施的情况下拥有其商业秘密等。显然，这些情况下的行为是不违法的。但是，这些合法的行为是否合乎道德，就十分模糊了。

再如，你在进行人员招聘时，应聘者是竞争对手公司的雇员。你纯粹是从人选合适的角度聘用了他。这是否不合乎道德？也是十分模糊的。

对于这些问题并没有简单的答案，也不可能像法律文件那样给出具体的明文规定。但是，几乎所有的人都体会到，在某些时刻，这些行为受到一条看不见的界限的制约。这条界限就是行为主体头脑中的职业伦理道德准则。

企业信息行为接受伦理道德约束是很重要的。

道理很简单，遵守伦理道德的行为，可以使你的企业免于法律纠纷，减少诉讼费用，可以减轻员工的信息收集压力，有助于提高企业的公众形象和可信赖度，可以降低保密费用。所以，企业信息管理者应该建立起本公司的伦理道德准则，供全体员工遵守。

2）企业信息行为的道德伦理准则

由于伦理道德不是法律，政府不可能制定一系列的伦理道德条文。但是，许多企业对自己的员工有伦理道德的要求。

在国内，已经形成了普遍共识的行业自律理念，要求从业人员遵守法律法规之外的社会公认的伦理道德规范。

行业自律指的是为了规范行业行为，协调同行利益关系，维护行业间的公平竞争和正当利益，促进行业发展的行业从业人员自我约束的理念。

国内的行业自律包括两个方面，一方面是行业内所有成员对国家法律、法规、政策的遵守和贯彻，另一方面是以行业内的行规、行约制约自己的行为。而且，每一个方面都包含对行业内所有成员的监督和保护的机能。

行业自律制度的实施，通常是通过制定和贯彻行业自律公约来实现的。

我国的行业自律公约通常包括以下五个方面：①严格执行国家颁布的相关的法律、法规；②制定和认真执行本行业的行规行约，实行自我约束、自我监督；③向客户提供优质、规范的服务；④维护本行业和本企业的利益，避免恶性竞争，维护本行业持续健康发展；⑤行业协会是行业自律的监督执行机构。

改革开放以来，我国许多行业都制定了行业自律公约，内容如下。

2002 年 3 月 26 日《中国互联网行业自律公约》出台，共计四章三十一条，对互联网行业自律的宗旨、原则、运营、服务等许多方面的执行做出了具体规定，强调营造健康文明的上网环境[①]。

2004 年 11 月 11 日中国洗涤用品工业协会通过了《中国洗涤用品行业自律公约》[②]。

2010 年 9 月 28 日《中国管理咨询与培训行业自律十条》在北京发布。

案例分析

案例 5.1　美国杜邦公司诉克里斯托夫空中拍照厂区案

1969 年，美国杜邦公司在得克萨斯州的比尔蒙特建造了一座新的甲醇工厂。该工厂使用了一种高度保密但没有申请专利的新工艺。该工艺是杜邦公司花了很长时间、很多经费进行研究的成果。它能使杜邦公司获得超过其他同行竞争对手的竞争优势，所以特别注意该工艺的保密。由于工厂还在建设之中，厂房尚未加顶。

3 月 19 日，杜邦公司发现一架飞机在厂区上空盘旋很久。

杜邦公司担心飞机是不是在拍照，照片会泄露保密工艺。他们随即展开调查，当天下午就查明，飞机的盘旋是对新建厂房进行拍摄，共拍摄了 16 张照片，并在冲洗后交给了身份不明的第三人，摄影师是克里斯托夫兄弟。杜邦公司立即要求克里斯托夫兄弟披露接收照片的第三人姓名，但遭到拒绝，理由是他们的客户要求匿名。

于是，杜邦公司立即提起诉讼，诉称克里斯托夫兄弟不正当地拍摄了含有杜邦公司商业秘密的照片，并将照片卖给了身份不明的第三者。由于工厂正在建设之中，该生产方法的某些部分可以在空中直接看到，通过已经拍摄的照片，有关的技术人员可以推导出该生产甲醇的方法。因此，被告拍摄照片并将照片提供给不明身份的第三者，盗取了杜邦公司的商业秘密，侵犯了杜邦公司的权利。由于被告已经披露了该商业秘密，造成了杜邦公司的损失，杜邦公司要求法院就此判罚赔偿金，并要求法院下达临时性和永久性禁令，禁止照片的进一步扩散，禁止对其生产甲醇工厂的进一步拍摄。

但是，克里斯托夫兄弟在一审和上诉中反复强调，他们是在属于公有的空中拍摄的，没有违反政府的航空法规，没有侵犯原告的商业秘密，更没有违反保密规定，也没有欺诈或非法的行为存在。杜邦公司的生产方法是暴露在公共视野中的，不属于采取了预防措施的秘密。

得克萨斯州法院判决时颇费周折。从法律上说，摄影公司确实没有违法。虽然空中拍照可能会通过反求法推出杜邦公司的商业秘密，但是反求工程是许可的，拍照后的分析与

① 《中国互联网行业自律公约》，https://www.isc.org.cn/article/10677353062592512.html，2021 年 7 月 9 日。

② 《中国洗涤用品行业自律公约》，http://www.ccia-cleaning.org/Wash-Co/Single-page1.html，2021 年 7 月 9 日。

反求工程没有区别。而且杜邦公司也有缺陷，保密措施不够，空中拍照不是不可预见的。最后，杜邦公司未能胜诉。①

讨论题：

1. 杜邦公司在这次事件中明显地被别人窃取了商业秘密，可是它提起的诉讼为什么不能胜诉？摄影公司的解释有没有道理？

2. 你认为这样获取信息是否合适？怎样才能预防这种方式的信息泄露？

[思考题]

1. 企业传统信息系统管理的内容和思路包括哪些方面？

2. 什么是企业战略信息管理？它的内容有哪些？战略制定包括哪些内容？

3. 什么是企业竞争情报？它的特征和基本内容各是什么？

4. 企业文献信息系统包括哪几种类型？怎样进行文献保护工作？电子档案的管理包括哪些内容？它与传统纸质档案的管理有什么不同？

5. 企业信息公开包括哪些内容？具体有哪些公开信息的方法和策略？

6. 企业会议管理的内容具体包括哪些方面？

7. 企业知识管理有哪些功能？企业实施知识管理的要求有哪些？

8. 企业信息活动中有哪些不正当竞争行为？应该如何进行法律道德制约？

9. 昌渝公司是某市生产节能灯具的厂家，是该市节能灯具行业的领头企业，市场占有率一直处于领先地位，但也十分注意市场的变化。如果你是昌渝公司的总裁，依据表 5.2 提供的数据，你应该做出哪些决策？

表 5.2　昌渝公司节能灯具市场竞争对手跟踪结果一览表

年份	昌渝公司		竞争对手 A 企业		竞争对手 B 企业		竞争对手 C 企业		其他企业
	员工数/人	市场占有率/%	员工数/人	市场占有率/%	员工数/人	市场占有率/%	员工数/人	市场占有率/%	市场占有率/%
2017	304	48.2	121	12.3	136	6.5	128	13.2	19.8
2018	268	45.9	123	12.2	98	9.2	128	13.3	19.4
2019	243	44.0	119	12.0	86	10.8	132	13.2	20.0
2020	212	42.9	118	12.0	36	12.2	134	13.3	19.6

① 《李明德：美国商业秘密法研究其他》，https://www.chinaiprlaw.cn/index.php?id=903，2021 年 7 月 9 日。

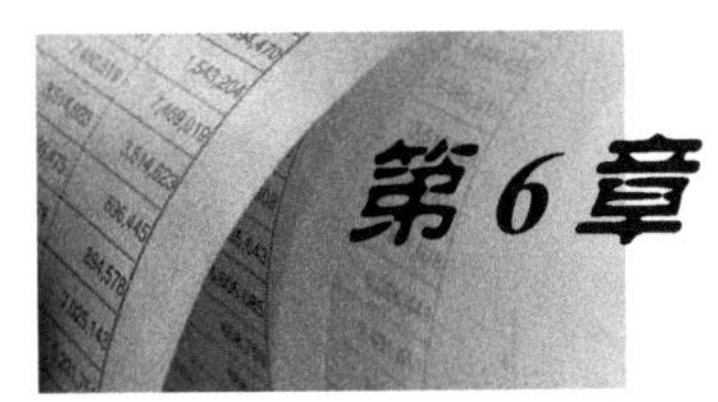

第6章 企业信息化建设及管理

开篇案例

我该转向数字化和智能化而不再关心信息化吗?

小王是某公司信息中心主任,职责是负责公司的信息化建设和信息系统的日常运行维护。某天,小王接到了公司下达的新任务,让他负责公司的数字化转型和智能化建设工作。小王感觉工作负荷太重,就去找分管领导反映。

小王:“张总,我原来分管的是信息化建设工作和信息系统的日常运行维护,已经忙不过来了,现在再加上数字化转型和智能化建设工作,感觉任务有点超负荷了,您看可不可以……?”

张总:“数字化转型和智能化建设是未来趋势,也是现在很多企业用来增强核心竞争力的热点利器。小王,你可以把重点放到新的工作上,信息化建设已经过时了,你可以不用太花心思在上面。”

小王虽然长期进行信息化建设工作,任务繁忙,在企业工作了近十年,也没有像样的进修学习机会,几乎未参加过行业的学术或技术交流会议,对信息化、数字化、智能化究竟有些什么关系存有疑虑,为了了解清楚,便于做好自己的本职工作,就用手机上网查了一下,结果从知乎上查到一个网友的回答。

“信息化不改变企业的流程,但是提高效率;数字化则改变商业模式,改变了企业挣钱的方法。

“信息化在企业内部自己玩,比拼的是一家企业的效率提升;数字化和上下游、消费者一起玩,改变的是整个生态系统,把一些八竿子打不着的产业给躺枪了。

“信息化改变了企业内部效率,企业还是那个企业;数字化可能会牵动上下游,把产业链的效率都提升,带着整个生态体系一起玩。比如阿里云,原来淘宝、天猫、1688 都得自己开发数据库管理,数据东一堆、西一坨,到处是‘信息孤岛’,到处是‘烟囱’,各自的数据又不一样，也不知道信谁的，每个单位各自开发一套处理数据的工具，阿里觉得挺浪费了，干脆自己从头开发了一套东西，叫作数据中台，不仅自己用，还把这套东西卖给别人用，也挺挣钱的。而且其发觉，这些数据进行分析之后，还可以提供服务给人家，也挺挣钱的。"

小王看完后，头脑更加茫然……

（本书作者高小强根据网络素材编写）

讨论题：

1. 对于企业来说，信息化过时了吗？
2. 案例中，真如网友说的信息化不改变企业的流程，但是提高效率；数字化则改变商业模式，改变了企业挣钱的方法吗？为什么？
3. 你自己对信息化、数字化和智能化以及它们之间的关系有怎样的理解？

6.1 信息化与企业信息化

6.1.1 信息化概述

1. 信息化的概念

信息化的概念源于 1963 年日本学者梅倬忠夫（Tadao Umesao）在《信息产业论》中描绘的信息化社会。他预言信息技术将会引起信息革命，并将人类社会推入信息化社会（谢阳群，1996）。

1967 年，日本的一个研究小组给出了信息化定义：信息化是向信息产业高度发达且在产业结构中占优势地位的社会——信息社会前进的动态过程，它反映了由可触摸的物质产品起主导作用向难以捉摸的信息产品起主导作用的根本性转变。

1978 年西蒙·诺拉和阿兰·明克在给法国总统的报告中使用了术语"informatisation"。1980 年，这份报告被翻译为英文由麻省理工学院出版社出版，"informatization"（信息化）一词在英语世界开始流行。

1997 年，我国召开了首届全国信息化工作会议。会上给出了信息化的定义："信息化是指培育、发展以智能化工具为代表的新的生产力并使之造福于社会的历史过程。"

在此之前，我国学者对信息化有不同的认识，一些主要观点包括：信息化是计算机、通信和网络技术的现代化；信息化是从工业社会向信息社会演进的过程；信息化是从物质生产占主导地位的社会向信息产业占主导地位的社会的转变过程。

我国《2006—2020 年国家信息化发展战略》对信息化的界定是"信息化是充分利用信息技术，开发利用信息资源，促进信息交流和知识共享，提高经济增长质量，推动经济社会发展转型的历史进程"。

从前人对信息化的认识中，可以总结出信息化的本质内涵：信息化是将信息作为一个要素用于彻底改变人类生产和生活方式、促进人类社会发展的历史过程。这一内涵是前人认识中侧重于技术信息化、生产信息化、产业信息化和社会信息化等多个角度的共同本质。

本书的信息化概念采用这一表述。现代信息技术（数字电子计算机、传感器技术、网络通信、数据库、数据处理等）是信息化的重要前提和基础。

具体到人类生产和生活的特定层次，信息化可分为产品信息化、企业信息化、产业信息化、国民经济信息化、社会生活信息化等。

其中产业信息化是指农业、工业、服务业等传统产业，通过广泛利用信息技术，大力开发利用信息资源，实现产业内各种资源要素的优化与重组，从而实现产业的升级。

国民经济信息化是指使金融、贸易、投资、计划、通关、营销等组成一个信息大系统，使生产、流通、分配、消费等经济的四个环节通过信息连成一个整体。

社会生活信息化是指包括经济、科技、教育、军事、政务、日常生活等在内的整个社会体系采用先进的信息技术，建立各种信息网络，开发信息内容，丰富人们的精神生活。

待社会生活极大程度地实现信息化以后，人类也就进入了信息社会。

2. 信息化的作用

信息化的作用是通过信息在信息化过程中作为要素的作用来呈现的。在信息化的过程中，信息的要素作用主要包括以下五个方面。

（1）通过使人类更加方便地获取更加全面和深入的信息，减少人类对外部世界认知的不确定性，从而采取明智的改造世界的策略和行为。

（2）通过信息的联系作用，使人-人、人-物、物-物之间有更加密切的相互作用，而使社会关系、人与自然的关系等发生变革，也给世界涌现出更多新的价值创造了可能性。

（3）间接地靠节约的效果获得物质和能量的转换效用。

（4）信息共享性使经济增长方式发生根本性变革：从边际效用递减变为边际效用递增。

（5）信息的非物质性带来人类认知上的真实与虚拟的二元极化。

（6）对信息掌控的非对称性，很容易带来民主与极权的二元极化。

3. 信息时代与信息社会

美国经济学家马克•波拉特（Marc Porat）在1978年将人类文明时代划分为农业时代、工业时代和信息时代。正如工业化是从农业时代向工业时代的转型过程一样，信息化实际上就是工业时代向信息时代的转型过程。

在不同时代及其相应转型过程中，人类社会生存和发展所必需的各种要素，如人、财、物、息等的重要地位也在沿着从物质到能量、从能量到信息的重心实现转移。例如，从农业时代的物质到工业时代的能量，再到信息时代的信息。

在新的时代到来之后，原先的时代及其核心要素的作用并不会消亡，他们成为新时代的基础，即使到了信息时代，物质、能量与信息一样同时成为时代的核心要素和基础。

这样一个进程反映了人类生产力的发展与物质、能量和信息的关系，信息化也意味着人类向信息时代发展的一个进程。

与农业时代和工业时代不同，信息相对于物质和能量所独有的可共享性，使得过去农业时代和工业时代报酬递减变为报酬递增，这极大地改变了社会经济发展的模式，同时也给人类社会发展带来巨大的复杂性。

6.1.2　数字化、智能化与信息化

1. 数字化与信息化

数字化与信息化两者的区别和联系，常常为人们所误读。只有从两者的本质上将它们的区别和联系辨析清楚，才能更好地开展信息化和数字化的工作。

前文已经揭示了信息化的本质内涵在于把信息作为人类生产和生活的一个十分关键的要素来促进人类社会发展的历史过程。从农业时代的物质要素、工业时代的能量要素到信息时代的信息要素，以物质、能量、信息在人类社会不同历史发展阶段中的要素地位和作用来刻画时代特征，并以其在从旧的时代到新的时代的变化过程中发挥的核心作用来刻画这一转化过程。

信息化和工业化一样标志着人类社会生产力的革命性发展，同时也带来新的生产关系的构建，使人类社会的生产和生活从原来的工业时代转化到信息时代。

数字化是指把数据和信息转换成数字格式（通常为二进制），以便于数字电子计算机处理的过程。广义的数字化是指把模拟信号转换为任何类型的离散数字格式的过程，将图像、声音、文本等数据转换为一系列由数字表达的点或者样本的离散集合表现形式。数字化的结果是数字文件，如数字图像、数字声音等。实际上除了数据和信息的数字化外，知识也可以进行数字化。

数字化的原因，其一是目前处理数据和信息的主要信息处理器为数字电子计算机以及以其为基础的移动互联技术等，数字化便于数据和信息的处理、储存和传播，可以让所有种类、所有类型的数据在相同的格式下混合传输；其二是数字格式在理论上可以无限传输而没有任何损失。

假如现代信息技术不是以数字电子计算机为核心基础，那么数字化就不是一个成为时代热点和趋势的主题。

事实上，自香农在20世纪40年代证明了采样定理（即在一定条件下用离散的序列可以完全代表一个连续函数）开始，就从理论上奠定了数字化的坚实基础，加上数字技术相比于模拟技术的许多优势，如易于稳定实现，便于信号的处理、储存和传播，信号不易失真等，也促进了以数字电子计算机为核心的现代信息技术的快速发展。

比较数字化和信息化的历史，数字化的起源早于信息化。

比较数字化和信息化的概念内涵，信息化包含了数字化，数字化是信息化的技术基础上的一种形式的完善和深入。

有人认为数字化带来了数据化，甚至把数字与数据的概念混为一谈。

我们可以用DIKW金字塔（图6.1）来澄清这个认识。

“DIKW”是data（数据）、information（信息）、knowledge（知识）、wisdom（智慧）四个英语单词首字母的缩写。

在图6.1的DIKW金字塔中，最底层的数据是来自对客观世界的观察或受到并记录客观世界的刺激而形成的对客观事物某些属性的值。这些属性可以是客观事物的本质属性，也可以是非本质属性。在将这些属性组合起来解释的过程中就揭示出了信息；只要客观事物的刺激被记录，就有了数据；不论这种记录是以数字化的方式还是其他方式被记录，我

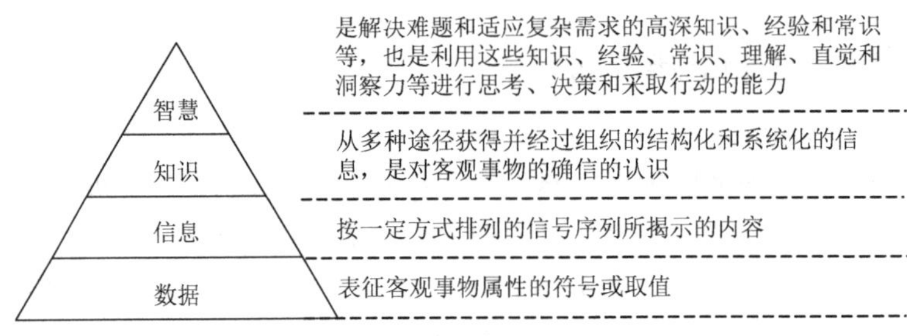
智慧
知识
信息
数据
是解决难题和适应复杂需求的高深知识、经验和常识等，也是利用这些知识、经验、常识、理解、直觉和洞察力等进行思考、决策和采取行动的能力
从多种途径获得并经过组织的结构化和系统化的信息，是对客观事物的确信的认识
按一定方式排列的信号序列所揭示的内容
表征客观事物属性的符号或取值

图 6.1　DIKW 金字塔

们都会获得数据。这些数据可以是文本、声音、图像等，也可以是数字化的格式，还可以是模拟化的格式。因此并非数字化带来数据化，是在采用数字电子计算机进行信息获取的过程中，为了更好地记录、处理和存储数据，需要数字化，同时数字化也为采用数字电子计算机记录、处理和存储数据提供了基本方法。

2. 智能化与信息化

要清楚智能化，需要首先认清智能的本质，智能是指人通过观察、抽象、概括、分析、综合、判断、推理、直观透视、想象、记忆等操作来认识和理解事物，进而运用经验和知识来发现问题、分析问题、解决问题并更新认知结构的能力。智能的核心是信息处理，相应的操作可简要总结为感（感知觉）、忆（记忆）、思（思维）、为（行为）四个环节，这与信息管理的信息采集、加工、存储、传播、使用和反馈过程类似。智能和信息的关系如图 6.2 所示。

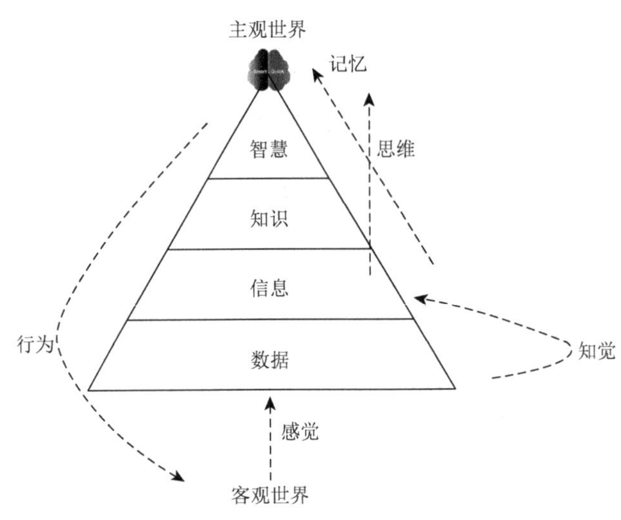
主观世界
记忆
思维
智慧
知识
信息
数据
行为
知觉
感觉
客观世界

图 6.2　智能与信息的关系

根据前文所述，信息化的本质内涵是：信息化是将信息作为一个要素用于彻底改变人类生产和生活方式、促进人类社会发展的历史过程。如图 6.2 所示，智能化的本质内涵是：智能化是将以信息处理为中心的感、忆、思、为等技术化的智能活动作为要素用于彻底改变人类生产和生活方式、促进人类社会发展的历史过程。

在这个意义上，信息化是智能化的基础，而智能化是信息化的升级。

智能化是现代人类文明发展的趋势。它一方面会部分替代人类的脑力劳动，另一方面也会拓展人类的智力。

智能化的基本特征是充分感知、泛在响应、服务特需、准确施为。

在智能化的高级阶段，将出现人-机-物一体共生的社会，传统上人的智能将变为人机协同的综合智能。在技术层面上，“数字孪生”作为物理世界和信息世界的共生映射系统（信息物理系统，cyber-physical-system）成为智能化的成熟技术，人脑和数字电子计算机浑然一体，人类智能和人工智能互为补充，信息和信息处理活动的要素作用将更为重要，人类对客观世界的认识将以仿实为虚、虚中寻优、模优为实、虚实共振、协同进化的方式变得更加全面和深入。在人机协同和虚实协同下，创新也会因虚拟空间中的无限想象和对可能结果的低成本快速探索而倍增。

6.1.3　企业信息化概述

1. 企业信息化的内涵

企业信息化是信息化的一种。

这一概念，国内最早出现在 1997 年。至今人们对企业信息化也有不同的认识。但是根据前述信息化的内涵，可以将企业信息化的本质内涵看作：企业信息化是将信息作为一个要素用于彻底改变企业的价值创造方式、促进企业发展的进程。

企业信息化也是一个过程。在这个过程中，企业在产品的设计、开发、生产、管理、经营等多个环节中广泛使用信息技术，并大力培养信息人才，完善信息服务，加速建设企业信息系统。

与此同时，企业的组织结构、管理流程和人员素质等要素发生与信息作为核心要素在企业活动中的优化配置相一致的变革，企业在信息化进程中，其价值创造方式也将发生变革。

本书根据以上认识，在总结过去企业信息化的实践和理论研究成果的基础上，认为企业信息化应该包括以下三个方面的内容。

1）技术信息化

技术信息化就是在企业内根据企业发展战略和信息化目标，大量、全面地使用数字电子计算机、传感器和物联网、新型数据库技术、移动互联网等现代信息技术。这是实现企业信息化的前提和基础。

前提就是没有它不行，它是企业信息化之前必备的，离开信息技术，下一步工作无法进行。它决定了企业信息化的最高水平。基础就是只有它也不行，它只是企业信息化的初级阶段，这里的最高水平仅仅是一种可能，管理信息化和人员信息化才决定信息化的实际水平。

2）管理信息化

管理信息化就是企业在管理理念、管理组织、管理方式、管理手段等方面不断地与企业信息化的要求相匹配的过程。

国内对“管理信息化”这五个字的提法有与上述定义不同的解释。

一些信息化产品和服务供应商为了推销自己的产品和服务，宣传管理信息化就是企业管理的计算机化、人工智能化等，或者说管理信息化就是企业用计算机等来进行管理。这种认识是不全面的，因为这只是管理信息化的一部分，在管理中使用计算机等仅仅是管理手段的信息化。

若在一个传统的、落后的管理流程中使用先进的信息技术，如果不对不合理的管理流程、规范、标准进行改造的话，现代化的信息技术设备反而会加剧不合理，甚至会固化这种不合理，难以发挥其减少企业管理者对企业活动认知的不确定性、创新涌现、间接的物质能量转化和节约、通过共享实现边际效用递增等作用，这既是投资的浪费，也会导致企业信息化项目的失败。

目前，比较公认的管理信息化工作包括变革组织机构、实施电子商务、再造各种流程、建设学习型组织、实施信息业务外包、精益生产、敏捷制造、智能制造、客户定制、参与全供应链协作等。

3）人员信息化

人员信息化就是企业管理者不断地对自己的管理理念进行全新的改造，建立和增强信息意识，确立信息管理观念，实现管理者观念信息化，使自己的管理观念、素质、修养和能力与信息化的要求相匹配的过程，在人、财、物、息、时、空、险、链等各种企业资源的配置中充分发挥信息资源的作用。

因为再好的信息技术、再好的组织结构，是由人来使用、人来指挥的，如果企业的管理者没有一个信息化的观念，企业信息化也就不可能获得成功。

可以设想，企业管理者如果缺乏对信息意识、信息化的正确理解，对信息技术一窍不通，或者对信息技术设备的具体操作不甚明了，或者对企业信息化运作心中无数，把信息管理看成只是使用计算机、大数据、物联网、人工智能等的管理，带着工业化的思想去指挥信息化，先进信息技术的潜力自然得不到充分发挥，用先进的信息技术支撑观念落伍的管理者，企业的信息化是难以成功的。

技术信息化、管理信息化和人员信息化是整个企业信息化建设过程中不可分割、不可替代、不可或缺的三个组成部分。

这三者的关系是：技术信息化是企业信息化的前提和基础，决定企业信息化可能达到的最高水平，管理信息化是提升企业信息化水平不可缺少的手段，人员信息化是提升企业信息化水平的核心，决定企业信息化实际达到的水平。

2. 企业信息化在企业发展中的作用

过去若干年来，世界范围内的信息化实践说明，信息化是人类社会发展的必然趋势，世界上所有国家都要实现社会信息化。一个国家如果没有社会信息化就必然要落后。在信息化的层次体系中，最基层的是产品信息化、企业信息化，接着是信息产业化、产业信息化，然后是国民经济信息化，最终实现全社会信息化。可见，企业信息化是国家社会信息化的基础。

同时，随着人类生产力水平的提高，全球范围内总体呈现过剩经济特征，世界经济一体化趋势加快，市场竞争越来越激烈，企业只有通过信息化来提高管理水平，提高人员素质，才可能在竞争中保持自身的发展和竞争优势。所以，企业信息化也是企业发展的必由之路。

3. 企业信息化的发展阶段

关于企业信息化发展阶段的研究，已经有许多研究成果发表。这些成果从不同角度反映了学者对企业信息化发展过程的认识。

其中，最具代表性的研究成果有：美国 MIS 专家诺兰于 1979 年提出的六阶段诺兰模型、英国管理学家 C. 爱德华兹（C. Edwards）等提出的系统进化模型和北京市长城企业战略研究所提出的渐进式企业信息化模型。

综合已有的研究成果，企业信息化可以分为以下六个阶段。

1）初始阶段

企业购买了第一台计算机，企业信息第一次有了数字化的存在形式。企业信息化由此开始。

2）单点数字化阶段

企业内某些部门开始使用计算机系统来处理数据和文件，通常是为了提高内部某项工作的效率或为了降低成本。例如，使用财务软件、办公软件或者单机拨号上网获取有关信息等，但只限于编辑、查询、存储和输出。

与此同时，信息技术开始在企业内扩散，企业内的信息系统专家开始宣传应用信息技术的作用，企业管理者开始注意信息系统投资的经济效益。

3）单点自动化阶段

企业的注意力转向以管理信息为目的的各种 MIS，企业内某些部门的业务流程开始自动化，使用办公自动化系统、CAD 系统、CAM 系统、人力资源管理系统等；虽然主要还是用于数据处理目的，但是提出了新的要求，要求能够在需要时修改系统，每个职能部门都力求发展自己的系统；为了适应信息化的需要，还能够对部门内的业务流程进行重组；建立部门业务需要的数据库；各门类的信息资源逐步实现有序化。

在信息化管理上，对信息系统的管理有了一个正式的部门，以规划和控制企业内部信息系统的活动。但是，各部门之间没有联系，都是单点各自发展，不能进行电子数据的交流，没有实现较好的数据共享。

单点自动化是企业信息化的基础，企业应该不断地深化各个单点的管理，把这一阶段工作做好了，才好向下一阶段发展。

在以上三个阶段中，信息技术的使用基本上处于战术层次，属于自动化和信息沟通的工具。

4）联合自动化阶段

企业认识到自身在信息系统建设中的责任，从对计算机信息系统的管理，转向对信息资源的管理，努力整合前三个阶段形成的各自独立的信息系统，开始有完善的系统建设的规划，各部门之间有联合的集成框架，技术上使用数据库和远程通信技术，内部各部门之间实现数据和资源的整合、优化和共享，企业可以在一个平台上利用系统进行管理活动。

企业与外部的系统相互连接，实现电子数据交换，对于某些相同的操作，各企业之间不必重复。例如，订单、发票，以及其他共用文件都被电子传送。企业管理者开始尝试全新的管理方式。

这一时期的联合，最初可以是两个部门之间的整合，然后逐步发展为全企业各部门的联合，形成内部局域网。

5）决策支持自动化阶段

企业有了所有人员都能使用的辅助决策的知识平台和协调机制，决策信息和数据进入自组织状态，可以在适当的时间自动合理地流向需要它们的人；使用计算机专家系统、决策支持系统，决策能力得到加强等；开始注意评估系统的成本和效益，企业能够有效承担自己在信息系统中的责任，能够全面解决信息系统中各个领域之间的平衡和协调问题，并进一步提高企业之间信息系统的水平，使供应商、经销商和企业之间的交易过程合理化，实现供应链企业间的数据共享。

6）敏捷的虚拟的企业阶段

企业实现了基于信息技术的敏捷性和虚拟化，构建战略联盟或虚拟企业，借助计算机信息系统，实现了对市场的快速反应，能够快速整合社会资源、组织生产，满足市场需求。上中层管理者认识到系统的重要，正式的信息资源管理计划和控制系统开始使用，以确保信息系统支持业务计划。

以上三个阶段，信息技术的利用处于战略层次。

不过，上述关于企业信息化发展阶段的论述中存在一个问题，就是过程的划分，主要还是以信息技术的使用为标准，有关管理信息化、人员信息化的内容特征不明显，需要进一步深化和完善。

企业在实施信息化项目之前，应该深入分析本企业的信息化基础条件，认真评估本企业所处的信息化阶段，针对企业所处的信息化阶段来进行安排。

6.2 企业信息化建设的内容

6.2.1 信息化建设概述

在信息化开始被提出来之前，信息化建设的内容是不同的，如在国家和产业层面。20 世纪 70 年代，德国和欧洲共同体以及联合国教育、科学及文化组织等国家及国际组织先后出台了一系列推动信息技术在社会中应用和发展的规划，这些规划都把信息基础设施作为重要一环。

1993 年 9 月，美国政府正式提出建设国家信息基础设施，即“信息高速公路”计划，其核心是发展以 internet 为核心的综合化信息服务体系和推进信息技术在社会各领域的广泛应用。在其带动之下，许多发达国家和发展中国家相继出台了一系列国家信息基础设施建设规划，从而带动了全球信息化建设的浪潮。

我国在信息化建设中，曾提出构筑和完善由六个要素构成的国家信息化体系。这六个要素是开发利用信息资源，建设国家信息网络，推进信息技术应用，发展信息技术和产业，培育信息化人才，制定和完善信息化政策。

对于企业信息化的建设，需要根据企业信息化包括的内容来开展建设工作，其建设工作包括技术信息化建设、管理信息化建设和人员信息化建设。

6.2.2 企业的技术信息化建设

技术信息化就是在企业内根据企业发展战略和信息化目标，大量、全面使用数字电子计算机、传感器和物联网、新型数据库技术、移动互联网等现代信息技术。这是实现企业信息化的前提和基础。

信息技术决定了企业信息化建设可能达到的最高水平。因此，在根据企业信息化建设目标选择信息技术时，采用信息技术的先进性是一个重要的考虑因素。

在考虑信息技术的先进性时，可从信息化的内涵以及信息化的发展趋势，即作为信息化高级阶段的智能化发展方面去考虑。

例如，从智能化的感知、记忆、思维、行为的信息处理和操作阶段，以及智能化充分感知、泛在响应、服务特需、准确施为的角度，对传感技术和物联网技术、移动互联技术、虚拟现实技术、时序数据库和图数据库技术、机器人技术、人工智能技术等的发展趋势予以密切追踪，以便在最快的时间将企业最需要的最新技术用于企业的信息化建设中。

关于信息技术的详细内容不属于本书范畴，请参考相关的专业书籍或教材。

1. 企业技术信息化中的技术辅助

技术辅助是企业信息化中实现技术信息化的主要方式。

这里的技术指的是信息技术，辅助说的是信息技术在企业信息化中的地位。它有两层含义，一是指信息技术在企业信息化各要素中处于辅助的位置，不要搞成企业信息化就是计算机化。二是在企业信息化项目中从事系统开发的专业人员要处于辅助的位置。系统开发专业人员要按照企业的要求去做，要能够与企业的业务人员沟通一致，不要越俎代庖，不能代替企业去思考和决策。

这是针对企业和政府信息化推进部门存在的唯信息技术观点提出来的。在企业信息化过程中，信息技术确实很重要，但管理问题更重要。必须纠正重技术、轻管理的倾向。

因为信息技术毕竟只是一种工具，工具的功能只可能是潜在的，不会自动产生的，总是由人来使用之后才会产生的。企业管理的理念、方式、机构、流程、人力资源等方面的信息化水平如果不能与使用信息技术相匹配，系统作为工具的巨大潜在功能就发挥不出来。

但是，辅助不等于不重要，信息技术设备和信息产品是企业信息化的基础和前提，是绝对不可以缺少的。

2. 技术辅助的原则

1）“三化”并进，不可偏废

这是指企业信息化的技术辅助管理中，必须坚持技术信息化、管理信息化、人员信息化的“三化”齐头并进的管理思想。因为“三化”是整个企业信息化建设过程中不可分割、不可替代、不可或缺的三个组成部分。没有技术信息化，提升企业信息化水平无从谈起，但是，这仅仅是一种前提，只是一种可能，还不是现实。要把这种可能性变为现实性，还决定于企业的管理信息化和人员信息化。没有人员信息化，先进的信息设备、良好的组织结构和管理模式所具备的各项潜在功能就发挥不出来，而人员素质的提高又需要管理信息化。

在企业信息化实践中，导致不能“三化”并进的主要原因是管理者的唯技术论的思想和对企业信息化内涵不甚明了，以为企业目前做到的就是企业信息化的内容，并不知道还有其他内容。所以，在实施信息化的企业，管理者要抓紧学习，破除唯技术论，把企业信息化“三化”的全部内容搞清楚。

2）精心规划，分步实施

这是指在企业信息化的技术辅助管理中，必须保证整个企业的信息化建设遵循精心规划，不求一劳永逸；分步实施，不求一步到位的管理思想。不要以为企业信息化建设，像过去企业添置车床设备那样，需要什么计算机设备，定下来之后，花点钱买回来就行了，可以一步到位、一劳永逸。许多管理者说起来都很重视，都愿意花钱，但是在信息化建设中过问太少。据报道，在许多企业信息系统开发失败的案例中，企业管理者不闻不问是其中主要原因之一。

所以，企业在信息化过程管理中，首先一定要制订切实可行的战略规划，常抓不懈。其次要确立企业信息化建设发展阶段的理念，了解本企业信息化所处的阶段，一切从本企业的实际情况出发，一方面向企业信息化建设较为成功的企业学习，另一方面不断总结本企业在信息化建设中的经验和教训，不断地加深对企业信息化的理解和认识，逐步完成，不企求一步到位。

3）三位一体，稳定一致

这是指在企业信息化的技术辅助管理中，必须保证企业的领导、企业参加项目组的业务员和技术开发人员三者紧密合作、稳定一致的管理思想。

首先，企业的领导要十分重视，并且思路清晰，眼光敏锐，自始至终地参加，才可能提出明确的项目目标；出现问题才可能及时发现，及时修改，以求完善；项目结束后项目成果才可能得到实施。企业领导的态度和行动是企业信息化成功的关键，以致人们现在把企业信息化工程称作“一把手工程”。

其次，技术开发人员与企业业务人员要能够沟通一致，让开发人员了解企业的真正需求，这才能保证系统功能的实用性。如果当整个系统开发设计都是由清一色的计算机专业人员完成的时候，系统的失败就难免了。

最后，三者队伍应尽可能地保持稳定。领导成员不稳定，项目组就会得不到持续的支持；业务人员不稳定，会给开发人员了解企业需求带来困难；开发人员不稳定，会导致系统修改的困难。

4）选择伙伴，合作相称

这是指在企业信息化的技术辅助管理中，必须选择好开发伙伴和供应伙伴，使合作双方和谐相称的管理思想。

开发伙伴指的是企业聘请的开发计算机系统的软件企业或专业技术人员。在企业自身信息开发能力不足、信息市场上又没有合用的成熟软件时，企业就需要外请开发伙伴，或者委托开发，或者联合开发。这里的关键是要选择专业水平高、实践经验丰富、踏实肯干的软件开发企业或专业技术人员。

供应伙伴就是信息技术设备供应商。供应商的选择，主要是设备选型的问题。要在开发时把自己的系统建立在一个开放的符合工业标准的由多家厂商支持的平台上；要选择那些能够帮助企业解决问题、不断升级的供应商。

6.2.3 企业的管理信息化建设

管理信息化建设就是使企业在管理理念、管理组织、管理方式、管理手段等方面不断地与企业信息化的要求相匹配的过程。

目前，比较公认的管理信息化工作，包括变革组织机构、实施电子商务、再造各种流程、建设学习型组织、实施信息业务外包、精益生产、敏捷制造、智能制造、客户定制、参与全供应链协作等。本书这里选择其中有代表性的加以阐述。

1. 企业信息化建设中的组织变革

1）企业组织变革的内涵

企业组织变革又称作组织结构变革、组织重建。

它是指企业在信息化过程中，为了与企业使用信息技术和信息化进程相匹配，在组织机构的设置、职能范畴和运行机制上的变革。组织结构变革的本质是为了适应企业大量使用信息技术的形势，理顺企业的管理体制，解决的是信息化过程管理中的组织机构和组织规则问题，使信息的要素作用在企业中能够得到充分发挥。

其实，企业内组织结构的变化是经常发生的。考察企业组织结构变化的历程，我们看到每次组织结构的变化都是在企业内外环境发生变化时，企业是为了适应变化了的环境才使组织结构发生变革的。那么今天企业进行信息化建设，企业的内外环境又一次发生变化了，自然应该对企业的组织结构进行变革。

企业信息化中的组织结构变革主要包括企业信息部门重组，企业 CIO 体制实施，实施团队模式、内部市场模式，构建企业战略联盟和虚拟企业等。

2）企业组织变革的特征

实施信息化建设比较成功的企业，其组织结构的变革主要表现出以下特征。

a. 集成化

在传统的生产模式中，从产品研发、设计、生产、销售到售后服务，是一种由先后、依次、分散、各自独立的环节组成的线性模式。这种模式的各个环节只注意本环节的工作效果，并不十分在意企业的整体经济效果。这在今天企业以整体形式参与市场竞争的形势下，并不利于企业竞争力的提升。

企业在这种模式下使用信息技术，企业的各个环节利用信息技术也只是为本环节服务，也就是说，企业使用信息技术的大量投入，并没有提升企业的整体竞争力。相反，由于传统部门各自为政，不仅互相争夺资源，还制约着信息技术潜在功能的发挥。为了提升企业信息化的效果，只有在使用信息技术的同时，打破这种传统的组织结构模式，代之为一种以信息为中心的网络状组织结构，让企业从整体上成为收集、整理并使用各种信息的中心，使得企业的各个部门在企业信息流的作用下有机构成一个整体。这就是组织结构的集成化特征。

集成化反映了现代企业生产经营管理的走向。企业必须不断地寻找自身组织结构上存在的问题，并加以分析、改进，使组织机构逐步形成合理的网状结构，并不断地重复这个过程，以追求各种要素、环节的优化配置，实现高效率、高质量和低消耗的目标。

b. 扁平化

在传统的生产模式中，企业管理层从高层、中层到下层，是一个金字塔式的结构模式。这种模式机构重叠，信息传播滞缓，不能适应迅速反映市场需求的新的竞争环境。企业使用信息技术之后，如果仍旧是这种模式，信息技术的快速传输功能得不到发挥，企业信息化的效果就不可能明显。

由于信息技术高速传输信息的功能，信息流的畅通使得企业内部原来起着上传下达功能的中层管理者成为多余，企业的高层管理者利用信息技术完全可以代替中层管理者而实施即时指挥。所以，打破传统的直线型组织结构的金字塔模式，大量减少中层管理人员，使集权制企业的组织结构变成管理宽度扩大型的扁平化结构。

在一些实行分权制的大型企业，中层管理者的影响比较广泛，他们会利用信息技术扩大自己的管辖范围和提高管理机构的独立性。由于本属于分权制性质，高层管理者可以把更多一些原属于高层管理者职权范围的任务划给中层管理者，如下放某些决策权、管理更多的部门等，导致中层管理人员增加，形成结构分散型的扁平化结构。

c. 虚拟化

internet、intranet、extranet 的建设，使企业可以在全球范围内以极快的速度、廉价的方式获取和发布信息，建立企业与企业、企业与研发机构等其他社会组织之间的联系。企业可以不受地理位置的限制，不受企业规模的制约，只要有共同的目标和利益，就可以通过网络、信息技术联合起来。一个目标实现之后，可以再联合新的伙伴。虚拟企业由此诞生。

企业组织结构的虚拟化，使企业之间的垂直联合效益向横向柔性效益转变，出现了小规模企业的网上联合能够产生类似大规模企业经济效益的现象。

3）企业组织变革的作用

企业组织结构的相对稳定，可以使企业的管理者和员工能够按部就班地上班工作，履行各自的职责；可以积累过去的工作经验；可以保持企业正常运转的秩序和协调方式；可以增进企业成员之间的了解和认同，提高工作效率。

但是，长期不变的组织结构不能适应已经变化的外部环境，使企业失去竞争力。在信息化环境中，企业组织结构的变革可以改善组织的信息传播效率，可以激发企业员工的主观能动性，可以提高企业对市场、对内部的快速反应能力。

4）企业组织变革中的认识误区

在组织变革的理论研究和实践中都存在一种认识，说企业实施信息化，大量使用信息技术之后，将导致企业组织结构发生变革。这里，“导致”的说法是不确切的。因为“导致”一词有自动地、必然地的含义，但在企业信息化的实践中并不是如此。

我们看到，企业信息化成功的企业在使用信息技术的同时，企业的组织结构确实发生了许多变化。但是，这些变化并不是自动发生的，而是这些企业有意识地进行变革的。而那些信息化没有成功或者收效不大的企业，也大量使用了信息技术，却没有自动地、必然地导致企业组织结构的变化。当我们探讨分析这些企业的信息化没有成功的原因时，其中一个十分重要的原因，恰恰正是这些企业的组织结构没有发生变化或变化得不够。

可见，企业组织变革不是使用信息技术的必然结果，而是企业管理者为了充分发挥信息技术的潜在功能而采取的一种独立的管理行为。它与企业使用信息技术是并行的两件工作。所以，企业在进行信息化项目建设时，应该明白企业使用信息技术之后，企业组织结构必须随之做出相应的变革。

2. 企业内信息管理机构的重组

不论什么类型的企业，多多少少都会有一些信息管理机构。在中小企业里，一般都会有图书资料室、档案室，大企业里就更多，如战略规划部、情报室、政策研究室、信息中心等。

但是，这些信息管理机构是在企业发展的不同阶段陆续建立起来的，分属于不同的上级主管或业务部门。例如，战略咨询委员会和政策研究室隶属于董事会，战略规划部、情报部、文书处理部门等隶属于企业总部办公室，信息发布、信息传播、企业信息出版部门隶属于宣传部，技术图书馆、科技情报室隶属于企业技术研发部门，档案馆隶属于人事部，信息中心、网络中心、电子商务部往往单独建制等。

这些信息管理机构不像财务系统那样统合起来形成一个有机的信息功能系统，它们分属于不同的上级部门，为了赢得企业决策层的关注和自身的生存与发展，彼此之间往往围绕着资源配置和权力地位进行竞争，这种内耗不仅造成大量的重复建设，而且严重阻碍了企业信息的集中统一使用，阻碍了企业信息化的进程，降低了企业信息管理的效益。所以，企业信息管理机构的重组是企业信息化中组织变革的重要内容。

企业信息管理机构的重组，不是企业内现有信息管理机构的简单合并，因为现有的信息管理机构是在企业不同的历史时期、为了不同的目的建立起来的。它只能代表企业的历史，并不是根据企业今天整体的信息需求统筹规划建立的，而且很少与企业外部信息机构发生联系。

企业进行信息管理机构的重组，首先，重组后的企业信息管理机构应该是一个可以覆盖全企业的系统（图 6.3）。

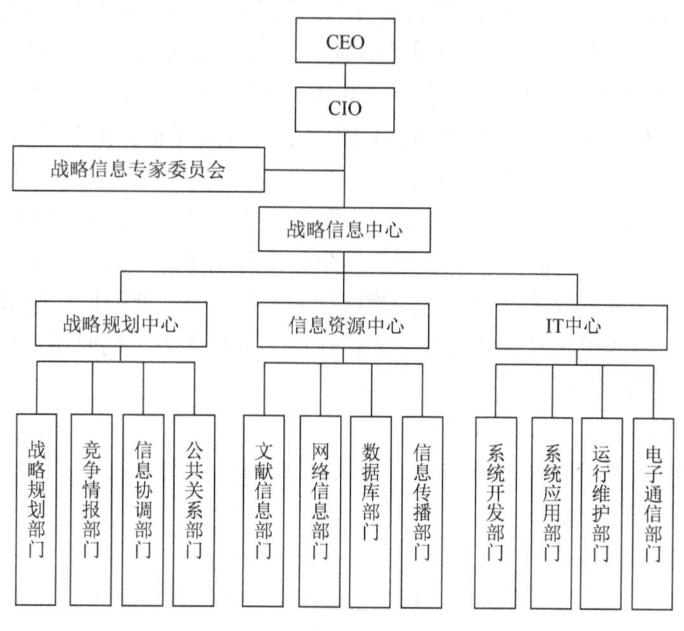

图 6.3　企业信息管理机构系统示意图

资料来源：柯平和高洁（2007），有修改

当然，并不是所有企业的信息管理机构系统都需要这样复杂庞大。这是大型企业、大型集团型企业的信息管理机构系统。如果是中型企业，可以只有战略规划中心、信息资源中心

和 IT 中心三个机构，不必再设置第三层的信息管理部门，或者将战略规划中心和信息资源中心合并，只设置两个中心。如果是小型企业，只设一个战略信息中心就可以了，不必再分解，甚至战略信息中心只有一两个人，或者就是企业的主要负责人本人。但是，不论机构设置几层，第三层信息管理部门所具有的信息功能都应该尽可能地具备，以满足企业的信息需要。

其次，企业信息管理机构的重组必须在统一的目标指导下，对企业内现有的信息管理机构的功能进行优化组合。重组的前提是从战略的角度，重新评估企业整体的信息需求。然后根据这一信息需求进行企业所需信息功能的设计。重组后的企业总体信息功能并不追求满足企业所有管理者和全体员工的所有信息需求，在具体分析企业信息需求时，甚至可以不考虑企业具体人员的需求，只考虑企业的任务、战略、目标、威胁与机会、优势与劣势、战略价值流、核心能力等企业整体需求，以及由其引发的信息需求。重组后要求企业员工适应新机构的需求。

这样做，就可以用先进的管理思想拉动企业发展。

3. 企业信息化建设中的管理变革

1）企业管理变革的含义

管理变革也是企业信息化建设中实现管理信息化的方式之一。

它是指企业在信息化建设中，为了与企业使用信息技术相匹配，更好地发挥信息的要素作用，在管理目标、管理观念、管理模式、管理体制、运行机制、作业流程、规章制度等方面进行彻底的变革。

也有学者将组织结构变革和管理变革合称为管理组织重建，或管理重建，或管理变革。由于重建的具体对象不同，又有公司重建、流程重组、流程再造等名称。

管理变革的新思想、新模式比较多。其中有代表性的有：迈克尔•哈默（Michael Hammer）的企业再造理论；圣吉（Senge）的学习型组织理论；始于科达公司的业务外包理论和施乐公司创造的定标比超理论等。

和企业组织变革与企业信息化的关系一样，企业信息化建设导致企业管理发生变革的说法也是一种认识误区。企业管理变革并不是企业信息化建设的必然结果，而是企业管理者为了实施信息化所必须采取的一种独立的管理行为。它与企业使用信息技术、组织变革是并行的三件工作。正确的说法是企业实施信息化建设必须在管理上同时做出相应的变革。

2）企业管理变革的内容

a. 管理观念的变革

管理观念指的是管理者对管理工作和活动的基本认识与看法。它虽然是无形的，却是直接左右管理者管理行为的。

b. 管理模式的选择

管理模式指的是企业实施管理的基本方式、方法的集合。企业信息化的管理模式因企业处于信息化的不同时期而有所不同。它既与企业的信息化发展阶段有关，又与企业外部的信息技术厂商是否成熟及其介入企业信息化建设的程度大小有关。

常见的模式有以下三种。

（1）完全自主模式。这种模式要求企业自己去完成信息化的规划、研发、运行、维护等全部工作，并做好各项工作的管理。这有利于对企业信息化进行集中统一的管理，可以保证信息安全，但也会产生投入大、设备和人力的利用率低等问题。当外包市场还不发达时，实力雄厚的大型企业多采用这种模式。

（2）项目外包模式。这种模式是把一部分信息化项目外包给可以信赖的信息技术厂商，使企业自己能专注于信息化中的关键性部分，实现集约化经营，但仍需对外包工作进行管理。这有利于发挥社会专业化分工的优越性。

（3）服务外包模式。这种模式是项目外包的扩展。它要求市场上综合服务提供商有较大的发展。这有利于快速应用新技术和新方法，优化社会资源配置，但企业为了降低外包风险，必须在管理中加强对外包厂商的评价与监控。

上述模式各有优缺点，各有其适用范围，关键在于正确选择和适当组合。

c. 管理体制的变革

企业信息管理的管理体制指的是推动企业信息管理发展的管理机制、运行管理机制进行管理的各级信息管理机构，以及保证管理机制和管理机构发挥作用的信息管理制度等诸方面的集合体。

管理机制指的是推动企业信息管理发展的各种动力和约束力，以及它们对企业信息管理作用的方式和手段。管理机构指的是从事企业信息管理的各级部门、机构及其设置的规则、方式和职责。管理制度指的是保证管理机制和管理机构发挥作用的各种规范化的运行规则。它包括管理机构运用一定的管理机制时在方式方法上的规范化，以及保证信息管理部门正常运行的各种规则的规范化。

企业管理体制的变革需要注意以下三个方面。

（1）在管理机制上，改变过去干多干少、干好干坏一个样的方式，实施新激励机制，加大推进信息化的动力，广泛调动全体员工参与企业信息化的主动性和创造性。对于全体人员都要注意责、权、利的统一。优化企业的运行机制，包括企业运行的秩序、流程、阻力和动力。始终保持对信息化环境及其变化的检测，以便随时能够做出快速有效的反应。

（2）在管理机构上，改变过去金字塔结构的组织机构模式，设置精干、高效的信息化管理机构，企业高层领导必须直接参与信息化及其管理过程，并有专职领导从事跨部门、跨单位的协调工作。要坚持集中统一的原则，防止和避免职能部门、业务单位各自为政、彼此割裂、重复建设、信息孤岛等现象的发生。

（3）在管理制度上，一方面继续完善信息化管理制度和标准，规范员工的信息行为，另一方面要改变过去制度执行不力的现象。秩序要稳定，流程要通畅，方方面面要交流和沟通，约束监督和奖惩办法要严格、完善。

d. 管理队伍的变革

在信息化进程中，要改变企业信息化队伍的素质、修养和能力的结构，要充分发挥 CIO 和信息化管理队伍的作用。关于这方面的详细内容，本书将在第 8 章详细介绍。

4. 企业信息化建设中的流程再造

企业流程再造是企业为了在衡量经营或工作业绩的关键指标上取得显著的改进，从根本上重新思考、彻底改造旧的业务流程、建立新流程的工作过程。

流程再造的思想是由哈默教授和 CSC Index 首席执行官詹姆斯·钱皮（James Champy）首先提出来的。

企业流程再造中流程与传统的工序是不同的概念。流程是以企业需要的原材料和顾客的需求为起点，以顾客需要的产品或服务为终点，跨越多个职能部门，流程的所有环节都专注于用户的需求。它是企业为实现某一目标而进行的从“起点”到“终点”的一系列相关活动定向流动的轨迹。

流程再造的类型，归纳起来有三大类：企业内某一部门内的流程再造；企业内部门之间的流程再造；企业组织之间的流程再造。

1）流程再造的原则

流程再造是一种彻底的企业管理变革，不能看作将原来的工作环节做一些合并或将原来的管理环节顺序做一些调整就可以了的。要做好流程再造工作，必须建立全新的管理理念，这就是流程再造的原则。

a. 流程导向原则

这是指流程再造后的企业应确立以流程为中心的理念。实施这一理念，意味着原有的组织部门、组织机构、日常管理方式、思维方式、激励方式、人事制度都要变革，一切不利于新流程运行的因素都应该改变。流程再造的最终目标：变企业中传统的职能导向为流程导向（表 6.1）。

表 6.1 职能导向与流程导向的比较

职能导向	流程导向
部门的职能单一、稳定	流程小组的任务单一，但包括全部职能部门的任务
每个部门只完成流程的一个任务环节	各类职能人员都实施全流程，共同关心流程的结果
各个部门各司其职	流程小组对全流程负责

实施流程导向，首先要识别企业内的各种流程，并予以命名。由于流程是跨越现有企业各职能部门的，要发现和识别比较困难。通常采用逆向识别的方法：先确认流程的结果，即终点，然后从结果出发，逆向寻找一切与结果相关的人和事，直到找到起点为止。这些与结果相关的人和事就组成了这一流程。其次，在充分理解流程导向和职能导向区别的前提下，设计新的流程体系。可采取上下结合的办法，充分讨论，既可以完善新流程体系，又可以让员工认识流程及其对企业的重要性，为新流程的实施做准备。最后，实施新流程。

b. 团队管理原则

新流程的管理要变交响乐队式的职能管理理念为足球队式的团队管理理念。

在交响乐队中，无论是排练还是演出期间，乐谱不会改变；乐队队员各司其职，不会互相替代；队员听从乐队指挥的现场指令，节奏、强弱是固定的，是由指挥控制的，各人只要做好自己的事就可以了，并不关心演出的整个效果，整个演出的效果由指挥负责、承担责任。所以，它反映的是职能管理理念。

在足球队中，比赛场上情况瞬息万变，事先无法预料，一切都是变数；足球队员虽各司其职，做好自己承担的任务，但随时准备承担别人的任务；教练无法控制场上队员的行为，队员也无法获得教练的指令，全靠队员自我发挥；每个队员都有明确的目标：赢球，都强烈关注比赛结果。这就是团队管理理念。

在市场经济环境下，市场上情况瞬息万变，整个企业必须像一支足球队，每个员工都强烈地关注企业运营的结果，才能使企业立于不败之地。

c. 顾客导向原则

在对新流程管理的绩效评判上，必须变利润导向理念为顾客导向理念。

传统的企业管理中是以利润为导向的。但是，一味地追求利润，往往会导致失去顾客，最终会失去利润。市场竞争归根结底是竞争顾客，以顾客为导向，赢得了顾客，才会最终赢得利润。表 6.2 为流程再造企业与传统企业的比较。

表 6.2 流程再造企业与传统企业的比较

流程再造企业	传统企业
以流程为中心	以职能为中心
以人为本的团队管理	以工序为基础的部门管理
以顾客为导向	以利润为导向

2）流程再造的方法

常见的方法有合而为一法、同步工程法、团队模式法和电脑代人法。

（1）合而为一法。这是将原来由多人完成的工序，再造后由一人完成。

案例 6.1 美国 IBM 合而为一法的流程再造

美国 IBM 设立的给顾客信用贷款购买本公司产品的业务流程，原来的规定是：顾客提出要求→地方销售代表向公司电话申请→公司总部办公室经办人填写申请单→信用部审查信用→商务部拟定合同→估价员估价，形成报价函→文书组汇总，交特快专递公司→地方销售代表转交顾客。这个流程的完成，一项贷款需要六天时间。在这六天的等待中，就有可能失去顾客。

为此，公司进行流程再造，将这些不同工序的任务合而为一，由新设立的交易员一人完成，新流程变为：顾客向交易员提出申请→交易员填写申请单、审查信用、拟定合同、估价并提出报价函→交易员答复顾客。

结果：完成一项贷款的时间缩短为四小时。①

（2）同步工程法。这是将原来先后、依次、连续完成的工序，再造后同时完成，即原来的每一道工序的工作，再造后同时进行。

案例 6.2 美国 BMO 银行的同步工程法流程再造

美国 BMO 银行办理抵押贷款的业务流程，原来是贷款人申请→银行受理后，由八个不同的部门先后依次审批→审批通过后，再由五个具体部门先后依次办理手续→通知申请人，完成一项贷款需要 17 天。

流程再造后，贷款人在家里拨号上网提出申请，银行获得申请后，计算机系统就自动

① 案例 6.1、案例 6.2、案例 6.3 均转引自中国国际广播出版社 1999 年版的《管理创新》。

地将申请送往八个部门，八个部门同时审批，审批通过后系统又自动地通知另外五个部门，同时办理手续，然后通过网上通知客户。完成一项贷款的时间缩短为两天。

（3）团队模式法。这是将原来分别由不同部门完成的任务，再造后由一个多职能团队完成。

案例 6.3　美国联邦货车公司汽车零配件公司团队模式法流程再造

美国联邦货车公司汽车零配件公司的业务流程，原来是销售代表访问汽车制造商，获得有关汽车配件的新规格→交开发部设计样品→交模具生产厂生产模具→交制造车间制造配件→发货→汽车制造商接货，完成一次任务需要 20 周。

流程再造后，由销售代表、设计工程师组成一个团队→共同访问汽车制造商获得新规格→工程师设计样品→工程师就近找寻模具厂→工程师就近找寻生产厂→销售代表将配件送汽车制造商。完成一次任务只要 18 天。

（4）电脑代人法。这是将原来由人去完成的工作，再造后由电脑来完成。

案例 6.4　美国福特汽车公司的电脑代人法流程再造

美国福特汽车公司原先的应付账款流程，先是采购部订货，然后将订单的复印件送往应付账款部，供应商根据采购部的订单发货，并同时将发票送往应收账款部，收货部收到货物，经核对无误后将收据送往应付账款部，应付账款部核对订单复印件、收据和发票，三者核对无误后付款。这一流程不仅信息流通缓慢，而且核对工作量十分繁重，拥有 500 多名职员的应付账款部也不能保证核对工作有很高的准确度。

流程再造后，采购部的订单存入公司的专门数据库，收货部的验收信息也存入数据库，取消了发票，核对工作由计算机完成，应付账款部根据数据库显示正确即付款。整个应付账款部的职员减少了 75%，还增加了核对工作的准确度。①

5. 企业信息化建设中的学习型组织构建

学习型组织（learning organization）理论是 1990 年美国麻省理工学院教授圣吉及其小组在《第五项修炼——学习型组织的艺术与实务》一书中提出的，很快风靡全球。企业信息化建设中的管理变革，包括学习型组织的建设。

关于学习型组织的定义，说法并不统一，比较一致的是认为它是指一种新型的组织，这种组织能够通过不断学习而进行自我调整、改造和提高，以适应迅速变化的环境，求得自身生存和发展。这样的组织就可以称为学习型组织。可见，企业内的学习型组织的建设，并不是建立一个实体的组织机构，本质上是树立一种崭新的管理理念。

1）学习型组织的内涵

圣吉在他的书中详细阐述了构建一个学习型组织所必须具备的五项基本修炼：自我超越、改进心智模型、建立共同愿景、团体学习和系统思考。

a. 自我超越

学习型组织的成员应该能够确立自己的愿景，并为之奋斗。

---

① 案例 6.4 转引自迈克尔·哈默的《再造，不是自动化改造，而是推倒重来》（发表于《哈佛商业评论（中文版）》2004 年第 1 期，120~121 页）。

愿景是指个体发自内心地认识到并准备努力实现的、自己最想实现的愿望。当个体建立起愿景，并明确愿景和现况景象之间的差距后，就会感到忧虑和不安，有的人会因此消极而降低自己的目标，满足于现状；有的人受愿景的激励，能在内心产生一种创造性学习和工作的热情、动力与力量，排除心理障碍，全身心投入，以实现突破现况景象的极限，即实现自我超越。愿景越清晰、越强烈、越持久，个体就越能不断地超越自己。

b. 改进心智模型

学习型组织的成员必须具有健全的心智模型。

心智模型指的是植根于人们心中的对于周围世界运作方式的认识和行为，即人的心理素质，是个人的世界观、价值观、信念、道德标准、行为准则等所构成的相对稳定的思维体系。它是人们处理问题时的态度和方式，制约着人们认识问题、解决问题的行为。所以，改进企业管理者和广大员工的心智模型也就成了组织成员首先要学习的内容。

由于心智模型就是人的心理素质，所以，要改进心智模型，就是提高管理者个人的心理素质品质，用良好的兴趣、注意、意志品质指导自己的行为，避免个人情绪的干扰。这方面的内容，详见本书第 8 章的有关内容。

c. 建立共同愿景

学习型组织必须建立起为组织全体成员所认可、接受和拥护的共同愿景。

共同愿景是指能鼓舞组织成员共同努力的愿望和远景，包括共同的目标、价值观与使命感。这与企业文化的概念十分相似。

本来，企业总会有它的目标、价值观与使命感。问题不在于有没有，而在于企业这些目标、价值观与使命感，有没有鼓舞人努力工作的驱动力；如果有，又是不是已经为企业全体成员所认可和接受；仅仅是少数高层管理者的想法，就还构不成企业的共同愿景；强加于整个组织的、少数高层管理者的一项理念，企业员工只是被动接受，就只能是一些空洞的口号，很难调动员工的积极性，更谈不上对全体员工具有驱动力。只有那种一直能在组织中鼓舞人心的理念，才是能够凝聚组织全体成员并使其坚持为之奋斗的共同愿景。

要建立共同愿景，首先应该鼓励企业员工围绕着企业战略目标来建立个人愿景，然后通过对个人愿景的讨论、修订，最后经过提炼、汇集成共同愿景。这样形成的共同愿景才能深入人心，员工就会主动而真诚地为其奉献和投入，而不是被动地服从，因为他在实现共同愿景的同时也就实现了个人愿景。

d. 团体学习

学习型组织必须实现全体成员的共同学习，以求组织成员对共同目标的一致理解，提高组织成员相互配合、协调一致地为实现共同目标而工作的能力。

团体学习的形式有两种：一种是讨论，组织成员在一起就某一问题提出不同的看法，并允许个人进行辩护，最后形成决议。另一种是深度会谈，组织成员在一起就某一复杂而又重要的议题，进行自由的和有创造性的探讨。探讨时各抒己见，既不是评价对方的见解，也不是为了超过别人，赢得对方，只是为了解决所谈的议题。这就是头脑风暴法（详见本书 2.3.2 节）。

e. 系统思考

学习型组织必须具备整合自我超越、改进心智模型、建立共同愿景和团体学习等四种修炼，使之相互融会贯通、形成一体的能力。对于企业来说，单独进行哪一项修炼并不难，但那样对企业的作用不大，只有把这五项修炼整合一体，才有可能建成学习型组织。所以，关键是第五项修炼。

2）学习型组织建设的步骤

a. 评估组织的学习状况

在进行学习型组织建设之初，应了解本企业的学习现状，包括员工是否建立起个人愿景，是否了解组织的共同愿景，员工学习内容能否主动适应共同愿景的要求，员工彼此分享学习成果是否得到鼓舞，学习中是否有解决实际问题的计划，企业是否为员工实现自我导向的学习提供资源和条件，是否与员工就学习进行沟通等。

b. 明确互相学习的方式和内容

要建立学习型组织，必须解决学什么的问题。从理论上看，应包括系统地从过去和当前的研究项目、产品、服务的经验和教训中学习，从客户的信息中学习，从外界先进技术、先进管理思想和方法中学习，从最基层员工身上学习，让员工彼此之间相互学习，在企业内各部门、各班组之间的相互交流和共享中学习等。

c. 激发员工学习的积极性

学习型组织的学习主体不是企业组织，而是通过组织中成员的学习来实现的。学习的结果，存在于个人、企业中的团队、企业的组织结构中。所以，建立学习型组织必须激发员工的学习积极性。不能用高压与逼迫的方式组织学习，而应以关心、和谐的态度去动员员工学习，激发员工建立自我超越的意识，确立能够包容员工个人愿景的企业共同愿景，使企业共同愿景融入员工的生活，成为员工共同努力的目标和动力。

d. 克服学习型组织学习的障碍

圣吉认为有以下七大障碍。

一是局限思考，把自己的责任局限在自己承担的职责范围内。

二是归罪于外，当出现问题时往往认为其原因主要是在外部。

三是缺乏整体思考的主动性，由于离开了整体，主动的效果适得其反。

四是专注于个别事件，就事论事，最多只能在事发前预测，做出最佳反应，却无法学会创造。

五是忽略渐进过程，对剧烈的变化警觉性高，对渐进的变化习以为常，不能在缓慢、渐进的过程中看到危机。

六是从经验学习的错觉，受时空范围限制，人们不可能事事都从经验学习。

七是管理者群体的思维错位，他们有很多时间在争权夺利，却佯装在为企业的目标而努力，以维持一个组织团结和谐的外貌，这样就形成了熟练的无能——企业中充满了很多擅长于避免真正学习的人。

e. 讲究学习的效果

建立学习型组织应讲究效果。为了使学习能持续发展，应该保持共识，建立完善的学习体制，确立良好的学习制度，通过教育使员工获得成功，提高员工解决问题的能力。把学习与日常工作结合起来，把学习过程变为启发、教育员工的过程。通过回顾、目标、规则、继续进步、反馈、落实行动等系统努力来建立学习型组织。

当企业发展出现危机时，或者某个车间、某个班组出现问题时，往往正是学习的机会，平时的危机是进步与成功的前奏，它可使组织获得更多的成功。

实践表明，企业唯一持久的竞争优势，源于能够比竞争对手学习得更快、更好的能力。所以，在企业信息化建设中，建立学习型组织是毋庸置疑的。

6.2.4 企业的人员信息化建设

人员信息化就是企业管理者和员工的观念变革。观念变革是企业在信息化建设过程中，为了与企业使用信息技术相匹配，建立和增强信息意识，确立信息管理观念，在企业全体成员的思想观念和素质、修养、能力方面进行彻底的根本性的变革，将观念转变到与信息化的要求相匹配的过程，在人、财、物、息、时、空、风、链等各种企业资源的配置中充分发挥信息资源的作用。

观念变革是企业信息化中实现人员信息化的主要方式。因为企业实施信息化，再好的信息技术，再好的组织结构和管理模式，都是由人来使用和指挥的，最终必然要深入到企业文化的层面。

许多企业管理者，在实施信息化的实践中，忽视人的需求和感受，以唯技术论和重技术、轻管理的观念推进企业信息化，见物不见人，就难免会遭到很大的阻力，导致信息化失败。失败之后，又只是单纯地在内容上找原因，或者是重新制定战略，或者是重新设计系统的结构和流程，或者是加大技术上的投入，添置更好的硬件和软件，结果越陷越深。

这里所说的观念变革，不只是指技术辅助中说的信息技术应处于辅助地位的观念，还包括价值观念的变革、管理观念的变革、思维观念的变革等。

下面就分别介绍这些观念变革的内容。

1. 价值观念的变革

价值观念是人类在一定历史阶段的生存方式、生存目标和意义在思想上的反映。它是人们在成就、财富、权力、责任、竞争、冒险、创新等方面的欲望，是对人们在正确与错误、好与坏、真与伪、善与恶、美与丑、得与失等对立事物的问题上所持的观点。树立先做正确的事，然后再正确地做事的基本行为准则，并能依据自利原则和自好原则去判定所做事情是否正确。

一定时代的价值观念是建立在一定的经济、生产活动基础之上的。或者说，随着某一确定的经济、生产活动时代的到来，就必然会产生新的价值观念。

在工业化时代，人们追求的是实现物质利益最大化，努力提高物质消费水平，也就产生了物的占有是力量和成就的象征的价值观念。

在信息时代，人们由对物的追求，转向对人的生存和发展、对人的精神生活和文化生活以及人与人的关系的关注。以人为本、为了人或者服务于人成为这个时期的基本价值观念。

这种价值观念认为，一种真正健康的经济，应该是对每一个人都有益，而不仅仅是对几个人有益。一项成功的技术设计，不仅应满足技术上的可行，更要适合于人的使用。

崇尚知识、崇尚智慧和创造是信息时代价值观念的核心。

知识已经成为最重要的生产要素与战略资源。知识的价值不仅表现为生产力的价值、商品的价值，还是对人的全面发展的价值，从而产生了知识、信息的占有是力量、成就和财富的象征的价值观念。

信息是一种待开发的资源就是这种价值观念的直接体现。

价值观念直接制约管理者的行为，并直接导致管理者形成相应的管理观念和思维观念。在企业信息化的进程中，我们的企业管理者必须进行价值观念的变革。如果还没有建立起信息时代的价值观念，自然无法理解信息化的意义，也就不可能全身心地投入信息化建设，领导不好企业信息化建设。

2. 管理观念的变革

管理观念是管理者在一定价值观念的导引下，对管理模式、管理方法、管理战略、组织人事、绩效评估等问题上所持的认识和看法。

什么时代产生什么价值观念，什么价值观念就导致产生什么样的管理观念。

在工业化社会里，人们在追求物质财富的增长是最基本的价值观念的情况下，延伸到管理领域，企业的管理目标就是利润，企业的经济利益至上；企业和客户的关系是一种销售关系，甚至为了利润会不顾一切地采用非法手段；企业战略是计划模式，不容许对计划作任何改动或者很难改动；在销售管理中，注重的是企业的自身形象设计，讲究的是我的形象；指导和控制的手段是依靠最高层管理者的个人权威；工作绩效的评判标准，则以是否贯彻老板意图为标准；在员工管理中，认为人是“经济人”，人的一切行为都是为了满足自身的利益，员工的角色地位不过是雇员，是一种处理信息的机器，进入生产线必须服从生产的节奏，劳动时只能听，只能做，不能说，不必想，更换一个员工，如同更换机器上的一个零件那样简单。管理方式和手段，就是经济报酬、惩罚、强制或独裁。

在信息化社会，在以人为本、崇尚知识、崇尚创造价值观念的导引下，企业的管理目标则是社会责任目标和企业利润并重；企业和客户的关系是一种服务关系，营销战略则是客户至上，讲究的是为客户服务；管理方式也由原来的以利润为中心的模式改变为以企业中所有股东的权利与责任相结合的股东模式；企业的战略构成则由原来的计划战略转变为以实际情况决定行动的连续变化战略；指导和控制的手段由原来的依靠个人权威转变为内部领导层的集体决策；在工作绩效的评判标准上，则以快速对客户需求做出反应为最佳标准，而不以是否贯彻老板意图为标准；在员工管理中，认为人是实业家，劳动中可以想，也可以说，要求员工既要了解自己的工作，又要了解企业的总体情况等。

管理观念虽然是无形的，却直接左右管理者的管理行为。管理贯穿于企业信息化全过程。它的水平伴随信息化发展阶段的演进而提高。整个企业管理需要新观念，其中信息化管理更需要新观念，它是决定企业信息化取得成效的重要因素。其作用远大于信息技术的作用。

管理观念变革，除了是指生产管理、工艺管理、销售管理、信息资源管理等领域需要变革之外，更重要的是指管理者要在思想上接受有关信息管理的理念、原则、程序和方法等一系列信息管理观念。

在信息化实践中，带有普遍性的管理理念是重技术、轻管理。具有这种理念的人，在管理中，往往只注意到局部而忽视整体。这种观念阻碍着企业信息化的发展。因为企业信息化过程在许多方面并不是技术问题，而是管理问题。

例如，在信息化过程中，企业的内外之间，企业内部的上下、左右之间都需要协调，近期发展与长远规划也要协调，注重前后衔接。各种信息系统之间，以及信息系统与其他系统之间，应在管理中加强沟通、相互配合，达到协调互动的目的。这些工作都不是技术问题，而是管理问题。

3. 思维观念的变革

思维观念是人们在一定价值观念的导引下，在思维模式、思维方式等问题上所持的认识和看法。

同管理观念一样，什么样的价值观念就导致产生什么样的思维观念。在工业化社会，企业形成的思维观念往往是见物不见人。在信息化建设中许多企业管理者只看到技术、设备，以为有了设备就解决了一切问题，而看不到管理信息化、人员信息化的作用，就是这种思维观念的反映。

在企业信息化建设中，应该建立的新的思维观念很多，如软观念、信息观念、全局观念、一分为二的观念、市场观念、竞争观念等。

其中，最重要的是软观念。软观念指的是在管理实践中，凡事不仅注意考虑有形的硬因素，还要同时考虑无形的软因素的思维方式。

软因素是指维持企业运行的规章制度、操作程序、办公流程、价值观念、文化伦理、权力流程、能力流程等无形的联结方式和指挥手段。

社会发展到今天，不仅在企业管理中是如此，几乎在所有管理实践中，软观念的作用都越来越大。对于企业来说，能不能在激烈的竞争中立于不败之地，最为关键的是在企业管理的软观念上是不是比竞争对手占有优势。

6.3 企业信息化建设的管理

6.3.1 企业信息化建设的过程管理

企业信息化建设的过程管理，就是对企业信息化建设和发展过程进行的管理。它与企业信息系统建设的管理有很大的区别，企业信息系统开发与建设是目标明确、周期相对较短的项目，而企业信息化建设则是一个建设过程中目标可能发生变化且周期较长的、由许多企业信息系统开发与建设项目构成的、复杂的综合项目。其过程管理相较于目标导向的项目管理更为重要。

因为企业信息化建设和发展是一个渐进的、学习的过程。它是企业随着大量引进和使用信息技术，在组织机构、管理理念和管理方式、人力资源等方面逐步与之匹配的过程。它是一个不断探索和研制适合本企业的信息化模式的过程，是一个从初级到高级、从局部到整体的不断发展和提高的过程。

这是因为信息技术在企业内的转移、扩散、渗透，乃至广泛、全面地采用需要一个过程，企业的信息资源开发利用程度有一个不断提高的过程，企业信息活动的规模和作用也是逐步扩大的过程，组织机构、管理理念和管理方式、人力资源等方面与采用信息技术相匹配更不是一蹴而就的，也需要一个过程。

这个过程是逐步发生、发展和完善起来的。这个过程需要管理，以求使这一过程的进展更加顺利、健康、快速，更具目的性。

企业信息化建设过程管理主要从技术信息化、管理信息化和人员信息化方面开展，因这部分内容较多，且管理工作需要针对具体建设内容来展开，限于篇幅，本书就不进行详述了。

实施企业信息化建设过程管理的意义在于变企业信息化建设促进企业发展的可能性为现实性。虽然企业信息化建设对促进企业发展具有潜在的可能性，这在信息化从企业的操作和运行层面推进到战略层面时尤为明显，但是这毕竟只是一种可能，并不是现实，在多大程度上能够转化为现实，主要取决于对信息化过程进行正确、规范、科学、有效的管理及其有效性的大小。

从我国企业信息化建设的实践来看，成功的和失败的案例都有，但所占比例都不高，普遍的问题是投资大而效益有限，信息孤岛多而共享程度低，IT 陷阱或信息化黑洞令人望而生畏，搞信息化是找死，不搞信息化是等死的疑虑屡见不鲜。究其原因，是只强调计算机化，忽视了信息化的过程管理，导致在推进信息化的过程中管理缺位、管理滞后、管理的有效性低下等问题频频发生。

所以，加强和改进信息化的过程管理已成了企业信息化建设成败的症结。

6.3.2 企业信息化建设的项目管理

企业信息化建设的项目管理指的是按照项目管理的原则和方法对企业信息化建设项目进行管理，以求实现企业对该项目需求或期望的过程。

这种管理方式在信息化过程的管理中具有重要的地位。因为企业实施信息化是通过一个个具体的项目来实现的。

项目管理作为一种现代管理方式，具有面向结果、任务单一、组织灵活、充满活力等特点，但是也存在目标较多、互有冲突、资源不稳定、组织界限模糊、充满不确定性等不足。

企业信息化建设的项目管理一般采取矩阵型。项目组成员来自企业的不同业务部门和项目开发单位的计算机专业人员，在项目经理的指挥和组织下，按一定的分工，共同完成项目规定的任务。项目结束后所有人员返回原单位。选好项目经理是搞好项目管理的关键。项目经理可由企业任命，实行聘任制。为了保证项目实施的质量，需要进行项目监理。这是防范企业信息化建设项目风险的一种方式。

通常，信息化项目管理分为三个阶段：一是前期立项阶段，对项目进行需求分析，由管理部门提出立项请求，然后向上级报批。二是中间管理阶段，即项目立项后的实施。三是后期评价阶段，总结经验教训，评估项目成果。

企业信息化建设项目管理的内容包括以下十项。

（1）项目综合管理。

（2）项目范围管理。

（3）项目风险管理。

（4）项目团队管理。

（5）项目采购管理。

（6）项目沟通管理。

（7）项目时间管理。

（8）项目成本管理。

（9）项目质量管理。

（10）项目决策管理。

6.3.3　企业信息化建设过程管理与项目管理的关系

企业信息化建设的过程管理是对整个企业的信息化过程所做的管理，不只是信息化项目的管理。因为项目总是有结束的时候，但是企业的信息化过程不会结束。一个项目结束了，又有下一个新的项目，一个一个项目的先后衔接和连续发展，就构成了企业信息化的过程。

但是，在实践中企业实施的是项目管理。因为企业信息化建设对于企业整体虽然是一个没有结尾的连续不断的过程，但是这个过程又是由前后连接的一个个信息化项目组成的。每一个信息化项目都是一次性任务。每一次为了完成该任务，都需要成立项目组织，然后从组织设计、组织运行、组织更新到组织终结，都有一个生命周期。信息化过程管理的全部思想，贯穿在每一次项目管理之中。虽然项目管理不能代替过程管理，但是没有项目管理也就没有信息化过程管理。

6.4　企业信息化水平的测评

6.4.1　企业信息化水平测评的概念

企业信息化水平的测评是通过设计一套测评指标体系，对企业实施信息化所达到的水平进行定量测量和评价的工作过程。

企业信息化水平的测评是信息化测评的一种。信息化测评包括国家信息经济测评、国家信息化水平测评、世界各经济体信息化程度测评、企业信息化绩效测评、企业信息化水平测评等许多种。

可见，在企业信息化的测评中，有绩效测评和水平测评两类。

主张绩效测评者，在国内学者中为数不少，其中有一些人，在 21 世纪初，尚有一定的组织优势，他们在媒体上声称企业不需要没有效益的信息化。近年来这些人似乎有点悄无声息了。但是，在近些年内出版的有关企业信息管理的著述中，对于信息化测评仍旧是一边倒地主张绩效测评。

主张水平测评者，人数也不少。在中国知网上很容易搜索到关于“企业信息化水平测评指标体系”的论文。

近些年来，学界提出了企业信息化成熟度的测评。

2011 年，有学者指出：“为评价企业信息化水平，信息化成熟度一词应运而生”“企业信息化成熟度是指在信息化过程中，企业的信息化已发展的程度”（吕虹云，2011）。

2015 年，有学者指出："要继续推进企业的信息化进程""则必须先了解企业当前的信息化水平——企业信息化成熟度。"（何计蓉和覃小兵，2015）

可见，成熟度测评是水平测评的深化。

本书则从 2003 年的第一版开始就赞同企业信息化的水平测评的主张。

本书主张企业信息化水平测评，主要是基于以下理由。

1. 企业的许多信息化项目不能产生可测量的经济效益

在企业信息化项目中，并不是所有的项目都可以产生可测量的经济效益，有许多项目就不能产生可测量的经济效益，而仅仅是减轻了劳动强度，或者缩短了操作时间，或者提高了文件的文面质量。过去用打字机来打字、用油印机来印刷企业的公文，现在用电子计算机打字、用激光打印机来印刷，这并不能增加企业的经济效益。至于由于信息安全问题而做出的投入，只是说可能减少某些损失，究竟是不是减少了损失，减少了多少损失，也是无法测量的。

2. 企业信息化对企业绩效的贡献是不可测量的

企业绩效是一种综合效果。企业绩效的增长，本质上是企业内的管理手段、人力资源，企业外的市场机遇、社会环境、自然环境，以及包括企业信息化在内的一系列因素共同作用的结果。企业实施信息化，对于企业这一时期绩效的增长可能有贡献，也可能没有贡献；即使有贡献，也不能说绩效增长的幅度，全部都是由企业信息化导致产生的，最多也只能说是有一部分贡献。

但是，企业信息化产生的这一部分绩效究竟有多大，它在总效益中究竟占多大比重，如何把它从企业总绩效的增长中剥离开来，这一切是不可能实现的。

在许多主张绩效测评的文献中，总是把企业总绩效的增长幅度，视作信息化绩效的增长幅度，且不说这样借代是否科学，单单这种做法本身，就说明企业信息化绩效数据是不可获得的。

3. 企业信息化绩效具有滞后性特征

在工作实践中，许多事物在实施之后，并不是立竿见影，马上就能获得明显的经济效益。这就是滞后效应。企业信息化的绩效也是如此。所有从事企业信息化的人都有这种体验和直觉，信息化搞得好的企业并不一定在经济效益上当年或者第二年就会收到经济效益。当滞后的效益还没有出现的时候，我们不能说企业的信息化水平一定不高，企业信息化工作一定是做得不好。

综上所述，本书主张企业信息化的测评以水平测评来进行比较好。

6.4.2 企业信息化水平测评指标体系研究中存在的问题

我国企业信息化测评研究的成果是丰硕的。但不可否认，在已有的指标体系设计中也确实存在诸多不足。

本书认为主要存在以下三个方面的问题。

1. 在指标内容方面存在的问题

（1）设置的指标不能反映企业信息化的水平。

例如，有的指标体系在"信息化重视度"之下设置"企业信息化工作最高领导者的地位”的指标，规定最高领导者是一把手得 100 分；是二把手得 70 分；是三把手得 50 分；是部门领导得 30 分。这种设置就不合适。

企业对信息化的重视度并不体现在是第几把手负责上，而是体现在实际管理的效果上。一个企业确定第三把手负责信息化，并且有职有权，那么这个企业对信息化的重视度并不低。相反，一个企业确定为第一把手管，看起来是重视，结果第一把手仅仅挂名，其实际效果是有其名无其实，这在实际中并不是少数。这种情形就不能说重视信息化。所以该指标不能反映企业对信息化的重视度。

同时，这个指标的这种规定还会产生误导：因为只要确定第一把手负责信息化工作就可以得最高分，各个企业就会都让第一把手来挂名，这很容易做到。

再如，有的指标体系中设有“每百人年发函件数”指标，认为这个指标数据越大信息化水平越高。其实不然，在今天全球通信十分发达，电子邮件、QQ、微信、智能手机非常普及的情况下，几乎所有的企业普通函件的数量肯定比过去大大降低，这恰恰是信息化水平提高的表现。这一指标数据的增加并不是信息化水平提高的表现。

（2）部分指标虽然命题尚好，但是设计的具体内容不合理。

例如，“决策信息化水平”的指标，这个命题很好，是测评企业信息化水平不可缺少的内容。但是，该指标被设计为初、中、高三级水平，并规定：初级水平是指通过信息资源的开发利用，能为企业决策提供初步支持；中级水平是指能开展数据分析处理，对各种决策方案进行优选，为企业决策提供有力的辅助支持；高级水平是指采用人工智能专家系统，进入管理决策智能化。

首先，这里的初、中、高级别的划分标准太模糊，无法保证不同企业在测评时掌握的标准相同，更谈不上测评结果的相互可比性。其次，三个等级的划分都是只要求“能”，没有考虑“量”。在管理中做到 10%是“能”，做到 30%也是“能”，做到 60%还是“能”，在这个指标中就没有区别，而恰恰那百分比的差距才是水平的体现。

（3）设计的指标概念范畴不清楚。

例如，指标“研究开发力度”，其命题也很好。但是，该指标被设计为“研究开发力度＝本期信息产品投资额/本期企业投资总额”。企业的开发工作，并不只是开发信息产品，也开发物质产品，这里只用“信息产品投资额”来计算是不合适的。如果说信息化水平测评应该是指信息开发，那么“研究开发力度”中“开发”概念的范畴大了，应该改为“信息开发力度”。

再如，指标“信息开发费比率”被设计为“信息开发费比率＝信息开发利用费/企业产品销售收入”。公式要计算的指标“信息开发费比率”的概念范畴只是“开发”费，但处于分式中分子位置的指标“信息开发利用费”却是“开发”和“利用”两项经费，其概念的范畴大于该公式计算的指标概念的范畴。

（4）设计的指标概念清楚，但不合理。

例如，指标“研究开发费比率”被设计为“研究开发费比率＝研究开发费用/产品销售收入”。这个公式中三个指标的概念都十分清楚。但是，处于分式中分子位置的指标是“研究开发费用”，用这个指标进行测评，就等于说企业投向开发的费用越大，开发费比率就越大，信息化水平就越高。其实，费用越大并不表示信息化水平就越高，它只能说明企业重视信息化工作。还有，指标“技术开发人员比率”也有同样问题。该指标设计为“技术开发人员比率＝技术开发人员数/企业年均职工总数”。事实上，并不是技术开发人员越多，企业的研发能力就越强。

2. *在指标数据计算方法上存在的问题*

（1）设计的指标计算方法不科学。

例如，指标“CIO 职位级别设置”，其数据的计算方法被设计为两项，一项为正式设置 CIO 职位，得 50 分，否则得 0 分；另一项为 CIO 的职位级别处于企业最高层得 50 分，处于中层得 25 分。这种数据取值方法不科学。

因为企业对于信息化是否重视，并不在于有没有这个名称的职务，而在于有没有专门的信息化管理职能部门、这个部门的负责人是不是有职有权。有些企业具有健全的、有职有权的信息化管理职能部门，就因为这个部门负责人不称作 CIO，就只能得 0 分，而有的企业只有一个有其名无其实的 CIO 就可得满分（50 分）。这种规定显然不合适。

至于 CIO 职位的级别，处于企业最高层，还是处于中层，确实可以反映企业的重视程度。处于中层可以认为是不够重视，但是处于最高层并不一定就是重视。和前面所说的道理一样，测评重视的程度，不能只是考核是不是在最高层，而应该考核在最高层后他实际拥有的权限及其工作情况。

（2）指标数据取值时间跨度规定为“三年平均值”不科学。

在一个比较权威的指标体系中，有三个指标的取值时间跨度是三年。而该指标体系总共 21 个二级指标，三个指标取值时间跨度是三年平均值，另外 18 个指标用当年值，那么测出来的总指数是当年值，还是三年平均值呢？测评指标体系测的是当年的水平，还是测三年的水平？企业信息化的发展速度很快，几乎是一年一个样，用三年跨度取值，也看不出年增长率的水平。

（3）设计的指标看上去尚可，但无法计算。

例如，“信息利用效果＝企业利用信息的收益/企业利用信息的费用”这一指标，乍一看，收益与投入之比，应该是效果。可是，实际上是无法计算的。

因为信息利用并不是都有经济收益，有的只有社会效益，但社会效益无法测量；有的信息利用有经济效益，也无法测量，因为经济收益是综合效果，无法计算信息利用在其中的份额。

（4）整个指标体系越搞越复杂，缺乏简单、实用、可操作的测评方法。

现有的信息化测评指标体系比较多的还处于学者的研究论文中，大多数还是一种论述性、描述性的文章，明确提出在企业中进行实际测评的指标体系并不多，而且有越搞越复杂的趋势。最明显的是国家信息化测评中心推出的由基本指标、效能指标、评议指标三个部分组成的体系，而且基本指标不独立用于对企业信息化水平的全面评价和认证，效能指标形成对企业信息化实效的定量分析结论，评议指标形成对企业信息化评价的定性分析结论，再加上还要遴选标杆企业，把一个本来就比较复杂的事情，变得更加复杂了。这种指标体系，只能由那些设计体系的专家或专门的测评机构使用，那些不懂得高深数学和具体测算方法的企业普通管理者和政府信息化推进部门的官员，还是不会使用。

3. 在测评指标体系结构上存在的问题

（1）测评指标体系的指标结构不能全面反映企业信息化的水平。

在已有的企业信息化测评指标体系的结构中，绝大部分都只是从信息技术使用程度这一个角度来构建的，没有管理信息化和人员信息化方面的指标。

这显然不合适。信息技术只是工具，决定工具效率的是组织，更取决于人。企业信息化要求企业的组织机构、人员必须与使用信息技术相匹配，实现信息技术化、管理信息化、人员信息化。应该说，举凡不是“三化并进”的测评指标体系，就不能全面反映企业信息化的水平。

（2）测评指标体系的指标结果过分强调测评信息化的经济效益。

在已有的测评指标体系的结构中，大部分都有企业实施信息化后经济效益是否增长的指标，而且所占比重很大，认为效益增加越大，企业信息化的水平就越高，乃至打出企业要建设有效益的信息化的口号。这样强调未免过分。

这一点，本书在上文已经做过分析：一是企业的许多信息化项目不能产生可测量的经济效益；二是那些可以产生经济效益的项目对绩效的贡献是不可测量的；三是企业信息化绩效具有滞后性特征，并不是立竿见影的。因此，过分强调测评信息化的经济效益并不合适。

（3）测评指标体系结构中的逻辑性错误。

任何一个测评指标体系的结构，都是以测评对象的概念为基点进行划分，以所划分出来的子项、子子项系列组成一个概念体系。在已有的指标体系中就存在指标体系结构不妥的逻辑错误。

例如，在同一个指标体系中，既有“信息化投入总额占固定资产投资比重”指标，又有“用于信息安全的费用占全部信息化投入比例”指标。显然，后者的“信息安全的费用”，是包括在前者的“信息化投入总额”中的。可见，“信息安全的费用”这一数据在这个指标体系中被使用了两次，这不仅属于划分的这一子项和那一子项在内容上有重复的子项相容逻辑错误，也夸大了这个数据的作用。

再如，指标“信息化投入总额占固定资产投资比重”被设计在一级指标“基础建设”之下。企业信息化“总投入”并不是全部用在“基础设施建设”中，还用于其他工作中。所以，这是子项外延大于母项外延的多出子项逻辑错误。

6.4.3　企业信息化水平测评指标体系的设计

1. 测评指标体系的设计原则

1）科学性原则

新的测评指标体系应该从中国具体国情出发，以投入法测评为主导，设计的指标应力求客观反映出企业信息化各个方面的真实状况，实事求是，客观公正，从企业实际情况出发，注重数据的真实性和可靠性，不能想当然，也不能以偏概全，指标体系的确定要建立在科学性的基础之上。

2）可操作性原则

整个指标体系的指标数目不能太少，也不要太多太杂，数量适中为宜，内容实用为宜；

具有可比性，可以用来对各类指标和由此得出的信息化总体水平进行本企业的纵向比较，或同行业企业间的横向比较。

指标体系以定量指标为主，定性指标为辅，便于相应数据的收集、统计、分析，可以具体直接地测量，减少定性指标带来的主观偏差。

3）系统性原则

指标设立应尽量全面，务必系统反映企业整体信息化水平，而且指标间要具有层次性、简约性、针对性，由粗到细，由浅入深，指标之间的相关度尽可能小，以较少的指标覆盖较广的范围，解决比较实质的问题。

4）成长性和预测性原则

对企业信息化水平的测评不仅要反映出企业目前的信息化状况，而且要让指标体系在一定程度上揭示出企业信息化发展潜力和后劲，能够从时间上和空间上发展与延伸。

2. 测评指标体系的设计方法

对于指标体系的设计，采用逻辑分析法和数据处理法相结合的方法。

逻辑分析法是根据上述设计原则和现有的企业信息化的内容范畴，将已有的指标体系汇集起来，进行研究分析，按照本书第 2 章介绍过的逻辑学划分的四条标准，保留符合逻辑的、合理的测评指标，舍弃不符合逻辑、不合理的测评指标，增加逻辑上遗漏的、需要的测评指标，建立一个符合逻辑划分标准的指标结构体系的初稿。然后向有关专家征求对初稿的意见，将初稿修订为测评指标体系的初步方案。

首先，对用初步方案调查所获得的数据进行处理，通过因子分析法确立因子数，把各个因子作为指标体系的二级指标；其次，观察各项指标的因子载荷量和项目共同度，按项目共同度先行选择，再根据项目因子载荷量来判断，确定第三级指标，建立起一个三级测评指标体系方案；再次，运用信度分析方法，对指标体系进行信度一致性检验；最后，将上述两种指标体系方案合而为一，形成一个三级指标体系。

3. 测评指标体系结构的设计

表 6.3 所示的指标体系，是本书作者司有和主持重庆市信息产业发展基金关于企业信息化研究的项目时，所设计的企业信息化测评指标体系。

表 6.3 重庆市制造业企业信息化绩效测评指标体系

<table>
<tr><th>一级指标</th><th>二级指标</th><th>三级指标</th></tr>
<tr><td rowspan="8">A_1 技术信息化</td><td rowspan="3">B_1 企业信息基础设施建设水平</td><td>C_1 电话机、计算机百人拥有率</td></tr>
<tr><td>C_2 企业信息沟通建设水平</td></tr>
<tr><td>C_3 信息安全技术操作水平</td></tr>
<tr><td rowspan="3">B_2 企业网络建设水平</td><td>C_4 企业网络性能水平</td></tr>
<tr><td>C_5 企业网络覆盖范围</td></tr>
<tr><td>C_6 企业网站建设水平</td></tr>
<tr><td rowspan="2">B_3 企业数字化建设水平</td><td>C_7 企业内数据共享及数据库建设水平</td></tr>
<tr><td>C_8 电子商务建设和应用水平</td></tr>
</table>

续表

一级指标	二级指标	三级指标
A_2 管理信息化	B_4 企业管理者重视度	C_9 信息化投入占同期固定资产投入的比重
		C_{10} 企业信息化总体规划工作水平
	B_5 企业机构整合水平	C_{11} 职能信息部门的设置和职权
		C_{12} 管理部门数量和层次变动的程度
		C_{13} 信息管理制度和编码标准化
	B_6 企业管理系统的使用水平	C_{14} 企业主要业务流程再造的程度
		C_{15} 基于 intranet/extranet 的管理信息化
		C_{16} 决策信息化程度
		C_{17}MIS 使用的范围
A_3 人员信息化	B_7 企业管理者与员工信息素质水平	C_{18} 企业成员中本科以上学历的比重
		C_{19} 电子化学习的员工覆盖率
		C_{20} 企业成员上网的比率
		C_{21} 企业领导者的管理水平
	B_8 企业人员结构水平	C_{22} 企业专职信息技术人员的比重
		C_{23} 企业研究与开发人员的比重
	B_9 企业人员吸收培训及创新水平	C_{24} 企业员工年均参与信息化培训的时间
		C_{25} 企业年均员工培训覆盖率
		C_{26} 年均信息化培训占总培训的比重
		C_{27} 引进信息管理、信息技术人才的比重

这个体系已经过去很多年了，拿来测评今天的企业信息化水平就不太合适了。但是，在测评指标体系的结构上，一级指标由“技术信息化、管理信息化、人员信息化”三大类组成，符合当前企业信息化领域对企业信息化内涵普遍理解的范畴，尚可以作为一家之言，供大家参考。

4. 测评指标权重的确定

由于测评指标体系中各级指标对信息化水平的贡献大小不同，也就是重要性不同，因此需要先确定各指标的权重。

权重是用以描述各指标对于评价目的的相对重要程度的系数。这样可以区别不同指标对总测评结果的贡献度的不同，使测评结果更加接近于真实。

常用的确定权重的方法有两种：一种是直观判断法，由测评指标体系的设计者根据自己的经验和知识判断确定，此法误差要大一些。另一种方法是运用层次分析法来计算各级指标的权重。此法比较准确，严谨的研究者大多采用此法。至于具体内容，数理统计课程中关于层次分析法的部分已经讲过，这里就不重复了。

5. 测评指标数据的计算设计

常用的指标数据计算的设计方法，采用以下几种。

（1）实测计算法。设计的指标数据可以通过直接测量获得。

例如，指标“计算机每百人装备率”可直接统计企业内计算机总数，然后与全企业职工人数相比。只是要规定一下统计计算机总数的口径：企业内正常运转的大、中、小型计算机、服务器、工作站，包括主频在 75 兆赫兹（含）以上的 PC，不含私人电脑。

（2）罗列项目，多选打分法。将测评指标覆盖的项目全部列出，规定覆盖一个项目的得分，然后将所有选项得分之和作为该指标的数据。

例如，指标“企业信息沟通建设水平”中的“沟通手段”，列出“电话、传真、对讲机、E-mail（电子邮件）、书面信函、网络系统、企业广播、电视会议系统、EDI（electronic data interchange，电子数据交换）、人工”等十项，规定“覆盖一个得 5 分，满分 50 分”。

（3）罗列项目，单选打分法。将测评指标覆盖的项目全部列出，规定每个项目的得分，并且只能选择其中一项，然后以所选项目的得分作为该指标的数据。

例如，对于指标“企业网络性能水平”，列出网络出口带宽和企业内部局域网带宽的全部范围（表 6.4 和表 6.5），然后根据企业实际情况选择，以其得分为本指标的数据。

表 6.4　根据企业网络出口带宽打分的标准

网络出口带宽 A	得分	网络出口带宽 A	得分
$A \leqslant 128K$	10	$2M < A \leqslant 10M$	40
$128K < A \leqslant 512K$	20	$10M < A \leqslant 100M$	50
$512K < A \leqslant 2M$	30	$A > 100M$	60

表 6.5　根据企业内部局域网带宽打分的标准

网络到桌面带宽 P	$P \leqslant 1M$	$1M < P \leqslant 10M$	$10M < P \leqslant 100M$	$100M < P \leqslant 1000M$
得分	10	20	30	40

6. 指标体系总测评结果计算的设计

1）相对指数法

这是最简单的定量测评方法。其具体步骤如下。

第一步，将某一年作为基年，设企业该年的信息化指数 f 为 100，则在企业信息化测评指标体系中，以每一个三级指标在基年的具体数据为 100，然后再分别将测度年的指标数据除以基年同一指标数据，即求得测度年的各指标值的指数。

例如，某企业 2018 年的“每百人拥有计算机数”是 12 台，而 2019 年是 45 台。现以 2018 年的 12 台为 100，求 2019 年的指数 f 的算法是

$$12 : 45 = 100 : f$$

$$f = (45 \times 100) \div 12 = 375$$

第二步，计算总的信息化指数。其方法有一步算术平均法和二步算术平均法两种。

一步算术平均法是假定测评指标体系中的三级指标，对最终信息化指数值的贡献等

价，在求出各项指标的指数值后，将全部指数值相加除以指标总数，即一步求出全部指标数的算术平均值，为总的信息化指数。

二步算术平均法指在三级测评指标体系中，假定几个一级指标对最终信息化指数值的贡献等价，每个一级指标下的各二级指标对最终信息化指数值的贡献不等价，每个二级指标下的各三级指标对最终信息化指数值的贡献不等价，可按照下面的顺序进行计算。

首先，分别计算每一个二级指标下的各三级指标指数的算术平均值，作为该二级指标的指数。其次，分别计算每一个一级指标下的各二级指标指数的算术平均值，作为该一级指标的指数。最后，计算全部一级指标指数的算术平均值。

相对指数法的优点是解决了不同指标数据单位量纲不同、不能直接相加的困难。它可以用来评价企业测评年的企业信息化指数，了解企业自身纵向的企业信息化水平的发展，也可用来比较不同企业的企业信息化水平。

2）直接算术平均法

如果在设计测评指标的数据计算方法时就考虑到数据量纲不同、不能相加的问题，在设计时就把量纲消去，并使得每一指标的权重相等，就可以直接用算术平均法计算企业的信息化水平总指数。

假设某信息化测评指标体系共有 27 个三级指标，则其计算公式如下：

$$I=\frac{1}{27}\sum_{i=1}^{27}C_i$$

式中，I 为企业信息化总指数；C_i 是信息化测评指标体系 27 个三级指标中第 i 个指标。

为了保证测评的科学性，减少测评的主观性，还可采用模糊综合评判法、层次分析法、多目标决策法、数据包络分析法、聚类分析法、因子分析法等。这些方法都有专门的著作阐述，这里就不详细介绍了。

[思考题]

1. 企业信息化的内涵包括哪三个方面？它包括哪六个发展阶段？
2. 什么是企业信息化的过程管理和项目管理？两种管理的关系是什么？
3. 企业信息化中组织变革的特征和变革的形式各包括哪些内容？
4. 企业管理变革的内容包括哪四个方面？具体有哪些内容？
5. 流程再造包括哪三个战略原则？最常用的四种流程再造的方法是什么？
6. 学习型组织的内涵包括哪五个方面？怎样把企业建设成学习型组织？
7. 在企业信息化中，人员观念变革包括哪些具体内容？

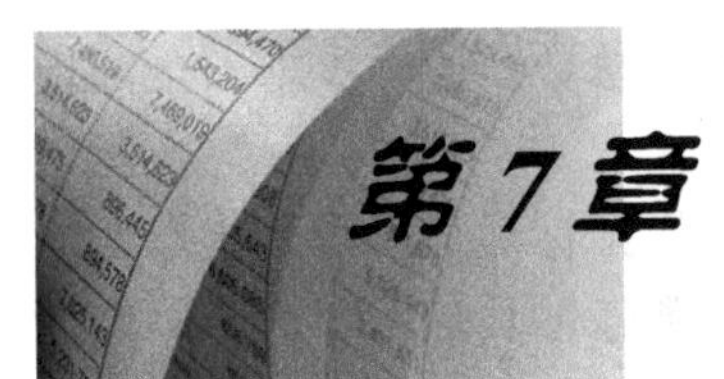

第7章 企业信息的管理程序和方法

开篇案例

厂长那么注重信息的真实性，为啥错了？

（下午上班时间，在厂门口）

小王：厂长好。

厂长：小王好。最近忙不忙？

小王：忙得一塌糊涂。那个北大来的李高工抓得也太紧了。

厂长：抓得紧是好事啊！

小王：（自言自语）这回好了，李高工走了，我们可以歇一阵子了。

厂长：你说什么？李高工走了？走哪儿了？

小王：回北京啦！

厂长：真的？

小王：真的！

厂长：你可不要瞎说！下午他还要参加厂里的一个会呢。

小王：是真的。我上午在火车站亲眼看他上了去北京的那趟火车。

（厂长立即拨通了李高工的手机）

厂长：李高工，你负责的项目还没结束，怎么就走了呢？！

李高工：我没走啊，你说下午开会，我在你办公室门口等你呢。

（厂长显然是批评错了，下意识地又补上一句）

厂长：有人说看到你上了回北京的火车？

李高工：哦，我上午是送我一个朋友回北京。

（厂长看了一眼小王，一句话没说，愤愤然直奔办公楼）

（本书作者司有和根据企业信息管理调查资料编写）

讨论题：

1. 厂长对李高工的批评显然是错了。可是，厂长那样重视信息的真实性，一再询问小王是不是真的，为什么结果还是错了？

2. 根据这一案例，说说企业信息采集工作应该注意哪些事项？

本书在第 1 章已经指出企业信息管理包括对企业信息的管理和对企业信息活动的管理。对企业信息活动的管理，我们在第 5 章已经作了详细介绍。那么，对企业信息的管理，第 1 章认为，应该按采集—加工—存储—传播—利用—反馈的程序进行。这个程序规定了对企业信息进行管理的六项工作和进行这六项工作的先后次序。下面我们就依次给予介绍。

7.1　企业信息的采集

7.1.1　信息采集的内容

1. 信息采集的含义

企业信息的采集是指企业信息管理者根据一定的目的，将企业内外各种形态的信息采出并汇聚起来，以便供自身系统使用的过程。

信息采集在企业信息管理过程中的地位和作用表现在以下两个方面。

首先，它是做好企业信息管理工作的前提和基础。

企业信息管理工作是一个从采集、加工、存储、传播、利用到反馈的全过程，信息采集工作是这一过程的起点，没有信息采集，信息管理工作的其他环节就无法进行。而且信息采集工作贯穿于信息管理工作的全过程之中。客观现实在不断地变化，随着信息管理工作的进行，随时要采集管理对象和管理环境所发生的新信息，只有这样才能保证信息管理工作符合客观情况，顺利进行。

其次，信息采集工作质量是决定信息管理工作质量的关键。

在后续的信息管理工作的各个环节中，都是以采集到的信息为对象进行工作的，信息的真实性、可靠性、时效性和实用性与信息的加工、存储乃至最终的利用息息相关。由于企业内外环境在不断地变化，信息采集工作的内容质量和时间质量将直接决定信息管理工作的成败。

2. 信息采集的要求

信息采集工作的要求可以用四个字来概括，就是真、快、多、准。这是保证信息采集工作质量最基本的要求。

1）真

真包括真实、准确、完整。

真实是指信息的有无，要求采集的信息必须是真实发生的，或真正可能发生的。

准确是指对真实信息内容的表述，必须是准确无误的。

完整是指信息内容的组成，必须是完整无缺的，没有遗漏和冗余。

不真实、不准确、不完整的信息，会导致决策失误，给企业带来损失。

有人认为，信息采集的完整性是指采集的信息是不是能够满足决策所需要的全部信息，并且举例说明：在决定是否进口家用吸尘器生产线的时候，除了了解到市场上家用吸尘器一时紧俏的信息之外，还必须收集有关消费者平均收入水平、消费结构、竞争对手的生产能力等信息。如果仅仅获得家用吸尘器紧俏这一条信息，就决定进口生产线，就是信息采集得不完整。

这种理解是不合适的。因为这是把信息采集的要求和信息利用的要求混为一谈了。信息采集的完整指的是采集到的信息本身是不是完整，只要信息本身是真实、准确、完整的，采集的任务就完成了。至于企业信息管理者运用这一信息得到什么结论、做出什么决策，那是信息利用的问题。在上述案例中，只要“家用吸尘器一时紧俏”这件事本身是真的、表述是准确的，就足够完整了。至于根据这一信息应不应该得出进口生产线的决策，那已经不属于信息采集工作范畴内的事了。

原始信息的不真实；或者虽然确有此信息，但表述不准确；或者虽然信息确是真的，并且表述也是准确的，但内容不全面、不完整，都有可能造成管理决策的失误。虚构杜撰、凭空想象、随意夸张等都是信息采集的大忌。

要保证信息的真实、准确、完整，必须注意以下几点。

一要注意信息的来源必须真实可靠；通过间接渠道采集到的信息，必须要注意进行认真核实，以保证其真实。

二要注意采集信息的过程中，不带任何框框，一切与信息管理目标相一致的信息，不论其后来是否有用或者可能有多大用，先都力求采集到手，以求信息的完整。

三要注意采集信息的渠道力求最短，以免信息传播过程中造成信息量的损失和冗余信息的掺入。

此外，还应该尽量减少信息采集过程中受到的各种各样的干扰。

四要注意对采集到的信息进行表述时，要力求做到清楚、明白、准确，不要动辄使用大概、可能等模糊语言，特别是要注意有关信息发生的时间、地点、人物、过程、原因、结果等六大要素，应该尽可能予以保留，不要随便舍弃。

2）快

快又谓及时，有以下三层含义。

一是指信息自产生到被采集的时间间隔，间隔越短，谓之越及时。最快的是信息采集和信息发生同步进行，这是信息的时效性特征的体现。

二是指在执行某一任务急需某一信息时能够很快采集到该信息，谓之及时。这里所说的信息是已经发生过的旧信息，企业在决策时需要，应该及时提供。在信息管理过程中，信息不能及时到位，就会影响管理者的决策，给企业带来损失。

三是指在企业采集某一任务所需的全部信息花去的时间，花的时间越少谓之越快。

要保证信息采集的“快”字要求，采集工作必须积极主动，密切注视事态的发展变化；行动迅速，发现苗头立即捕捉所需信息；采集方法要科学，采集手段要先进。

3）多

既是指所采集信息的量，也是指所采集到的信息内容系统、连续。量是相对值，指相对于具体的采集目的，用较少的时间采集到比较多的信息，效率高。

系统、连续是从纵横两个方向对信息采集工作的要求。连续是信息围绕某个问题在时间范围上的纵向延伸。系统是信息围绕某个问题在空间范围上的横向延伸。这是由现实社会事物发展规律所决定的。一切事物的发展变化都是连续的、系统的，所以信息采集工作要尽可能与事物的发展变化同步，只有如此连续采集，才能保证信息的系统性。

信息的系统性、连续性越强，其使用价值就越大。未来学研究认为，为了保证利用信息进行外推预测的准确性，应该将外推期限制在整个观测期的三分之一以内。就是说，如果有了某一问题的 30 年的连续信息，就可以预测其今后 10 年的有关情况；如果只掌握它 15 年的连续信息，就只能预测它 5 年后的有关情况。信息采集工作的系统性和连续性，是保证采集到的信息群的系统、连续的前提。要做到这一点，也很简单，对于需要系统、连续采集的信息事件，对其的发展变化要进行连续追踪采集，只要活动没有停止，对其的信息采集工作就不能中断、停止。

4）准

准又称针对性。它包括两层含义：一是指信息具有适用性，所采集信息的内容，与企业信息管理工作的需求是一致的，具有使用价值；二是指与采集目的相关。因为在采集信息时就确定该信息是否有用，有时难以马上做出判断，只要与采集目的有一定的相关度，就可以先采集下来。相关度越高，适用性越强，就越准。

综上所述，真、快、多、准四个字的要求就是用比较少的时间，采集到比较多的、真实的、有用的信息。

3. 信息采集的准备

信息采集工作有时候可以有计划、有步骤地进行，有时候又是在事先无法预料的情况下随机运作的。但是，作为企业的信息管理工作，在采集目的、采集范围、信息源和采集方法等方面，需要有所准备，才能把信息采集工作做好。

1）采集目的的准备

企业信息管理工作的目的，就是实现企业的阶段目标和战略目标。信息采集的目标是从战略目标、阶段目标派生出来的，是为了实现企业战略目标和阶段目标而产生的信息需求。

信息采集的需求有显性需求和潜性需求的区别。显性需求是指管理者十分明确地意识到的那些需求。潜性需求是指管理者事先没有意识到的，而实际上对管理工作有用的那些需求。

显性需求的准备比较好办，明确需求就可以了。

潜性需求的准备有点特殊。潜性需求是管理者长期思索并渴望解决而没有解决、在问题面前百思而不得其解的情况下产生的。百思而不得其解，说明他没有意识到需要什么样的信息，但是当这些信息出现时，如果搜索意识强烈，就能马上下意识地抓住，并适时地采集。所以，潜性需求的准备是一种思想上的准备。

2）采集范围的准备

这是指在信息采集之前恰当地划定信息采集的范围。

内容范围是指信息需求所限定的范围，包括事件本身的内容和该事件周边相关的内容。如果是学术文献就是指文献的专业学科，是大的一级学科，还是分支学科，还是分支学科的分支，要在采集前予以区分。

时间范围是指信息需求所需信息的时间跨度，或者说是指信息、资料发表的时间，是最近几个月的、近一年的，还是近若干年的。

地域范围是指信息需求所需信息发生的空间位置范围，即资料来源地区的大小，是本单位、某个地区，还是某个国家，还是整个世界。尤其是关于信息采集者所在单位的信息和个人亲身经历的现实信息，包括个人的行为、讲话、著作、经历等，最容易被忽略。不要一提信息采集就只想到外部信息、别人的信息。

3）信息源的准备

社会上可以提供的信息源十分丰富，有文献型信息源、口头型信息源、电子型信息源、实物型信息源和内潜型信息源等五大类。

文献型信息源包括图书报刊、政府出版物、专利文献、标准文献、会议文献、产品样本、学位论文、档案文献、公文报表等。

口头型信息源又称个人信息源，包括电话、交谈、咨询、调查等。

电子型信息源包括广播、电视、数据库、互联网、局域网等。

实物型信息源包括展销会、博览会、销售市场、公共场所以及事件发生现场。

内潜型信息源指的是信息采集者个人大脑中储存的各种内源性信息。

在采集之前应根据采集目的和信息源特征选择好信息源。

4）采集技术的准备

信息采集技术包括磁卡、智能卡、条码、RFID（radio frequency identification，射频识别）等。这些技术在企业计算机系统开发的时候，就要考虑进去，加以设置。详见 7.1.2 节。

5）采集方法的准备

信息采集方法主要有四大类：自我总结法、直接观察法、社会调查法、文献阅读法、自动信息采集法。每一类中又有许多种。实际采集之前应根据采集的目的进行选择和组配。详见 7.1.3 节。

7.1.2 信息采集的技术

1. 磁卡

磁卡是一种卡片状的磁性记录介质，利用磁性载体记录字符与数字信息，用来标识身份或其他用途。磁卡由高强度、耐高温的塑料或纸质涂覆塑料制成，能防潮、耐磨且有一定的柔韧性，携带方便，使用较为稳定可靠。

磁卡造价便宜，用途极为广泛，可用于制作信用卡、银行卡、地铁卡、公交卡、电话卡、电子游戏卡、车票、机票、出入证卡等。

企业利用磁卡可以解决员工身份信息的确认、企业内费用的支付等。

2. 智能卡

智能卡是内嵌有微芯片的硬质卡片的通称。

卡片类型有 IC（integrated circuit，集成电路）卡、ID（identity document，身份识别）卡和 CPU（central processing unit，中央处理器）卡。可用于出入门禁、资金结算、考勤

和某些控制操作。整个计算机管理系统的局部系统和终端可自动将从智能卡中收集到的信息整理归纳，供系统查询、汇总、统计、管理和决策。

IC 卡是集成电路卡，可靠性高，安全性好，存储容量大，具有防磁、防静电、防机械损坏和防化学破坏等功能，信息可保存 100 年以上，读写次数在 10 万次以上，广泛地应用于金融财务、社会保险、交通旅游、医疗卫生、政府行政、商品零售、休闲娱乐、学校管理及其他领域，是目前使用最为广泛的智能卡。

ID 卡是身份识别卡，是一种不可写入的感应卡，含固定编号。卡内除了卡号外，无任何保密功能，正在逐步淘汰中。

CPU 卡也称智能卡，卡内的集成电路中带有微处理器 CPU、存储单元［包括随机存储器（random access memory，RAM）、只读存储器（read-only memory，ROM）（FLASH）、带电可擦可编程只读存储器（erasable programmable ROM，EEPROM）］以及芯片操作系统（chip operating system，COS）。装有 COS 的 CPU 卡相当于一台微型计算机，不仅具有数据存储功能，同时具有命令处理和数据安全保护等功能，是智能卡的发展趋势。

3. 条码

条码又称条形码（barcode），是将宽度不等的多个黑条和空白，按照一定的编码规则排列，用以表达一组信息的图形标识符。常见的条形码是由反射率相差很大的黑条（简称条）和白条（简称空）排成的平行线图案。

条形码可以标出物品的生产国、制造厂家、商品名称、生产日期、图书分类号、邮件起止地点、类别、日期等信息，因而在商品流通、图书管理、邮政管理、银行系统等许多领域都得到了广泛的应用。所以，条形码可以自动识别所面对的信息，在企业信息管理中用来采集信息。

条形码制作简单，采集速度快，信息量大，可靠性高，成本低廉。

4. RFID

RFID（radio frequency identification）是射频识别的英文缩写，通常称为 RFID 技术，又称无线射频识别。它是一种通信技术，可通过无线电信号识别特定目标并读写相关数据，而无须识别系统与特定目标之间建立机械或光学链接。目前广泛应用在图书馆、门禁系统、食品安全溯源、供应链和库存跟踪、汽车收费、防盗、生产控制、资产管理等。

RFID 技术是一种自动识别技术，起源于英国，20 世纪 60 年代开始商用。

RFID 系统由阅读器（reader）与电子标签（tag）［即应答器（transponder）］，以及应用软件系统三部分组成。

其工作原理是阅读器发射一特定频率的无线电波能量给电子标签，电子标签进入阅读器发出的射频磁场后，接收到阅读器发出的射频信号，凭借感应电流所获得的能量，将存储在芯片中的信息（无源标签或被动标签）发送出去，或者主动发送某一频率的信号（有源标签或主动标签）；阅读器便依序接收、读取信息并解码后，送至中央信息系统给应用程序做相应的数据处理

RFID 系统的适应领域有物流和供应管理、生产制造和装配、航空行李处理、邮件与快运包裹处理、文档追踪、图书馆管理、动物身份标识、运动计时、门禁控制、电子门票、道路自动收费等。

7.1.3 信息采集的方法

关于信息采集的方法，在作者司有和的信息管理学著作中，有一个演变过程。

在 20 世纪 80 年代出版的信息管理类的著述中，讲到信息采集的方法，通常都是三大块：观察法、调查法、文献检索法。俗称“老三块”。

2000 年，司有和第一次在重庆大学开设全校选修课“信息管理”时，讲到信息采集方法时，肯定受到这个说法的影响，采用了其中的观察法、调查法，把文献检索法改为文献阅读法，可称之为“新三块”。

这样改的理由如下。通过文献检索仅仅是得到某一信息的载体——文本。该信息的内容还要通过阅读该文本才可能知晓。可见，检索仅仅是获得阅读材料的一种途径。而获得阅读材料的途径还有索取、借阅、购买、交换、委托复制、网上下载等。可见，文献检索既不是采集信息本身的方法，也不是获取信息途径的全部方法。

随后，司有和在他的 2001 年版《信息管理学》、2003 年本书第一版中，都是沿用这一“新三块”的提法。2006 年在本书第二版中就改为“四大块”：自我总结法、直接观察法、社会调查法、文献阅读法。

相较于“新三块”，“四大块”增加了自我总结法。这样改的理由是：长期以来，“老三块”也好，“新三块”也好，其中的观察法、调查法、文献检索（阅读）法都是采集的别人的信息，而漏掉了信息采集者自己拥有的信息，即信息管理中信息采集的目标物，应该包括信息采集者自己亲身经历事件的经验和教训、亲身感悟的体会等信息。只有这样的信息采集方法，才是全面的信息采集方法。

目前，在一些信息管理类、企业信息管理类的著述中，对于信息采集方法的阐述，仍旧没有能够顾及这四大方面。

例如，夏洪胜和张世贤（2014）认为，“信息收集的主要途径有：查找现有数据、调查研究和实验观察”。王悦（2010）在《企业信息管理》中提出，“信息采集方法主要包括调查法、询问法、媒介分析法、咨询和网络查询法”。王悦（2017）在《企业信息管理（第二版）》中则改为：根据信息采集的目标不同，将信息采集的方法划分为“自上而下的广泛收集”“有目的的专项收集”和“随机积累”等三种方法。本书均认为不合适。

本书作者之一高小强老师提出，还有一个在最近几年迅速发展起来、为应对互联网海量信息而出现的采集方法：自动信息采集法。这是利用现成的信息自动采集系统在互联网上自动采集所需信息的方法。

综上所述，本书在第五版修订中提出“五大块”的划分方法。

1. *自我总结法*

自我总结法是指信息采集者将自己亲身经历的事件、亲身感悟的体会用文字或语音记录下来的方法。

此法最早来源于美国陆军，称作事后总结法。因事后总结的英文为 after action reviews，故又简称 AAR’s 法。它指的是团队和个人可以通过从总结自身过去的成功经验和失败教训中来获取新的、有价值的信息。

1）自我总结法的作用

AAR's 法是一个简单有效的获取信息的方法。

它有利于企业团队的成员从项目活动过程中获得隐性知识，并将其显性化，避免了知识因团队的解散而流失。

通过事后总结，让团队成员个人积极地参与对项目过程的诊断和评估，以加强他们的学习，总结和发现新的信息，还可以建立起组织内的信任，提高学习意识。

通过事后总结，还可以将总结的成果，在所有参加活动的人员中传播共享，还可以记录下来让更多的人共享。

它的精髓在于开放和学习，而不是去寻找问题的责任和批评指责。它为团队和个人提供一个反思项目、活动、事件和任务的机会，以便下次做得更好。

2）自我总结法的要点

这种方法主要是通过对亲身经历事件的客观记录和综合、归纳、分析、顿悟等方式获得信息。要做好自我总结，必须注意以下要点。

（1）抓住时机，及时总结。最好的总结时机就是事件刚刚结束之际，自己和大家对事件还历历在目，无论是成功的喜悦，还是失败的悔恨，都还没有消退，这个时候是总结经验教训最合适的时候。

（2）把握核心要点。总结时不能漫无目标，没有中心。

为此，一般都遵循“四问”的思路。

一问我们这次活动的计划是什么？以明确原来规定的计划目标。

二问实际发生了哪些事情？回忆发生过的事实和结果，并与“一问”中明确的、原来规定的计划目标相比较，哪些做到了？哪些没做到？做到的，找出成果，或者找出与计划目标的差距。

三问为什么？为什么会有这些成果和差距？在问题的表现和根本原因之间寻找联系，找出做到和没做到的原因，原因有没有道理，明确恰当的做法和不恰当的做法。

四问下一次再做这一类的项目和活动时将如何做？以便在上述讨论的基础上确定如何改进。

（3）组织好会议。一是要事先确定两三个积极推动者，让他们事先做一点准备，总结会开始时先发言，以免冷场；二是要营造一个良好的会议气氛，让与会者能够知无不言，言无不尽，每个人都能充分发表意见；三是要注意会议进程中的引导，不要离题太远；四是要会上做好记录，会后及时整理，提炼出有用的信息。

自我总结法看似简单，要真正做好它并不容易。它取决于信息采集者的高度的无意注意心理品质、强烈的自我管理意识，以及较高的思维能力、表达能力和会议组织能力。

2. *直接观察法*

直接观察法指的是在信息源现场，信息采集者对客观对象不加任何干预，不直接向被采集对象提问，只是凭视觉、听觉、感觉和基于上述感知的思维，以及借助录音机、摄像机客观地记录信息源所生信息的行为过程。

1）直接观察法的种类

直接观察法包括无控制参与观察、无控制非参与观察和有控制观察三种。

（1）无控制参与观察。这是指信息采集者以信息源中被观察者的身份参加被观察者的活动，但对信息源的活动和被观察者的行为不做任何干预，事先不做计划安排和准备，使自己在实际的活动中直接观察和亲身体验，以获取第一手信息的方法。由于这种方法往往是在现场观察，就在现场做好记录，所以又叫现场记录法。例如，市场调查人员以消费者的身份参加市场活动，产品生产厂家派人站柜台来收集消费者对本厂产品的意见等，都是这种方法的运用。

这种方法有两种方式：口头询问方式和信息采集卡方式。

口头询问，做起来比较简单、方便。不过，也有不足。例如，“这件商品好不好？”“这件商品你喜欢不喜欢？”一类的问法，标准模糊，界限不明，消费者不好回答，或者回答得不是很准确。

使用信息采集卡，可以事先设计好问话的内容、标准及其若干个选项，界限都设计得十分明确，在柜台上由消费者打“√”。这种方法不仅容易收集信息，还便于进行量化和统计。这里，关键的问题是设计好信息采集卡的问话条目。

（2）无控制非参与观察。这是指信息采集者在无准备、无具体采集目的的情况下，偶然观察到某一信息，感到有使用价值，从而获取该信息的方法。

例如，工厂技术设计人员在周末与家人去公园游玩的时候，偶然发现公园儿童游乐场的一个设备对自己的技术攻关有启发，并把它用在设计上了。这就属于这种方法。这实际上是信息采集者潜在需求的反映。

再如，借助仪器进行的无控制非参与观察。在广告牌上安装一种特制的摄像机，可观察过往行人对该广告的重视程度。事先征得用户同意，在家用电视机内安装一个记录装置，以记录这个电视机的开关时刻、选台频率、使用时间等信息。

（3）有控制观察。这是指信息采集者利用某些工具、仪器、设备，有计划、有目的、有准备地对特定的对象进行的观察。例如，实验观察、试验观察等。

实验观察，在自然科学研究中，是根据研究的需要，利用一定的仪器设备，人为地控制或模拟自然过程，排除干扰，突出主要因素，在有利的条件下观察自然过程和自然现象的方法。

在商贸、行政、教育等领域里也有类似的实验方法。例如，产品展销会就是一种选样定产的实验，用户和消费者在展销会上看样、了解产品的性能，并进行实际操作，再进行选购，这就是厂家了解产品市场需求信息的实验方法。与自然科学中的实验方法稍有不同的是这里不仅仅是观察，还有向用户的询问。

试验观察，是在社会科学、技术科学研究中，根据研究的需要，按预先安排的程序实施，观察其结果，并与预测方案相比较，以获得对预测方案评价的一种方法。在工业生产中，试验是最常用的一种方法。一种新开发的产品在投入批量生产之前，总要进行试验，俗称中试，就是通过试验了解该产品的各种信息。商贸领域的商品试销试用，其实也是一种了解商品信息的试验观察。

2）科学观察的要求

不论上述哪一类观察，都是通过观察来获取信息的。所以，如何科学地观察就成了一个十分重要的问题。即兴地看看，走马观花地张望，漫不经心地浏览是不行的。要提高信息采集的质量，就必须掌握科学观察的方法。

（1）科学观察必须是客观观察。首先，客观观察要求在观察中有明确的、具体的、根据采集目的和需求所确定的观察对象及其范围。因为人的精力和时间都是有限的，加之管理工作的目标已定，采集本身就是为这一目标和需求所做的，不允许漫无边际地去采集各种信息，所以观察对象及其范围不宜过大。

其次，客观观察要求在观察中不带任何框框，不受任何已有观点的束缚，头脑中要一片空白。例如，春兰集团要在期刊上做广告，究竟在哪些期刊上做广告对用户的影响更大一些呢？他们委托咨询公司对春兰用户做调查，问他们最喜欢看的期刊是哪些，以此得知春兰用户最喜欢看的期刊中前四名是《读者》《知音》《家庭大全》《故事会》。于是，春兰集团就选择这四种期刊做广告。咨询公司的调查就是一种典型的客观观察。

最后，客观观察要求观察者在出现与预测不一致的现象或结果时，要能够仍旧客观地观察。不考虑观察对象与原定观察目的是否一致，也不急于用自己掌握的知识去解释观察到的现象或结果，仍旧坚持客观地去观察，因为解释现象是信息处理时的事情。

（2）科学观察必须是反复观察。客观事物是复杂的，有时并不是一两次观察就能得其要领、察其本质的。所以必须认真精细，反复观察，才能把现象观察清楚，才能透过现象达到本质。

有人对反复观察总结了一个思路：整体→局部→整体，先对观察对象的总体进行观察，获得第一个总的印象；再以这总的印象为着眼点对各个局部进行观察，尽可能地捕捉细节，并把各个局部归纳起来，取得第二个总的印象；在最后第三次观察中与第二个总的印象相比较。如此反复进行，就可以获得能够反映观察对象本质的认识。

（3）科学观察必须有伴随着观察的积极思维。在整个观察过程中，观察者必须积极地开动脑筋，主动地思考。这个时候的积极思维，不是去解释观察到的现象，而是去思考现象本身，如为什么是这种现象，原因是什么，有什么规律，有些现象为什么同时出现，这两种现象为什么不同时出现等。思考并不是为了解释现象，而是为了进一步观察，为了观察得更清晰、更全面。

（4）科学观察必须要客观、及时地记录。观察中测得的数据和现象，必须及时记录下来；记录就是记录，记录必须客观地进行表述，不带任何评论、估计、猜想，保持其原始性。在记录问题上，最大的忌讳就是事后追记，根据想当然记录，这就很难保证记录的客观性。

3. 社会调查法

社会调查法指的是信息采集者通过观察和询问，对客观实际进行深入细致的了解，以获取信息的方法。

1）社会调查的方式

（1）普遍调查。这是在一定范围内对全部调查对象的调查。此方式可以获得全面的信息。在普遍调查中，调查面的大小是相对的，随着调查对象的不同而不同。例如，海尔集团员工信息管理素质的普遍调查、北京市信息产业的普遍调查、重庆市主城区企业信息化的普遍调查，虽然都是普遍调查，但是它们涉及的调查面大小是不一样的。

不过，在相同调查范围内，普遍调查和抽样调查相比较，毕竟涉及面广，所以只是在需要了解全部信息的管理决策中才采用它。

（2）抽样调查。这是在一定范围内，从调查对象中抽取部分样本进行的调查。

在这种调查中，所抽取的样本，从单个样本来看，有高有低，但从全部样本来看，高低互相抵消，其平均数是接近总体平均数的。所以，抽样调查在非普遍性调查中是有科学根据的、比较准确的调查方式。

抽样调查中被抽取的调查对象称作样本。样本抽取的方法有两类七种。

第一类，非随机抽样调查。

这是指不按照随机原则，而是按照调查者主观设定的某个标准抽选样本单位的调查方法。此方法对样本单位的抽选是经过调查人思考后有意识进行的。一般来说，非随机抽样可有以下几种方式。

（a）方便抽样法。方便抽样法又称偶遇抽样法。这是根据调查者的方便与否，以尽可能使调查对象对总体具有代表性为原则的一种抽样方法。这种方法常用于非正式的探索性调查。通常在总体各单位标志差异不大时，采用此法可获得具有较强代表性的调查结果。

（b）配额抽样法。配额抽样法又称定额抽样，这是一种与类型随机抽样相对应的非随机抽样，是指调查者首先将总体中的所有单位按其一定属性或特征分成若干组，然后再采用方便抽样法或典型抽样法抽选样本单位的一种方法。

（c）典型抽样法。典型抽样法又称立意抽样、判断抽样。这是按照调查者的主观判断挑选若干有代表性的典型单位组成样本的一种调查方法。采用此方法的前提是调查者必须对总体的有关特性有相当的了解，判断样本单位代表性大小完全凭调查者的经验、知识等。在精确度要求不是很高的情况下，通常可采用此种方法。

非随机抽样方式灵活，能适应多变的市场环境。因此，小规模的、经常性的市场调查更多地采用非随机抽样。非随机抽样的缺点是不能判断误差，对所调查结果的把握程度难以精确估计。

第二类，随机抽样调查。

这是调查对象总体中每个部分都有同等被抽中的可能，是一种完全依照机会均等的原则进行的抽样调查。一般来说，随机抽样可有以下几种方式。

（a）简单随机抽样。简单随机抽样又称纯随机抽样，抽样时，对全部被调查对象不做任何处理，完全排斥任何有意识的选择，使每个被调查对象具有相同程度的入选可能性。

（b）等距抽样。抽样前，先将全部被调查对象按照某一特征标志排队，然后按固定间隔和顺序来抽取被调查对象。例如，人力资源管理中，对职工队伍的抽样调查，可以将职工队伍按照职工姓名的笔画排序，也可以按照职工参加工作的年份排序，还可以按照职工的工资数额排序。排序后每隔三人或五人抽取一名职工为样本。

（c）类型随机抽样。抽样前，先将全部被调查对象按照某一特征进行划分，分成若干个类型小组，然后从每个类型小组中抽取一定数目的样本。抽取样本时，可以是等比例抽取，也可以是不等比例抽取。

等比例抽取就是抽取的样本的比例与各种类型小组在总体中所占的比例相同。这种抽样法一般适用于各类型小组之间的差距程度比较小的情形。不等比例抽取，就是抽取的样本的比例与各种类型小组在总体中所占的比例不相同。这种抽样法一般适用于各类型小组之间的差距程度比较大的情形。

类型随机抽样的特征是，各类型小组内样本之间的差距比较小；各类型小组之间的差距性则比样本之间的差距性大得多。

（d）分群随机抽样。抽样前，先将全部被调查对象按照某一特征进行划分，分成若干个结构相同的样本群，然后从每个样本群中随机抽取一定数目的样本。

分群随机抽样和类型随机抽样虽然都是从划分小组开始的，但是二者的具体分法不同。分群随机抽样要求各群体（小组）之间具有相同性，每一群体内部的成员则具有一定的差异性，抽取的对象不是一个而是一群。类型随机抽样要求各类型小组之间具有差异性，每一小组内部的成员则具有相同性，抽取的对象是一个个的小组成员。

例如，对职工队伍的调查既可采取分群随机抽样，也可采取类型随机抽样。将职工按照工程师、技术工人、一般工人、行政人员、管理者分成五个类型小组，然后从每组中抽样，这是类型随机抽样；将职工按照一车间、二车间、三车间、职能处室分成四个样本群，每个样本群里都有工程师、技术工人、一般工人、行政人员、管理者，然后从每个样本群中抽样，这是分群随机抽样。

分群随机抽样的优点在于不必编制调查对象的总体名单，只需编制样本群的群体名单，因此就可以减轻调查的工作量。由于此法是以群体为调查样本，所以不论抽中哪个样本群体，调查对象都比较集中，调查起来比较方便。

2）社会调查的类型及其方法

根据在社会调查中调查者与被调查者进行信息沟通的手段不同，可以将社会调查划分为四种：访谈调查、开会调查、通信调查和问卷调查。

（1）访谈调查。这是信息采集者与调查对象直接交谈和个别访问的方法。

由于是面对面交谈，调查对象的态度、性格、情绪，调查者一目了然，而且可以谈得比较深、比较细，可以获得在公开场合下得不到的信息。但是，每次只能谈一个人，费时费力，调查效率不高。

个别访谈中，最大的困难是访谈不易深入下去。根据有经验的信息采集者的访谈实践来看，要使访谈深入下去，访谈提问时应该注意：一要从双方共同熟悉的人和事谈起，以求寻找共同的话题，沟通感情，避免对立情绪的产生，避免冷场的发生。二要在提问时只提对方用一两句话就能回答得了的问题，双方一问一答，就可以交谈起来，使访谈持续下去。三要在提问时只提那些只有对方才能回答的问题，使对方感到所问的确实只有自己才能够回答，因而会有一种被重视、被尊重的内心体验，而愿意谈下去。四要避免诱导式提问。因为诱导式提问，会使被访谈者感到你是带着框框来的，是要我来说出你想说的话，从而会产生一种被利用的感觉，以致对访谈反感，使访谈进行不下去。

（2）开会调查。这是信息采集者召集几个调查对象，并主持座谈，让与会者就调查的内容进行发言，以此获得信息的调查方法。

要开好调查会，必须注意每次会议人数不宜太多，五六人、七八人即可，讨论的议题要比较集中，与会者的身份或知识结构要与议题的相关性比较大。最关键的是信息采集者要善于主持会议，事先有充分的准备，有调查提纲，座谈时口问手写，并与调查对象进行讨论，若会议的议题有所偏离，应能及时地意识到，并加以控制，纠正回来。

这种调查方式，可以集思广益，获得丰富的、高质量的信息。缺点是有些不宜在公开场合下披露的信息或与会者不愿在公开场合下披露的信息，会上就得不到；信息采集者不善于主持会议，会议经常跑题，不仅会浪费时间，也得不到有用的信息。

（3）通信调查。这是信息采集者借助信函、电话或 E-mail 进行的调查。这是一种十分方便的调查方法。企业管理者为获取某一方面的信息，拿起电话就可以向调查对象提几个简单的问题，请对方回答，马上就可以有结果。

电话询问调查在国外是普遍采用的一种信息采集方法。据外电报道，澳大利亚电信公司在测定电信用户满意度时，每年要电话抽样询问 45 万户。丹麦每年要电话询问 1.3 万户。在国内，虽然电话普及率上升很快，但是一方面国内的信息采集者还缺少这方面的观念和经验，另一方面也受到公众素质和行为习惯的制约，电话询问调查的使用还不够普遍，只是一些咨询公司或新闻媒体在采集信息时使用这一方法。

要做好电话询问调查，应该注意以下四点。

一是调查人必须公开自己的身份和意图，取得被调查人的信任，被调查人才可能回答你的提问。

二是谈话内容必须简单明了，调查人的语言必须十分简洁，尤其要注意提问时要让被调查者感到不会对自己产生威胁。

三是异地访谈，要注意信息的真实度，不可简单相信，要从多侧面去了解，必要时可以进行当面核实。

四是随时做好录音、记录。如果可能，可在电话中与被访谈者核实你记录的内容。

（4）问卷调查。这是信息采集者将要调查的内容设计成一种调查问卷，提出若干问题，由被调查者填写后返回，从而获得信息的一种调查方法。

此法可以通过信函、网络将调查问卷发往各地乃至国外，克服了地理条件的限制，从而获得较大范围的信息；加上计算机的应用，可以对调查问卷获得的大量数据进行处理，从而使调查结果更接近于实际情况。而且填写问卷是“背对背”的，可以减少调查对象的思想顾虑，愿意提供真实情况，表达真实观点，特别是对于那些愿意提供真实情况而又不愿意披露姓名的人，这种方法比较合适。

此法是目前最受信息采集者欢迎的信息采集方法，尤其是现在互联网提供了很大的便利条件，可以通过互联网来了解世界范围内的相关信息。而且可以用现代数学方法来处理调查获得的数据，使调查结果更接近真实。

要做好问卷调查，需要注意两点：一是设计好问卷，二是做好问卷回收工作。问卷回收率越高，调查结果的可信度越高。问卷设计本身并没有统一规定的格式，但是，问卷设计很有讲究，设计得好，不仅回收率比较高，而且所得到的结果也很好。所以从事信息采集工作的人，应该熟悉问卷设计的知识。

具体有关问卷设计的知识，本书前三版都做了详细介绍。鉴于版面的限制，在第四版修订时，本书就把这部分内容删去了。

4. 文献阅读法

1）获取阅读材料的途径

要阅读，就要有阅读材料，所以，首先要解决获取阅读材料的问题。

阅读材料，对于企业信息管理者来说，主要包括报表、总结、文件、档案、电子文档、图书、报纸、期刊、网络等信息载体。这些载体的信息，内容广泛，周转快，信息量大，阅读比较方便。获取这些文献的途径有索取、借阅、交换、购买、委托复制、网上下载和文献检索。

（1）索取或借阅。上述载体的信息，都可以在企业的办公室、档案室、图书馆、资料室索取或借阅，如果属于个人的信息资料，也可以向信息的作者或出版者发出信函，请求对方提供相关信息。

（2）交换。对于一些内部报刊资料，或国外的不易得到的某些出版物，可以和相关企业、相关的个人，建立交换信息资料的关系，在自愿、互惠的基础上长期相互交换信息资料。不过，在与国外人员建立交换关系时要注意保守国家机密。

（3）购买。购买包括定购、现购、邮购、代购等。购买的主要是与采集目的和需求相关度高的图书报刊、专利文献、磁盘、光盘等。

（4）委托复制。发现有价值的信息线索，本单位又没有该线索的资料，可以委托有关的信息组织、情报部门代为复制。国家图书馆等大型图书馆、中国知网、中国人民大学书报资料中心、各类网上数据库都可以为读者复制。

（5）网上下载。以自用的计算机在网上可以查到许多文献资料，下载也很方便。不过大多数网站提供的文献下载需要缴费。

（6）文献检索。这是通过计算机和各种检索工具查找文献信息的方法。尤其是网上检索，可以查到许多有用的信息资料，下载也很方便。

文献检索是一个专门的学问，同学们可以找一些专门介绍文献检索的书籍来学习，本书就不具体介绍了。本书第三版曾经详细介绍过“学术性文献检索的思路”，由于版面限制，本次修订时删去了这部分内容。

2）阅读的“三先三后”方法

阅读本身没有什么可以多说的，认识文字，就可以阅读。但是，要提高阅读的效率，做到信息采集要求中所说的用比较少的时间，采集到比较多的、真实的、有用的信息，可用以下“三先三后”的方法。

一是先读近期文献，后读远期文献。

因为有的远期文献可能已经被近期文献所否定或者纠正，先读近期文献先了解这个信息，再读到被否定的文献时就可以不读了。

二是先读综述性文献，后读单篇文献。

因为综述性文献是对一个时期某一领域全部文献的综合性介绍，先读这类文献，就可以对该问题有一个总体的了解，这样再读单篇文献时，可以更全面地理解这单篇文献的内容。

三是先读摘要和前言，后读文献全文。

因为摘要和前言通常都是整篇文献的核心内容，先读这一部分，就可以知道这篇文献对自己是否有用。摘要和前言的文字不多，阅读所用时间不会长，如果没有用，就可以不再花时间读文献的全文了。

5. 自动信息采集法

这是利用现成的信息自动采集系统在互联网上自动采集所需信息的方法。这是最近几年迅速发展起来、应对互联网海量信息而出现的采集方法

目前，在网上可以找到各种不同的信息自动采集系统。这种系统软件，可以针对任何静态网页、动态网页，采集文字、图片、视频等信息，并可以利用所储存的模板进行分类储存、播放，以达到实时、快速播放的效果。

这类系统都拥有检索、采集、分类、存储、监控、保护等功能，具有速度快、智能化等特点，且具有“断点续采”功能，不受信息源意外关闭的影响，重新启动后可继续采集，不发生重复。

信息采集者可以根据自己的需要，增加自定采集规则，可以自定设置采集目标与规则，按规则保存到所需位置。

通过该系统，可以弥补目前传统的信息采集和搜索引擎查准率、对所采集信息携带病毒的查杀率不高以及不灵活的缺点。

7.2 企业信息的加工

7.2.1 信息加工的含义、作用和要求

1. 信息加工的含义

信息加工是将采集到的信息，按照不同的目的和要求，及时地进行鉴别和筛选，使信息系统化、规范化、准确化，以便进一步存储、传播和利用，从而使信息具有一定使用价值的过程。

2. 信息加工的作用

信息加工是信息管理过程中不可缺少的关键环节。它的作用如下。

1）优化作用

刚刚采集到的信息还可能有不真实的、不准确的、不完整的、过时的、用途不大的信息存在。这些信息的存在势必影响信息的传播和使用，所以必须对它们进行鉴别、评价、核实、筛选，进行全面的检查，提高采集所得信息的真实性、可信度，压缩信息的冗余度，使原来内涵不明显的信息显露出来，使信息得到优化。

2）序化作用

刚刚采集到的信息，还是凌乱的、无序的，彼此孤立的，有的还是原始状态的信息，这就无法满足使用时的需要。通过加工，将原来无序的信息按照自己使用时的需要进行排序，才可能便于存储、传播和使用。

3）创新作用

刚刚采集到的信息，或者是他人已有的信息，或者是从信息现场获得的第一手信息，这些信息与管理者的采集目的和管理目标并不是都有明显的联系与作用，有的有明显的联系，有的就没有明显的联系，有的还看不出有什么用途，只有通过信息加工，进行初步激

活，才会从这些已有的信息中创造出新的更有价值的信息来，或者会因此发现更深层次的不足。这就是信息加工的创新作用。

在经过分类排序之后，信息采集者会发现在采集到的信息中还漏缺某些信息，这就需要进一步采集，以求补充。

信息对企业是否有用，信息加工这一步是最关键的。没有这一步，采集的信息再多都是无用的。

3. 信息加工的要求

1）系统性

这是指加工后的信息在内容上应该达到的要求。具体来说，一是要将内容相关的信息集中在一起，把内容上与采集的目标和需求不相关的信息区别开来。二是将集中在一起的信息按照某一特征进行排序，以求前后连贯，呈现某一规律或特征。三是明确相关信息之间的内在关系，体现出信息内容的系统性。

有人提出，系统性的要求就是加工后的信息应该全面反映信息管理活动的规律。这种提法不妥。因为能不能“全面”反映“规律”，是由采集到的信息所决定的，不是由人通过“加工”就可以获得“全面”的。如果采集的信息总量就不足，怎么样加工也是无法反映全面规律的。

所以，这里的“系统性”是相对的，是相对于采集到的信息来说的，就是说通过加工，把已经采集到的信息加以系统化，与信息采集的目的系统性并不是一定完全重合的。当然，信息采集工作做得越好，二者之间的距离就越小。

2）准确性

这是指加工后的信息在表述上应该达到的要求。具体来说，一是没有虚假、含糊不清的信息。二是记载信息的用语规范、标准、简洁、准确、明白。三是要在信息表述的量上进行精简浓缩，重点突出，问题集中，尽可能地将冗余的语言符号删除。

3）及时性

这是指加工后的信息在时间上应该达到的要求。具体来说，一是采集到的信息要立即加工，特别是时效性强的信息更应该争分夺秒地加工，尽可能地缩短从采集到加工的时间间隔，以备信息管理工作使用。二是在决策急需信息时，能马上从尚未加工的信息中找出需要的信息并予以加工。

7.2.2　信息加工的程序和方法

通常按照鉴别—筛选—整序—初步激活—编写的程序进行。

1. 鉴别

1）鉴别的含义

这是确认信息内容可靠性的过程。

可靠性包括信息本身是否真实存在，信息内容是否正确，对信息的表述是否准确，数据是否确切无误，有无遗漏、失真、冗余等情况。

2）鉴别的原因

在信息采集的过程中，采集主体主观因素的影响和客观条件的限制，都可能导致采集到的信息失真、过时、失效等。如果让这些信息保留在采集的信息中，就有可能影响管理者的决策，甚至会引起决策失误，造成重大损失。所以一定要把这些失真、过时、失效的信息剔除掉。那么，要剔除这些信息就必须首先进行鉴别。

通常，造成信息失真、过时、失效的原因有以下四种。

a. 信源不实

这是由信息提供者造成的信息失真。由于各种各样的原因，信息提供者提供的信息可能是不真实的，或是不完全真实的，或是不准确的，或是不完整的。对于这类信息，信息采集者即使是非常客观、准确、完整地采集来了，仍旧是失真的信息，仍旧不能用。

上文所说的各种各样的原因，有信息提供者受自身条件限制、传播过程不当、传播者自身故意所为等。在政治上对立的国家，在市场中处于竞争地位的对手，或者是为了某些个人、小集团的利益，都可能使信息提供者有意地向对方或社会提供假信息。

故意制造失真信息的表现形式主要有以下几种。

（1）拼凑。信息所反映的内容是真实的，但是内容各元素之间并没有本质的联系，或者各内容元素并不是同一时间、同一地点发生的事情却把它们放在一起，变成了同一时间、同一地点发生的事情，可能是信息提供者在提供信息时有一定的难度，或者是工作量加大，他就采取了不负责任的态度随便拼凑而成。

（2）夸张。信息所反映的内容与真实情况不相符合，或者是夸大了事实，或者是缩小了事实，或者是把偶然说成经常，把个别说成普遍，使信息的内容发生了畸变。

（3）虚构。信息的内容没有事实作为根据，或者根据不足，是信息提供者出于某种需要虚构而成的。例如，某些企业向上级虚报产值或利润，某些学校向上级虚报研究成果等。

（4）添加。信息的内容所反映的问题有一定的根据，并不是完全虚构的，但是其中存在着某些“合理想象”的成分，是信息提供者出于某种需要主观加上去的。

（5）捉影。信息的表述似乎事出有因，细细分析却觉得并无可能，甚至根本就是查无实据，以捕风捉影来代替事实。这往往是信息提供者满足于道听途说，或者是以讹传讹，没有调查核实，就信以为真，向社会或用户提供。

（6）偏颇。信息的表述中，违背信息的真实规律，片面地强调某一因素的作用，结论过激或不当，不能真正反映信息所应该反映的真实规律。

（7）回避。信息的表述强调事物的某一个方面，对另外一些事关全局的信息，明明知道，但故意不说，谓之回避。这是信息提供者出于某种需要，或者是为了迎合某些上级领导者的需要而为的。通常所说的报喜不报忧就属于这种类型。

（8）假象。信息内容的结论，只是根据事物的表面现象进行判断和推理的，尽管这些现象是存在的，但是其结论就不可能反映事物的本质特征。所以信息的结论不过是假象。

（9）孤证。信息所反映的结论仅仅依据一个孤立的事实根据，而结论又与已有的反映该事物的客观规律不相符合。当然，这样的信息不一定就是错误的，但也不能说就一定是正确的，需要等待新的事实证据。

b. 弃取不当

这是由信息采集者的主观因素造成的信息失真。

因为在信息采集过程中是由信息采集者来决定接受什么信息、淘汰什么信息的，所以每个信息采集者都会在采集准备时就确立好采集时选择的标准。

可是，信息采集者在确定“弃”或“取”时对选择标准的掌握与信息采集者当时的心理活动密切相关。如果当时情绪不好、注意力不集中、兴趣淡薄等，都有可能造成信息采集者偏离在采集准备时确立的采集标准，以致弃取不当，把应该采集的信息放弃了，把不需要的信息采集了。信息采集者的心理素质对采集的质量有很大的影响。

同时，在采集准备时，所确定的采集内容范围、时间范围、地域范围如果过窄，即使心理准备很好，也还是会造成信息的漏采，丢失应该采集的信息。

这种情况一般是信息采集者自我尚未意识到的一种无意造成的弃取不当，通过提高信息采集者的自我意识可以解决。

c. 容错失真

这也是由信息采集者主观因素造成的信息失真。

信息采集者由于自身的素质品质、修养结构和能力水平的限制，对于采集到的信息中存在的失真信息或错误信息，不能有明确的认识，不知道那是失真的，或者认为那样失真一点也没有关系，无碍大局，即对错误信息的一种容忍。

例如，有人认为采集到的信息基本属实就可以了，或者认为凡是自己在现场获得的第一手信息就肯定是可靠的，或者认为凡是由领导或权威人士肯定过的信息就一定可靠。显然，这种认识是不妥的，因为基本属实就表明还可能有某些方面不清楚，在现场获得的第一手信息也有可能受自己当时心理活动、环境条件的限制而观察失误；由领导或权威人士肯定过的信息也可能由于各种各样的原因而失真。所以，上述思想的存在就必然会导致一旦真的错误信息出现了他也识别不出来，而容忍错误的存在。

d. 方法误差

这是在采集过程中使用的采集方法的偏差造成的信息失真。

例如，有抽样偏差、计量误差、数据汇总失误、调查问卷设计不当、对信息内容分类和定义的不当、统计信息的时间界定不一致等。

（1）抽样偏差。由于对统计学中的抽样法掌握不够熟练，以致样本范围确定得不太合理，抽取的样本数量太少，就可能造成获取的信息失真，不能反映客观的真实情况。

（2）计量误差和数据汇总失误。在采集信息时，测量仪器的精密度不够、采集者使用测量仪器的熟练程度不够或者统计的标准不一致，就会造成信息的计量误差。计算的错误、数据汇总失误或者由词汇信息转换成数字信息也都会使信息产生计量误差。

（3）调查问卷设计不当。调查问卷设计不当会导致被调查者不理解调查表的具体要求，不能正确填答问卷，或者导致被调查者的反感，以致不愿实事求是地填答。

（4）对信息内容分类和定义的不当。对信息内容分类和定义的不当会造成信息采集者对信息内容的认识偏颇，导致信息的弃取不当。

（5）统计信息的时间界定不一致。这是因为针对某一目标信息的统计结果，应该有一个统一的时间界限。时间界定不一致的统计数据是没有比较意义的。

3）鉴别的步骤

第一步，内容鉴别。对采集到的所有初始信息进行一次大检查，鉴别这些信息内容的可靠性。第二步，方法鉴别。一是要对初始信息里的方法进行鉴别，二是对加工时自己采用的方法进行鉴别。第三步，存疑。对于一些疑难问题，一时无法判断真伪的，不要马上下结论；对于需要探讨的问题，也不要轻易地下断语。这就是存疑。

只是在企业决策急需某一信息时，而这个信息的可靠性又未得到明确的认定，是不能存疑的，必须千方百计地设法立即予以认定。

4）鉴别的方法

查证法是利用各种工具书和报刊等鉴别性文章来查证本信息的方法。

核对法是根据原始文献、标准方法或实际调查的结果进行核对的方法。

比较法是用从其他渠道获得的同类信息与本信息进行比较，以验证本信息可靠程度的方法。

佐证法是通过寻找其他相关物证、人证来验证本信息可靠程度的方法。

逻辑法是通过对信息本身所提供的材料进行逻辑分析，以发现本信息中有无前后矛盾、夸大其词、违背情理的方法。

对于本章最后的思考题中的第 8 题的三个例句，使用逻辑法对例句本身所提供的信息进行逻辑分析，就可以发现第一个例句属于前后矛盾，第二个例句属于违背了归纳推理的原则，第三个例句不符合演绎推理的原则。因此三个例句都是错误的。

通常，在进行信息鉴别时，都是综合运用上述各种方法进行的，单靠某一种方法难以奏效。

2. 筛选

（1）筛选及其与鉴别的区别。筛选是在鉴别的基础上，对采集到的信息做出弃取决定的工作过程。

筛选和鉴别的区别在于：鉴别是解决信息的可靠性，依据的标准是信息的客观事实本身。筛选是解决信息的适用性，依据的是信息管理者的主观需求。鉴别中确认可靠的信息，不一定都保留，鉴别中确认存疑的信息，一定不能剔除。它和鉴别的联系在于：二者都是信息加工的一个环节。

（2）筛选的步骤。筛选的依据是信息的真实性、适用性、精约性、先进性，分成四步进行。

第一步，真实性筛选。根据鉴别的结果，保留真实的信息，剔除不真实的信息，对存疑信息进一步调查核实。

第二步，适用性筛选。以适用为依据，剔除与采集目标不相关、过时无用、重复雷同、没有实际内容或用处不大的信息，保留真实、适用的信息。

第三步，精约性筛选。以精约为依据，剔除那些虽然真实有用但表述烦琐臃肿的信息，尽量减少信息的冗余度，保留真实、适用、精约的信息。

第四步，先进性筛选。以先进为依据，剔除那些虽然真实、有用、精约，但内容落后的信息，保留真实、适用、精约、先进的信息。

例如，一本《怎样使用 Windows95》的书，这显然是真实的，是适用的，当年好不容易才买到它，对于学习使用 Windows95 很有帮助。该书文字简练，图文并茂，可以说符合真实、适用、精约，但在今天已经落后了，也就要筛选掉。

3. 整序

这是对筛选后保留下来的信息进行归类整理的工作。通常有以下两种情形。

一种是：在企业内已经有了同类信息，并且已经有了整序方式和体系，那就是对采集到的信息进行分析，看看这个采集到的信息可以归入已有的整序体系中的哪一部分，即通常所说的归类。

另一种是：在企业已有的整序方式和体系中找不到新采集信息的具体位置。这就需要给予新的整序，如分类整序或主题整序。

具体的整序方法见本书 2.2 节“整序原则”。

4. 初步激活

这是根据筛选后所保留的信息进行开发、分析和转换，实现信息的活化，以便提供使用的过程。不过这个时候，这里的工作是初步的，是获得信息后的第一印象。至于该信息可以用到企业的哪个方面，应该是信息利用阶段的任务。

信息激活的具体方法，本书在 2.3 节“激活原则”里已经介绍过了。

在计算机科学中，如分布式数据处理技术、并行处理技术、网格计算技术、云计算处理技术、数据挖掘技术等信息处理技术可以在这个环节使用。

5. 编写

这是信息加工过程的产出环节，是把经过加工后获得的新信息编写成新的信息资料。具体如何编写，通常是一条信息应该只有一个主题，要有简洁、清晰、严谨的结构，突出鲜明的标题，文字表述精练准确、深入浅出。

以上信息加工的五个环节，一般是一个递进的过程，但在实际操作中，并无明显界限，有时几乎是同步进行的。

7.3　企业信息的存储

7.3.1　信息存储的含义和要求

1. 信息存储的含义

这是指对加工的信息进行科学有序的记录、存放、保管，以便使用的过程。

广义的信息存储包括两层含义：一是用文字、声音、图像将加工后的信息，按照一定规则记录在纸张、磁盘、光盘或计算机硬盘上。二是将这些信息载体，按照一定的特征和内容性质组成系统有序的、可供自己或他人检索的集合体。后者又被称为狭义的信息存储或信息保管。

信息存储的作用在于：①在企业需要信息的时候，能够及时地检出使用，为管理决策服务；②存储的信息可以供企业全体人员共享，并可以重复使用，提高信息的利用率；③信息的历时性也要求将信息予以保存，以便从同一事物不同历史阶段的信息来分析、探讨该事物的发展规律，供管理决策时使用。

2. 信息存储的要求

（1）准确有序。这是指在记载信息内容、登录存储信息时，内容不冗不漏，用语简练准确，结构有条不紊。

（2）信息安全。保证信息在存储期间不发生丢失和毁坏。具体如何保护，本书已经在 5.4 节里做了详尽的阐述。

（3）节约空间。这是指尽可能地减少存储信息的所占用的场地，节省存储费用。存储空间小，也便于保管和检索使用。

（4）使用方便。存储信息的编码、排架，存放处检索工具的编制，必须稳定不变，检索时操作过程简单、快速、方便。

（5）便于更新。企业存储的信息不能如同图书馆那样一直收藏着，必须不断更新。所以，存储的方式、分类的体系等要便于更新，易于增添新资料、删除无用资料、修改变化了的资料等。

7.3.2 信息存储的技术和方法

1. 信息存储的技术

信息存储的技术有以下四种。

1）纸载体存储技术

纸载体存储技术是最常用、最简单、使用历史最长的一种存储技术。

虽然它有许多缺点，如载体体积大，需要很大的存储空间；不易保管，容易发生虫蛀、霉烂，但是它携带、使用方便，不必依靠其他设备，可以直接阅读，所以迄今为止，纸载体仍旧是最普遍的信息存储方式。

2）缩微胶片载体存储技术

这是利用专门的光电摄录技术装置，把以纸张为载体的信息进行高密度缩小微化，可供在专门的阅读装置上阅读的存储技术。记录有原件信息的缩微载体称为缩微品。

缩微技术又分为两种：一是照相缩微存储技术；二是全息缩微存储技术。

在计算机信息存储技术飞速发展的今天，缩微胶片存储技术已处于被淘汰的境地。

3）电磁原理存储技术

这是将各类信息转化为电信号，根据电磁原理将信息记录在磁盘、磁带或数据库中的存储技术。电磁原理存储技术的优点是可以录音、录像，也可以记录文字信息，信息存储量大，制作方便，自动检索功能很强。现在，计算机存储信息越来越普遍，其本质还是电磁原理存储技术，因为计算机用来存储信息的内存储器和外存储器的磁盘、U 盘、移动硬盘等都是使用电磁原理存储信息的。

4）光盘载体存储技术

这是将各类信息数据化，并将其转化为光信号，记录在光盘上的存储技术。

光盘载体存储技术的优点是信息存储量极大，制作起来十分方便，自动检索功能很强。光盘还可以作为计算机的外存储器来存储信息。

2. 信息存储的方法

根据上文信息存储工作的定义，信息存储的工作包括记录、存放、保管等三个方面。其中的存放、保管就是传统纸质文献信息的管理和电子档案的管理，这在本书 5.4.2 节和 4.5.4 节中已经介绍过了。这里介绍记录部分。

用来记录信息内容的表意性载体只有四种：口语、文字、声音、图像。

口语稍纵即逝，以口语存储是不可能的。以声音、图像存储，在今天虽然已经是比较容易的事了，但是在大部分情况下也要以文字为先导，即用文字表述如何进行声音和图像的存储。所以，以文字存储是最主要的、使用最多的存储媒介。以文字存储的信息，阅读使用十分方便，可以适用于所有的承载性载体。

以文字为载体的存储方法有笔记法、剪报法、卡片法和综述述评法。

1）笔记法

笔记法是在采集信息时随时将需要的信息记在笔记本上。记的方式可以是现场目击、谈话记录、事件经过、原文摘抄、内容提要、章节提纲、资料索引等，方便可行。但笔记法也有一个缺点，将不同信息记在同一个笔记本上，笔记本又不能拆开，不便于分类，本子记得多了之后就记不清楚需要的信息记在哪个本子里了。如果要分类记录，就势必要同时带好几个笔记本，那样也不方便。

2）剪报法

剪报法是将报刊上有用的信息剪下来，贴在比较厚一点的统一规格的纸上，并予以分类排列，以备使用。使用此法需要注意的是，在剪下报刊文章时一定要立即将发表该文的报刊名称和出版日期写明白，以免以后使用该文时不知该文的出处。这种方法的优点是便于分类，方便查找。缺点是耗费资金订购报纸刊物，而且所订购的报纸刊物总是有限的，那么所存储的信息自然也就是有限的了，那些在现场获得的第一手信息是无法“剪”贴的，只能是记在笔记本之上。

3）卡片法

卡片法是笔记法和剪报法的结合。它是将原本要记在笔记本上的信息记在卡片上。卡片是一张一张的，就用不着同时带几个笔记本了，这样也可以进行分类排列。

无论是文献信息，还是现场第一手信息，都可以用卡片法来存储。

卡片又可以分为索引卡、摘录卡、提要卡、专题卡（表7.1）。

表7.1　卡片的种类及其内容、使用范围

卡片名	卡片内容	卡片使用范围
索引卡	文献标题、作者、出版者、出版时间	①标题反映了采集者对该文献的需求；②无法用摘录卡、提要卡存储的文献
摘录卡	摘录内容、标题、作者、出版者、出版时间	①文献中的某段原文是采集者需要的；②某些常用的名言名句，备以引用的
提要卡	提要内容、出处（文献标题、作者、出版事项、信息发生的时间地点）	①文献中某段论述对采集者有用，但该文标题反映不了该用处；②现场的第一手信息
专题卡	专题内容	公知公用的公式、数据、定理、定律

4）综述述评法

综述述评法是指将阅读或加工过的信息进行综合，写成综述，或者在综合的基础上提出自己的看法，预测这一类信息发展的趋势，写成述评来存储信息的方法。

综述和述评已经不是获取信息本身的存储问题，而是信息管理者在已有信息的基础上进行加工后获得的新信息，写成的综述和述评是对新信息的存储。关于综述和述评的写法，可参考有关科技写作的书籍。

7.4 企业信息的传播

信息传播学中所说的信息传播，指的是信息从信源经信道流向信宿的过程。例如，大众传播、科学传播等。企业信息管理中的信息传播与此不同，它包括两个方面，一是企业自身产生的信息在企业内的传播和向企业外的传播；二是企业管理者根据企业管理的需要专门采集、加工后的信息在系统内外的有意传播。

企业信息传播的通道既可以是企业的正式信息系统，也可以是企业的非正式信息系统；既可以是使用计算机进行管理的企业现代信息系统，也可以是不使用计算机管理的企业传统信息系统。

企业信息管理者通过传播信息，把企业组成一个有机的整体，使广大员工按管理者的意图统一行动，实现企业目标。

7.4.1 企业内信息传播的特点

1. 目的更加具体

所有的信息传播都是有目的的，只是在目的的内容层次上有所不同。

大众传播的目的是向社会公众传播各类信息，只在宏观层次上评价传播目的实现的程度，如果实现程度不好，传播者并不负有直接责任，而且是许可的。

企业的信息传播则不同，它是企业管理者的有意识行为，传播目的非常具体，是为了完成具体的工作任务而进行的，并且非常强调受传者（员工）必须按信息的内容去行为或不为，以保证传播目的百分之百地实现，否则会造成传播者的损失，传播者对此负有直接责任，是不允许的。

2. 控制更加严密

所有的信息传播都是一个过程，为了达到传播的目的，所有的信息传播都是要进行有效控制的，只是控制的范围不同。

大众传播只对传播过程进行控制，对受传者的控制则是间接的，只能局限在提高传播信号的质量、分析受传者心理、按受传者心理和需求进行信息编码等。

企业的信息传播则不同，它是全方位地控制，不仅也要注意提高传播信号的质量，分析受传者心理、按受传者心理和需求进行编码，而且需要直接地、严密地控制受传者的行为，以保证传播目的的实现。

3. 时效要求更加强烈

大众传播虽然强调传播时效，但是如果传播不及时，传播者自身并不会因此有什么损失，最多也只是该媒体的信誉度受到影响。

企业信息传播则不同，如果传播不及时，在被管理者需要按该信息去行为或不为时，或者在上级决策需要该信息时，信息没有传播到位，就会直接造成企业的生产、经营的损失，是不容许的。

所以，企业的信息传播对时效性的要求比任何传播活动都要强烈。

7.4.2　企业内信息传播的有效性

信息传播有效性指的是信息经过传播到达受传者时，仍旧真实可靠，而且传播速度快、数量大、投入小。

导致企业内信息传播有效性降低的主要因素是信息畸变。

信息畸变就是信息失真。它指的是采集到的原本是正确的信息，在传播过程中由于各种各样的原因发生了偏差、走样，改变了原来的面目，出现畸形。这些畸变包括信息的准确度和真实度降低，或者完全不准确了，或者失去了时效，或者变得模糊失去本来面貌，或者该信息的目的性不清等。

所以，造成信息畸变的原因，就是影响传播有效性的主要因素，解决这些问题的办法就是提高传播有效性的办法。

具体地说，造成企业信息畸变的原因有以下三个方面。

1. 传播主体的干扰

在企业信息传播中，管理者和被管理者都是传播主体。由于下列原因，传播主体的干扰会使信息产生畸变。

1）基于主体理解偏差的无意失真

传播主体受自身理解能力和水平的限制，受自己心理状态的影响和制约，以致对信息内涵的理解发生偏差，无意中造成信息的失真。尤其是传播主体的官僚主义和主观主义，往往会使其凭自己的主观臆断来理解、评价、修改信息，使传播中的信息失真。

例如，一个认为未来市场对本企业将十分有利的预测信息，持乐观态度的人会予以肯定，并愿意以此为依据做出决策。而持悲观态度的人可能会相反，予以否定。或者本来是一个正确的市场预测，会被主观主义的管理者否定。

信息工作人员的能力低下、人浮于事、办事拖沓，在接收、加工、传播信息时，一方面是不能对大量采集来的信息进行及时的处理，造成严重积压；另一方面又不善于识别、判断信息的价值和作用，可能把一些无关紧要的信息进行加工处理，投入传播，反而把有价值的信息丢在一边。

2）基于主体传播技术生疏的无意失真

传播主体对传播技术的掌握不熟练或水平不高，造成传播信息时失真。文字表达能力差，书面传播易出现失真；说话吐字不清，逻辑性不强，口头传播时易发生失真。至于网络、RFID、E-mail、QQ、微信等技术如果不熟练，也会使传播的信息失真。

3）基于多次传播造成的信息畸变

企业组织结构层次比较多的单位，高层管理者的信息传达到基层往往是经过多层次的传播，每经过一个层次，信息就要受到该层次的管理者的一次综合，并根据自己的理解再传播出去，每一次综合和每一次的理解都不可能使信息保持完全不变，信息的内容自然也就会发生畸变了。

4）从个人利益出发的故意歪曲

传播主体为了保护个人私利，故意歪曲信息的内容，甚至扣押信息的内容；或者为了表现自己取得的成果，报喜不报忧；或者从个人利益出发去理解信息，对信息故意进行歪曲性发挥，以致完全改变了信息的原来含义。

2. 传播渠道的干扰

企业的信息传播渠道有外部的，也有内部的。

外部的包括邮政、电信、广播、电视、报刊、文件专递、网络、E-mail等。内部的有两种，一种是正式传播渠道，即正式信息系统；另一种是非正式传播渠道，即非正式信息系统。这一点我们在3.1.4节里已经介绍过了。

如果内部的正式传播渠道机构庞杂、层次繁多，信息在由上往下或者由下往上传播时，每经过一个层次，信息就要受到该层次管理者的一次综合，并根据自己的理解再传播出去，这样不仅传播速度慢，而且每一次综合和理解都不可能保证信息完全不变，以致使信息失真。

企业内的信息传播系统不健全、分工不明确，责任不清，办事推诿，也会影响传播速度，造成信息传播中断。

3. 客观传播障碍的存在

客观障碍主要有自然语言的障碍、学科专业知识的障碍、传播技术迅速更新造成的障碍以及其他各种人为的障碍等。

自然语言的障碍包括外国语言、方言、专业术语形成的障碍。

现代传播技术更新很快，来不及学习和掌握也会成为障碍。

机构不健全，分工不明确，制度不完善，也不去改变，对传播形成的障碍就是人为的障碍。

7.5 企业信息的利用

7.5.1 企业内信息利用的含义

企业信息的利用有以下两层含义。

第一层含义：企业信息管理者有意识地运用存储的信息去解决管理中具体问题的过程。其本质是对信息进行分析和转换，实现信息活化，以便使用。

所以，它与信息加工中的初步激活并无明显界限，在实际工作中往往就是连在一起进行的，这里为了表述方便，才分了先后。

有学者在阐述信息采集方法时，说媒介分析是一种信息采集方法，因为“媒介分析的对象包括图书、报纸、杂志论文、实验报告、日记、档案、电视栏目和广播节目等”（王悦，2014），这些媒介上满满的都是信息。本书认为这种阐述是答非所问。

是的，上述不同媒介确实是信息的载体，获取到这些信息载体，并且阅读它，确实是采集到了信息。但是，信息采集者通过对媒体上所载信息进行分析之后得到的信息，已经不是这些媒体上所载信息的原意了，而是对媒体上所载信息的新认识，是通过分析获得的感悟、推论、联想等新结论、新信息了。所以，媒介分析应该是信息加工的手段，是信息利用环节的工作。

第二层含义：企业信息管理部门如何利用企业拥有的信息资源，为企业发展、为企业员工服务。

7.5.2　企业信息管理者信息利用的思路

1. 信息利用思路的含义

经验告诉我们，信息只有经过人的思维加工并得到理解之后才可能被使用。

理解就是对信息所表现的事物自身的发展规律以及该信息与其他信息之间的联系的认识。对这一规律和联系的认识越广越深，就是理解得越全面越深刻。

思维加工是按一定的思路来建立信息之间的这种联系的。

这里的联系，既包括正在思考的信息与大脑中原有信息之间的联系，也包括与新采集到的信息之间的联系。由于同一条信息，与某一条信息相联系时会表现出某种社会功能，与另一条信息相联系时就会表现出另一种社会功能。

也就是说，当在采集到 A 信息时，如果把它和大脑里的 B 信息相联系，就会产生 B 功能；如果把它和同时采集到的 C 信息相联系，就会产生 C 功能。可是，实际上 A 信息本身并没有变化，只不过是按照不同的思路，和不同信息建立了不同的联系而已。

2. 信息利用思路的作用

信息激活就是寻找这种联系。联系就是思路。要获得新功能，就要建立起新的联系，关键就在于转换人们的思路，寻找最佳的联系。

旧的思路反映的是旧的信息联系，旧的信息联系是旧思路的产物。思路转换，或者说，信息激活，究其本质，就是把信息从旧的联系中分解出来，进行重组，建立起新的联系。可见，思路转换的重要性。

3. 信息利用思路的种类

1）先开发，后利用

信息开发包括外延开发和内涵开发。外延开发是指对信息源和信息渠道的开拓与发掘，以便获取更多的信息。内涵开发是指对已经掌握的信息进行深度加工、重组、激活，以求发现这些信息的新的社会功能。

信息利用的性质也是一种开发，但只是针对信息的直接功能的开发。

当接收到一个信息的时候，信息利用仅仅只考虑该信息对本企业有没有直接用途，有，就利用；没有，就放弃。但是，没有直接用途的信息不等于这一信息就一定没有别的用途。如果该信息涉及的某个方面是与本企业生产有关的，那么该信息就仍旧对本企业是有用的。发现该信息这一有用功能，是在对该信息进行内涵开发之后。

所以，信息利用应该在信息的内涵开发之后进行。

例如，本章最后“案例分析”中的案例 7.2 中，那些生产含有 PPA 成分的感冒药的厂家和江天中药厂采取的行为就是直接进行信息利用的思路，而长江中药厂采取的行为就是先开发，后利用的思路。

本来也没有必要把信息内涵开发和信息利用区别开来，这是因为在管理实践中，有些管理者在信息利用环节只看信息的直接作用，只要没有直接作用就放弃该信息，以致会丧失一些极好的可利用的信息。

2）从普遍联系的角度出发寻找可利用的信息

因为主观世界和客观世界的信息之间的联系是普遍的、多样的，信息的社会功能也是多样的，信息的范畴是可以不断地扩充的，当我们掌握某一信息时，就可以在与这一已知信息具有广泛联系的范围里寻找可以利用的新信息。

本书第 8 章的“开篇案例”中，哈默将铅笔货源紧张的信息和访问期间存储在头脑里的苏联政府要求公民读书写字的信息联系起来，使自己获得了成功。

在第 2 章信息管理原则中，我们阐述的系统原则、激活原则里的综合激活原则等管理思想就是这一思路的反映。

3）从发展的角度出发寻找可利用的信息

客观世界既是普遍联系的，也是发展变化的。表征客观事物的信息自然也是发展变化的。用发展的眼光看待已经获取的信息，根据信息发展变化的规律或趋势来推测可能出现的若干信息，并从中选择对自己有用的信息，为管理服务。

案例 7.1 1975 年的一天，美国亚默尔肉食加工公司老板菲力普 · 亚默尔在翻阅当天报纸时，注意到一条不起眼的短讯：墨西哥发现了疑似瘟疫的病例。他立即联想到美国同墨西哥有四个州相邻，其中加利福尼亚州和得克萨斯州是美国肉食供应的主要基地，一旦瘟疫越过边境传播到美国，美国的肉食供应肯定会紧张。他立即派家庭医生亨利赶往墨西哥。几天后，亨利发回电报，说那里的瘟疫比报纸上说的还厉害。亚默尔立即大量购买加利福尼亚州和得克萨斯州的牛肉和生猪，并想方设法调集车辆，及时运到东部。不出所料，瘟疫很快蔓延到美国西部的几个州。美国政府下令：严禁一切食品和牲畜从这两个州外运，从而使美国东部的肉食供应奇缺，价格暴涨。短短的几个月，亚默尔就净赚了 900 多万美元（胡继武，1995）[158]。

在这个案例中，亚默尔就是用发展的眼光看待已经获取的信息，并根据信息发展变化的趋势来推测可能出现的信息获得成功的。

在 2.3 节“激活原则”里阐述的因果推导、关联推导和辐射推导原则的管理思想就是这一思路的反映。

4）从否定之否定的角度出发寻找可利用的信息

事物不仅是发展变化的，而且在一定条件下会向着它的相反方向转化，所以是一个否定之否定的过程。从与已知信息相反的方向来思考已经获得的信息，也可以寻找到对自己有用的信息。

在第 2 章案例 2.13 中，如果不是这样进行逆向推导，就会出现判断上的失误，因为这一判断对于当时中国研制原子弹的工作是十分有意义的。

著名爱国华侨陈嘉庚当年在新加坡做菠萝罐头生意获得成功。但是有记者问他：“怎么会想到做菠萝罐头？”他只回答了八个字：“人争我避，人弃我取。”这就是否定之否定规律的运用。陈嘉庚的思想，实际上是我国战国时期大商人、被后世誉为商业鼻祖的白圭“人弃我取，人取我与”[①]思想的活用。《史记 • 货殖列传》中记载，范蠡的老师计然所说的“贵上极则反贱，贱下极则反贵”也是这个意思。

2.3 节“激活原则”里阐述的逆向推导的管理思想就是这一思路的反映。

---

① 见《史记 • 货殖列传》。

7.5.3　企业信息利用的技术

关于信息服务工作，纸质文献信息的服务和电子档案的服务，在第 5 章和第 4 章已经介绍过了，这里就不重复了。对于那些正在收集、加工，待用的电子信息，尚未进入电子档案管理阶段，也同样存在信息服务问题。

为解决这个问题，需要使用信息推送模式和信息拉取模式。

1. 信息推送模式

信息推送模式是指由信源（企业信息管理部门）主动将信息通过企业在线信息系统推送给用户（员工）的信息服务模式。该模式有以下两大类六种。

1）网播信息推送方式。

（1）频道式推送。这是目前普遍采用的一种模式。它将某些页面定义为浏览器中的频道，用户可像选择电视频道那样接收有兴趣的网播信息。

（2）邮件式推送。用电子邮件方式主动将所推送信息发布给各用户。

（3）网页式推送。在一个特定网页内将所推送的信息提供给用户。

（4）专用式推送。采用专门的信息发送和接收软件，将信息推送给专门用户。

2）智能数据库系统的主动信息推送方式。

（1）操作式推送（客户推送式）。由客户对数据进行操作启动信息推送。

当某客户对数据进行操作时，把修改后的新数据存入数据库后，即启动信息推送过程，将新数据推送给其他客户。

（2）触发式推送（服务器推送式）。由数据库中的触发器启动信息推送。

当数据发生变化时，出现增加、删除、修改操作时，触发器启动信息推送过程。

上述六种推送模式中，有两种推送的方式：一种是直接推送式，直接将信源中的信息本身（数据、图表、图像、文字等）推送给用户；另一种是间接推送式，只将有关信息的目录或索引的通知发送给用户，由用户根据通知去查询相应的信源。

2. 信息拉取模式

这是指用户有目的地查询信息，系统只是被动接受查询并提供信息的服务模式。

具体办法：在企业在线信息系统上，设置搜索引擎，提供本企业信息资源目录和索引，企业员工用户通过输入关键词、点击按钮，将与关键词相关的信息拉取出来。

7.6　企业信息的反馈

在企业信息管理中，信息反馈是指将利用某一信息之后得到的结果（反馈信息）与利用该信息前对结果的预测相比较，以期获得该信息利用效果的结论，借以指导下一次信息利用的过程。

7.6.1　信息反馈的作用

1. 信息反馈是不断提高企业信息管理水平的保证

信息是管理的纽带，管理过程实际上就是信息沟通的过程。反馈信息既是上一个管理过程的终结，又是下一个管理过程的开始。它可以使信息管理者了解信息利用的效果，了解管理工作的长处和缺陷，以便对原来的信息管理方案做出相应的修订，继承和发扬长处，克服和避免缺陷，把企业的信息管理工作做好。

企业信息管理工作的水平，正是在以信息反馈为前提实现一次次良性循环的过程中得以完善和提高的。

2. 信息反馈是优化企业信息管理者决策的条件

信息反馈在管理决策过程中起着调节作用。决策前，反馈信息制约着决策活动的方向、时间和要求，可使信息管理者明确哪些需要决策，哪些不需要决策，哪些应早决策，哪些应迟决策，哪些是重点决策，哪些是一般决策。决策过程中，反馈信息可增加决策的有效程度，赢得决策受控对象的充分理解、支持和认同。在决策实施后，反馈信息可了解决策的效果，增加决策的周密性。

因为万无一失或一劳永逸的决策并不存在，所以要求企业管理者在决策过程中，密切注意了解不断变化着的客观实际，通过一定的反馈信息，消除不确定因素，优化决策，对决策方案适时进行修改和调整，使决策更为完善和科学。

3. 信息反馈是企业实施有效控制的前提

本书第 1 章在阐述企业信息管理个性特征的时候，曾指出：企业信息管理过程和企业常规管理过程是并存一体的。所以，这里反馈信息的处理，也就直接关系到企业常规管理的质量，而不会认为这是信息管理的反馈信息，与企业的常规管理无关。

现代管理理论指出：所有的管理都具有计划、组织、领导、控制四大职能。控制是管理的重要职能之一。没有控制的管理，是不完全的管理，是肯定要失败的。要实现有效控制，就必须及时了解企业的实际工作情况与企业计划和目标有无偏离、偏离到何种程度及其发生偏离的原因。这些情况、原因就是反馈信息，也只有在获得这些反馈信息后，才能采取具有针对性的措施来纠正偏差，实现控制的职能。

此外，企业内员工之间和各部门之间，与企业外各兄弟企业之间的协调问题，也只有利用反馈信息才能有效解决。

7.6.2 信息反馈的要求

信息反馈是一个过程，包括反馈信息的获取、传递和控制的实施。所以，信息反馈的要求也是从以下这三个方面提出来的。

1. 反馈信息要真实准确

反馈信息不真实、不准确，会造成控制决策的错误。这里不仅是指信息是否真实，还在于是否正确识别反馈信息。首先，不能把其他系统的被控制信息当作本控制回路的反馈信息，不能把多种原因造成的信息传播失真当作一种反馈信息，不能把反馈渠道中产生的信息都当作反馈信息。把这些信息作为反馈信息来使用，同样会导致决策的失误。

其次，反馈信息表述得不准确、不完整、不简明，或者在传递过程中受到干扰，产生信息畸变，也会影响基于反馈信息的决策。

2. 信息传递要迅速及时

企业总是在不停地运转着，反馈信息传递迟缓，就会延缓基于反馈信息的管理控制的实施，使管理工作中的问题得不到及时的纠正，给企业造成损失。再加上反馈信息总是发生在基层，而具有控制决策权的又总是在上层。所以，需要尽量缩短反馈信息的传输通道，准确把握本控制回路的信息反馈途径，反馈信息一旦发生，能够迅速向有决策权的层次传递。

3. 控制措施要适当有效

许多信息管理的论著在谈及信息反馈的要求时，都说要真实、准确、及时、灵敏、全面、简明，其实这只是对反馈信息的要求。可是，反馈信息本身并不会表示出应该如何控制。同样一个反馈信息，不同的管理者会提出不同的控制措施。有了合乎要求的反馈信息，不等于就一定会有好的反馈控制，有效的控制取决于根据反馈信息所制定的控制措施。

案例分析

案例 7.2　2000 年 11 月 16 日，我国国家卫生部鉴于感冒药中的 PPA 成分可能导致脑血栓，诱发中风，宣布停止生产和销售 15 种含有 PPA 成分的感冒药。

那些感冒药中含有 PPA 成分的生产厂家得知这一信息后就不生产、不销售了。

江天中药厂得知后，觉得本厂生产的感冒药不含有 PPA，与己无关。

长江中药厂得知后，觉得本厂生产的感冒药虽然不含 PPA，但是这正是宣传本厂感冒药品牌的好时机，于是决定开展免费调换一切含有 PPA 成分的感冒药的活动，并为此付出了 300 万元的代价。

当记者问及他们为什么这样做？是不是亏了？

他们说，凡是来换药的，都知道我们厂的药不含 PPA，他换回去后，在感冒时就会吃我们的药，如果效果好，他以后就会继续买我的药。如果拿这 300 万元来做广告，广告播出之后，究竟有多少人看了？看了的人有多少信了？我不知道。所以这样做，比打广告的效果要好得多。

（根据谢丹的《康泰克事件与危机管理》一文所载内容改编）

讨论题：

1. 你对长江中药厂的做法及其解释有什么看法？为什么？
2. 这个案例告诉我们，在信息利用中信息利用的思路有什么作用？
3. 在这个案例中，那些生产含有 PPA 成分感冒药的厂家和江天中药厂、长江中药厂的信息利用的思路有什么不同？

[思考题]

1. 企业信息的管理程序包括哪些环节？每个环节包括哪些内容？

2. 信息采集的方法有哪四大类？每一类又有哪些方法？

3. 企业信息管理中信息加工的程序包括哪几项内容？其中鉴别与筛选有什么区别和联系？

4. 企业信息管理中的信息存储包括哪些内容？卡片法存储信息的种类、内容和适应范围是什么？在《人民日报》上任意选择一篇文章，阅读后制作关于这篇文章的索引卡、摘录卡和提要卡。

5. 企业信息管理中信息传播与大众传播有什么不同的特点？造成企业内信息传播中信息畸变的原因是什么？

6. 企业信息管理中信息反馈工作的作用和要求是什么？

7. 根据所学的检索思路，查找下列文献。

（1）有一篇题目为《企业信息化水平评价指标体系研究》的论文，是2014年发表的。问：要找到这篇论文，你能有几种方法？

（2）有一本书名叫《企业信息管理》的书，作者和出版年度不清楚。问：怎样才能找到这本书？

（3）科学出版社曾经出版过霍国庆编著的一本关于企业战略信息管理的书，但是书名和出版年都记不清了。问：怎样才能找到这本书？

8. 阅读下面三段文字，运用鉴别的方法，判断其正确性。

（1）新发现的这个圆盘样云状物天体半径是80个天文单位，而太阳系的半径是40个天文单位，所以这个云状物的面积相当于我们太阳系的两倍。

（2）本次论文实践期间，总共做了四种材料的试验，研究关于预先变形对金属材料退火时间的影响，结果，20号钢缩短了退火时间，黄铜、紫铜退火时间几乎没有改变，纯铝则延长了退火时间。所以，预先变形可以缩短部分金属材料的退火时间。

（3）华罗庚、钱学森、苏步青、爱因斯坦等许多著名科学家都没有在大学里学过科技写作，可是他们一样成果卓著，写得一手好文章。所以，理工科大学里没有必要开设科技写作课。

第 8 章

企业信息管理者

开篇案例

苏联的铅笔价格为什么那么高？

1924 年的一天，美国著名企业家哈默准备结束在苏联的商务活动回国，在前往机场的路上，因为手头没有铅笔，就停车在路边的文具店买一支铅笔。

营业员说：“50 戈比一支。”

哈默大吃一惊，一边付款，一边脱口而出地说：“这价格相当于美国的 10 倍。”他接过铅笔一看，还是德国产的。

于是，他故意地又要买一支那种擦不掉笔迹的化学铅笔。

营业员说：“这种铅笔货源紧张，照规矩只卖给老主顾，看你是外国人，我就卖一支给你。两个卢布一支。”

哈默一边付钱，一边想：是不是因为我是外国人，价格故意高了。于是，他上车前行到另一家文具店，让送行的苏联官员去买，也还是这个价格。

哈默更加奇怪了，苏联的铅笔价格为什么会这么高？价格高那一定是缺货……那前两天在报纸上还看到苏联政府要求每个公民都要读书写字，这铅笔……他猛然醒悟过来：当今的苏联潜藏着一个巨大的铅笔市场。

于是，他立即掉转车头就直奔莫斯科外贸人民委员会，申请到一张铅笔生产许可证。在苏联办起了铅笔厂。事实证明哈默的决策是正确的。到 1962 年时，哈默的铅笔厂成了世界上最大的铅笔厂之一。

（本书作者司有和根据网络所载案例资料改编）

讨论题：

1. 哈默的成功，反映了哈默个人的素质、修养和能力水平高。运用案例中具体的事实，说明哈默在这次商务活动中表现出哪些素质、修养和能力？

2. 根据这一案例，说说企业信息采集工作应该注意哪些事项？在这次活动中，哈默的素质、修养和能力之间表现出怎样的关系？

8.1 企业信息管理者概述

8.1.1 企业信息管理者的含义

企业信息管理者是一个含义广泛的概念。它泛指企业内一切从事信息管理过程实现的人员。它包括企业内从事计算机技术工作的专业人员，对企业员工进行有关信息管理活动的指导、组织、协调并监督其实施的“官员”，以及企业内一切从事信息管理工作的员工。

在校学生是典型的信息管理者。学生每天都要接收大量信息，并给出判断、评价和选择，对信息进行处理。一个班的同学在一个教室上课，老师都是面对全班同学进行教学，所以每个同学接收到的信息是相同的，可是每个同学的收获却是不一样的。这就与他们的信息管理水平相关。要提高自己的学习效果，就要提高个人的信息管理水平，那就要从提高个人的素质、修养和能力入手。

把企业信息管理者只理解为企业内的计算机专业人员是不全面的。

由于管理目标的实现，并不总是由管理者个人单独完成的，往往都是由管理者群体共同实现的。所以，企业信息管理者群体，是企业内从事某一共同信息管理工作任务的管理者集合体。各层管理者实际上就是一个管理者群体。研究管理者群体，可以为特定的管理者群体的优化或重建提供理论依据和现实施行的方案，为管理者群体的行为及其控制提供决策参考。

8.1.2 企业 CIO 及其管理体制

1. CIO 概述

1）CIO 的内涵

CIO 是 chief information officer 的简称，中文译作首席信息经理，也有译作信息总监、信息主管、首席信息官，通常是指处于该职位并承担该企业全面信息管理职责的个人，是企业信息管理工作的最高职位。

CIO 的主要职责是负责企业信息资源规划、信息管理、信息系统开发和维护等。对上向管理层负责，对下负责企业信息管理和信息系统开发、运行和维护等事项。

很多人把 CIO 简单理解为具有信息技术专业背景的管理者。事实上，随着信息在社会经济中成为最主要的因素，CIO 将和首席财务官、首席人力资源主管一样成为未来企业最为重要的职能领导之一。CIO 不仅要熟悉信息技术、信息管理与信息系统，他还要了解企业所属行业、熟悉企业的业务流程，通常具有相关行业从业经验的 CIO 才能真正发挥作用。如果 CIO 听到客户抱怨服务响应时间过长，但不了解企业客户响应流程，他是无法通过信息系统或信息管理来改进客户服务的。有个具有优秀的沟通能力的 CIO 可以使信息管理的效率倍增，使信息系统开发、运行和维护的工作变得更加顺利。

CIO 不是一个信息技术专业人士就能胜任的，他必须是一位能够从信息管理的角度运用信息技术来解决企业业务流程中可能遇到的各种问题，而不仅仅着眼于信息技术本身的企业信息管理者和信息技术专业人士，他需要具备信息管理的理论知识和专业技能，也需要具备信息系统规划设计的专业技能。

一个 CIO 需要负责企业信息资源挖掘、企业信息化战略制定、合理布局企业信息化、信息化对企业的价值评估等。他还需要负责企业内部物流、能流、财流、人流、息流等的整合，负责收集企业内外信息，负责信息系统的规划、实施、运行和维护；负责从信息要素的角度为企业战略决策、组织机构变革、业务流程重组等提供关键意见和决策建议；负责发挥信息要素在企业中的作用，全面推进企业的信息化进程，梳理信息流，组织信息化培训等[①]。

CIO 的出现，意味着信息管理突破了文献管理的范围，走进组织高层管理层次，成为组织内一项至关重要的工作，表明信息管理职业得到社会认可，信息管理从单纯技术管理进入技术和人文综合的管理阶段。它不同于组织内信息部门的负责人，不是部门级领导而是企业的高层领导，直接参与企业高层决策，在实施信息管理的过程中有权对企业内一切部门或单位进行强有力的协调，并有责任帮助企业所有成员，将他们引导到企业信息管理的过程中来。

CIO 的起源可追溯到 1980 年，美国政府为克服联邦行政部门的官僚主义，节约办公费用，提高工作效率，颁布了《文书工作削减法》。该法首创设置高级文书削减和信息管理官员，负责制定和实施联邦政府的信息政策，管理联邦政府的信息资源和信息活动。这类官员是 CIO 的最初形式。

2）企业 CIO 的特点

CIO 自出现之后，沿着企业 CIO 和行政 CIO 两个方向向前发展。从已有的实践来看，企业 CIO 的发展是自由式的，它具有与行政 CIO 不同的特点。

（1）企业设置 CIO，完全是为了向本企业的决策者、企业规定的业务部门和企业员工提供服务，不必像行政 CIO 那样为辖区内每一个公民服务。

（2）企业设置 CIO，主要是为了提高本企业的管理效率，为企业赢得利润，因此他只专注于本企业的业务，特别是只专注于本企业用户感兴趣的事务，了解用户的需求，而不必考虑社会公众的需求。

（3）衡量企业 CIO 的业绩，最主要的标准就是快速对客户需求做出反应。他面临着来自企业内业务部门、内部信息管理系统的人员和外部同类企业 CIO 的激烈竞争，顾客是维持企业 CIO 地位的生命线，一旦失去顾客，CIO 的地位也就危险了。所以他只考虑客户满意度，而不必考虑社会公众的满意度。

（4）企业 CIO 面临的压力主要来自总裁和企业决策层，也有企业内员工的监督压力，但不像行政 CIO 总是处于大众媒体和社会公众的监督之下。他只考虑企业交给他的任务，并不过多地考虑自己在员工心目中的形象。

（5）企业 CIO 是企业最高层领导者之一，参与决策，在信息技术项目方面具有最终

---

① 关于 CIO 的内涵这部分内容系本书作者高小强所撰。

决策权，不像行政 CIO 提出的项目必须得到政府的批准才能生效，自己没有决策权。

2. 企业 CIO 的职责

企业 CIO 的职责是全面信息管理职责。它指的是本企业战略层次信息管理、战术层次信息管理、操作层次信息管理的有机统一，或者说是站在战略的高度，统筹企业的全部信息管理任务。这涉及对企业信息管理的理解问题。

它要求将企业中的所有信息功能集成，以实现信息功能的放大。在实际工作中，就是要将原先分散的信息部门重新组合，并置于 CIO 统一管理之下。它不同于以往只是负责信息技术系统开发与运行的单纯技术型的信息部门经理，而是既懂得信息技术，又熟悉企业业务和企业信息管理，且身居高层的复合型人才。

企业 CIO 的职责，具体来说可有以下几个方面。

1）参与高层管理决策

企业 CIO 作为企业管理决策的核心人物之一，要运用自己掌握的信息资源，帮助最高决策者进行科学决策。在参与决策时要能够在企业发展、战略规划、提升竞争力等全局性问题上，及时、有效地向高层管理者提供可供决策参考的信息。它不只是负责信息技术管理范围内的决策活动，而且必须参与讨论企业发展的全局问题。为此，要求企业 CIO 必须对影响整个企业、关系企业生存与发展的各方面问题，都有相当全面和清楚的了解。

2）制定企业的信息管理基础标准、信息政策和信息活动规划

企业内的信息流来自各个部门，要使企业信息在企业内能够充分共享，必须统一信息的表达方式，即建立企业自己的、全企业通用的信息管理基础标准。例如，数据元素标准、信息分类和分类代码标准、用户视图标准、概念数据库标准和逻辑数据库标准等。同时，CIO 还要根据企业发展战略的需要，及时制定或修订企业的信息政策和信息活动规划，以充分发掘企业信息资源的战略价值，实现企业的战略意图。在企业的管理策略发生变化的时候要随之修订规划。

3）对企业的计算机信息系统实施具体管理

企业 CIO 作为企业信息系统建设的直接领导者和管理者，对企业内的所有计算机信息系统和内部网络实施具体管理，包括日常运行管理、安全管理、人员配备、经费预算，以及新系统的开发、完善与重建等工作。

同时，企业 CIO 还要代表本企业与信息系统开发商、技术设备供应商打交道，建立与开发商、供应商的战略协作关系，并根据企业的业务和管理的需要，对开发商、供应商提出的信息技术全套解决方案进行审议，行使否决权。

4）对企业内其他部门的信息管理提供信息技术支持

企业内各个部门都有信息管理问题，无论在生产组织、质量管理，还是在财务管理、营销管理、企业人力资源管理中，运用信息技术都会大大提高管理效率，都需要使用信息技术，企业 CIO 应该作为本职工作给予全力的支持。

5）进行企业信息管理经济性的测算

企业在信息化过程中，建设计算机信息系统，就要有大量的投入；企业在信息管理中使用大量信息，也要有大量的投入；这些投入有没有足够的回报，是企业最关心的问

题。企业 CIO 有责任对企业信息的经济性进行定期的测算，以便在高层管理者控制或决策时提供参考。那种脱离本企业、本部门的实际情况，盲目地、片面地甚至是赶时髦地大量去引进新设备和实施新技术，而不考虑其投资回收期和成本/效益关系的行为，是不妥当的。

6）加强信息沟通和企业内协调

企业 CIO，一身兼三任，一是要把高层管理者的意图、策略和实施方案传递给自身系统的员工，二是要把自身系统的成果和发展方向等信息传递给高层管理者，三是要在整个企业的各部门之间进行信息沟通和协调工作。

企业 CIO 要帮助企业的全体人员（包括各级管理者在内）转变认识，提高信息管理的意识，尤其是要让高层管理者都能认识到信息资源对于企业发展的重要作用，指导他们更好地应用信息资源，为他们提供信息或信息技术的咨询服务。同时还要对自身系统的工作人员进行教育与培训。

这里需要说明的是，上述内容属于企业 CIO 的理论职责，对于某一个企业内某一个具体 CIO 来说，其实际权限并不与此完全一致，这要看这个企业的决策者给 CIO 安排了哪些职责。有人认为，企业 CIO 的职责等同于传统信息部门职责的简单相加，这是不恰当的。

3. 企业 CIO 管理体制的实施

企业 CIO 管理体制指的是以企业 CIO 为首的、推动企业信息管理发展的管理机制、运行管理机制进行管理的各级信息管理机构，以及保证管理机制和管理机构发挥作用的信息管理制度等诸方面的统一体。

企业信息管理是一项复杂的系统工程，要做的事情涉及面很广、很多，如各项信息技术问题的掌握、突破和应用，与企业中各种各样的人打交道，并因此要进行大量协调工作和普及培训工作，要解决由组织管理制度的不规范、不完善、不标准造成的困难和麻烦，还会受到传统习惯势力的阻碍和抵制等。面对这样复杂的工程，若将信息部门附属于组织中的其他部门（如财务部、研究发展部）之下，是不能适应企业信息管理工作需要的。

关于企业 CIO 管理体制，国外比较流行、比较理想的做法是企业内单独成立一个称为信息化委员会之类的领导小组，由企业 CIO 负责牵头召集，企业的最高层领导和其他部门的负责人均为该委员会成员。

在委员会下面再设立与组织中其他业务部门平级的信息部门或办事机构，如 CIO 办公室、秘书处等，负责信息管理工作中的信息采集、加工、存储、传播、利用、共享和协调等日常业务。

信息系统的开发、现有系统的维护等分别由下属的系统开发部、系统运行部负责。信息的交流、传播和利用由下属的信息咨询部负责。

CIO 是企业信息管理的最高管理者，直接对 CEO 负责，全面统筹负责全企业的信息管理工作。图 8.1 所示的是其中一种模式。

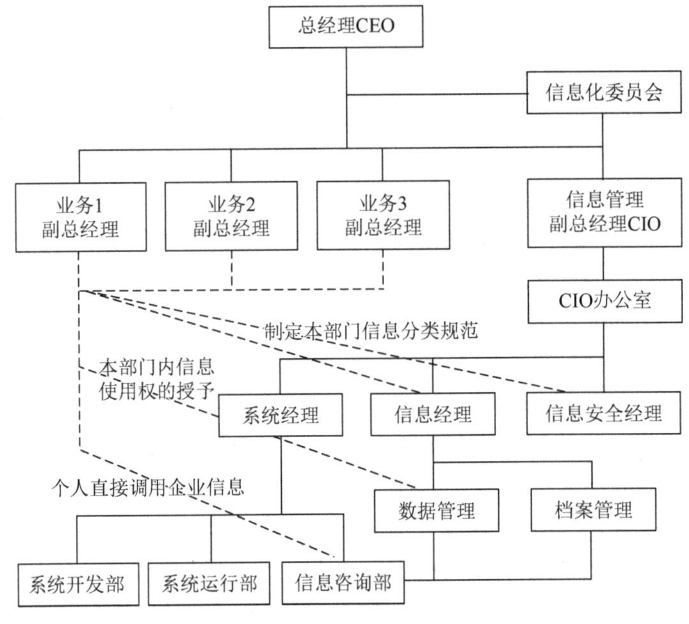

图 8.1　企业 CIO 管理体制示意图

企业内，在职务上和 CIO 平级的其他业务副总经理，在信息管理上也有一定的权利和义务。具体有三点：一是负责制定本部门信息的分类规范。二是本部门员工使用信息的授权工作，决定本部门内谁可以查询数据，谁可以修改和更新数据。三是有权直接调用企业的信息。

但是，实践已经证明，在企业内，企业 CIO 并不能完全代替 CEO 的企业信息管理职责。因为他在企业内，仍旧处于一种“参谋”“耳目”的附属地位，并不能保证自己的意见都能得到采纳、实施。附属地位导致的思考问题的立场使其不能保证自己的意见总是正确的。

而企业的信息管理工作并不是附属性的管理，它和常规管理是相辅相成、并行不悖的，信息管理和常规管理应该同时成为企业 CEO 的主导行为。

可见，企业内信息部门的工作固然是信息管理工作，管好信息部门当然是企业信息管理工作的重要内容，但是企业信息管理工作不只是这一个方面。信息管理应该成为 CEO 的经常性管理业务，如果 CEO 不懂信息管理，就无法做好今天的企业管理工作。所以，如果以为设置了 CIO，企业的信息管理工作就可以高枕无忧了，那是绝对错误的。

8.1.3　企业信息管理师职业认证①②③

1. 企业信息管理师职业的内涵

企业信息管理师，按照《企业信息管理师国家职业标准》（简称《标准》）界定，定义

① 《企业信息管理师国家职业资格认证》，http://wenku.baidu.com/view/0575ab8ba0116c175f0e48b0.html，2021 年 5 月 1 日。

② 企业信息管理师（职业领域术语），http://baike.baidu.com/view/282345.htm，2021 年 5 月 1 日。

③ 《企业信息管理师前景与现状》，http://www.oh100.com/peixun/qiyexinxiguanli/20743.html，2021 年 5 月 1 日。

为“从事企事业信息化建设，承担信息技术应用和信息系统开发、维护、管理以及信息资源开发利用的复合型人员”[①]。《标准》将信息管理师职业分为三个等级：助理企业信息管理师（国家职业资格三级）、企业信息管理师（国家职业资格二级）、高级企业信息管理师（国家职业资格一级）。

这是在信息化进程中，为了适应激烈的市场竞争，为解决企业面临的复合型信息管理人才匮乏的问题，通过培养一支既懂企业管理又懂信息技术的复合型、专业化、正规化的企业信息管理人才队伍而做出的努力。

在此背景下，人力资源和社会保障部根据国家职业资格证书制度，适时制定并颁布了《标准》。我国企业信息管理师的职业也就应运而生了。早在 2004 年 6 月 6 日就进行了第一次职业资格认证考试。

可以预期，企业信息管理师职业的建立必将极大地促进人才的培养、凝聚和使用，促进国民经济和社会信息化进程。

2. *信息管理师的职业能力要求*

企业信息管理师必须是具备一定的企业管理知识和信息管理知识的复合型人才。他既具有从事企业经营管理的经验，对企业的人力资源管理、部门协调、发展战略等方面都要有比较清醒的认识；同时他还必须具备一定的信息技术知识，能够了解国际信息化发展的趋势，及时掌握最新信息管理系统的特点与功效；他能够将企业管理与企业信息化两类知识巧妙地融合在一起，在本企业的管理与当前信息化发展中找到最好的结合点。

为此，《标准》规定，企业信息管理师职业的基本要求包括职业道德和基础知识两大部分。

其中，职业道德包括职业道德基本知识、职业守则，如遵纪守法、恪尽职守，团结合作、热情服务，严谨求实、精益求精，尊重知识、诚信为本，开拓创新、不断进取。

基础知识包括信息技术（计算机软硬件基础知识、计算机网络基础知识、数据管理基础知识、管理信息系统基础知识）、企业管理知识（企业管理概论、财务会计基础知识、市场营销基础知识、人力资源管理基础知识、生产与运作管理基础知识、现代管理理论与方法），以及相关法律、法规知识（经济法相关知识、知识产权法相关知识、WTO 相关知识）。

简单地说，对助理企业信息管理师的要求，着重在具体操作的工作方面，如信息的采集、系统的运行维护、系统开发中的辅助性和操作性工作。

对企业信息管理师的要求，必须是承上启下的中坚人物。他们的工作量最大，既要领导初级人员工作，又要提出符合高级人员战略思想的方案，并在信息化实施中承担繁重的组织工作和技术工作。一般中小企业如果没有高级企业信息管理师，实际上组织信息化工作是由企业信息管理师承担的。

就高级企业信息管理师而言，要求具有战略性的头脑，对企业信息化提出战略规划，对信息系统开发、运行、维护以及信息资源开发利用等方面提出指导性意见，并能进行协调和组织领导等工作。

---

① 《企业信息管理师国家职业标准》，https://wenku.baidu.com/view/8ee93f75a417866fb84a8ec1.html，2021 年 5 月 1 日。

8.2 企业信息管理者的素养能力及其内容

8.2.1 管理者素养能力研究的概况及其存在的问题

1. 管理者素养能力研究的概况

在管理学领域，对于管理者的素质、修养、能力的论述比较混乱。

有的学者认为，"素质主要侧重于先天的禀赋、资质""修养主要侧重于后天的学习、锻炼"（杨文士等，2004；罗锐韧和曾繁正，1997）。显然，素质的先天禀赋理论，无疑会挫伤管理者自我提高的积极性：因为素质是先天的，那么父母给了我什么素质就是什么素质，要想提高素质岂不是不可能了。杨文士等（2004）编著的《管理学原理》中指出，修养包括四点内容：领导知识、移情作用、客观性和自知之明。当然，作为一个管理者确实是需要这四条，但是谁都明白，作为一个管理者，仅仅只有这四条肯定是不够的。

也有学者认为，素质和修养是两个不同的概念，但是他在列举具体内容时共计说了6个方面12条，而在这12条中，哪些是素质，哪些是修养，并没有分别说明，素质和修养是混在一起的（何钟秀，1998）。

还有学者认为，管理者的素质包括思想素质、知识素质、能力素质和身体素质（周三多等，2004）。就是说，知识就是素质，能力也是素质。持这种观点的学者还不是少数。

本来，学术观点不一致是常见现象，也无可厚非。问题在于，这种说法不能对管理者素养能力的提高提供帮助。因为知识就是素质，那么要提高素质就应提高知识水平，要提高知识水平就要多读书。可是事实证明，这个逻辑并不成立。许多人读了许多书，各门课程考试成绩也很好，却没有感到素质有所提高，以致许多人产生我已经是"读书破万卷"了，为什么还不能"下笔如有神"的困惑。

此外，现有的关于管理者素质、修养、能力的论述，大多数还处于现象描述和论证阶段，一般都是列举一下国内外著名企业家、政治家的传记实例加以证明。当然这些做法本身并没有错，也是有意义的。但是，所有阅读企业家传记、政治家传记的读者，并不是为了欣赏那些大人物的经历，而是在想："我自己怎样才能达到这个水平？"也就是说，他们在寻找成为企业家、政治家的方法，而接下来的理论告诉他们的方法，就是多读书、多学习、多实践。可是，书也读了，学位也拿了，却总是感到提高并不明显，同样也产生了已经"读书破万卷"，为什么还不能"下笔如有神"的困惑。

2. 管理者素养能力研究存在的问题

现有的关于管理者素质、修养、能力的研究成果不能解释下面的事实。

（1）既然已经"读书破万卷"，为什么还不能"下笔如有神"？

"读书破万卷，下笔如有神"是我国唐代著名诗人杜甫的两句千古绝唱，杜甫确实无愧是如此，那为什么我们一般人就不行呢？

原因就在于"破万卷"解决的是知识修养问题，而"如有神"是能力。已经"破万卷"了，还不能"如有神"，说明知识不是决定能力的因素。那么决定能力的因素是什么？也就是说，还有一个决定能力的因素。那个因素杜甫有，我们一般人没有，所以杜甫能够“如有神”，而一般人不能“如有神”。

那个因素就是素质。只有素质和知识不是一回事，才能解释得通一般人已经“读书破万卷”还不能“下笔如有神”这一现象。

可见，决定能力的根本因素是素质，知识只是一个条件。

在实际工作中，某些很有管理知识修养的管理者也会犯知识性错误，而缺少管理知识修养的人也会做出优秀的决策。这同样说明一定还有知识修养以外的条件因素，控制或制约着管理者的行为。很显然，这个因素就是管理者的素质。

（2）为什么“茶壶装元宵，有货倒不出”？

这是中国古代的一句谚语，说的是有些人，虽然肚子里有“货”，也就是有知识，但是表达不出来。知识是修养，表达是能力，就是说虽然修养高，但是能力还是不强。这是为什么呢？

因为茶壶能不能倒出元宵来，并不在于茶壶里元宵的多少，而决定于茶壶嘴的粗细。茶壶嘴的粗细是先天设计的，茶壶本来就不是为了倒元宵的，只是为了倒水的。也就是说，茶壶的先天素质就倒不了元宵。倒元宵的能力，固然需要有元宵，没有元宵肯定是倒不出元宵来。但是，茶壶里有了元宵，还是倒不出来。同样道理，只有素质和修养不是同一个概念，才能解释得通这一现象。

可见，决定茶壶能不能倒出元宵来的根本因素是茶壶嘴的粗细（素质），元宵的多少（知识）只是一个条件。

（3）为什么一个人在校学习成绩与他事业上的成功无关？

美国哈佛商学院企业管理教授列文斯敦通过对大量获得管理学硕士学位的人在实际工作中的表现进行研究，发现他们在学校里的成绩同管理上获得的业绩之间并无直接关系。他认为，如果学习成绩能与事业上的成功相等，那么这个受过良好教育的经理就是一位神话中的人物了（杨文士等，2004）。这话说得未免有些过于绝对，但是我们不能否认这确实是一个比较普遍的现象。不过，列文斯敦教授只是指出了这一现象，并没有解释原因。

原因也是素质与知识的关系。因为在校学习成绩好，是考试考得好，考试考的是记忆力，考试好说明记得的知识多，并不表明他的素质就一定高，可能高也可能不高。在学校里，遇到难题，心理上有准备。因为你明白，老师给的题目，再难，也都会有结果。因此，做起来心里有底，比较轻松，只不过花的时间可能多一些。

但是，学生进入社会之后，遇到了问题，需要用什么知识来解决，他没有记住这个知识，没有关系，只要他知道如何去查找并能够找到这个知识就足够了。考试考的记忆力在这里用不上。同时，在社会实践中遇到一个问题，这个问题有没有结果，有什么结果，结果是好还是坏，是好，我如何得到它？是坏，我如何回避它？这一切，都是不确定的，心里是没有底的，靠记忆力是解决不了的，需要自己判断，这只能靠素质。

因此，这里同样说明决定能力的根本因素是素质，知识只是一个条件。

可见，素质和知识（修养）不是一回事，知识不是素质，知识不能代替素质，决定能力的因素中，知识只是条件，素质才是根本。所以，光靠读书并不能解决能力提高的问题，要提高管理者的能力，应该致力于素质的提高。

那么，什么是素质？怎样才能提高素质？素质、知识（修养）和能力三者的关系是什么？本书认为，素质、修养、能力是既相互独立又相辅相成、紧密联系的三个不同概念。下面将分别介绍这三个概念的内涵和它们的作用机制。

8.2.2 管理者的素质及其内容构成

1. 素质概述

“素质”一词，汉语中有广义和狭义之分。狭义的素质是指先天的解剖生理方面的特点，即心理学中的定义。这是生理素质（含身体素质）。

广义的素质是指个人天赋禀性以及经过长期社会实践所形成的、在处理各项事务中显露出来的态度和方式。

素质包括身体素质、思想素质、文化素质、心理素质。

素质具有先天的部分，但是大部分是后天的，是通过教育和社会环境的长期影响逐步形成和发展的，是教化的结果，是可以后天培养、造就和提高的。

素质具有相对稳定的理性特征，同时又具有潜在性。它是通过人外在的语言和行为来体现的。它是一种可以指挥或制约人行为的因素，而且是一种潜在的、持久的指挥或制约的力量，左右行为主体对外界和自身的态度。具备哪一种素质的人在处理其遇到的事件时，总是不自觉地、自动化地按那种素质所确定的态度和方式去行为，并且在行为之前主体在主观上并不能明确意识到。

本书认为，人的个体具有差异性就是这个原因。

正因为素质是处理问题的态度和方式，所以素质不是有无的问题，不是这种素质品质，就是那种素质品质，只不过不同的人素质品质的优劣不同而已。

所以，素质对管理者的行为时时处处都会起作用，贯穿管理活动的全过程。优秀的素质可以“帮助”主体迅速进入待处情境之中，“沟通”眼前的情景与大脑储备信息间的联系，做出判断，指挥主体去行为。而这种“帮助”“沟通”是下意识的、自动化的、瞬间完成的，是行为主体主观上意识到之前就完成了的。那么“进入”的速度越快，“联系”得越准确，其素质水平越高。

信息管理活动中，素质对信息管理者的行为都有直接影响和制约作用。

2. 管理者素质的内容构成

管理者的素质具体包括身体素质、思想素质、文化素质、心理素质。前者又称先天素质，后三者又统称后天素质。

1）身体素质

这是指人在先天生理素质的基础上，经过后天体育锻炼和自我保养所具备的身体条件。信息管理者如果没有良好的身体素质，就难以应对复杂繁重的信息管理任务。

2）思想素质

这是指个人在长期社会实践中所形成的在处理政治态度、行为方式、自我评价和道德观念等观念形态方面的事务中显露出来的态度和方式。

思想素质对于信息管理者行为的影响和制约具有决定性意义。

（1）政治态度。政治态度包括政治立场、世界观、法治观念等，是信息管理者从事信息管理工作的基本立足点。

这一素质是客观存在的，任何人也回避不了的。一个信息管理者，不是这种政治态度，就是那种政治态度。有人说，我不问政治。其实不问政治本身就是一种政治态度。信仰社会主义，拥护中国共产党的领导，在信息管理工作中就会一切从人民的利益出发；信仰辩证唯物主义，就会一切从实际出发。

例如，科学史上有一些科学家，其本身是搞自然科学的，是唯物论者，可是又是信神的。看起来，似乎是矛盾的，其实很正常。因为左右他们行为的，不是他们从事科学研究所获得的知识，而是他的政治态度。

（2）行为方式。这是指管理者在日常生活中或管理行为中的行为方式。

优秀的行为方式素质品质表现为：一贯认真、负责、严谨、踏实。这种素质品质直接制约着信息管理者的信息采集、信息加工、信息利用、信息反馈等方面的管理行为。他们对信息、数据、现象一丝不苟，认真查对，哪怕是对自己的工作业绩有不利影响也是如此。相反，轻浮、玩世不恭、松松垮垮等不良行为素质品质，常常暴露出肤浅、夸夸其谈、信口开河的毛病，信息管理中的明显问题他也发现不了。

案例 8.1 据报道，李群是旅游专业刚毕业的大学生，在学校时，就大大咧咧，道听途说也信以为真。毕业后，他在一家酒店负责旅游团的住宿安排工作。

有一天，酒店几个年轻员工在一起聊天，有人说，原来安排在这个月 28 日的那个美国旅游团不来了。李群听说那个旅游团不来了，就把原来安排的床位取消了。

可是，28 日上午突然接到旅行社导游肖敏的电话："小李，美国旅游团一行 20 人已经到达首都机场，你的床位安排好没有？"

李群一听，大吃一惊："啊？不是说，这个旅游团不来了吗？"

肖敏："谁说的？我给你发电传了吗？"

李群紧张起来："那天，那天……"他心里很清楚，旅行社和酒店有协议，无论是预订床位，还是取消床位，都以电传为准，他确实没有接到肖敏取消床位的电传。

李群知道问题严重了，立即向酒店总经理报告。总经理果断决策：集中酒店全体服务员做住店客人的工作：保证为客人安排另外一个同等档次的酒店，在本店的住宿费不收了，请客人腾出房间来。结果，酒店因此损失了 2 万多元，李群承担一半。①

案例中，李群确实是"明知"，但不是"故"犯。我们说一个人"故意"做某一件事，他头脑里的意识是很清楚的。而李群在取消床位安排的时候，他头脑里并不是有意识的，而是一种下意识的行为。因为左右李群行为的不是"取消床位安排需要接到电传"这个规定的知识，而是李群的行为方式：素质。素质是一种下意识左右人行为的力量。

（3）自我评价。自我评价又称个人价值系统。它是信息管理者在信息管理过程中自我调节和处理问题的尺度。

优秀的自我评价素质品质表现为：诚挚谦逊，为人朴实，平易近人，与下级管理者和员工能够打成一片，在同他们的相处中自然、融洽、友好。自我评价过高的管理者，虚伪狂妄，话语之中总是流露出一种傲慢，布置工作时总是带着一种教训的口吻，即使用语上

① 根据 2006 年《东方航空》杂志所载原文改编。

彬彬有礼也会影响沟通效果，处理不好人际关系。在管理者处理问题需要决策时，它直接左右管理者选择决策方案，制约决策水平。

案例 8.2 小孙是本科经济法专业的高才生，在全国法律知识竞赛中得过一等奖，他自己也觉得已经精通经济法知识，可以独当一面工作了。毕业时，凭着他那优异的成绩，国有大企业招聘了他，当上了公司法律顾问。可是不到两个月，与公司总裁吵翻了，他就跳槽到另外一家民营企业做公司秘书。结果过了一个月多一点，又跳槽了。最后到记者采访他时，他在城南交易城的一家卤菜摊打工。

记者问他："这一回还会不会再跳槽？"

他说："这一回可能不会跳槽了，因为只有一个领导。"过了一会，他又接着说："不过，我想学会卤菜的手艺，我自己单独干。"

该报道评论说，这是小孙喜欢按自己的想法做事，不善处理人际关系的结果。[①]

小孙的人际关系为什么会那么紧张呢？他难道不想搞好同领导的关系吗？左右小孙行为的不是他不知道搞好人际关系很重要的知识，而是他自我评价过高的思想素质。自我评价过高的人总是看不起别人，所以人际关系很紧张。

由此，我们可以进一步推论：只有正确评价自己，才能处理好同上级、同事和下级的关系。任何一个人，不论他是高官，还是百姓，他都有上级、平级的同事，也都有下级，都要处理好同这三种人的关系。

首先，对于上级，要善于沟通。在接受上级指示时，从上级立场出发来思考，就能充分理解其意图；发现上级指令不妥时，要善于沟通，不抢上级风头；不背地议论上级的是非；请示事项时要有备选方案，第一方案得不到同意，可以马上提出备选方案。

其次，对于同事，要有亲和力。亲和力，等于沟通能力加包容能力，沟通能力又包括表达能力和理解能力。相处中，要面子第一，道理第二。你给他面子，他就讲理。高调处事，低调做人，太张扬总不会有好结果。

最后，对于下级，要有平等心。对下级管理，要做教练，不做警察。执行制度对事不对人。善于引爆下属的工作热情，顾及自尊，就事论事。从下级自身利益出发。在一个单位里，不必要求所有下属都支持你，只要大部分下属支持你即可，用大多数下属的努力来实现目标。

没有正确的自我评价素质，或者自我评价过高的人，是做不到上述三点的。

（4）道德观念。道德观念是世界观的一种特殊形式。它与精神文化的各个领域密切相关，渗透在人的一切精神活动之中。信息管理工作作为一种精神活动当然也不例外。道德观念必然贯穿于整个信息管理过程之中，影响和制约信息管理者活动。

忠于职守、实事求是、甘当无名英雄等，都是信息管理领域特有的职业道德。弄虚作假、瞒上欺下、擅离职守、行贿受贿等都是职业道德低下的表现。

案例 8.3 小张是本科旅游专业的学生。毕业前，在一家高级酒店实习，做服务员。但是，由于他性格内向，不苟言语。在还有一周实习就要结束时，酒店总经理找到他，说你的性格内向，做服务员不合适，实习期满后你就另外再寻找其他工作岗位就业吧。

---

① 根据《重庆商报》所载原文改编。

由于还有一周，小张还要上班。这一天他正在给包厢上菜，当他端着一盆刚刚烧开的热汤走进包厢时，脚下一滑，往前摔了下去，眼看一盆热汤就要倒在客人身上，只见小张在倒下的一刹那，双手往里一翻，整个一盆汤倒在自己的怀里。

这个情景被正好从窗前走过的酒店总经理看到。总经理非常高兴，他说酒店服务员就需要这样的素质，宁可烫了自己，也不能烫了客人。立即带小张到医院治疗，并决定留下小张，让小张担任领班。

在这个案例中，小张在他将要摔倒的一刹那，不可能想到：因为我是服务员，所以我一定要宁可烫了自己，也不能烫了客人。他要是真这样想，就来不及了。这实际上是一种下意识的行为，是一种素质的表现。所以，小张是以他的优秀职业道德素质赢得了酒店总经理的信任。

可见，思想素质对管理者信息管理活动的影响和制约是相当广泛的。

3）文化素质

这是指信息管理者在运用文化知识时表现出来的态度和方式，是信息管理者头脑中理性的历史沉淀和审美情趣、文化品位、格调等，是信息管理者后天学习或接受教育的结果，是信息管理者接受古今中外文化的熏陶，主要是接受本民族文化熏陶在头脑中形成的思维定式。

文化素质高，才能保证管理者文化修养不断得到提高并能获得充分发挥。

文化素质与文化修养不同。文化修养是指掌握文化知识的内容和量，在深度、广度、复杂度方面的量；而文化素质则是指管理者在管理过程中，只要一涉及某一文化事务，就必然地自动化地表现出来的处理该文化事务的态度或方式。

文化修养是指文化的内容，文化内容本身是客观的，而文化素质是指处理文化事务的态度和方式，是主观的，随主体的不同而不同。例如，你懂得不应该随地吐痰的道理，这属于文化知识修养；可是走在街上，你依旧随口就把痰吐在人行道上，说明你缺少文化素质。

案例 8.4　在美国的“9·11”事件中，华裔英雄曾喆为抢救伤员以致殉难。

事后根据美国政府的通知，曾喆的母亲去政府部门登记儿子失踪时，登记官员不给登记，说：“你儿子的工作单位离世贸大厦还有几个街区，不可能在世贸大厦现场失踪。”根本不相信，一个在事发时处于安全地带的人会往危险的地方跑，就是不给登记。

一年后，曾喆的一个同学在美国 FOX 电视台的新闻片上看到曾喆救人的镜头，然后以这个录像为证才给登记了。在这一年多里，曾喆的母亲不仅要承受失去儿子的痛苦，还要不断地向邻居、同事解释，我儿子真的是去救人了。①

曾喆难道不知道他要去的地方很危险吗？他是知道的，这一点知识他是懂得的，但是这些知识并没有左右他的行为，左右他的行为的是他见义勇为的中华民族文化铸就的文化素质。那些在美国文化下生活的人们，不可能相信你中国人会往危险的地方跑。曾喆的行为确实是中华民族文化素质的体现。

4）心理素质

这是人的个性心理品质。

① 赵海燕，《纪念“911”事件华裔英雄曾喆：迟了一年的葬礼》，http://news.sohu.com/07/06/news203070607.shtml，2021 年 1 月 13 日。

由于信息管理过程总是伴随着管理者的心理活动过程，所以管理者的个性心理品质，也就直接制约着信息管理者的管理行为，影响着管理活动的质量和水平。

对信息管理活动影响和制约较大的个性心理品质有：兴趣、注意、情感和情绪、意志。这是作者在中国科技大学少年班研究中发现的，绝大部分少年大学生之所以比同年龄的孩子聪明一些，主要原因就是这四大心理素质品质比较好。

（1）兴趣。兴趣是心理学概念。它是力求认识某种事物或爱好某种活动的倾向，并且总是和一定的情感相联系。它因需要而产生，并在生活和实践过程中形成、发展并稳定下来，并会随着需要的消失而消失。

兴趣又分为直接兴趣和间接兴趣。由于对事物本身感到需要而产生的兴趣是直接兴趣。由于对事物本身不感到需要，却对该事物产生的某一结果感到需要而产生的兴趣叫间接兴趣。直接兴趣和间接兴趣、消极兴趣和积极兴趣，是可以互相转化和迁移的。

优秀的兴趣品质是广泛、稳定和积极。

广泛的兴趣可以保证信息管理者在信息调研、处理问题时考虑的范围足够大，为自己进行科学决策提供广阔的空间，增加成功的概率。

稳定的兴趣可以保证管理者管理活动的持久性，可以帮助管理者维持高质量的“有意注意”，去争取可能争取到的成果。

积极的兴趣可以保证信息管理者在管理过程中处于良好的情绪状态，从而充分发挥出自己最大的潜力，使管理活动顺利进行下去。

兴趣心理品质不好是指信息管理者对管理活动没有兴趣和对管理对象没有兴趣。

在信息管理活动中，管理者兴趣品质对管理行为的作用主要表现为对信息管理对象的范围控制和对信息管理行为的推动作用和持久控制。

范围控制是指信息管理者的兴趣范围有多大，他管理行为的范围也就有多大。许多管理者都有这样的体会，在工作实践中，对自己感兴趣的事就管得多一些，勤一些，细一些，不感兴趣的事就管得少一些，粗一些，甚至不管。这就是个体兴趣的范围控制作用。信息管理者对于自己职权范围内的事情，如果有的感兴趣，有的不感兴趣，就会受到兴趣心理素质范围控制的制约，以致影响工作。

所以，信息管理者在负责某项工作时，应该分析自己的兴趣范围，是否与工作范围一致？如果一致，当然很好；如果不一致，管理者就应该及时迁移自己的兴趣，使兴趣范围与信息管理工作的范围保持一致。

持久控制是指信息管理者对自己的管理对象（员工、工厂、信息等）具有浓厚的直接兴趣，可以直接推动管理者的行为，不知疲倦地持久工作。许多优秀的领导干部工作起来，废寝忘食，如醉如痴，就是强烈的直接兴趣品质在起作用。这体现了兴趣对管理行为的推动作用和持久性控制。

所以，信息管理者应该经常分析自己对本职工作有无直接兴趣，如果有，应该注意保持下去；如果没有，就应该及时培养自己对本职工作的直接兴趣。

（2）注意。心理学概念。它是人们对客观事物的一种定向反射的心理现象，即人的心理活动指向或集中于某一确定事物时的状态。

注意分为有意注意和无意注意。有意注意是自觉的、有预定目标的注意，在必要时由主体做出一定的意志努力加以控制的注意。换句话讲，有意注意是自我强制的注意。无意注意是事先没有任何准备、不加任何努力的注意，是由主体附近随机出现的信息刺激引起的。无意注意是短暂的，若引起注意的信息与主体有关，就会转化为有意注意或形成兴趣，若与主体无关，就会很快消失。

优秀的有意注意品质是专注性、持久性和独立性。专注性是有意注意的强度，专注性越强，表明主体在纵向领域中越深入，自我强制越有效。持久性是有意注意的时效，持久性越强，表明主体自我强制的时间长、效果好。独立性是有意注意的方式，具备独立性，说明有意注意完全是自我强制的，没有外界压力，是一种自觉行为。独立性越强，主体的信息管理活动越不易受干扰，越有利于获得成功。

信息管理者要在喧闹、繁忙或情绪矛盾等不良环境中从事管理工作就要做到有意注意。在管理活动中，要完成每一次具体的管理目标，管理者也要做到有意注意。

优秀的无意注意品质是敏感性和灵活性。敏感性指的是自信息出现到该信息引起主体产生感知的时间间隔，间隔越小则越敏感。灵活性是指将刚刚注意到的新信息与自身需要联系起来的本领，联系得越快、范围越广，则越灵活。

无论是在日常管理工作中，如开会、视察、调研、谈话等，还是在个人平时的生活中，随时都可能出现引起你产生无意注意的信息，管理者若具备敏感性和灵活性，就能及时发现这些信息中蕴涵的丰富内容、新颖的观点，或者与信息管理活动无太大关联，从而迅速做出决策，要么进行有意注意，要么迅即放弃。

在信息管理活动中，管理者注意品质对管理行为的作用，主要表现为有意注意对管理行为的指向控制，无意注意对管理行为的发现控制。

指向控制是指信息管理者在某个时期有意注意在哪个方面，管理者的行为就会下意识地趋向于哪个方面。指向控制的作用具有双重性：如果有意注意的对象正是自己应该做的工作，这时指向控制会产生积极作用。如果有意注意的对象不在本职工作的范畴内，这时指向控制会产生负面作用。例如，某个同学迷恋网络游戏，这样的有意注意就会将主体指向网络游戏，吃完晚饭，他会不知不觉地就走到网吧的门口。这就会严重影响课程学习了。

发现控制是指信息管理者能够抓住无意注意的对象，会发现自己需要但主观上尚未意识到的信息。因为无意注意指向的往往是主体潜在需求的方向。

案例 8.5　据报载：一次，中央电视台主持人敬一丹到台领导办公室请假，这时在场的白岩松问："敬大姐，你请假干什么？"

敬一丹说："我们中央政协委员要下去和下岗工人座谈。"

白岩松说："那你带一个摄制组下去多好。"

台领导听了，就让敬一丹带了一个摄制组随行。后来将采访的素材编了一个节目，题目是《沟通》，在《东方时空》栏目里播出，效果很好。

敬一丹对这件事评价说："白岩松这个人骨子里就是做记者的料。"意思是指她敬一丹请个假，白岩松也能发现有意义的报道选题。

其实，白岩松不只是做记者的"料"。案例中白岩松的表现，本质上是他的无意注意心理品质水平高。作为记者，在事先没有准备的情况下，能够发现有意义的报道选题。如果他是一个企业家，在事先没有准备的情况下，能够发现对企业有利的商机；如果他是一名国家干部，在事先没有准备的情况下，能够发现需要解决的重要问题。

本书在第 1 章、第 2 章里两次提到的案例 1.11 中的叶先生，他那种随意获取，抓住不放的信息搜索意识，究其本质，就是他无意注意心理素质水平高的表现。

所以，信息管理者应该保持与本职工作有关的有意注意，学会自我控制，提高有意注意水平；学会从无意注意中发现有用信息，及时转化，为己所用。

（3）情绪和情感。两个心理学概念。它们都是客观事物是否符合人的需要而产生的个人主观体验。在心理学中，情绪和情感是两个难以分割而又相互区别的概念，这里就不详细介绍了。

通常，情绪划分为心境、激情、应激三种状态，情感包括道德感、责任感、事业感、义务感、美感、理智感等。

优秀的情绪、情感品质是稳定、积极和健康。

首先，信息管理者处于稳定、积极和健康的情绪平衡状态时，就能冷静、清醒而又热忱地面对自己所从事的具体的管理活动，使管理活动顺利进行下去，有利于任务的完成。反之，精神不振、意志消沉、抑郁不乐、烦躁不安等消极情绪就会干扰信息管理活动的展开和进行。

其次，稳定、积极而高尚的情感十分有利于信息管理活动的进行。

道德感可以使管理者自觉地遵循社会道德规范，自觉遵守职业道德；事业感、责任感可以使管理者长时间自觉对管理对象保持有意注意，认真细微，不用督促也会自觉地学习和工作；尤其是理智感，这种由人在智力活动中认识、探求或维护真理的需要、意愿是否获得满足而产生的情感体验，在管理过程中的作用十分重要。在信息管理过程中，对新方案、新技术的好奇心、求知欲，对不明问题的寻根究底，对尚不理解的问题的惊奇，对论证问题的浓厚兴趣，对事业成功的喜悦，对重大事故的临危不乱等，都是理智感对主体行为的作用。

在信息管理活动中，管理者的情绪、情感品质对管理行为的作用，主要表现为对管理活动的行为控制。管理者在产生情绪波动时，会直接影响管理者的行为。所以，管理者应该学会发现自己情绪的变化，学会控制自己的情绪，避免情绪对工作的影响。

在单位内，经常会听到以下这样的对话。

一个员工说："你看，咱们厂长，今天是喜笑颜开，肯定心情很好。有啥事，今天去请示，肯定能够批准。"

另一个立刻附和："就是，上个礼拜，车间有一个急事，要我去找厂长，厂长就是不同意，我还挨了一顿批评。后来我才知道，那天早上上班时厂长和他老婆吵架了。"

这种对话充分说明，我们的一般员工都知道：管理者的情绪影响他的决策。

积极的情绪、情感活动，是信息管理者从事信息管理活动的内在动力，是提高管理者注意品质和意志品质的内在因素。管理者情绪心理品质不好，主要是管理者在管理活动中情绪波动的幅度大，持续时间长，使管理活动无法进行下去。

（4）意志。意志是心理学概念。它是自觉地确定目标，并根据目标来支配、调节自己的行为，克服困难，实现目标的心理活动过程。

因此，一次成功的管理过程，实际上就是信息管理者的一次意志过程。在管理过程的每一个环节还有各自的目标，因此每个环节的结束，实际上也都是一次意志过程。若干个分意志过程的依次实现，就是总意志过程的完成。

优秀的意志品质包括自觉性、果断性、坚持性和自制性。与这四个品质相对应的不良意志品质是独断与盲从、优柔寡断、动摇与执拗、自流与放纵。

自觉性可以保证信息管理者的管理活动不间断地进行下去；果断性可以保证在遇到困难时能迅速决策，勇往直前，克服困难，达成工作目标；坚持性是保证工作目标不改变所不可缺少的；自制性则是保证在出现失误、讹错时能自己纠正过来的重要条件。

可见，意志并不直接参与管理，但又确实是成功管理的要素。

在管理活动中，管理者意志品质的作用，表现为对管理活动的过程控制。

在管理过程中，意志品质直接决定着活动的结果，意志品质高，管理活动的质量也就高，意志薄弱者难以完成复杂而艰巨的管理任务。如果管理者把提高管理能力自觉地确定为奋斗目标，而进行意志活动，则会十分有利于提高管理水平。所以，管理者要学会在无人监督的情况下完成工作任务，要能够在遇到困难的情况下坚持完成任务。

信息管理者意志心理品质不好，并不是说管理者没有意志，也不是说管理者有了坏意志，而是说管理者的意志水平不高，如自觉性不强、持续时间短、决策不果断、自制力不够等。人的意志素质不是天生的，是在后天生活中逐渐形成的。科学传播者要进行意志的自我磨炼是完全可以获得成效的。

综上所述，身体素质、思想素质、文化素质、心理素质在信息管理者的精神世界和生理世界中是客观存在的，我们不能回避它们。它们是可塑的，后天形成的。我们可以通过有意识地进行素质的自我锻炼来获得提高。

8.2.3　信息管理者的修养及其内容构成

1. 修养概述

1）修养的定义

《辞源》中“修养”一词的解释如下：儒家指通过内心反省，培养完善的人格。

《辞海（缩印本）》（上海辞书出版社 1980 年版）认为：修养是“指个人在政治、思想、道德品质和知识技能方面，经过长期锻炼和培养所达到的一定的水平”。

修养是后天形成的，是通过教育、学习，不断地得到培养和提高的。修养具有客观性。修养的内容（政治、思想、知识等）是客观的，是独立于人的主观意识之外的，当我们谈及修养时，不是有没有修养的问题，而是行为主体掌握了多少（量）的问题。

但是，修养的利用则具有主观性。修养只能够为主体的行为提供依据，而且这种提供还不是下意识自动完成的，是在主体需要时，由主体从大脑里存储的信息中搜索并检出，才能完成提供过程的。这种搜索并检出，实际上是受个体素质支配的。当然，依据提供得越多、越广、越深，则修养水平越高。

2）修养与素质的区别

修养和素质并不是一回事。素质是人处理事务时行为的态度和方式，是指行为主体遇到某种情况时，必然要采取的态度和方式。

因此，素质贯穿于管理活动的全过程，时时处处都会起作用。素质可以“帮助”主体迅速进入待处情境之中，“沟通”眼前的情景与大脑储备信息间的联系，做出判断，指挥主体去行为。而这种“帮助”“沟通”是在主体下意识状态下自动完成的。那么“进入”的速度越快，“联系”越准确，其素质水平越高。

而修养则是人所达到的水平。它具备为主体行为提供证据的功能。而这一功能的发挥是在主体有意识的要求下完成的。用俗话说，主体想到了才会去用它，没想到就不会去用它，并不在于主体是不是知道它。当然，证据提供得越多、越广、越深，则修养水平越高。

因此，修养是针对主体整体来说的，素质是针对主体的每一次行为来说的。素质反映的是行为过程的水平，修养反映的是行为结果的水平（表 8.1）。

表 8.1 素质和修养概念的比较

项目	素质	修养
定义	主体行为的态度和方式	主体达到的水平
作用方式	在主体下意识中制约主体行为	在主体有意识需求中提供行为依据
针对的对象	针对管理主体每一次行为	针对管理主体的整体
结果反映	反映主体行为过程的水平	反映主体行为结果的水平

3）素质与修养的联系

素质与修养的联系表现为它们互为依赖性。

首先，素质对修养的依赖性。

素质要依靠修养的手段来不断提高。当修养的“量”逐步增加并达到一定程度，修养的内容在主体的大脑中形成一种思维定式时，知识就升华为素质。

2000 年教育部副部长周远清撰文指出：素质是修养内化和升华的结果，没有修养做基础，素质的养成和提高就不具备现实性和目标性。因此，知识仅仅是素质形成或提高的基础，单纯具有知识不等于就具有一定的素质。

素质形成的两个方面包括先天禀性和后天实践，先天禀性已无法改变，后天实践却是可以主动设计和有意识安排的。某一方面修养水平较高，持续时间越长，就越容易在管理者大脑中形成新的思维定式，即产生处理某一事务必然采取的态度和方式，也就是提高了这方面素质的水平，修养就上升为素质。

例如，上文曾经提到，有的人知道不应该随地吐痰的知识，甚至连一口痰里有多少细菌，他都能够说得出来，但是他自己走在街上，会“啪”的一声把痰吐在大街上。可见，他只拥有不随地吐痰的知识，还不具备不随地吐痰的素质。

在这里，知识是通过记忆在产生作用。这个时候的知识表现为修养。

再如，人们在新冠疫情期间，懂得为了预防传染，出门要戴口罩，从户外回家要洗手的知识，并且都养成了这一习惯。现在，人们在出门时有的也会戴上口罩，回到家中第一件事就是去洗手间洗手。但是所有戴口罩、洗手的人，并没有经过“因为要预防传染，而戴口罩和洗手可以预防传染，所以要戴口罩和洗手”这样一个思维过程，戴口罩和洗手的行为是一种下意识的行为。就是说，戴口罩和洗手可以预防传染的知识，已经变成处理问题的态度和方式，下意识地产生作用了。

在这里，知识是下意识地在产生作用，则升华为素质。

其次，修养对素质的依赖性。

修养社会功能的发挥，必须依靠素质才能得以实现。修养的客观性特征虽然表明它不受行为主体的影响，但是它为主体的行为提供依据的社会功能却是受行为主体的主观控制的，决定于行为主体在需要时能够从自身的存储中提取多少，而这种提取是受主体素质支配的。

这里需要特别指出的是：从知识、修养向素质的转化，是由管理者自己完成的。这一点非常重要。长期以来，人们在接受知识之后，有的人很快地实现了将知识转化为素质的过程，由于素质得到提高，能力也就得到提高。但是，由于这种转化是一种自发行为，人们并没有发现这个转化过程，误以为获得了知识就提高了素质。

本书阐述了知识和素质的关系：一方面，知识不是素质，知识不能代替素质；另一方面，知识向素质的转化是靠管理者自己完成的。这就是说，我们可以结束自发转化的现象，而有意识地安排自己的这一转化过程，加快素质自我提高的过程。

在实际生活中，有的人在待人处事方面显示出很高的品位、格调，我们也称之为很有修养。《辞海（缩印本）》里的“修养”词条之下也有一条注释：“特指逐渐养成的在待人处事方面的正确态度。”这与上面的分析并不矛盾。

这种很有修养的人能够做出这些实际行为来，首先表明他具有很高的知识修养。如果他在做出这些行为的时候，不是有意识地故意做作，而是一种下意识的、自动化式的行为，自然也是他高素质的表现。

2. 信息管理者修养的内容构成

在信息管理活动中，对管理者行为有影响和制约作用的修养，主要有理论修养、业务修养、知识修养、语言和艺术修养。

1）理论修养

理论修养是信息管理者对客观对象进行分析、评论，对自己的思想观念加以理论表述时所表现出来的水平。信息管理者是面对复杂的现代社会进行管理工作，要能够识别、采集和处理各种信息，必须以理论修养作保证。

理论修养可分为哲学理论修养、逻辑理论修养、管理理论修养和政治理论修养。哲学理论修养影响管理者的理论思维水平，逻辑理论修养影响管理者的思辨能力和表达能力，管理理论修养是管理者的理论工具，政治理论修养在管理中表现突出的是政策法规理论修养，管理工作以此保证自己正确的政治方向。

2）业务修养

这是指信息管理者对于组织内的业务工作知识及其运用技能的掌握所达到的水平和一定的量。不同的组织有不同的业务。例如，企业业务有采购、设计、生产、仓储、运输、营销等；政府部门的业务有处理政务、协调沟通、发文收文、信访接待、后勤保障等。作为一个管理者，应该对自己所在组织的业务知识有较全面的了解。因为这里的业务知识，不仅有书面的，也有口头的，不仅有显性的，也有隐性的，是管理者进行工作所必需的，不是可有可无的，它与下文所说的知识修养不同，所以将它独立为修养的一大类别。

3）知识修养

知识修养又称文化修养，或文化知识修养，指的是行为主体掌握文化知识的内容所达到的水平，即在深度、广度、复杂度方面的水平。掌握的知识量越大，知识修养越高。知识修养是管理者进行思维的工具、管理行为的前提、决策论证的依据。

知识修养是一个庞大的体系，是修养体系构成中的主要内容。不同的人所需要的知识修养结构是不相同的。管理者的知识修养结构包括常规管理知识修养、信息管理知识修养、法规政策知识修养、自然科学技术知识修养、公共关系知识修养、写作知识修养，文学历史知识修养、美学知识修养和其他常识修养。

例如，广告是企业营销的主要手段，但是从社会角度来看它，则是一种文化。我国企业广告中由缺乏知识修养导致的笑柄，可以说屡见不鲜。

案例 8.6 某个电视台曾经播过一则广告，画面上显示，唐僧骑在马上，孙悟空牵着马，孙悟空说："师傅，眼看就要到印度了，没有翻译怎么办？"唐僧在马上回答："没关系，我们有×××（一种电子翻译产品）。"[①]

小说《西游记》是根据史料《大唐西域记》改编而成的。唐僧的生活原型就是唐代高僧陈玄奘。陈玄奘是我国翻译史上的著名翻译家，中国第一个笔译外国文献的人。这则广告的可笑，是对中国翻译史知识不了解造成的。

还有一些广告，有的为了显示自己的柴油机产品动力强大，有的为了显示自己的小汽车的功能强悍，竟然在电视画面上，让一台柴油机把龙卷风拉住了，竟然让那辆小汽车从龙卷风的风眼下穿了过去。做出这种荒唐的设计，显然是对有关龙卷风的物理学知识一无所知。

这些固然是广告设计者的错误，但是这些广告显然是要经过管理者批准后才会播出的，这说明企业管理者也没有看出这些广告的问题。

再如，本书第 1 章案例 1.7 中歌星演唱会的失败，正是企业信息管理者在进行信息活动策划时缺乏法规知识造成的。

4）语言和艺术修养

这是指管理者对于语言、文字、文学、艺术的知识及其运用技能的掌握所达到的水平。语言修养在信息传播与沟通的管理中作用最大。语言修养高的管理者才可能准确地把管理意图传达给员工。

信息管理者提高艺术修养并不是为了进行艺术创作，主要是因为在管理过程中，经常会遇到有关文学、艺术方面的问题需要解决或审查。

企业广告的设计涉及艺术性问题，企业产品的造型也涉及艺术性问题；如果缺乏艺术修养，在对广告和产品造型设计的审查中就有可能出现失误。

8.2.4 信息管理者的能力及其内容构成

1. 能力概述

能力是人类认识世界并运用知识、技能解决实际问题或完成某一活动的本领。

---

① 本书作者司有和根据电视台所播的电子翻译产品的广告编写。

从心理学角度看，能力是完成一定活动的具体方式和使活动顺利进行的心理特征。在管理学领域，对能力概念的定义，尚未发现有不同的表述。

能力的作用表现为直接影响活动的效率。或者说，完成活动的效率是衡量能力的指标，效率越高，能力越强。

能力具有一个重要特征：能力是在人的活动过程中显示出来的。

在现实生活中，许多人往往埋怨生不逢时，总感到怀才不遇，埋怨自己浑身能力无人发现，没有伯乐发现他这匹千里马，究其根源就是没有认识到能力的这一特征。所以，青年人在进入社会之后，应该首先意识到如何向社会展示自己的能力，只有这样才有可能及时地得到他人的认可而不断地进步。

关于能力和素质的关系，能力并不等于素质，能力素质的提法并不科学。首先，能力是处理问题的本领，对于不同问题是不一样的；素质是处理问题的方式，在不同的问题上可以是一样的。例如，写作能力只能用来处理书面表达的问题，而广泛的兴趣、高度的责任心等心理素质，既有利于书面表达能力的提高，也有利于口头表达能力的提高。其次，能力强并不等于素质高。因为能力是可以通过反复训练来获得的。

至于能力与修养的关系，尚未发现有关能力和修养等同的说法，并且也都认为，修养是能力显示的条件，某一方面修养可能对主体的某一能力有帮助，也可能并无帮助。

例如，案例 8.6 里提到的那个唐僧取经需要翻译的广告设计，其构思应该说还是难能可贵的，可以相信广告设计者的设计能力和想象力是很强的，但是他缺乏中国翻译史知识，结果闹出了笑话，该广告只播了两次就停播了。

前面提到的“茶壶装元宵，有货倒不出”，讲的就是在素质不高的前提下，知识修养高，表达能力也不会高。

2. 信息管理者能力的内容构成

信息管理者要完成一系列复杂的管理活动，就必须具备一系列的能力。各种能力彼此相互联系、相互影响、相互配合，才能保证信息管理活动的顺利完成。这就是说，信息管理者应该有一个合理的、有效的能力结构。

不过，管理者能力的构成是不可穷尽的。因为每处理一项不同的事务，就有一种不同的能力，而管理的对象千差万别、不可穷尽，能力之数也就不可穷尽。我们只能从概念内涵的种类上来描述能力的构成。

由此，我们可以将能力分为两大类：基础能力和专门能力。

其中，基础能力指的是人们在行为时最基本、最起码应该具备的能力，是各种不同类型人群行为时都必须具备的能力，主要包括信息能力、思维能力、学习能力、记忆能力和表达能力。

下面，我们简单介绍这几种能力的内涵。

1）信息能力

信息能力包括信息获取能力、信息整序能力、信息激活能力、信息处理能力、信息设备使用能力等。信息获取能力又包括观察考察能力、调查采访能力、实验动手能力、文献检索能力。这些能力是管理者感知客观世界、采集信息的主要手段，决定信息采集的质量和数量，直接制约信息管理工作过程。

2）思维能力

思维贯穿于信息管理活动的全过程，思维质量的好坏决定着管理活动的成败。思维能力若作具体划分还可划分为发散思维能力、收敛思维能力、灵感思维能力，或者划分为逻辑思维能力、形象思维能力。前三种能力合在一起就是常说的创造性思维能力。从思维对象来看，还可以分为以管理客体为对象的工作思维能力和以管理者自我为对象的自我意识思维能力。

此外，有些著述中还提到政治判断能力、信息鉴别选择能力、创新能力、策划能力等，其实都是思维能力的表现，只不过是思维的内容和功能不同而已。

3）学习能力

这是指人们获取知识和技能的能力，包括阅读能力、听讲能力、研究能力等。通常，这都是在他人指导下学习。

在没有人指导的情况下，自己通过阅读、研究和自悟来获取知识的能力，被专门称作自学能力。自学能力对于管理者尤为重要。因为人不可能总是在他人指导下学习，大多数时间里需要自学，以求及时地补充所需要的知识。

4）记忆能力

记忆是人类智慧的源泉。人类如果失去记忆，就无法学习和工作。按照记忆的时间长短，记忆可以分为瞬时记忆、短时记忆和长时记忆。管理者的记忆能力包括动作记忆能力、情感记忆能力和逻辑记忆能力。

记忆能力的高低因人而异，且与人的年龄、兴趣、态度有关。

5）表达能力

表达能力包括口头表达能力和书面表达能力。口头表达能力主要用于社会调查、组织管理、管理沟通、社会交际、演讲报告等活动中。书面表达能力主要用于各类管理文件的起草和审读。

我们需要的是能力。所有的能力都是后天的，是人们在长期的实践中逐步锻炼和培养出来的。关键在于锻炼要得法。怎样才能得法？只要你遵循素质、修养、能力三者的作用机制行事就有可能获得。

8.2.5 管理者素质、修养、能力的作用机制

信息管理者的素质、修养、能力是三个不同的概念，它们既相互区别又相互联系，互为依存又互为提高。

它们统一在信息管理者一个人身上，制约和决定着信息管理者的行为。

素质、修养、能力三者与主体行为之间的作用机制，用一句话表达，就是以素质为先导，借助于修养，表现为主体的行为能力。

先导指的是能力的前提和基础。前提，就是说，没有它不行，但是只有它也不行，它仅仅只是基础。素质是主体行为的起点。主体依靠素质发现问题、提出问题、解决问题，素质高，提出的问题意义大，具有创造性。

借助指修养在行为中的地位。它不是创造行为的决定性因素，但所有创造行为都有具体内容。这些内容就是修养。没有相应的修养，由素质产生的创造性问题就不能表现为主体的创造性能力。因此，修养的好坏会影响解决问题的能力。

在实际工作中，有一种人，他发现问题、认识问题准确、及时，能提出创新观点来，解决问题时办法多，遇到困难能坚持到底。我们说这种人素质高。

素质高的人，如果他的修养在他工作的那个方面很适当，那他必然能力强。

素质高的人，如果他修养不足，在他管理的那个方面，正好他不懂，这时他面临三种发展前景：其一，他及时弥补了修养，则马上表现出能力强。其二，在他弥补了知识修养后，机遇已经过去了，那他会在下次表现出能力强。有的人能“经一事，长一智”，那是素质高的表现。有的人则老是犯重复性错误，他经了一事，却不能长一智，这是素质低的原因。其三，不弥补需要的知识修养，那即使素质再高，也只能是能力弱。

在实际工作中，还有另一种人，他认识问题慢，提不出创新观点来，解决问题的时候缺少主见和办法，遇到困难不能坚持到底。我们说这种人素质低。

素质低的人，如果他修养水平也低，自然是能力弱。因为能力是不可穷尽的，你学了 100 样能力，还有 101 样能力没有学到，人不可能把所有的能力都学会之后才去工作，人总是不断地做着自己从来没有做过的事情。所以，仅仅是从能力出发来提高能力是难以见效的。

素质低的人，如果他的修养高，在他工作的那个方面，他懂得很多，那他表现出来的能力也只是一般。因为他懂得多，就必然按照他懂得的去做，但是他做得再好，也只是和已有的知识相一致，所以他最多只能达到修养的水平。

著名物理学家丁肇中教授在访问中国科技大学少年班时，有个同学说：“我们少年班学生在美国不管是在哪个大学，考试都是前三名。”丁教授就批评他们说：“前三名又怎么样，考得再好，只能说明你书念得好，你就是把书都背下来了，也没有超过写书人。你们应该创新，超过写书人。”①很显然，素质低，不能创新的人，书读得再多，其能力也只能达到写书人的水平。

如同一个老师，看的书很多，上课也只是照着教材讲，即使其表达能力很强，课也讲得很好，那也只是一个教书匠，你还不是一个创新的学者。你敢不敢提出自己的独立见解，批判或者发展教材中的观点，超过以前的老师？

在我国教育界盛传的“苏步青原理”，说的是著名数学家苏步青满怀深情地对其培养的、在学术上超过自己的学生说，你们有一点没有能超过我，那就是你们还没有培养出超过自己的学生。苏教授大力倡导，教师的职责就是培养出超过自己的学生，而不只是传统的传道、授业、解惑（谭卫东，1989）[32]。

作为信息管理者也是如此，你可以读很多很多信息管理学的书，就算你也能够记得住，但是如果你不能创新，你只能照着管理学书上说的去做，当然这样做也需要，不过那做得再好，最多也只是对已有的信息管理学理论运用得更加熟练而已，你没有给信息管理增加新的内容，你只是继承，并没有发展。

在本书第 2 章的“开篇案例”中，三菱公司善于利用外部环境的变化为企业盈利服务，就是说它具有很强的利用环境的能力。

然而，这只是外在的表现形式，还有其内在的素质和修养的原因。不然的话，当年扎伊尔叛乱全世界都知道，为什么只有三菱公司一家获利呢？

---

① 本书作者司有和根据本人现场采访的事实编写。

首先，信息分析人员松山“一边忙着洗漱，一边听着早间电视新闻”，这表明了他对本职工作的直接兴趣，以及忠于职守的道德素质。“突然一条简讯吸引了他”说明他无意注意的心理素质很好；“赶忙走到电视屏幕前”“刚刚在路上买的一份早报”说明这里显然已经是由无意注意转化为有意注意了。“同扎伊尔相邻的是赞比亚”“那是世界上最重要的产铜基地”，这是地理知识；“叛军一旦向赞比亚移动”“必然会影响世界市场上铜的数量和价格”，这是政治动乱与市场联动关系的知识，松山借助于这两条知识，认识到“叛乱”信息潜在的巨大资源意义。

其次，总裁的素质很高，但是由于他缺乏地理知识的修养，所以最初并不感到“叛乱”信息的重要，但是没等松山把话说完，他就说“有道理”，这说明素质高的人，只要修养一旦弥补，马上就会表现出能力强。

在这里，一个普通的信息人员可以直闯总裁办公室，总裁可以当着员工的面马上接受员工的建议，反映了这个企业群体的行为素质（企业文化）的优秀。

最后，“立即转起桌上的电话，拨通了三菱公司驻赞比亚首都卢萨卡分公司的长途电话”“密切注视扎伊尔叛军的动向”“趁此机会买进大批铜材”等表现出企业的很强的运作能力。

在这个例子中，素质、修养、能力三者之间的关系，就是以素质为先导，借助于修养，表现为主体的行为能力。这里的能力表现为及时利用社会动乱的能力。但是，它是从一条电视新闻开始的，借助了地理知识。这就说明了当年扎伊尔发生叛乱，全世界都知道，而只有三菱公司一家获利的原因。

可见，能力不是独立的因素，能力是一种结果，是素质和修养的结果，是素质和修养的外在表现形式。要提高能力必须从素质开始，单一读书、只注意知识修养是不行的，在加强知识修养的同时，应该致力于管理者素质的提高。只有以素质为先导，借助于修养，才可能具有“逢山开路，遇水架桥”的能力。在你没有遇到“山”时你可能不知道什么是山，在没有遇到“水”时你可能不知道什么是水，但是如果你有了高水平的素质，修养又比较适当，你就可以遇到了“山”就知道开路，遇到了“水”就知道架桥。

那么怎样才能达到这种境界呢？一个有效的方法就是管理者的自我提高。

8.3 企业信息管理者的自我提高

8.3.1 自我提高与自我管理

关于自我提高，本书作者司有和在他的《现代管理概论》中明确定义：自我提高是人类主体通过自身的努力，在自身素质、修养、能力等方面，相对于自己的过去有所提高的过程（司有和，2006）[66]。信息管理者的自我提高也是如此。

它包括四层含义：一是自我提高是由自己完成的；二是自我提高的内容主要是自身的素质、修养、能力；三是提高不是指绝对水平，是指相对水平，是相对于自己的过去有所提高；四是自我提高是一个过程，不是一次就可以完成的。

1. 信息管理者的提高只能是自我提高

古人云：天生我材必有用。自古以来，成才之心，人皆有之。但是，在提高的进程中，很多人很快就会陷入困惑：有人说需要找好老师，可是华罗庚无师自通，自学成才。有人说需要上好大学，可是比尔·盖茨大学没有毕业。有人说需要有好成绩，可是爱因斯坦大学数学还不及格。有人说顺境出人才，可是我们看到，许多拥有优厚条件的人并没有成功。有人说逆境才能出人才，但是我们又不得不承认，逆境扼杀了许多人才，在逆境中脱颖而出的毕竟只是少数。这一切让人莫衷一是，给信息管理者的自我提高带来无尽的困惑。

其实，无论好大学、好老师，还是顺境或逆境，凡是成才的，都离不开自我奋斗。好大学、好老师、顺境、逆境都只是外部环境，是外因，自我奋斗才是内因。外因是成才的条件，内因是成才的根本，外因通过内因起作用，所以内因是根本。对于个人，无力改变环境，只能利用环境。我们可以通过自我提高改变内因，把内因改变到正好可以充分利用外部条件，这样外因通过内因而起作用，你就成功了。所以，要想成才，只能是自我提高。

2. 信息管理者的自我提高需要强烈的自我提高意识

自我意识是人以自身为对象的意识活动，是指人对自己的属性、状态、行为、意识活动的认识、体验以及对其进行调节、控制的过程。

自我提高意识是自我意识的一种。自我提高意识是个体强烈地感觉到需要通过自己帮助自己来获得提高的意识活动。它使个体自信自己可以确定提高的范围，自己可以选择提高的方法，自己可以了解提高的成效，自己能够自觉地对提高过程做出适当的控制。一句话，它是我要学，不是要我学。

自我提高意识的确立，比自我提高方法的掌握更重要。这一点和本书第 3 章讨论的信息搜索意识与信息搜索方法之间的关系是一样的。因为方法只解决怎样做的问题，意识才解决要不要做的问题。只有有了自我提高意识，才知道是不是需要做；再加上方法，就能够做好。

自我提高意识的基本思路如下。

首先，要懂得素质、修养、能力的提高只能是自我提高，别人替代不了，帮不上忙；其次，要有强烈的自我意识和坚信提高可以成功的信念，要了解自我提高和自我管理的相关知识，要方法得当，不求一步到位，只求日积月累，逐步提高。

3. 信息管理者的自我提高需要自我管理来保证

本书作者司有和在他的《现代管理概论》中对自我管理这样定义：自我管理是具有自我意识的个人或组织，根据对自己的认识，通过自我设计、自我学习、自我实践和自我控制等环节，以求获得自我实现的能动活动的全过程。

自我管理分两大类：一类是个人的自我管理。这是指管理主体是自然人的自我管理。另一类是组织的自我管理。这是指管理主体是社会组织的自我管理。

在信息管理中，这两类自我管理都需要。本章论述的主要是指作为信息管理者的个人自我管理。

管理者自我管理的内容，包括自我设计管理、自我行为管理、自我形象管理、自我提高管理、自我测评管理。关于管理者自我管理的内容和方法的详细论述，感兴趣的同学可参看本书作者司有和在科学出版社出版的《现代管理概论》第 8 章。

综上所述，本书所说的自我提高是自我管理的一部分。由于自我管理内容的五个部分是相互促进和相互制约的，所以其他四个部分的内容，对于自我提高这一部分的进行都会有较大的影响。

首先，自我设计就是自己给自己确定战略目标。这项工作做好了，可以为自我提高提供明确、恰当的方向。其次，自我行为管理是指管理者对自己的行为进行管理。它包括两个方面，一是对个人成长过程中的行为进行管理，二是对管理者完成管理工作任务时的行为进行管理。这项工作做好了，可以保证自我提高过程的有效实现。再次，自我形象管理是指管理者对自身形象塑造的管理。它包括自我形象塑造和自我示范。这项工作做好了，可以保证自我提高成果获得有效的应用。最后，自我测评管理是指对自身发展的测量和评价，包括自我成果测评、自我形象测评等。这项工作做好了，可以为自我提高提供反馈信息。

所以，管理者的自我提高需要自我管理来保证。

4. 信息管理者的自我提高必须得法

自我提高，就是自我奋斗，但是奋斗不等于蛮干。奋斗需要得法，就是要讲究方法，得法者事半功倍。自我提高包括以下四个步骤。

1）获取自我提高需要的信息

首先，任何人的自我提高都需要信息。

从信息管理角度来看，人的自我提高、自我发展的本质就是一个主动、积极、定向地收集、整理、加工、决策、反馈的信息管理过程。它贯穿于人生的始终，只不过在生命的不同阶段，显示的强弱和方式有所不同（谭卫东，1989）[33]。

青年时代，尤其是高中、大学时代，观念性发展的意愿最强，热情最高。与此同时，内在价值观念体系也最不稳定，最富浪漫色彩，可塑性最大，环境的影响，尤其是同龄人的信息碰撞所产生的影响也最大。

这个阶段的信息，系统的、非系统的，社会的、书本的，长辈的、同龄的，有益的、不健康的等，大量地向头脑里输入。此时大脑简直可以说成了各种思潮、风尚最为敏感的风向标。由于不断地受到外界信息的冲击，易于激动，兴奋点转移很快，兴奋异常、忘乎所以的时候有，连日不开、一蹶不振的时候也有。不过，自甘沉沦的毕竟是少数，大多数青年人在猛烈的信息冲击面前，能够靠新的冲击和自我心理平衡来解决。

人的中年时期，一般开始于而立之年，由于其自身的条件限制，稳定、现实、平衡地发展为多、为主。这个阶段的人们更加注重需要局部的、有限的环境信息，按照自己既定的方向处置、运用所遇到的信息。对新思想、新观念、新知识，了解的多，接受的少；排斥的多，吸收的少；心理平衡的情形多，为新的信息冲击所振奋的少。对有关本职工作和个人兴趣的信息有较大的热情，信息意识发生偏执，生命的集中点在于成果，不论是学术成果、工作成果，都是如此。

到了老年，人们便以怀旧、反思为主。个人信念、生活准则、活动程序都已经固定，信息处理相当简明。一则精力有限，二则反复经历过的早已程序化了。

由此可见，人生在自我发展的过程中的每一阶段都离不开信息。所以，当我们产生了要实施自我提高的意愿时，必须要做好信息的准备。

信息准备主要有两点：一点是关于自己的现在、过去的经历、成功、失败的情况，解决“我是一个什么样的人？应该是一个什么样的人？能够是一个什么样的人？”等问题，通过对自己失败信息的分析，搞清楚自己不适合做什么；通过对自己成功信息的分析，弄明白自己最适合做什么，掌握有关自己的信息。

另一点是了解环境和条件的信息。因为环境中的机会，并不是一定都是我的机会，在自我提高之前，必须要搞明白：在环境中，哪些是我不会做的，哪些是我虽然会做但也不能做的，哪些是适合我做的。

了解了这两个方面的信息之后就可以进入下一环节：确定目标。

2）确定未来的目标，制订实现目标的计划

个人的自我提高，一定要有目标，不能没有目标。目标可以不宏伟，也可以不远大，但是，目标一定要可行，是经过努力可以实现的。

我们可以在综合上述两个方面的信息之后，选择那种既是最适合自己做的又是环境许可我做的信息作为自己自我提高的目标。也就是说，个人主观条件是可行的，客观环境条件也是可行的，才可以行动，即可行方可行。这一点，和本书第 5 章所说的企业信息战略分析的思路（图 5.2）是一致的。

有了目标，还应当有一个大致的计划。由于自我提高毕竟是自己个人的行为，也不需要别人去执行，所以计划的文本可以简单一些，但是不能没有，不能做到哪里算哪里，应该有一个安排，也好掌握进度，了解效果，控制进程。

3）掌握自我提高的方法，亲自实施计划

实施自我提高计划，自然需要自我提高的方法。本书在 8.3.2 节至 8.3.4 节介绍信息管理者素质、修养、能力自我提高的方法。

在学习和使用自我提高方法的时候有以下两点需要注意。

第一点，本书介绍的方法，不是灵丹妙药，不能“药”到病除。自我提高也不可能有万能的方法。但有一个观念是确定的：要坚信自己的素质、修养、能力是可以提高的，只要方法得当，不求立竿见影、一劳永逸，更不求一步到位，用积跬步以至千里、积细流以成江海的精神，日积月累，总是可以得到提高的。

第二点，自我提高方法的掌握，也仅仅是获取了如何提高素质、修养、能力的知识。也就是说，你掌握的仅仅是关于提高素质的知识和提高能力的知识，还不是素质和能力本身。要把这些关于素质、能力的知识变成自己的素质和能力，还需要自己来完成这个转化。

所以，自我提高中，在加大知识修养的同时，注意知识向能力的转化，尤其是要十分注意知识向素质的转化。

知识有状态知识和行为知识的区别。

状态知识是反映客观自然状态的知识，一般不能转化为素质。

行为知识是指导有关人们行为的知识，可以转化为素质。例如，不随地吐痰的知识，可以转化为不随地吐痰的素质；对新工作知识了解得越多，可转化为对新工作兴趣的素质；对国家建设成就知识的了解，可转化为热爱社会主义祖国的素质；对心理素质品质知识的了解，可以转化为高品质的心理素质。

4）检验实施效果，做好反馈控制

在自我提高的过程中，随时进行检查，了解自己提高的效果，发现问题及时解决，控制提高过程，使之能够沿着计划规定的步骤进行。

8.3.2 信息管理者素质的自我锻炼

信息管理者的素质包括身体素质、思想素质、文化素质和心理素质。这四大素质对管理者的管理行为都具有影响和制约作用。要提高管理者的管理水平，必须首先从素质的提高做起。

在素质的自我提高中，最关键的一点是要抓住知识向素质的转化。因为管理者的提高总是从学习开始的，而学习接受的只是知识，知识不是素质，要将知识变成素质，只能依赖于行为主体个人的转化工作。这四类素质的提高都必须经过这一环节。我们说，这四类素质都可以通过自我锻炼得到提高，是以自我提高主体已经确立“知识向素质转化”的理念为前提的。

1. *身体素质的自我锻炼*

身体素质是信息管理者胜任工作的前提，没有健康的体质就无法承担繁重复杂的信息管理工作。在现实中，许多人只顾工作，体质日趋衰落，英年早逝者不乏其人。许多人在这个问题上，埋怨这，埋怨那，其实最该埋怨的是自己。自己的身体有没有问题只有自己知道，自己的身体只能是自己照顾。一个只会工作，不会休息的管理者，不是好的管理者。

身体素质中包含先天的成分，这部分因素，作为个人自然无法改变，但是个人可以在先天的基础上，通过后天的体育锻炼和自我保养，不断地提高自己的身体素质。至于体育锻炼和保养方法，可供阅读的书很多，可找来学习。

2. *思想素质的自我锻炼*

思想素质包括政治态度、行为方式、自我评价和道德观念。这四个方面对于企业信息管理者来说，虽然不可以说已经定型，也可以说已经基本形成了，要想在这方面有一个明显的提高，不是在短期内就可以完成的。当然，这也不是说就不能改变了。要解决这个问题，至少要做以下三个方面的思考。

一是进一步提高从事信息管理工作需要良好思想素质的认识，提高思想素质自我提高的自觉性，不能认为自己现有的思想素质就够用了。

二是加强马克思主义理论的学习，加强辩证唯物主义学习，提高政治理论修养，以修养促进思想素质的提高，积极参加党和政府号召与组织的各种政治学习，自觉地从中接受政治理论的教育。在反复学习的过程中，有意识地把学到的政治理论、法律法规、道德规则用到自己的实践中，逐步地从有意识地强制自己去做，转向下意识地自动去做，完成知识向素质的内化和升华过程。

三是要提高自我意识的水平，经常有意识地思考自己的行为方式、生活习惯、观念态度、自我评价等方面是怎样进入管理活动之中并影响管理行为的，检讨存在的问题，区分哪些是积极的影响，通过自我约束进一步加以发扬；哪些是消极的、有害的影响，通过自我约束逐步加以改进。只要能够逐步地、一项一项地改变那些产生消极影响的因素，自己的思想素质就会得到逐步提高。

3. *文化素质的自我锻炼*

文化素质的提高是潜移默化的，不是一朝一夕可以达到满意要求的。一是需要通过大量阅读古今中外的优秀文化作品，尤其是了解古今中外的管理发展史和著名政治家、企业家传略等，接受熏陶，逐步提高。二是提高自我意识水平，自觉地实现文化知识修养向文化素质的升华。

4. 心理素质的自我锻炼

心理素质的提高，与思想素质、文化素质的提高不同，是可以在短期内奏效的，而且心理素质的提高，还有益于思想素质和文化素质的提高。

1）兴趣的自我激发

信息管理者的兴趣心理品质不好的主要表现是其对信息管理工作本身没有兴趣，或者是对管理的对象没有兴趣。其原因一是本来不想从事信息管理工作，后来由于种种原因不得不来到信息管理岗位上，因而对信息管理活动没有兴趣；二是信息管理水平低，管不好，越是管不好，就越不想管，形成恶性循环；三是对某些信息管理对象不熟悉，又不想去熟悉，因而在管理过程中涉及这些对象时没有兴趣。

信息管理者要提高自己的兴趣，可有以下办法。

（1）明白兴趣迁移的道理，确立实现目标兴趣的自信心。

因为兴趣是由需要而产生的，在实践中形成和发展的，那么就应当从理论上承认没有改变不了的兴趣，只要方法得当，人的兴趣是可以从一处一物迁移到另一处另一物的。

在实践中，在我们的周围可以看到一种人，他们能够干一行，爱一行，专一行。其实，这并不是他们有什么特殊的能耐，实际上就是兴趣迁移的心理品质好。干一行，他有了新的工作，爱一行，他很快地将自己的兴趣从原来的工作上迁移到新的工作上来，他也就专一行了。

所以，当自我确定应该培养什么兴趣（目标兴趣）时，就应当相信这个目标兴趣是可以实现的，从而树立起自我激发兴趣的信心。

（2）迁移兴趣的方法：逐步过渡法。

逐步过渡就是先确定一个中间兴趣，它和管理者的现实兴趣比较接近，先把这个中间兴趣喜欢起来；然后再确定第二个中间兴趣，它和目标兴趣接近一些，再把这个中间兴趣喜欢起来；接着再确定第三个中间兴趣，进一步接近目标兴趣，就这样，逐步向目标兴趣靠近，最后建立起目标兴趣，实现现实兴趣向目标兴趣的成功迁移。

例如，我调来重庆大学开设企业信息管理学这一课程，就经历一次兴趣迁移的过程。我原来在中国科学技术大学时是在信息管理系工作，主要是科技编辑与出版方面的科研和教学工作。调到重庆大学，虽然也是在信息管理系工作，但是重庆大学的信息管理系是面向企业的信息管理，和我原来熟悉的科技编辑与出版，完全不是一回事。

那么，我能不能胜任企业信息管理的教学工作呢？当时的我并不清楚。于是，我开始了从现实兴趣（喜欢科技编辑与出版，图 8.2 的第一个方框）向目标兴趣（企业信息管理，图 8.2 的第四个方框）的迁移。

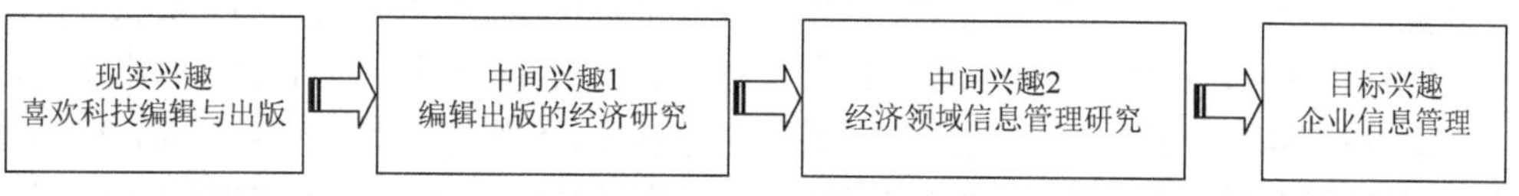

图 8.2　从现实兴趣（喜欢科技编辑与出版）向目标兴趣（企业信息管理）迁移过程示意图

我的第一个中间兴趣（图 8.2 的第二个方框），仍旧是我熟悉的科技编辑与出版领域，选择的是经济研究的课题，意在离目标兴趣近一点。结果，写了几篇论文都发表了，其中一篇《论知识经济与编辑出版产业的互动发展》在《编辑学报》1999 年第一期发表后，被《新华文摘》1999 年第四期全文转载。这给了我很大鼓舞。

于是，我完全脱离了原来熟悉的科技编辑与出版领域，选择了第二个中间兴趣（图 8.2 的第三个方框），直接进入经济领域的信息产业和管理领域，我给全校本科生开设信息管理学的选修课，给 MBA 学员开设了信息产业学课程。课程反映很好，2001 年我在重庆出版社出版了《信息管理学》和《信息产业学》两本教材。

2002 年，我就大胆地给三年级学生开设了企业信息管理学课程，结果非常成功，2003 年本书的第一版就出版了。至此，我的兴趣迁移工作获得圆满成功。

（3）稳定兴趣的方法：成功喜悦法（自我陶醉法）。

成功后的喜悦可以激发行为主体对成功之事的兴趣，可以稳定行为主体已有的同类兴趣。这是心理学的一个基本原则。我们可以设计一些活动，使自己经常沉浸在“成功后的喜悦”之中，既可以激发新的兴趣，也可以稳定已经建立起来的兴趣。

例如，制订工作计划时，要切实可行，不要过高，这样每次计划完成时就会有一种成就感、满足感，沉浸在“成功后的喜悦”中。还可以找出过去管理工作中的成果、奖状、文稿或群众的表扬信、感谢信等，也可以使自己沉浸在过去曾经有过的“成功后的喜悦”之中。初入管理岗位的新手，争取一切可能的机会参与工作，一旦经自己之手做出了成果，也会由衷地产生喜悦。只要这成功的喜悦不断地到来，信息管理者就会逐步地形成或稳定对信息管理工作的兴趣。

（4）维持暂时兴趣的方法：自我约束法。

这是针对那些现时没有兴趣又不得不做的工作来说的。这类工作一般有两种前景：一是一次性工作，做完即了，你把它做完就是，也就无所谓建立兴趣；二是今后还会再做，这时可以通过自我约束，以良好的意志品质强制自己维持暂时兴趣把工作做完、做好，在做的过程中熟悉这件工作，熟悉之后就会逐步实现兴趣迁移。

良好的意志品质可以保证信息管理者将原来不感兴趣的事转变为感兴趣的事，良好的兴趣又可以帮助管理者较长时间去喜欢某件事，这恰恰又是对意志的锻炼。

例如，有些信息管理者对计算机技术不太熟悉，觉得很神秘，因而也就没有直接兴趣。不过，作为管理者又不能不闻不问，不得不做，往往在参与用计算机管理之后，熟悉了计算机的一些内容，也会产生这方面的兴趣。

2）注意的自我锻炼

信息管理者注意心理品质不好，主要表现为办事不专心，对身边的事熟视无睹、充耳不闻。其原因是有意注意不能持久，无意注意不能及时转化。

要克服有意注意不能持久的毛病，则依赖于优秀的兴趣品质和意志品质。要保持自己对于某事的有意注意，首先要激发兴趣，使自己对某事产生直接兴趣，然后提高意志水平，以意志力保持对某事的长时间有意注意。如果在这件事情上保持了较好的有意注意，在那件事情上也保持了较好的有意注意，这样的情形一多，有意注意不能持久的问题就迎刃而解了。

许多人不懂得有意注意和无意注意可以相互转化的规律，在无意注意出现的时候，无动于衷，忽视了对产生无意注意的信息的分析，以致由于无意注意不能及时转化而丧失许多有用信息和机会。

无意注意的出现，是产生刺激的信息与信息管理者内心世界的一种碰撞，是下意识的，是信息管理者在主观上尚未意识到之前就产生的，因此它很可能与信息管理者已有的知识储备和心理需求相一致，或者说它本来就是一种潜在需求。如果信息管理者能及时加以分析就很可能发现自己需要的、平时没有意识到的有用信息。

所以，在无意注意出现的时候，不要马上放弃，应该抓住不放，稍微做一下分析，如果引起无意注意的信息确实与自己无关，就及时地予以放弃；一旦发现有用的信息，就及时转化为有意注意，盯住不放。必须明白，并不在于每次对无意注意的转化都有用，而在于每次都能这么思考，这样久而久之，无意注意的品质就会得到锻炼，获得明显的提高。

3）情绪的自我调控

信息管理者情绪心理品质不好，主要表现是信息管理者在管理中情绪波动的幅度大，持续时间长，影响管理工作。其原因主要是对所做之事的期望值过高，以致到时没有能够达到期望值，而产生情绪波动；加之情绪自我调控能力弱，以致情绪持续时间长，影响管理工作。

管理者自我调控情绪的方法有以下六种。

（1）降低期望值，避免情绪发生。

因为情绪的发生是由于信息管理者对所做之事的期望值过高，结果没有达到期望值，从而产生情绪波动，所以降低期望值就会减少情绪发生的概率。

（2）及时地意识到自己情绪的变化是情绪自我控制的前提。

在实践中，人处在过激、激情、悲观、烦躁的状态下往往并不自知。所以，及时意识到自己的情绪失常，是进行情绪自我调控的前提。信息管理者应学会在出现情绪波动时能够马上意识到。

（3）以信息或理智控制情绪发生的强度。

情绪是由于现实不能满足主体意愿和需求而发生的，只要产生情绪刺激的事实一出现，情绪的发生已不可避免，所以下面的问题是能否及时意识到情绪的发生和怎样减小情绪发生的强度。

通常的方法是以信息或理智提醒自己。例如，可以回忆自己过去由情绪不当带来的不愉快和教训，可以回想某人善于自制的形象，以这些信息及时地把刚刚出现的不当情绪控制住，控制情绪的发展和恶化。

例如，电影《林则徐》中，林则徐刚到广州，在听到某钦差大臣同洋人私通，倒卖鸦片时，立即愤怒地抓起桌上的茶壶就要往地上摔，这时他看到墙上挂着他亲笔书写的“制怒”条幅，就缓缓地把茶壶放回桌上，控制住自己的愤怒情绪，安排下一步工作。这就是以语词信息来缓和自己情绪不当发展的实例。

（4）极端思维法调控情绪。

信息管理者情绪发生波动，很多时候是对即将发生的事做出估计而产生的。估计得过好，会盲目乐观，忘乎所以；估计得过坏，会盲目自卑，以致抑郁不乐，甚至愤怒至极，不可抑制。这个时候采取极端思维法，很有好处。极端思维就是索性把估计推到极端，推到最好，看看能好到什么程度；推到最坏，看看能坏到什么地步。如果这种极端的结局也是可以接受的，那么现在这种估计又有什么值得高兴或愤怒的呢？想到这些，情绪也就会平静下来了。

（5）多角度思维法调控情绪。

在信息管理实践中，有时一个问题发生后，从某一个角度来看可能会引起情绪波动，从另一个角度去看，可能就能够接受，也就不会动肝火了。有人又称这种方法叫焦点转移法。

我国古代有一则寓言故事，说的是一个老太太有两个儿子，大儿子是卖伞的，二儿子是晒盐的。天晴的时候，老太太担心大儿子的伞卖不出去。下雨的时候，老太太担心二儿子的盐晒不出来。所以，老太太一年到头没有心情好的时候。后来一位智者告诉她，天晴的时候想想二儿子，可以晒很多盐了。下雨的时候想想大儿子，可以卖很多伞了。果然，老太太从此就天天都很高兴了

这就是多角度思维法调控情绪。在企业与企业间的交往中，在企业内员工之间的交往中也是如此。这一次对方可能会有某些不到之处，要能够予以谅解。不要对方答应合作就高兴，不答应合作就不高兴，交个朋友，下次再合作嘛。

（6）端正情绪体验，防止不当情绪再度发生。

情绪体验指的是在某一信息的刺激下产生了某种情绪，以后每次出现这一信息刺激时都会产生同样的情绪反应。一朝被蛇咬，十年怕草绳，就是情绪体验不当造成的。

端正情绪体验是指某种情绪在第一次结束之后，及时地予以总结，分析这次情绪波动的原因，诱发因素是什么，有些什么教训等。这样，当产生本次情绪刺激的信息再次出现时，就能理智地控制自己而不会再产生情绪波动了。

人生几十年，每一个人在自己成长的过程中，那些自己不称心、感到冤枉、委屈的事情不知道会发生多少次，如果每一次都要情绪波动一番，对自己的工作和身体健康都是十分不利的，应该学会端正情绪体验，进行情绪调控。

通过上述六个方法，信息管理者的情绪是可以自我调节和控制的。

这里说的情绪波动，不只是指同信息管理工作有关的情绪，而是指信息管理者的一切情绪变化，因为不论是什么原因引起的情绪波动都会影响信息管理者的管理行为。

4）意志的自我磨炼

信息管理者意志心理品质不好，指的是意志水平不高，如自觉性不强，持续时间短，决策不果断，自制力不够等。人的意志素质不是天生的，是后天在生活中逐渐形成的。管理者完全可以通过自我磨炼来提高意志水平。

意志的自我磨炼可以从以下四个方面入手。

（1）从培养自觉性入手，提高意志力。

自觉性是四大意志品质之一。因为意志，意味着自觉、坚持，那么不解决为谁坚持、为什么坚持的问题，是坚持不下去的。坚持不了，也就谈不上自觉。只有确立了正确的行为目标，就会克服困难，自觉地坚持做下去。那么，信息管理者如果能清楚地认识信息管理工作的意义、目的，也就可以提高从事信息管理工作的自觉性。有了自觉性，坚持、果断、自制的意志品质也就会相应得到磨炼。

（2）提高自我意识水平是磨炼意志的重要方法。

因为意志是人们自觉地组织自己行为的心理过程。这个过程的实现，完全是在自我意识的控制下完成的。行为主体自身没有强烈的自我意识，就谈不上自己来组织自己的行为；不意识到存在的困难，就谈不上自己去设法克服这些困难。如果在实际的管理过程中，行为主体能够意识到某一行为过程需要意志心理过程来保证的话，就能果断地决策，就能自我控制自己的行为。

（3）向先进人物学习。

向古今中外的名人、伟人、企业家、学者学习，通过将自己和这些人做比较，寻找自己的不足，确立别人能做到的我也能做到的理念，在自己工作遇到困难时，以此来激励自己把工作做下去。或者就在自己的身边寻找先进人物，只要在某一方面比自己先进，就可以向他学习。还可以经常用古今中外的名人警句、名言、语录来对照自己，检查自己。

（4）按计划行事。

管理者可按月、按季或按半年一次地制订自己的工作计划。拟订计划方案时量力而行，既有目标又有进度。计划一旦确定之后，就不轻易变动，坚持按计划行事。这就是磨炼意志的一种方法。

这里的关键是计划目标，定得太低，容易实现，磨炼意志的效果不大；定得太高，难以实现，半途而废，对磨炼意志不利。所以确定的目标应是经过努力可以实现的。

在心理素质自我提高这一部分，是为了叙述的方便，才将四大素质分开来说的。实际上，四大心理素质在信息管理者身上随时都是同时存在，是综合产生作用的。

例如，本书在前面提到的信息搜索意识就是优秀心理素质综合产生的效果。信息搜索意识实际上是信息管理者自我对信息管理工作的兴趣心理品质、忠于职守的职业道德素质、对信息搜索工作实施的自觉性心理品质、对信息感知的无意注意心理品质和信息激活使用能力的总和。

综上所述，高度自觉和坚定的意志水平，积极的情感体验，浓厚的兴趣和有效的注意，强烈的自我意识，随时使自己处于最佳的情绪心理状态，是一个信息管理者高水平心理素质的体现。

8.3.3　信息管理者修养的自我提高

修养是后天形成的。所以，修养可以通过信息管理者的自我努力得到提高。修养的自我提高，首先是修养的获取，其次是修养的记忆，最后是修养的利用。

1. 管理者修养自我提高通论

1）修养的获取

这指的就是知识信息的采集，有阅读、观察、师承、自悟和咨询。

阅读是获取理论修养、知识修养最主要的方法。获取阅读资料的途径包括购买、索取、交换、借阅、委托、复制调查、网上检索、使用工具书。阅读通常需要兴趣心理品质来保证。

观察就是观察环境、观察他人行为所显示出来的知识。

师承是向他人学习隐性知识。不论是在什么岗位，大量的业务知识存在于实际运作和口头交流中，是不见诸文字的隐性知识，需要科学传播者积极参与，有心去观察、询问和倾听。观察、师承需要无意注意心理素质来保证。

自悟是及时总结，从个人的经历和实践中学习。许多人在做完一件事之后都会有“要是再做这件事我就不这样做了”的感受。企业内的项目团队在任务结束后，知识会因团队的解散而流失。所以，个人的自悟、团队的及时总结，对于提高知识修养很重要。自悟需要自觉性意志品质来保证。

咨询是指自己不懂的，要知道向他人询问。此法用于解决在获取修养时遇到的自己不懂的问题。咨询需要谦虚好学的自我评价素质来保证。

2）修养的记忆

首先要正确理解，然后是适当记忆。

当然，最好是脑记，但是不可能什么都能记得住，可以通过记笔记、整理笔记、写综述、复习笔记和对他人讲述等办法来增强记忆。

3）修养的利用

首先，修养是能力得以发挥的条件。本章“开篇案例”中，哈默如果没有美国铅笔价格的知识，没有苏联政府号召人民学习文化的知识，就不会意识到苏联潜藏着巨大的铅笔市场，也就表现不出他办铅笔厂的能力。

其次，修养不会自动发挥作用，修养作用发挥的关键在于思路，而最佳思路的获得往往又决定于素质。关于这一点，本书在 7.5 节中已经介绍过了。

2. 管理者修养自我提高各论

1）理论修养的自我提高

要提高理论修养水平，必须加强学习，学习马克思主义哲学理论，学习历史唯物主义和辩证唯物主义，学习形式逻辑和辩证逻辑，学习管理学理论等，不断充实自己，日积月累，以求提高。

要提高理论修养水平，还在于应用，将学到的理论马上用于实践，并注意收集应用的反馈信息，向社会学习，向被管理者学习，以求提高理论修养水平。

2）业务修养的自我提高

业务修养与文化知识修养不同，文化知识修养有所欠缺，工作还可照做；业务修养欠缺，管理工作就会受到损失。由于不同类型企业有不同的业务，而且业务知识的存在方式又是多种多样的，仅靠读书并不能解决全部问题。

有关企业业务工作的专门书籍很少。我们看到的《企业管理学》《会计学》《人力资源管理学》等书籍，并不是阐述某一个企业的业务工作，要获取企业业务知识靠这些书籍不能解决问题。

企业业务知识的书面资料，主要是岗位说明书、企业的政策性文件，而大量的业务知识存在于企业成员的口头交流中和实际操作中，还有一些存在于上级领导、老员工、退休员工的脑袋里，即隐性知识。可见，业务修养的自我提高，需要信息管理者积极参与各项企业活动，在参与中有心去观察、去倾听；需要信息管理者有心去向上级领导、老员工、退休员工询问。

可见，业务修养的自我提高，需要信息管理者通过阅读、观察、参与去获得，并且要学会在参与中自悟。

3）知识修养的自我提高

知识修养的一个明显特征在于它的形成和提高全部依赖后天的学习，上学、培训或自学，即学而知也。但是，也不能盲目，不能死读书、读死书，在读书的过程中，必须注意对所读内容的思考，真正理解知识的内容。

a. 急用先学

知识修养自然是越全越好，但是总不能等全部学完了之后才去应用。所以，应该是急用先学，结合信息管理工作的具体任务，有目的地首先选读那些与个人现实管理任务相关的知识。由于马上要用，容易形成有意注意，读后记得比较牢固。如果每次工作任务都能如此做，时间一长，知识修养就会得到丰富和提高。

b. 同步更新

当今社会已进入信息社会，各行各业的信息量猛增，新成果日新月异，知识更新周期比以往任何时候都要短，这就要求信息管理者在学习知识时不能墨守成规，要与时俱进，利用各种手段去采集新信息，不断开阔视野和补充新知识。

c. 系统有序

这一点包括两层含义，一方面是要使获得的知识能够形成从基础理论知识、技术基础知识到专业知识的系统结构，另一方面是形成以本专业知识为核心的不断向四周扩充的知识网络体系。不论哪种体系，可以是反映学科内在结构的客观系统，也可以是根据信息管理者需求自行设计的有序体系。

这种体系不是一次就能完成的，也不能确定应该是什么样的体系，并不需要求全，开始时可能非驴非马，但是，它是信息管理者的经验、体会、顿悟和感想。

4）语言和艺术修养的自我提高

语言修养的提高，主要方式就是阅读、观看、聆听。它和理论修养、知识修养的提高不同，它不可急用先学，因为无法确定急用的是语法还是修辞，是词法还是造句；它不需要理性思维、抽象思维，它依赖于大量阅读、观看和聆听，而且主要是阅读文艺作品、中外古典名著、现代佳作，多看电影、电视剧，多欣赏一些绘画、书法作品，多听一些经典音乐作品。这里的关键不是看故事情节，而是伴随着阅读、观看、聆听，对语言和艺术进行思考。

8.3.4 信息管理者能力的自我培养

能力对信息管理者至关重要。说素质很重要，是因为素质是能力提高的前提和基础。我们说修养很重要，是因为修养是能力发挥的条件和依据。这都是从能力角度提出问题的。所以，要提高管理者的管理水平，归根结底是要提高信息管理者的能力。

所有的能力都是后天形成的，能力可以通过管理者的自我努力得到提高。

1. 信息能力的自我培养

首先，提高对获取和处理信息的认识。提高认识，确立工作责任感，提高对信息采集的有意注意，培养对信息工作的兴趣，使自己的心理素质得到提高，就会获得敏锐的观察力，如果思维能力能同时提高，则信息敏感能力、信息激活能力、信息利用能力等就会大大提高。

其次，学习和掌握获取和处理信息的方法。获取信息的方法很多，如自我总结法、社会调查法、现场观察法、文献阅读法等。本书在第 7 章已经做过介绍。处理信息的方法也很多，本书的绝大部分章节，说的都是信息处理的方法。现在有了互联网，查找信息方便得多。管理者也应该学会使用。信息能力只能是在管理的过程中边干、边学、边掌握。例如，管理者要学会通过参加展销会来获取竞争对手的信息，不可能有个专门培训“怎样参加展销会”的训练班供你去学习，只能是在参加展销会的过程中学习通过展销会来获取需要的信息。

2. 思维能力的自我培养

思维是智力的核心，尤其是抽象的逻辑思维能力，更是管理者智力水平的首要标志。思维的物质基础是大脑，但是思维能力的提高是后天可以实现的。

下面是思维能力自我培养的四个方法。

1）四面发散，广开思路

在企业信息管理中，不论是大的决策还是小的决策，总是先将要解决的问题明确起来，然后把所有解决这一问题的可能方案都提出来，再在提出的方案中选择出希望获得解决该问题的最满意的方案。这就是通常所说的决策过程。从思维科学的角度来看，就是先进行发散思维，再进行收敛思维的过程。

四面发散指的是发散思维，就是充分发挥自己的想象力，从需要解决的问题出发，向四面八方想开去。例如，到底能有几种方案可以使用？这一种方案为什么最好？那一种方案为什么最差？每种方案都包括哪些环节？每个环节在现有条件下是否可行？能不能获得结果？会是什么结果？这种结果是否正确？既无一定方向限制，也无一定范围限制，海阔天空、异想天开、标新立异都可以，把一切和该问题相关联的方方面面，包括正面的、反面的、表面上有联系的、内容上有联系的，都思考到并记录下来，直到思路枯竭，实在想不出来时才停止发散。显然，只有这样发散，才可能拓宽思路。只有最初发散得越广越多，最后获得的结果才可能越满意。

发散思维结束后，即转入收敛思维，将发散思维时想到的方方面面进行归类，从而可以获得若干个平行的解决该问题的方案，然后再将这些方案加以比较，从其中挑出最满意的一个方案。

如果能够在每次遇到问题时都能这样发散一通，虽然每次具体内容并不相同，发散的效果也不尽相同，但思维的方式相同，次数一多，时间一长，发散思维能力就会大大提高，遇事就会思绪活跃，思路大开。

2）克服障碍，疏通思路

在信息管理决策实践中，常常会出现思路阻塞的情况。导致思路阻塞的障碍有两种：心理定式障碍和修养不足的障碍。要疏通思路就要设法克服这两种障碍。

（1）心理定式障碍的克服。

心理定式又称心向，是人类个体进行活动的一种准备状态或行为倾向，通常在行为主体意识不到的情况下产生作用。

影响信息管理者思维的心理定式主要是知觉定式和思维定式。

知觉定式是指行为主体按照自己的期望和背景而不是按照实际物理刺激去感知刺激。

知觉定式并不一定造成思维障碍。当后一感知对象和前一感知对象属于同类同一性质时，则知觉定式有利于感知的进行。如果后一对象和前一对象不属于同类事物，则对后一对象的感知可能会产生误导，形成思维障碍，阻塞思路。实践中人们听到的往往是他想听到的，看到的往往是他想看到的，这就是知觉定式造成的。信息管理者的需要、价值观、情绪、习惯都可能造成知觉定式。

思维定式指的是行为主体按照自己正在思维的模式而不是按照实际需要的模式去思维。思维定式也不一定造成思维障碍。当后一思维对象和前一思维对象属于同类同一性质时，则思维定式可以加快思维的进程。相反，如果后一思维对象和前一思维对象不属同类事物，则对后一思维对象可能会产生误导，使思维结论错误或百思不得其解。

要克服心理定式障碍，方法有三：一是既要破除对专家权威的迷信，又不要过分自信，管理者在管理工作中应该抛开一切已有知识、观念的束缚，从客观存在的事实出发来思考问题；二是当左思右想不得结果或不明白结果的道理时，进行冷处理，暂时放一放，以消除刚刚发生的经验对正在进行的思维活动的影响；三是当发觉自己思路阻塞时，应立即分析是否是心理定式所致，若确实是心理定式所致，就要改用他法，提高思维的灵活性。

（2）修养不足障碍的克服。

修养的类别不同，形成的障碍也不同。理论修养不足，会导致难以思考到问题的本质，甚至张冠李戴；或者过多地相信经验，以致以点代面。业务修养不足，对信息管理对象了解不全面，会导致决策失误。知识修养不足，或者对知识的理解不全面，或者掌握的信息量不足，都会导致思维结论的错误。克服修养不足的障碍比较简单，当明白自己缺哪一方面的知识修养时，尽快补上即可。不过，难的是管理者能否意识到自己的思路阻塞确实是修养不足造成的，并能进一步意识到是什么修养不足。

3）拟写提纲，理顺思路

思维是在大脑中进行的，看不见，摸不着，瞬息即逝，思维一结束只留下一丝模糊不清的记忆。无论是在发散思维或收敛思维中，还是在排除了障碍的思维中，都具有这种瞬息即逝的特点。只有用文字把每一次思维的过程和内容记载下来，才好比较若干次思维的优劣，才能逐渐地把思路理顺。

拟写提纲是记录思维的最好办法。提纲拟写，简单易行，费时不多，改动起来也很方便，很适合记录思维过程中思维结构顺序的变化。当用提纲把前一次思维结果记录下来后，就可以通过审读、修改提纲来修改前一次思维，从而获得新的更合理的思维结果。因此，提纲最能帮助人理顺思路。经常拟写提纲的人，思路就比较清晰顺畅，而且也富有逻辑性。

4）虚心学习，记录思路

这是指学习别人的思维方式和过程。例如，听老师讲课、听专家作报告、听领导讲话，都可以从学习他人思路的角度去听，想一想别人为说明问题是采用怎样的思路，有什么独特可供借鉴的地方并记录下来，这对提高思维能力很有用。

正在大学学习的同学，上课听课时，除了接受该课程的知识之外，还有一个听讲课老师的讲课思路的问题。老师讲课思路好，我们就向老师学习。老师讲课的思路一般，甚至比较差，也让我们知道，怎样的思路不好。

自己坚持写思维日记，就是以日记的形式记录每天有代表性的一两个思维过程，是进行思维自我锻炼的好方法。作为一个信息管理者，把信息管理过程中发现问题、解决问题的过程写下来，实际上就是一次思维的记录。进行记录本身就是一种思维的锻炼，而且记录的内容对以后的工作还有参考意义，有时在记录时还会产生顿悟，获得新颖的结论。

3. 学习能力的自我培养

1）在他人指导下学习的学习能力培养

在他人指导下的学习能力主要是理解能力和提问水平。因为这时的学习已经变成听讲和理解，听得懂，理解得快，理解得深，学习能力就强。当学习者还没有理解时，要敢于问，善于问，善于把自己不理解的部分清晰地表述出来。

2）自学能力的自我培养

一是明白自学就是自己学。自己选择学习内容，自己安排学习进度，自己解决疑难问题，自己确认自学成果。在出现疑难问题时，不要急于去问别人，可以先放一放，或者跳过去，先看别的内容，过几天再来看这一内容可能就会理解了；也可以去查阅各种工具书、参考书。实在还是不能理解才去询问他人。

二是学会自学中的自我控制。由于自学没有人检查、督促，全靠自己自觉，如果不能自我控制，最容易自己原谅自己，放松执行自学计划，不能完成规定的自学任务。例如，“今天是特殊原因，少学了一点，明天多学一点就补回来了”“来日方长，有的是时间，何必在乎今天这一次”等，结果明日复明日，自学计划等于空设。所以，自学中的自我控制能力是提高自学能力的保证。

三是自学中要坚持自信、独立思考、坚忍不拔和认真严谨。自信自己可以通过自学获得知识。对自学内容的概念、判断、规律、理论等都是经过自己思考之后理解的，自学的技能都是通过自己实践之后掌握的。在自学中遇到困难，能够设法克服，并且十分认真、严谨地撰写自学笔记和自学心得体会。

不论哪种学习方法，学习能力的高低，主要体现在对所学知识的使用上。最后确认自己的学习能力是否有了提高，就看自己能不能使用学过的知识。

4. 记忆能力的自我培养

记忆能力的自我培养可有以下思路：一是确立提高记忆能力的信心。要明白记忆能力是后天的，坚信自己的记忆能力经过努力是可以提高的。同时，自信能使人精神饱满，情绪高涨，促使脑细胞活动能力大大加强，记忆能力也就会相应提高。

二是培养对记忆对象的兴趣。从事信息管理工作，强化做好信息管理工作的动机，培养对信息管理工作的直接兴趣，可以促进对管理对象内容的记忆。

三是讲究记忆方法。提高记忆能力的方法很多。例如，①理解记忆，通过细致的观察、阅读和分析，了解记忆对象的本质、细节和特征，在理解的基础上记忆。②逻辑记忆，注意了解组成记忆对象各元素之间的逻辑联系，运用推理、联想等逻辑方法帮助记忆。③背诵记忆，有些知识的记忆需要死记硬背。

四是保持平静乐观的情绪。大脑在平静状态时能够中断与过去的联系，最容易容纳新的信息；愉快的心情可以使人消除枯燥感，把需要记忆的枯燥信息与愉快的事情联系在一起，可以化枯燥为兴趣，提高利用效率。所以，注意积极休息，不让大脑过于疲劳，也是提高记忆能力的一个方法。

5. 表达能力的自我培养

培养口头表达能力并不困难，在日常工作中讲话时，尽可能不用讲话稿，事先只把要讲的内容写成提纲，然后看着提纲演讲。在讲的过程中，不担心自己的话不符合语法，也不用担心讲不好，讲的次数多了口头表达能力就提高了。

培养书面表达能力，要做到以下两条。

1）学习写作知识

写作知识是前人在写作实践中总结提高而得的。在写作知识的指导下学习写作，提高书面表达能力，可以少走弯路，提高较快。

2）多读、多写、多修改

（1）多读。多读就是读范文，要善于读，解决读什么、怎样读的问题。读什么是指要学会选范文，只有读的是范文，是精品，读了才有收益，有所借鉴。怎样读是说读的方法。为学习写作读范文，不是读内容情节，而是读文章的格式、表达手法、构思技巧、语言风格，从中吸取对写作有用的东西。反复阅读，细心揣摩，才会有所得。

（2）多写。写作能力是在写作实践中提高的，只有坚持多写才有提高的可能。

（3）多修改。多写有益于写作能力的提高，是以多修改为前提的。要想使多写真正产生作用，必须在每次写作之后进行修改。不愿修改的人，写得再多也没有用，若有毛病，只会一犯再犯，不得改正，不能提高。修改，可以是自己改，也可以请别人改，尤其是请别人改，最容易暴露自己的毛病，提高也就会快些。

有人说，多写日记可以提高写作能力。这话并不全面。因为多写是会有作用，但是日记是只写给自己看不给别人看的。这样写下去，自己在写作上有什么缺点和不足，自己发现不了，又没有人给指出，那么缺点和不足就会在一天天的日记写作中得到强化，写作水平难以提高。

6. 管理能力的自我培养

管理能力的内容十分丰富。从管理的职能出发就有计划能力、组织能力、用人能力、领导能力和控制能力，还有决策能力、预测能力、沟通能力、协调能力、应变能力、社会交际能力、危机处理能力等。

对于信息管理者来说，本书的全部内容都是信息管理业务的基本功知识。要掌握这些基本功，一要以素质、修养的提高作为前提，二要以基础能力的提高来奠定坚实的基础，三要在学习管理学业务知识的同时，在管理实践中做有心人，随时总结提高，加深对管理业务的理解，以求提高管理能力。

案例分析

案例 8.7　安徽某科普期刊的主编梁编审拿着一篇稿子去找他的好朋友、物理系的张教授：“老张，你帮我看看，这篇稿子的科学性有没有问题？我有点拿不准。”

张教授接过稿子，半开玩笑地说：“呵呵，你的责任心真强，好样的。”说完就认真看了一遍，说：“还可以，就这一句话有点问题。”

梁编审向张教授身边靠近了一些，张教授指着稿子说：“就这句话：新发现的围绕着天琴星座运转的这一云状物天体延展 80 个天文单位，由于冥王星到太阳的距离是 40 个天文单位，所以它的面积是太阳系的两倍。”

“这句话有两个错误：一个是‘围绕着天琴星座运转’的提法不妥。因为星座是人为划定的，是人们为了研究方便，把天空划分成许多个区域，每个区域起一个名字，某某星座。同一星座的星体相距非常遥远。就说稿子中提到的天琴星座，两个主星就是牛郎星和织女星，这两颗星相距 8 光年，以每秒钟要跑 30 万公里的速度也要跑 8 年的距离，你想想这有多远。说某一个星体绕天琴星座运行不合适，说绕着天琴星运转是可能的。”

“再一个就是‘两倍’的提法不对。首先，这里的‘延展’，含义不清，是直径，还是半径。如果是直径，那这个天体的直径和太阳系的直径相等，面积也就应该相等；如果是半径，那这个天体的半径是太阳系半径的两倍，半径是两倍，面积应该是 4 倍。所以，稿子上说两倍是错的。”

“噢，是这样。”梁编审十分高兴，连声感谢。

“这篇稿子，谁是责任编辑？”张教授问。

“黄编辑。”

“他不是师大物理系毕业的吗？这两个问题，他应该懂的。”

“不知道他怎么没有看出来。”梁编审也说不清楚，“幸亏我请你看一下，不然就出错了。”说完千恩万谢地回编辑部去，对稿子作了修改。

（本书作者司有和根据个人亲身经历之事编写）

讨论题：

案例中，物理系毕业的责任编辑所拥有的科技知识修养，足以能够判断这两处错误，结果却没有发现问题。主编的知识修养不足，却发现问题、解决问题了。这反映了行为主体的素质、修养、能力之间怎样的关系？

[思考题]

1. 什么是企业信息管理者？它包括哪些方面？
2. 企业 CIO 有什么特点？他有哪些职责？企业 CIO 管理体制内容有哪些？
3. 什么是企业信息管理师？它包括哪三个等级？
4. 你对信息管理者素质、修养、能力方面的研究现状有什么看法？你认为这些成果能不能解决你在实际中遇到的问题？应该如何进一步深入研究？
5. 信息管理者素质、修养、能力结构包括哪些内容？三者有什么区别和联系？
6. 信息管理者素质、修养、能力三者之间的作用机制是什么？
7. 什么是信息管理者的自我提高？为什么说信息管理者的提高只能是自我提高？
8. 什么是自我意识？为什么说确立自我意识的意义大于掌握方法的意义？
9. 什么是自我管理？为什么说实施自我提高需要学会自我管理？
10. 阅读本章的“开篇案例”，回答下面的问题。

哈默的成功，反映了哈默个人的素质、修养和能力水平高。运用案例中具体的事实来说明哈默在这次商务活动中表现出哪些素质、修养和能力？在这次活动中，哈默的素质、修养和能力之间表现出怎样的关系？

参 考 文 献

巴克霍尔兹 T J. 2000. 明天的面孔：信息水平：开启后信息时代的钥匙[M]. 黄瑾，任志宏，赵昌毅，译. 北京：北京工业大学出版社：8.

北京科技情报学会. 1982. 科技情报工作基本知识[M]. 北京：北京科技情报学会：253.

蔡永清，司有和. 2008. 计算机信息系统功能闲置的原因及其对策[J]. 科技管理研究，28（7）：431-433.

长谷川庆太郎. 1999. 信息力[M]. 沈边，译. 北京：中国轻工业出版社：3.

陈挺，赫兢. 2000. 信息安全与国家安全[J]. 首都信息化，2000（3）：10-11.

陈耀盛，张栋梁，吴应新. 1997. 信息管理学概论[M]. 北京：中国档案出版社.

程刚. 2005. 现代企业信息管理创新[M]. 合肥：合肥工业出版社.

杜栋. 2004. 信息管理学教程[M]. 2 版. 北京：清华大学出版社.

杜栋. 2007. 信息管理学教程[M]. 3 版. 北京：清华大学出版社.

高群耀. 2000-11-07. 用网络管理微软[N]. 中国经营报，（37）.

何计蓉，覃小兵. 2015. 基于 IMM 与 AHP 的矿产资源企业信息化成熟度评价体系构建[J]. 国土资源科技管理，32（4）：85-92.

何沁. 1997. 中华人民共和国史[M]. 北京：高等教育出版社：387.

何钟秀. 1998. 现代管理学[M]. 3 版. 杭州：浙江教育出版社.

胡继武. 1995. 信息科学与信息产业[M]. 广州：中山大学出版社：158.

霍国庆. 2001. 企业战略信息管理[M]. 北京：科学出版社.

姜浩，司有和. 2003. 运用信息诱导功能提高品牌命名的水平[J]. 商业时代，（23）：22.

姜同强. 2020. 企业信息管理[M]. 北京：国家开放大学出版社.

金碚，王伟光，康鹏. 2013. 企业信息管理学学科前沿研究报告[M]. 北京：经济管理出版社.

柯平，高洁. 2007. 信息管理概论[M]. 2 版. 北京：科学出版社.

李冠，何明祥，徐建国. 2014. 现代企业信息化与管理[M]. 北京：清华大学出版社.

李国秋，吕斌. 2011. 企业竞争情报理论与实践[M]. 北京：清华大学出版社.

李兴国，左春荣. 2007. 信息管理学[M]. 2 版. 北京：高等教育教出版社.

李又华，夏文正，刘泽芬，等. 1990. 情报研究[M]. 北京：中国科学院文献情报中心：70.

刘红军. 2009. 信息管理基础[M]. 2 版. 北京：高等教育教出版社.

娄策群，段尧清，张凯. 2009. 信息管理学基础[M]. 2 版. 北京：科学出版社.

卢泰宏，沙勇忠. 1998. 信息资源管理[M]. 兰州：兰州大学出版社.

栾玉广. 1982. 方法的科学——探索自然奥秘之路[M]. 合肥：安徽科学技术出版社：35.

罗锐韧，曾繁正. 1997. 组织行为学[M]. 北京：红旗出版社.

吕虹云. 2011. 制造型企业信息化成熟度测评体系设计[J]. 中国管理信息化，14（17）：108-109.

毛泽东选集编辑部. 1964. 毛泽东选集（一卷本）[M]. 北京：人民出版社，284.

孟广均，等. 1998. 信息资源管理导论[M]. 北京：科学出版社.

欧阳洁. 2003. 决策管理——理论、方法、技巧与应用[M]. 广州：中山大学出版社.

濮小金，刘文，师全民. 2007. 信息管理学[M]. 北京：机械工业出版社.

普罗克特 T. 1999. 管理创新[M]. 周作宇，张晓霞，译. 北京：中信出版社.

司有和. 2001a. 信息管理学[M]. 重庆：重庆出版社.

司有和. 2001b. 信息产业学[M]. 重庆：重庆出版社.

司有和. 2006. 现代管理概论[M]. 北京：科学出版社.

司有和. 2007. 企业信息管理学[M]. 2 版. 北京：科学出版社.

司有和. 2009a. 信息管理学通论[M]. 北京：机械工业出版社.

司有和. 2009b. 竞争情报理论与方法[M]. 北京：清华大学出版社.
宋玲. 2001. 信息化水平测度的理论与方法[M]. 北京：经济科学出版社.
宋玉贤. 2005. 企业信息化管理[M]. 北京：北京大学出版社.
谭卫东. 1989. 经济信息学导论[M]. 北京：北京大学出版社.
唐志明. 2005. 信息系统整合是枷锁还是天梯[J]. AMT 前沿论丛，（21）：35
王悦. 2010. 企业信息管理[M]. 北京：中国人民大学出版社.
王悦. 2014. 企业信息管理与知识管理系统构建研究[M]. 北京：中国人民大学出版社.
王悦. 2017. 企业信息管理（第二版）[M]. 北京：中国人民大学出版社.
乌家培. 2005. 论信息化活动的管理[R]. 在重庆大学经济与工商管理学院的讲演.
吴启迪. 2002. 关于信息化带动工业化策略的若干思考[J]. 现代信息技术，（3）：4-7.
夏洪胜，张世贤. 2014. 企业信息管理[M]. 北京：经济管理出版社.
相晓冬. 2000-06-13. 农夫山泉：计中设计[N]. 中国经营报，（13）.
谢丹. 2001. 康泰克事件与危机管理[EB/OL]. http://wenku.baidu.com/view/74d969aad1f34693daef3e32.html [2021-04-17].
谢登科，江时强. 2002. 春都何以跌入困境[J]. 财会月刊（合订本），（01X）：31-32.
谢静波，罗蕾. 2009. 制造企业信息管理[M]. 长沙：湖南科学技术出版社.
谢阳群. 1996. 信息化的兴起与内涵[J]. 图书情报工作，（2）：36-40.
杨善林，李兴国，何建民. 2003. 信息管理学[M]. 北京：高等教育出版社.
杨文士，焦叔斌，张雁，等. 2004. 管理学原理[M]. 2 版. 北京：中国人民大学出版社.
杨志，赵坚毅. 2005. 企业信息管理[M]. 北京：清华大学出版社.
佚名. 2002-10-21. 紧急呼吁加强应对微软 XP 陷阱[N]. 21 世纪经济报道，（2）.
岳剑波. 1999. 信息管理基础[M]. 北京：清华大学出版社.
查先进. 2000. 信息分析与预测[M]. 武汉：武汉大学出版社.
张广钦. 2005. 信息管理教程[M]. 北京：北京大学出版社.
张金隆，张千帆，韦司滢，等. 2012. 管理信息系统[M]. 2 版. 北京：高等教育出版社.
张丽锋，刘珺. 2005. CEO 如何对信息部门放心[J]. ATM 前沿论丛，（25）：17.
张维明. 2001. 信息技术及其应用[M]. 北京：中国人民大学出版社.
赵守香，李骐. 2012. 企业信息管理[M]. 北京：人民邮电出版社.
周庆行，司有和. 2003. 行政信息管理学[M]. 重庆：重庆大学出版社.
周三多，陈传明，鲁明鸿. 2004. 管理学——原理与方法[M]. 4 版. 上海：复旦大学出版社.
Nonaka I，Takeuchi H. 1995. The Knowledge-Creating Company：How Japanese Companies Create the Dynamics of Innovation[M]. New York：Oxford University Press USA.

附录 《企业信息管理学》各章知识思维导图

附录1 全书结构

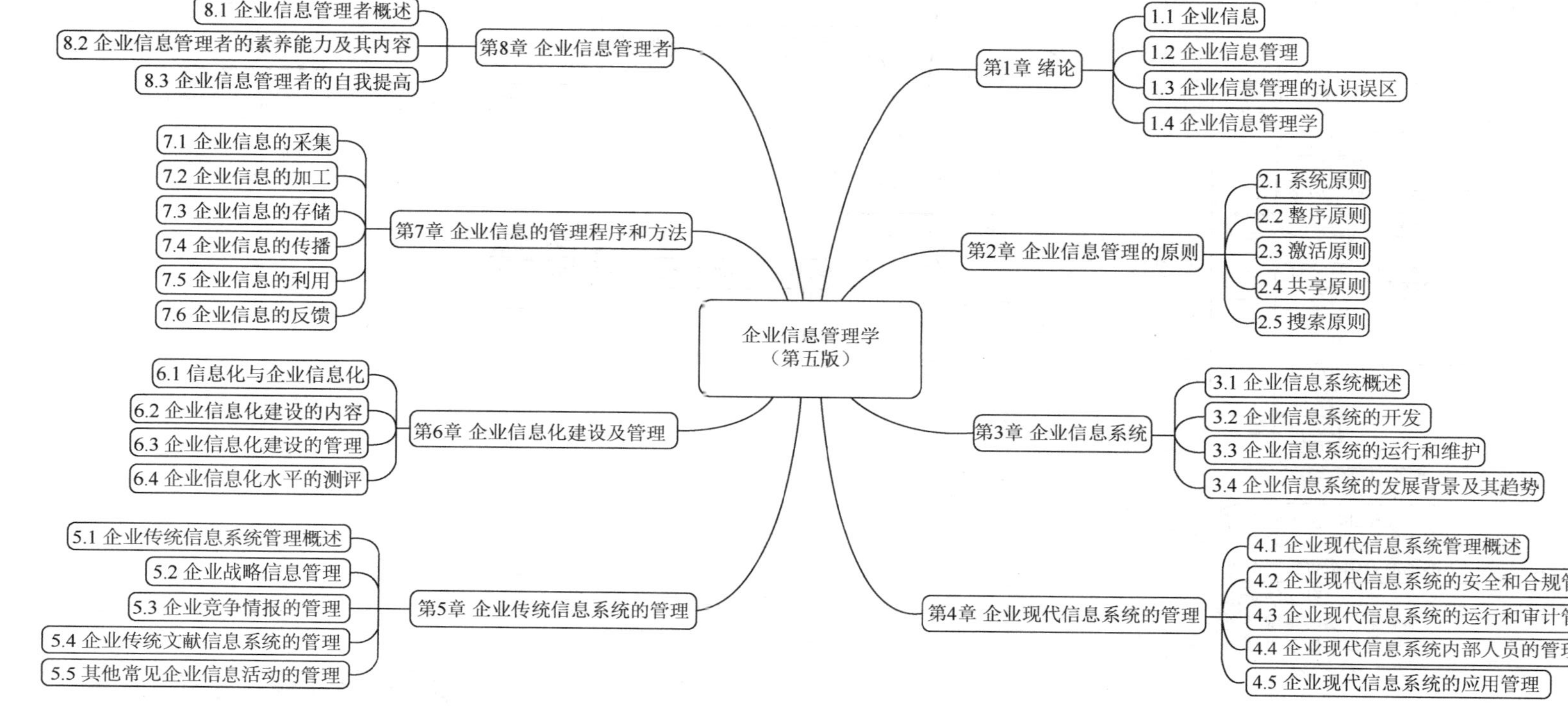

企业信息管理学（第五版）
第1章 绪论
1.1 企业信息
1.2 企业信息管理
1.3 企业信息管理的认识误区
1.4 企业信息管理学
第2章 企业信息管理的原则
2.1 系统原则
2.2 整序原则
2.3 激活原则
2.4 共享原则
2.5 搜索原则
第3章 企业信息系统
3.1 企业信息系统概述
3.2 企业信息系统的开发
3.3 企业信息系统的运行和维护
3.4 企业信息系统的发展背景及其趋势
第4章 企业现代信息系统的管理
4.1 企业现代信息系统管理概述
4.2 企业现代信息系统的安全和合规管理
4.3 企业现代信息系统的运行和审计管理
4.4 企业现代信息系统内部人员的管理
4.5 企业现代信息系统的应用管理
第5章 企业传统信息系统的管理
5.1 企业传统信息系统管理概述
5.2 企业战略信息管理
5.3 企业竞争情报的管理
5.4 企业传统文献信息系统的管理
5.5 其他常见企业信息活动的管理
第6章 企业信息化建设及管理
6.1 信息化与企业信息化
6.2 企业信息化建设的内容
6.3 企业信息化建设的管理
6.4 企业信息化水平的测评
第7章 企业信息的管理程序和方法
7.1 企业信息的采集
7.2 企业信息的加工
7.3 企业信息的存储
7.4 企业信息的传播
7.5 企业信息的利用
7.6 企业信息的反馈
第8章 企业信息管理者
8.1 企业信息管理者概述
8.2 企业信息管理者的素养能力及其内容
8.3 企业信息管理者的自我提高

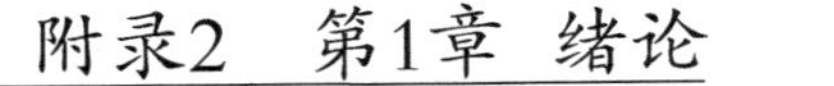

附录2 第1章 绪论

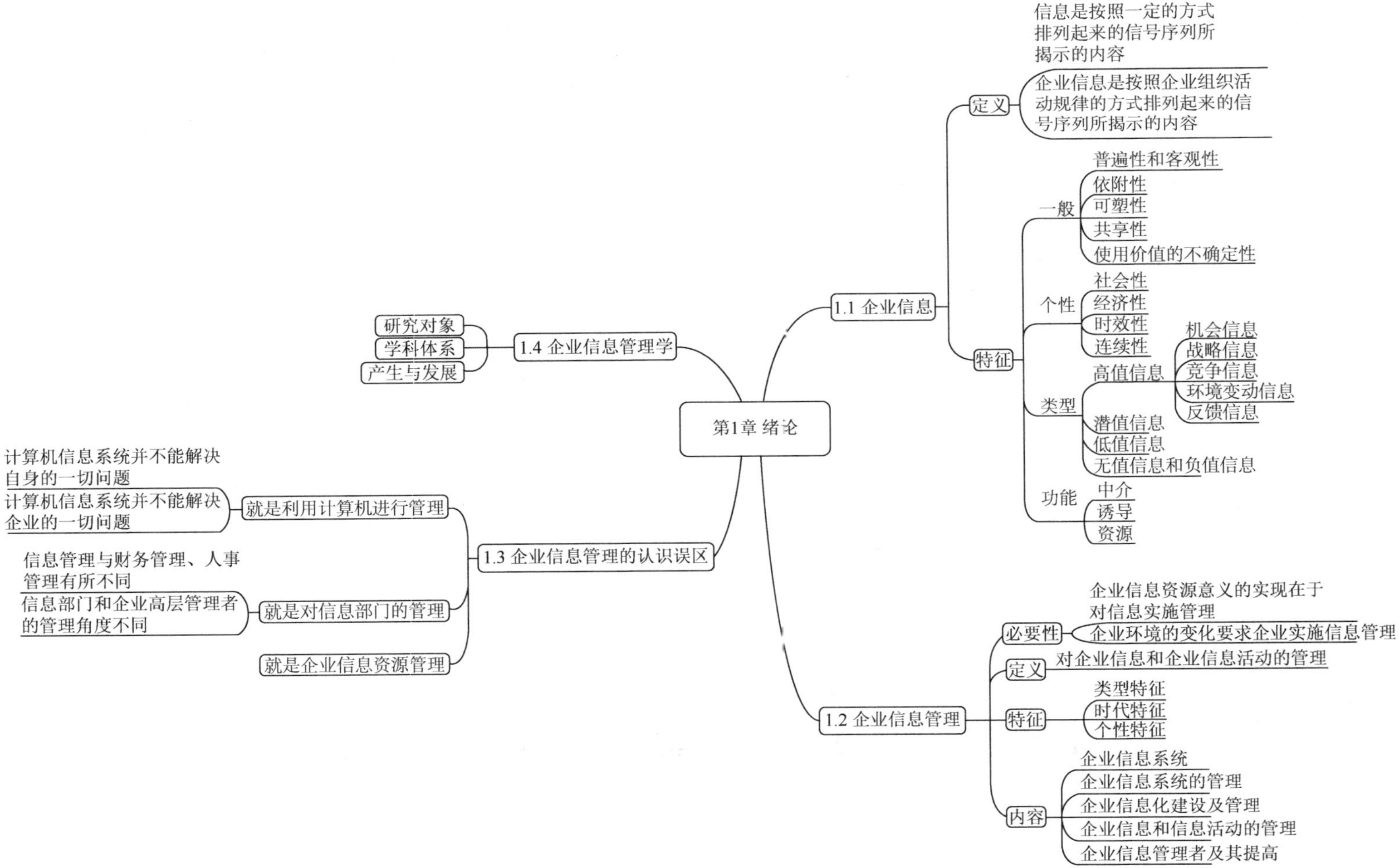

- 第1章 绪论
  - 1.1 企业信息
    - 定义
      - 信息是按照一定的方式排列起来的信号序列所揭示的内容
      - 企业信息是按照企业组织活动规律的方式排列起来的信号序列所揭示的内容
    - 特征
      - 一般
        - 普遍性和客观性
        - 依附性
        - 可塑性
        - 共享性
        - 使用价值的不确定性
      - 个性
        - 社会性
        - 经济性
        - 时效性
        - 连续性
      - 类型
        - 高值信息
          - 机会信息
          - 战略信息
          - 竞争信息
          - 环境变动信息
          - 反馈信息
        - 潜值信息
        - 低值信息
        - 无值信息和负值信息
      - 功能
        - 中介
        - 诱导
        - 资源
  - 1.2 企业信息管理
    - 必要性
      - 企业信息资源意义的实现在于对信息实施管理
      - 企业环境的变化要求企业实施信息管理
    - 定义
      - 对企业信息和企业信息活动的管理
    - 特征
      - 类型特征
      - 时代特征
      - 个性特征
    - 内容
      - 企业信息系统
      - 企业信息系统的管理
      - 企业信息化建设及管理
      - 企业信息和信息活动的管理
      - 企业信息管理者及其提高
  - 1.3 企业信息管理的认识误区
    - 就是利用计算机进行管理
      - 计算机信息系统并不能解决自身的一切问题
      - 计算机信息系统并不能解决企业的一切问题
    - 就是对信息部门的管理
      - 信息管理与财务管理、人事管理有所不同
      - 信息部门和企业高层管理者的管理角度不同
    - 就是企业信息资源管理
  - 1.4 企业信息管理学
    - 研究对象
    - 学科体系
    - 产生与发展

附录3 第2章 企业信息管理的原则

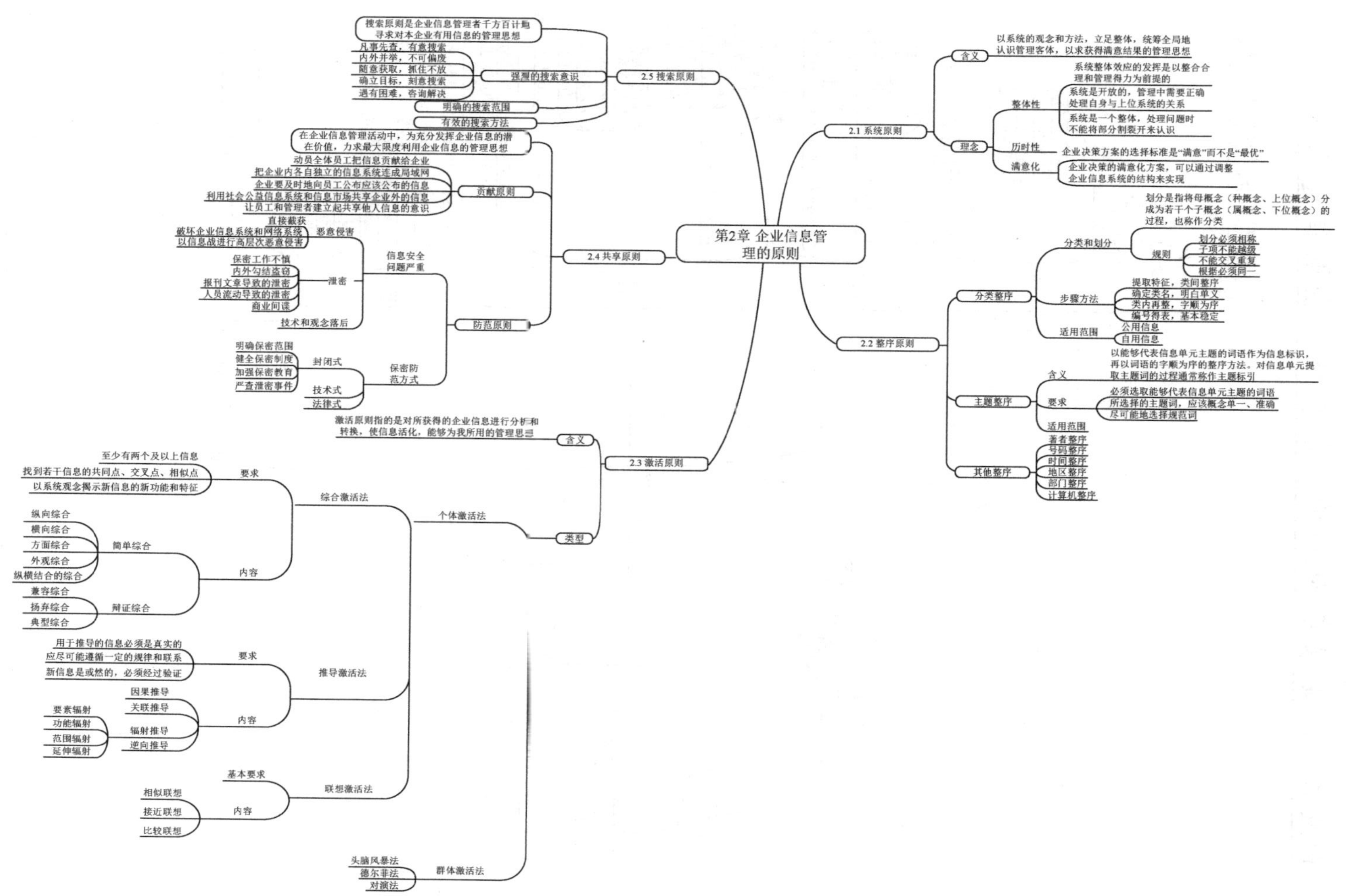

附录4 企业信息管理学 第3章 企业信息系统

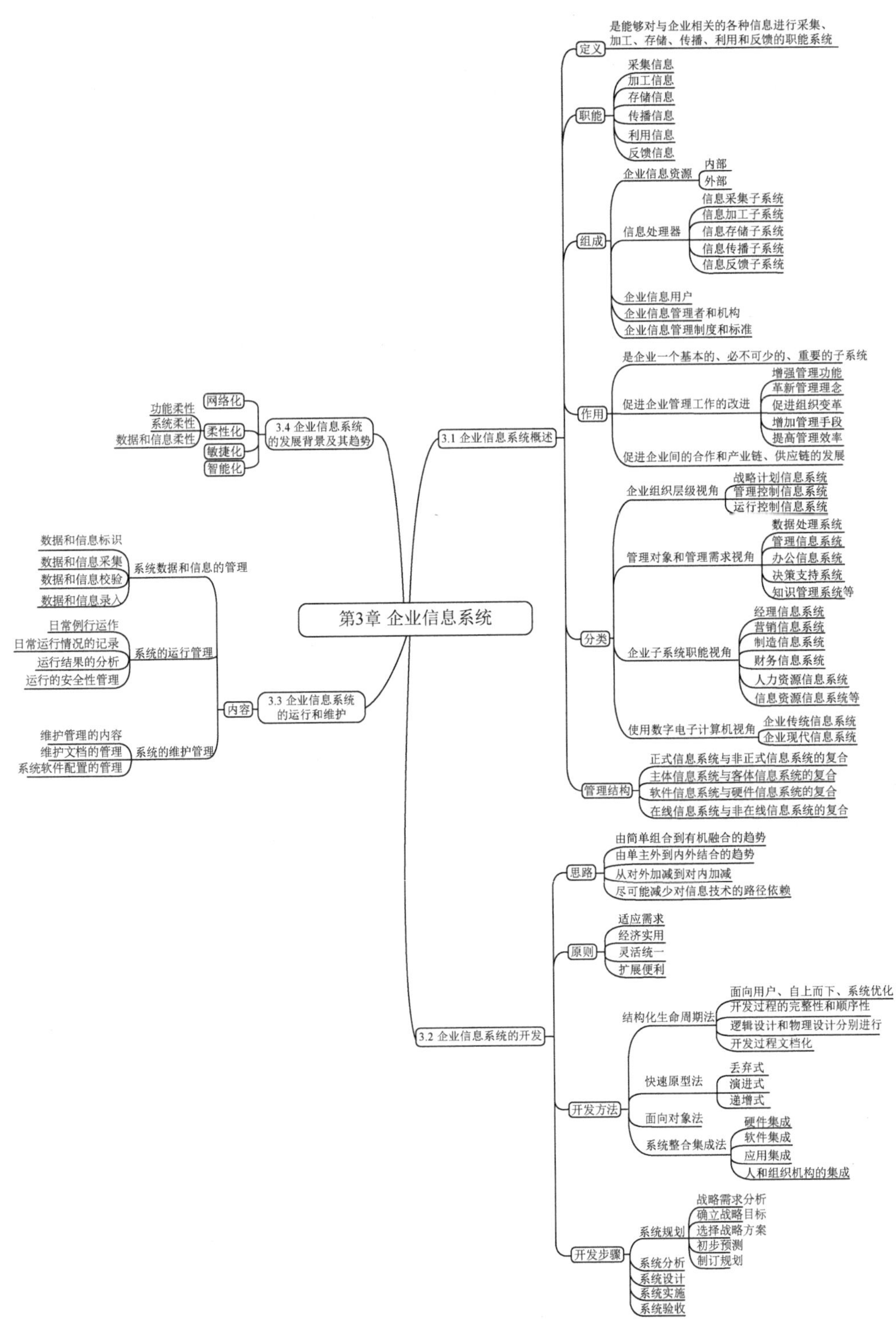

第3章 企业信息系统
3.1 企业信息系统概述
定义
是能够对与企业相关的各种信息进行采集、加工、存储、传播、利用和反馈的职能系统
职能
采集信息
加工信息
存储信息
传播信息
利用信息
反馈信息
组成
企业信息资源
内部
外部
信息处理器
信息采集子系统
信息加工子系统
信息存储子系统
信息传播子系统
信息反馈子系统
企业信息用户
企业信息管理者和机构
企业信息管理制度和标准
作用
是企业一个基本的、必不可少的、重要的子系统
促进企业管理工作的改进
增强管理功能
革新管理理念
促进组织变革
增加管理手段
提高管理效率
促进企业间的合作和产业链、供应链的发展
分类
企业组织层级视角
战略计划信息系统
管理控制信息系统
运行控制信息系统
管理对象和管理需求视角
数据处理系统
管理信息系统
办公信息系统
决策支持系统
知识管理系统等
企业子系统职能视角
经理信息系统
营销信息系统
制造信息系统
财务信息系统
人力资源信息系统
信息资源信息系统等
使用数字电子计算机视角
企业传统信息系统
企业现代信息系统
管理结构
正式信息系统与非正式信息系统的复合
主体信息系统与客体信息系统的复合
软件信息系统与硬件信息系统的复合
在线信息系统与非在线信息系统的复合
3.2 企业信息系统的开发
思路
由简单组合到有机融合的趋势
由单主外到内外结合的趋势
从对外加减到对内加减
尽可能减少对信息技术的路径依赖
原则
适应需求
经济实用
灵活统一
扩展便利
开发方法
结构化生命周期法
面向用户、自上而下、系统优化
开发过程的完整性和顺序性
逻辑设计和物理设计分别进行
开发过程文档化
快速原型法
丢弃式
演进式
递增式
面向对象法
系统整合集成法
硬件集成
软件集成
应用集成
人和组织机构的集成
开发步骤
系统规划
战略需求分析
确立战略目标
选择战略方案
初步预测
制订规划
系统分析
系统设计
系统实施
系统验收
3.3 企业信息系统的运行和维护
内容
系统数据和信息的管理
数据和信息标识
数据和信息采集
数据和信息校验
数据和信息录入
系统的运行管理
日常例行运作
日常运行情况的记录
运行结果的分析
运行的安全性管理
系统的维护管理
维护管理的内容
维护文档的管理
系统软件配置的管理
3.4 企业信息系统的发展背景及其趋势
网络化
柔性化
功能柔性
系统柔性
数据和信息柔性
敏捷化
智能化

附录5 第4章 企业现代信息系统的管理

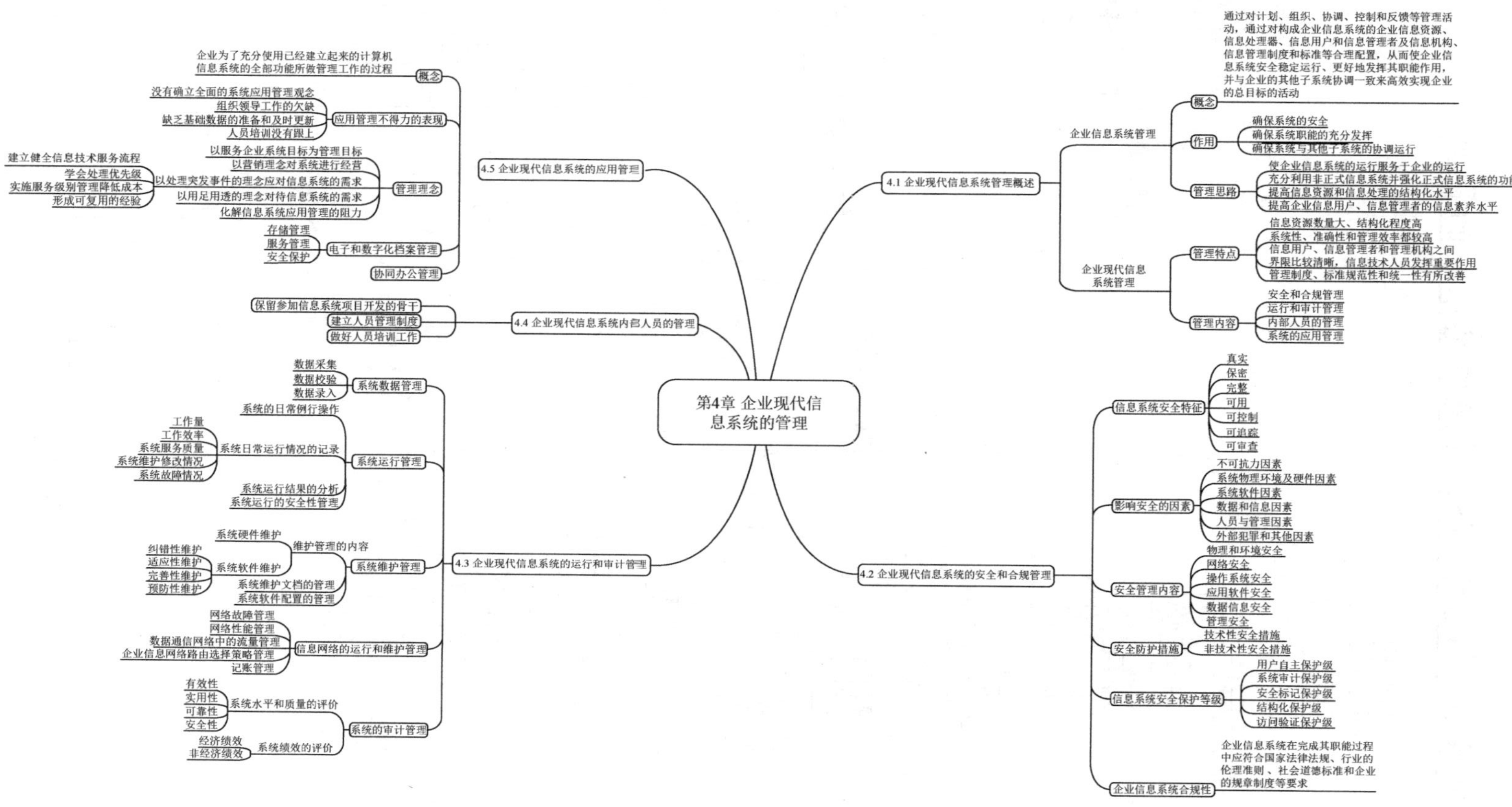
第4章 企业现代信息系统的管理
4.1 企业现代信息系统管理概述
企业信息系统管理
概念
通过对计划、组织、协调、控制和反馈等管理活动，通过对构成企业信息系统的企业信息资源、信息处理器、信息用户和信息管理者及信息机构、信息管理制度和标准等合理配置，从而使企业信息系统安全稳定运行、更好地发挥其职能作用，并与企业的其他子系统协调一致来高效实现企业的总目标的活动
作用
确保系统的安全
确保系统职能的充分发挥
确保系统与其他子系统的协调运行
管理思路
使企业信息系统的运行服务于企业的运行
充分利用非正式信息系统并强化正式信息系统的功能
提高信息资源和信息处理的结构化水平
提高企业信息用户、信息管理者的信息素养水平
企业现代信息系统管理
管理特点
信息资源数量大、结构化程度高
系统性、准确性和管理效率都较高
信息用户、信息管理者和管理机构之间界限比较清晰，信息技术人员发挥重要作用
管理制度、标准规范性和统一性有所改善
管理内容
安全和合规管理
运行和审计管理
内部人员的管理
系统的应用管理
4.2 企业现代信息系统的安全和合规管理
信息系统安全特征
真实
保密
完整
可用
可控制
可追踪
可审查
影响安全的因素
不可抗力因素
系统物理环境及硬件因素
系统软件因素
数据和信息因素
人员与管理因素
外部犯罪和其他因素
安全管理内容
物理和环境安全
网络安全
操作系统安全
应用软件安全
数据信息安全
管理安全
安全防护措施
技术性安全措施
非技术性安全措施
信息系统安全保护等级
用户自主保护级
系统审计保护级
安全标记保护级
结构化保护级
访问验证保护级
企业信息系统合规性
企业信息系统在完成其职能过程中应符合国家法律法规、行业的伦理准则、社会道德标准和企业的规章制度等要求
4.3 企业现代信息系统的运行和审计管理
系统数据管理
数据采集
数据校验
数据录入
系统运行管理
系统的日常例行操作
系统日常运行情况的记录
工作量
工作效率
系统服务质量
系统维护修改情况
系统故障情况
系统运行结果的分析
系统运行的安全性管理
系统维护管理
维护管理的内容
系统硬件维护
系统软件维护
纠错性维护
适应性维护
完善性维护
预防性维护
系统维护文档的管理
系统软件配置的管理
信息网络的运行和维护管理
网络故障管理
网络性能管理
数据通信网络中的流量管理
企业信息网络路由选择策略管理
记账管理
系统的审计管理
系统水平和质量的评价
有效性
实用性
可靠性
安全性
系统绩效的评价
经济绩效
非经济绩效
4.4 企业现代信息系统内部人员的管理
保留参加信息系统项目开发的骨干
建立人员管理制度
做好人员培训工作
4.5 企业现代信息系统的应用管理
概念
企业为了充分使用已经建立起来的计算机信息系统的全部功能所做管理工作的过程
应用管理不得力的表现
没有确立全面的系统应用管理观念
组织领导工作的欠缺
缺乏基础数据的准备和及时更新
人员培训没有跟上
管理理念
以服务企业系统目标为管理目标
以营销理念对系统进行经营
以处理突发事件的理念应对信息系统的需求
建立健全信息技术服务流程
学会处理优先级
实施服务级别管理降低成本
形成可复用的经验
以用足用透的理念对待信息系统的需求
化解信息系统应用管理的阻力
电子和数字化档案管理
存储管理
服务管理
安全保护
协同办公管理

附录6 第5章 企业传统信息系统的管理

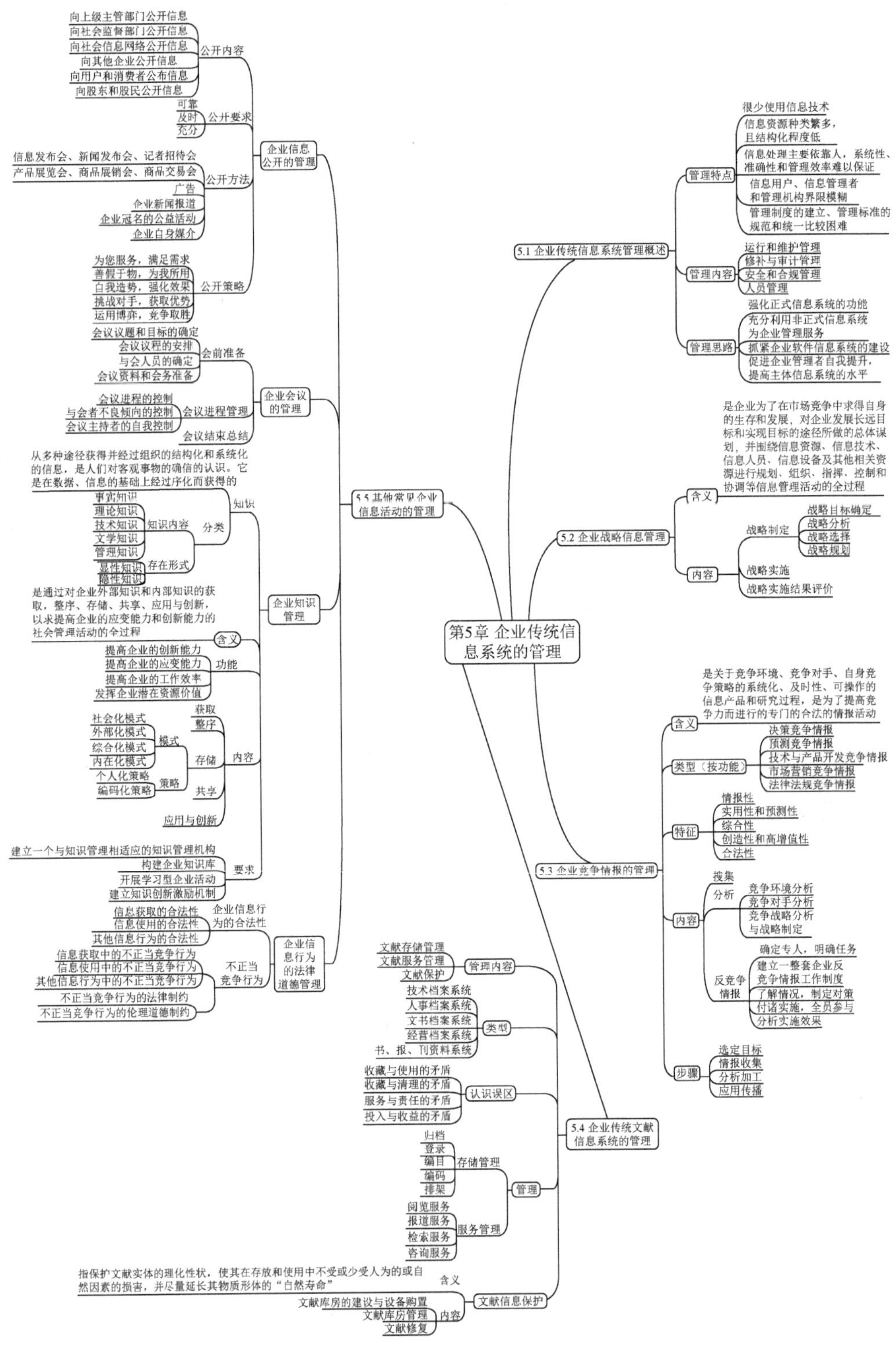
第5章 企业传统信息系统的管理
5.1 企业传统信息系统管理概述
管理特点
很少使用信息技术
信息资源种类繁多，且结构化程度低
信息处理主要依靠人，系统性、准确性和管理效率难以保证
信息用户、信息管理者和管理机构界限模糊
管理制度的建立、管理标准的规范和统一比较困难
管理内容
运行和维护管理
修补与审计管理
安全和合规管理
人员管理
管理思路
强化正式信息系统的功能
充分利用非正式信息系统为企业管理服务
抓紧企业软件信息系统的建设
促进企业管理者自我提升，提高主体信息系统的水平
5.2 企业战略信息管理
含义
是企业为了在市场竞争中求得自身的生存和发展，对企业发展长远目标和实现目标的途径所做的总体谋划，并围绕信息资源、信息技术、信息人员、信息设备及其他相关资源进行规划、组织、指挥、控制和协调等信息管理活动的全过程
内容
战略制定
战略目标确定
战略分析
战略选择
战略规划
战略实施
战略实施结果评价
5.3 企业竞争情报的管理
含义
是关于竞争环境、竞争对手、自身竞争策略的系统化、及时性、可操作的信息产品和研究过程，是为了提高竞争力而进行的专门的合法的情报活动
类型（按功能）
决策竞争情报
预测竞争情报
技术与产品开发竞争情报
市场营销竞争情报
法律法规竞争情报
特征
情报性
实用性和预测性
综合性
创造性和高增值性
合法性
内容
搜集
分析
竞争环境分析
竞争对手分析
竞争战略分析与战略制定
反竞争情报
确定专人，明确任务
建立一整套企业反竞争情报工作制度
了解情况，制定对策
付诸实施，全员参与
分析实施效果
步骤
选定目标
情报收集
分析加工
应用传播
5.4 企业传统文献信息系统的管理
管理内容
文献存储管理
文献服务管理
文献保护
类型
技术档案系统
人事档案系统
文书档案系统
经营档案系统
书、报、刊资料系统
认识误区
收藏与使用的矛盾
收藏与清理的矛盾
服务与责任的矛盾
投入与收益的矛盾
管理
存储管理
归档
登录
编目
编码
排架
服务管理
阅览服务
报道服务
检索服务
咨询服务
文献信息保护
含义
指保护文献实体的理化性状，使其在存放和使用中不受或少受人为的或自然因素的损害，并尽量延长其物质形体的“自然寿命”
内容
文献库房的建设与设备购置
文献库房管理
文献修复
5.5 其他常见企业信息活动的管理
企业信息公开的管理
公开内容
向上级主管部门公开信息
向社会监督部门公开信息
向社会信息网络公开信息
向其他企业公开信息
向用户和消费者公布信息
向股东和股民公开信息
公开要求
可靠
及时
充分
公开方法
信息发布会、新闻发布会、记者招待会
产品展览会、商品展销会、商品交易会
广告
企业新闻报道
企业冠名的公益活动
企业自身媒介
公开策略
为您服务，满足需求
善假于物，为我所用
自我造势，强化效果
挑战对手，获取优势
运用博弈，竞争取胜
企业会议的管理
会前准备
会议议题和目标的确定
会议议程的安排
与会人员的确定
会议资料和会务准备
会议进程管理
会议进程的控制
与会者不良倾向的控制
会议主持者的自我控制
会议结束总结
企业知识管理
知识
从多种途径获得并经过组织的结构化和系统化的信息，是人们对客观事物的确信的认识。它是在数据、信息的基础上经过序化而获得的
分类
知识内容
事实知识
理论知识
技术知识
文学知识
管理知识
存在形式
显性知识
隐性知识
含义
是通过对企业外部知识和内部知识的获取，整序、存储、共享、应用与创新，以求提高企业的应变能力和创新能力的社会管理活动的全过程
功能
提高企业的创新能力
提高企业的应变能力
提高企业的工作效率
发挥企业潜在资源价值
内容
获取
整序
存储
模式
社会化模式
外部化模式
综合化模式
内在化模式
策略
个人化策略
编码化策略
共享
应用与创新
要求
建立一个与知识管理相适应的知识管理机构
构建企业知识库
开展学习型企业活动
建立知识创新激励机制
企业信息行为的法律道德管理
企业信息行为的合法性
信息获取的合法性
信息使用的合法性
其他信息行为的合法性
不正当竞争行为
信息获取中的不正当竞争行为
信息使用中的不正当竞争行为
其他信息行为中的不正当竞争行为
不正当竞争行为的法律制约
不正当竞争行为的伦理道德制约

附录 7　第 6 章　企业信息化建设及管理

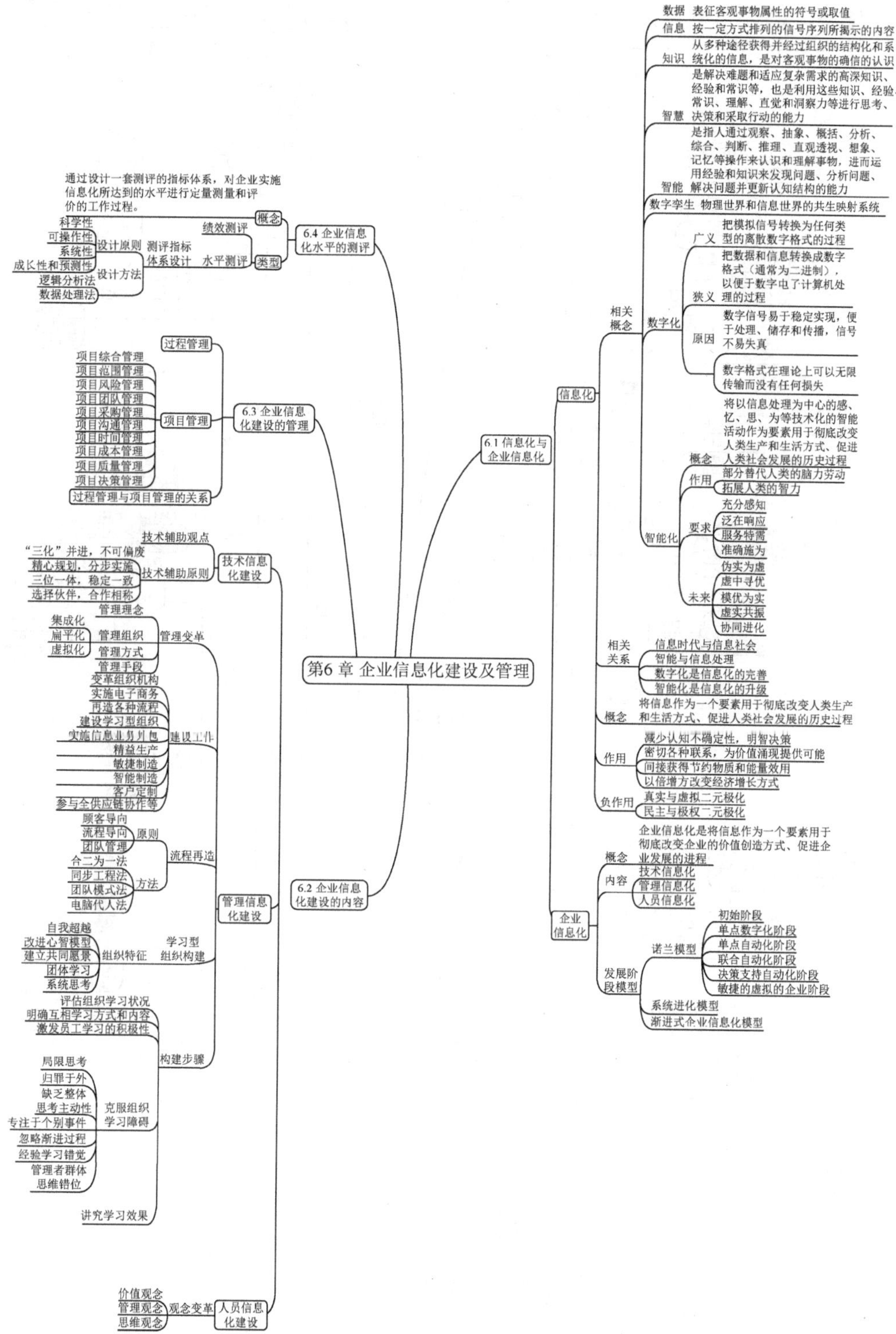
第6章 企业信息化建设及管理
6.1 信息化与企业信息化
信息化
相关概念
数据 表征客观事物属性的符号或取值
信息 按一定方式排列的信号序列所揭示的内容
知识 从多种途径获得并经过组织的结构化和系统化的信息，是对客观事物的确信的认识
智慧 是解决难题和适应复杂需求的高深知识、经验和常识等，也是利用这些知识、经验、常识、理解、直觉和洞察力等进行思考、决策和采取行动的能力
智能 是指人通过观察、抽象、概括、分析、综合、判断、推理、直观透视、想象、记忆等操作来认识和理解事物，进而运用经验和知识来发现问题、分析问题、解决问题并更新认知结构的能力
数字孪生 物理世界和信息世界的共生映射系统
数字化
广义 把模拟信号转换为任何类型的离散数字格式的过程
狭义 把数据和信息转换成数字格式（通常为二进制），以便于数字电子计算机处理的过程
原因
数字信号易于稳定实现，便于处理、储存和传播，信号不易失真
数字格式在理论上可以无限传输而没有任何损失
智能化
概念 将以信息处理为中心的感、忆、思、为等技术化的智能活动作为要素用于彻底改变人类生产和生活方式、促进人类社会发展的历史过程
作用
部分替代人类的脑力劳动
拓展人类的智力
要求
充分感知
泛在响应
服务特需
准确施为
未来
伪实为虚
虚中寻优
模优为实
虚实共振
协同进化
相关关系
信息时代与信息社会
智能与信息处理
数字化是信息化的完善
智能化是信息化的升级
概念 将信息作为一个要素用于彻底改变人类生产和生活方式、促进人类社会发展的历史过程
作用
减少认知不确定性，明智决策
密切各种联系，为价值涌现提供可能
间接获得节约物质和能量效用
以倍增方式改变经济增长方式
负作用
真实与虚拟二元极化
民主与极权二元极化
企业信息化
概念 企业信息化是将信息作为一个要素用于彻底改变企业的价值创造方式、促进企业发展的进程
内容
技术信息化
管理信息化
人员信息化
发展阶段模型
诺兰模型
初始阶段
单点数字化阶段
单点自动化阶段
联合自动化阶段
决策支持自动化阶段
敏捷的虚拟的企业阶段
系统进化模型
渐进式企业信息化模型
6.4 企业信息化水平的测评
概念 通过设计一套测评的指标体系，对企业实施信息化所达到的水平进行定量测量和评价的工作过程。
类型
绩效测评
水平测评
测评指标体系设计
设计原则
科学性
可操作性
系统性
成长性和预测性
设计方法
逻辑分析法
数据处理法
6.3 企业信息化建设的管理
过程管理
项目管理
项目综合管理
项目范围管理
项目风险管理
项目团队管理
项目采购管理
项目沟通管理
项目时间管理
项目成本管理
项目质量管理
项目决策管理
过程管理与项目管理的关系
6.2 企业信息化建设的内容
技术信息化建设
技术辅助观点
技术辅助原则
“三化”并进，不可偏废
精心规划，分步实施
三位一体，稳定一致
选择伙伴，合作相称
管理信息化建设
管理变革
管理理念
管理组织
集成化
扁平化
虚拟化
管理方式
管理手段
建设工作
变革组织机构
实施电子商务
再造各种流程
建设学习型组织
实施信息业务外包
精益生产
敏捷制造
智能制造
客户定制
参与全供应链协作等
流程再造
原则
顾客导向
流程导向
团队管理
方法
合二为一法
同步工程法
团队模式法
电脑代人法
学习型组织构建
组织特征
自我超越
改进心智模型
建立共同愿景
团体学习
系统思考
构建步骤
评估组织学习状况
明确互相学习方式和内容
激发员工学习的积极性
克服组织学习障碍
局限思考
归罪于外
缺乏整体
思考主动性
专注于个别事件
忽略渐进过程
经验学习错觉
管理者群体思维错位
讲究学习效果
人员信息化建设
观念变革
价值观念
管理观念
思维观念

附录8 第7章 企业信息的管理程序和方法

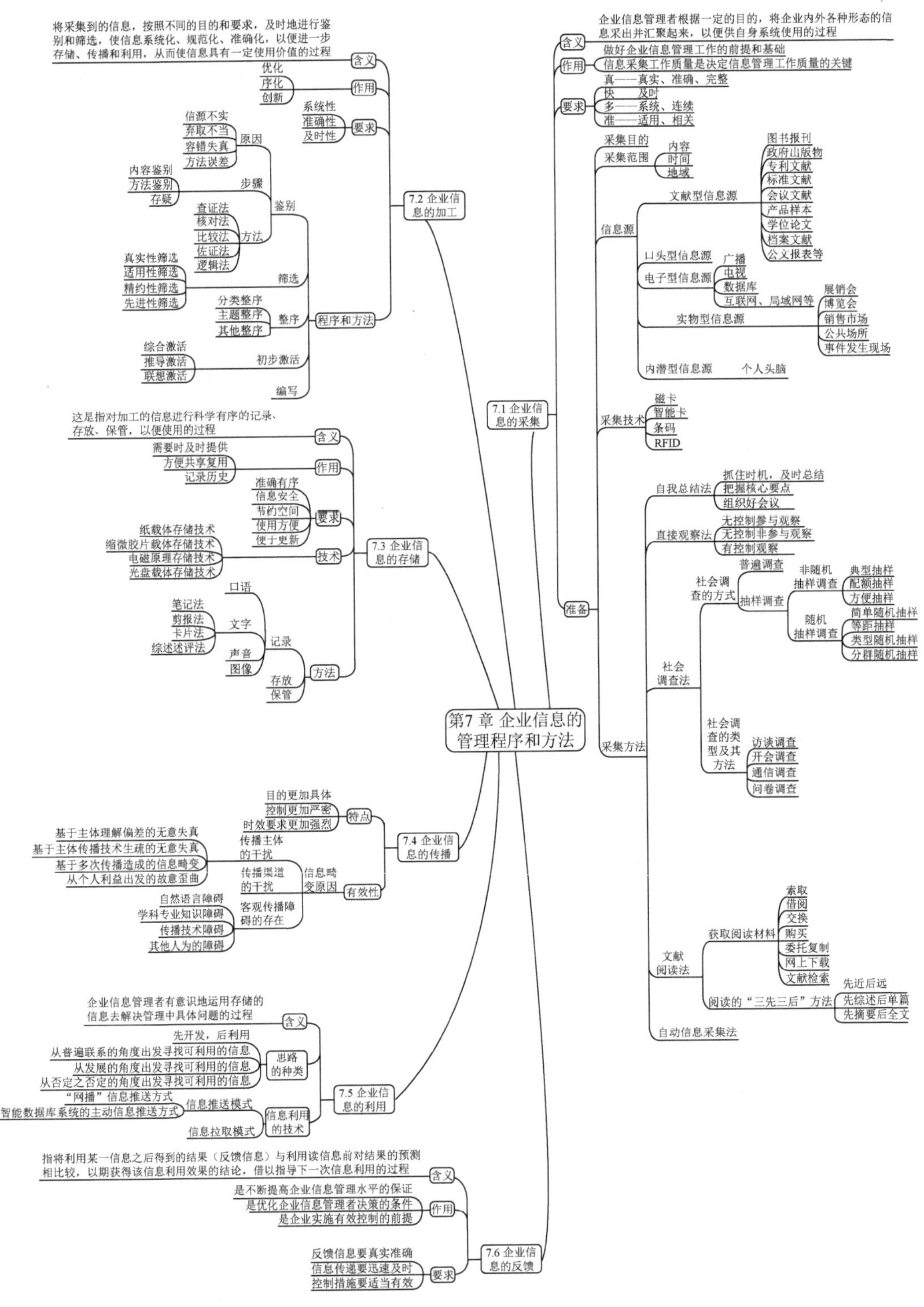
第7章 企业信息的管理程序和方法
7.1 企业信息的采集
含义
企业信息管理者根据一定的目的，将企业内外各种形态的信息采出并汇聚起来，以便供自身系统使用的过程
作用
做好企业信息管理工作的前提和基础
信息采集工作质量是决定信息管理工作质量的关键
要求
真——真实、准确、完整
快——及时
多——系统、连续
准——适用、相关
准备
采集目的
采集范围
内容
时间
地域
信息源
文献型信息源
图书报刊
政府出版物
专利文献
标准文献
会议文献
产品样本
学位论文
档案文献
公文报表等
口头型信息源
电子型信息源
广播
电视
数据库
互联网、局域网等
实物型信息源
展销会
博览会
销售市场
公共场所
事件发生现场
内潜型信息源
个人头脑
采集技术
磁卡
智能卡
条码
RFID
采集方法
自我总结法
抓住时机，及时总结
把握核心要点
组织好会议
直接观察法
无控制参与观察
无控制非参与观察
有控制观察
社会调查法
社会调查的方式
普遍调查
抽样调查
非随机抽样调查
典型抽样
配额抽样
方便抽样
随机抽样调查
简单随机抽样
等距抽样
类型随机抽样
分群随机抽样
社会调查的类型及其方法
访谈调查
开会调查
通信调查
问卷调查
文献阅读法
获取阅读材料
索取
借阅
交换
购买
委托复制
网上下载
文献检索
阅读的“三先三后”方法
先近后远
先综述后单篇
先摘要后全文
自动信息采集法
7.2 企业信息的加工
含义
将采集到的信息，按照不同的目的和要求，及时地进行鉴别和筛选，使信息系统化、规范化、准确化，以便进一步存储、传播和利用，从而使信息具有一定使用价值的过程
作用
优化
序化
创新
要求
系统性
准确性
及时性
程序和方法
鉴别
原因
信源不实
弃取不当
容错失真
方法误差
步骤
内容鉴别
方法鉴别
存疑
方法
查证法
核对法
比较法
佐证法
逻辑法
筛选
真实性筛选
适用性筛选
精约性筛选
先进性筛选
整序
分类整序
主题整序
其他整序
初步激活
综合激活
推导激活
联想激活
编写
7.3 企业信息的存储
含义
这是指对加工的信息进行科学有序的记录、存放、保管，以便使用的过程
作用
需要时及时提供
方便共享复用
记录历史
要求
准确有序
信息安全
节约空间
使用方便
便于更新
技术
纸载体存储技术
缩微胶片载体存储技术
电磁原理存储技术
光盘载体存储技术
方法
记录
口语
文字
笔记法
剪报法
卡片法
综述述评法
声音
图像
存放
保管
7.4 企业信息的传播
特点
目的更加具体
控制更加严密
时效要求更加强烈
有效性
信息畸变原因
传播主体的干扰
基于主体理解偏差的无意失真
基于主体传播技术生疏的无意失真
基于多次传播造成的信息畸变
从个人利益出发的故意歪曲
传播渠道的干扰
客观传播障碍的存在
自然语言障碍
学科专业知识障碍
传播技术障碍
其他人为的障碍
7.5 企业信息的利用
含义
企业信息管理者有意识地运用存储的信息去解决管理中具体问题的过程
思路的种类
先开发，后利用
从普遍联系的角度出发寻找可利用的信息
从发展的角度出发寻找可利用的信息
从否定之否定的角度出发寻找可利用的信息
信息利用的技术
信息推送模式
“网播”信息推送方式
智能数据库系统的主动信息推送方式
信息拉取模式
7.6 企业信息的反馈
含义
指将利用某一信息之后得到的结果（反馈信息）与利用该信息前对结果的预测相比较，以期获得该信息利用效果的结论，借以指导下一次信息利用的过程
作用
是不断提高企业信息管理水平的保证
是优化企业信息管理者决策的条件
是企业实施有效控制的前提
要求
反馈信息要真实准确
信息传递要迅速及时
控制措施要适当有效

附录9 第8章 企业信息管理者

- 第8章 企业信息管理者
  - 8.1 企业信息管理者概述
    - 含义：泛指企业内一切从事信息管理过程实现的人员
    - 企业CIO
      - 含义：指处于企业信息主管职位并承担该企业全面信息管理职责的个人，是企业信息管理工作的最高职位
      - 特点
        - 向本企业提供服务
        - 专注于本企业业务
        - 业绩标准是快速对客户需求做出反应
        - 面临压力主要来自总裁和企业决策层及员工监督压力
        - 是企业最高层领导者之一，参与决策
      - 职责
        - 参与高层管理决策
        - 制定企业的信息管理基础标准、信息政策和信息活动规划
        - 对企业的计算机信息系统实施具体管理
        - 对企业内其他部门的信息管理提供信息技术支持
        - 进行企业信息管理经济性的测算
        - 加强信息沟通和企业内协调
      - CIO管理体制
    - 企业信息管理师
      - 含义：从事企事业信息化建设，承担信息技术应用和信息系统开发、维护、管理以及信息资源开发利用的复合型人员
      - 分类
        - 助理企业信息管理师（国家职业资格三级）
        - 企业信息管理师（国家职业资格二级）
        - 高级企业信息管理师（国家职业资格一级）
      - 职业能力要求
        - 职业道德
        - 基础知识
          - 信息技术
            - 计算机软硬件基础知识
            - 计算机网络基础知识
            - 数据管理基础知识
            - 管理信息系统基础知识
          - 企业管理知识
            - 企业管理概论
            - 财务会计基础知识
            - 市场营销基础知识
            - 人力资源管理基础知识
            - 生产与运作管理基础知识
            - 现代管理理论与方法
          - 相关法律、法规知识
            - 经济法相关知识
            - 知识产权法相关知识
            - WTO相关知识
  - 8.2 企业信息管理者的素养能力及其内容
    - 素质
      - 含义：个人天赋禀性以及经过长期社会实践所形成的、在处理各项事务中显露出来的态度和方式
      - 内容
        - 身体素质
        - 思想素质
        - 文化素质
        - 心理素质
    - 修养
      - 含义：指个人在政治、思想、道德品质和知识技能方面，经过长期锻炼和培养所达到的一定的水平
      - 内容
        - 理论修养
        - 业务修养
        - 知识修养
        - 语言和艺术修养
    - 能力
      - 含义：是人类认识世界并运用知识、技能解决实际问题或完成某一活动的本领
      - 特征：能力是在人的活动过程中显示出来的
      - 内容
        - 基础能力
          - 信息能力
          - 思维能力
          - 学习能力
          - 记忆能力
          - 表达能力
        - 专门能力
    - 素质、修养、能力关系和作用机制
      - 素质针对主体的每一次行为，反映行为过程的水平
      - 修养针对管理主体的整体，反映行为结果的水平
      - 素质是必须依靠修养的手段来不断提高的
      - 以素质为先导，借助于修养，表现为主体的行为能力
  - 8.3 企业信息管理者的自我提高
    - 自我提高与自我管理
      - 信息管理者的提高只能是自我提高
      - 信息管理者的自我提高需要强烈的自我提高意识
      - 信息管理者的自我提高需要自我管理来保证
      - 信息管理者的自我提高必须得法
    - 自我提高的方法
      - 获取自我提高需要的信息
      - 确定未来的目标，制订实现目标的计划
      - 掌握自我提高的方法，亲自实施计划
      - 检验实施效果，做好反馈控制
    - 信息管理者素质的自我锻炼
      - 身体素质的自我锻炼
      - 思想素质的自我锻炼
      - 文化素质的自我锻炼
      - 心理素质的自我锻炼
        - 兴趣的自我激发
        - 注意的自我锻炼
        - 情绪的自我调控
        - 意志的自我磨炼
    - 信息管理者修养的自我提高
      - 管理者修养自我提高通论
        - 修养的获取
        - 修养的记忆
        - 修养的利用
      - 管理者修养自我提高各论
        - 理论修养的自我提高
        - 业务修养的自我提高
        - 知识修养的自我提高
          - 急用先学
          - 同步更新
          - 系统有序
        - 语言和艺术修养的自我提高
    - 信息管理者能力的自我培养
      - 信息能力的自我培养
      - 思维能力的自我培养
        - 四面发散，广开思路
        - 克服障碍，疏通思路
        - 拟写提纲，理顺思路
        - 虚心学习，记录思路
      - 学习能力的自我培养
        - 在他人指导下学习的学习能力培养
        - 自学能力的自我培养
      - 记忆能力的自我培养
      - 表达能力的自我培养
      - 管理能力的自我培养

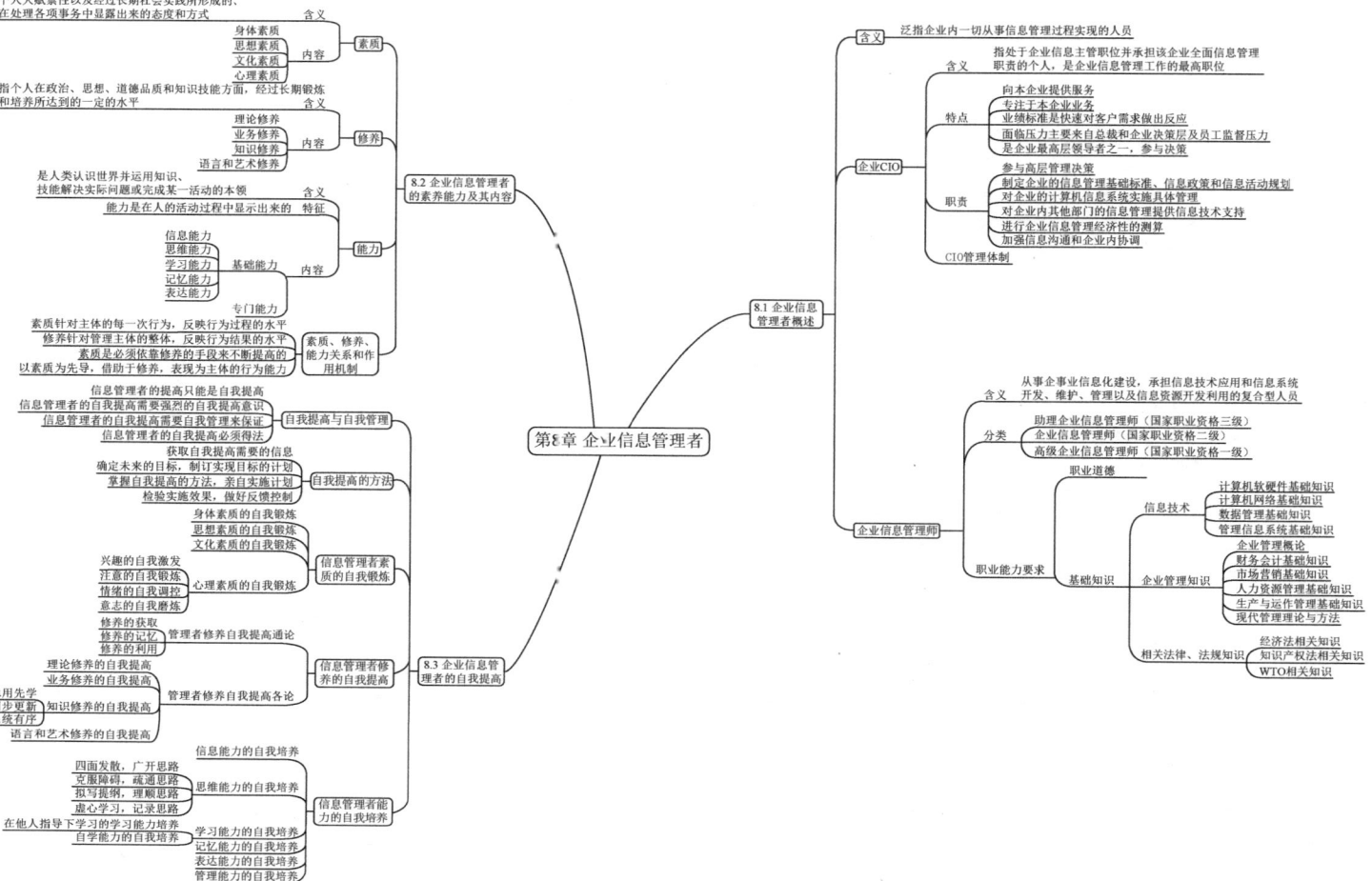